王仲孚 著

中国上古史专题研究

走进释古时代丛书

山东省大舜文化研究会学术研究成果

山东银丰集团中华文明起源研究基金赞助项目

山东人民出版社

国家一级出版社 全国百佳图书出版单位

图书在版编目（CIP）数据

中国上古史专题研究/王仲孚著. —济南：山东
人民出版社，2017.4
ISBN 978－7－209－10018－2

I. ①中… II. ①王… III. ①中国历史—上古史—研
究 IV. ①K210.7

中国版本图书馆 CIP 数据核字（2016）第 219572 号

中国上古史专题研究
王仲孚　著

主管部门　山东出版传媒股份有限公司
出版发行　山东人民出版社
社　　址　济南市胜利大街39号
邮　　编　250001
电　　话　总编室（0531）82098914
　　　　　市场部（0531）82098027
网　　址　http：//www. sd－book. com. cn
印　　装　山东新华印务有限责任公司
经　　销　新华书店

规　　格　16 开（169mm×239mm）
印　　张　25.5
字　　数　390 千字
版　　次　2017 年 4 月第 1 版
印　　次　2017 年 4 月第 1 次
印　　数　1－2000
ISBN 978－7－209－10018－2
定　　价　58.00 元
　　　　　如有印装质量问题，请与出版社总编室联系调换。

新版谢序

　　《中国上古史专题研究》是旅居台湾的山东籍著名学者王仲孚先生的大著，山东省大舜文化研究会征得王仲孚先生的同意，改以简体字的形式在大陆再版，和广大读者见面，在此由衷地表示祝贺！

　　王仲孚先生是山东龙口市人，从小在胶东抗日战争环境中长大，对家乡有厚重的感情，对艰苦的抗日战争有极深的印象。一九四八年随父母迁居台湾，一九六四年毕业于台湾师范大学历史研究所，获硕士学位。其后，在高等教育领域一直从事中国上古史的教学与研究工作，先后担任台湾师范大学、中国文化大学历史学教授以及台湾师范大学历史系主任、文学院院长等职务。潜心治学，造诣极深。他开设的"中国上古史专题研究"讲座，以其令人服膺的史才、史学、史识、史德，爬梳大量的上古史文献资料，结合中国近现代考古学和民族学的研究成果，对中国上古史的许多重大课题进行了深入细致的探讨和研究。这部著作就是王仲孚先生的上古史研究的代表作。书中探讨了哪些问题，挖掘了哪些资料，运用了哪些理论与方法，读者翻阅一下就可以知道。我着重谈一谈我拜读之后的几点体会。

一、对疑古思潮的批评有理有力

　　王仲孚先生在《自序》中讲到，在这部书的写作过程中，台湾历史学界受到疑古之风的影响，"对于古代文献的史料价值和可信程度，许多人还坚持着保留或否定的态度"。王仲孚先生不顺风，不跟风，对疑古之风抱理性审视的科学态度：他一方面对疑古之风产生的社会背景和主客观原因做了实事求是的分析，给予了客观公正的评价；另一方面他也批评了疑古之风从 20 世纪二十年代兴起以来对中国上古史研究带来的消极影响。反映上古时代的历史文献，文本形式不一，有的是一部书，有的是一篇文章，更多的是一些零散的片断。由于绝大多数来自于口碑传说，是流传了几千年的先民们的历史记忆，又是在距今两三千年以前记录下来、写成文本的，这就难免存在这样那样的问题，比如：记述者是谁、材料来自何处、流传过程有无加工以及有多少加工等等，往往不清楚。我们必须坚持科学的态度看待这些问题，运用科学的理论与方法解决这些问题。疑古派的学者与我们不同，他们是"疑"字挂帅，大胆怀疑，小心辨伪，在上古史研究中存在着疑古过勇、矫枉过正的现象。王仲孚先生揭示疑古成风的弊端，和李学勤先生倡导的"走出疑古时代"遥相呼应，说明海峡两岸上古史研究的有识之士都看到了疑古思潮带来的消极影响。近几年，山东省大舜文化研究会审视百年来的上古史研究，思考"走出疑古"之后下一步怎么走的问题。这是中国上古史研究何去何从的大问题，我们提出的主张是：去者，疑古；从者，释古。为此，我们正在组织编纂"走进释古时代丛书"，努力尽快拿出一批科学释古的研究成果。

二、对中国上古史著名人物的评价客观公正

海峡两岸由于众所周知的原因，有过几十年的长期隔离，两岸历史学界也因此而中断交流，互不往来。大陆几十年间新发现的地下考古资料对于上古史研究的意义不言而喻。王仲孚先生曾经感叹地说过："两岸之间更是处于紧张的状态，许多大陆上的考古新材料，在大学校园里既得不到应有的信息，即使得到一些，为免触犯禁忌，也不敢随意地运用。所以在两岸开放交流以前，在大学任教而从事中国上古史的研究，倍感困难。"就是在这种情况下，王仲孚先生和他的志同道合

的师长、朋友、学生们一起，克服了重重困难，在上古史研究上取得了丰硕成果，对若干上古史人物和事件做出了令人信服的分析和评价，和同时期的大陆研究成果相比并不逊色。对上古史人物的分析和评价，必须言之成理，持之有据，还要允许百家争鸣，发表不同意见。纣王是商代末年的暴君，王仲孚先生根据他多年的研究，从商代末年革新和守旧两派斗争的延续上，为纣王说了一点公道话，这并不影响人们对纣王的总体认识，但却避免了好与坏的绝对化，丰富了人们的历史认识。黄帝、炎帝、颛顼、帝喾、尧、舜、禹是中华民族的共同祖先。有了共同祖先，我们才有了生生不息的共同的血缘传承，有了延续数千年而不绝的共同的文化命脉。祖先认同、血缘认同、文化认同，是全球华人心心相印、相通的基础，也是两岸凝聚共识的基础。王仲孚先生研究了不少上古时代中华民族的列祖列宗，为两岸的祖先认同、血缘认同、文化认同尽到了一个历史学家应有的责任。

三、历史分期与古史系统的重建

中华民族的文明史持续发展四五千年而不曾中断，这在人类历史上是独一无二的。但是，中华民族何时跨入了文明社会的门槛？中国社会又经历了哪些历史发展阶段？从20世纪二三十年代开始，史学界就有研究和争论，到了五六十年代，大陆史学界又围绕古史分期问题进行了一次集中的讨论和研究。作为学术问题，允许自由讨论，提倡百家争鸣，有意见分歧是正常的。同时也要看到，在求同存异的前提下，有些意见慢慢趋向统一。比如，关于古史分期，马克思提出的五种生产方式理论是否适用于中国？与此直接相关的是，中国古代究竟有没有一个奴隶社会？中国封建社会从什么时候开始？对这些问题，史学界讨论热烈，意见纷呈，但是，待到编纂历史教科书，需要拿出一个定论的时候，各种不同意见还是统一到了郭沫若主编的《中国史稿》坚持的观点上，以致慢慢形成了大陆史学界的主流观点。王仲孚先生认识到了历史分期的重要性，他坚持独立、自由的学术精神，不避政治忌讳，向台湾史学界介绍马克思主义的历史观："依据马克斯（思）主张历史演化的阶段论：依次是原始社会、奴隶社会、封建社会，套进中国历史的发展过程中，自远古至清代的阶段划分如下：原始社会（远古—禹）、奴隶社会（夏代—春秋时代）、封建社会（秦汉—清代）。"接着又进一步介绍了大陆史学界普遍采用的郭沫若主编的《中国史稿》的历史分期观点，如：

原始社会，分母系氏族社会、父系氏族社会两个时期；

奴隶社会，从夏、商、周到春秋时期；

封建社会，从春秋战国之交（具体年代，郭沫若定为公元前475年）开始，一直到明清时期。

与历史分期几乎同等重要的，是古史系统重建的问题。重建古史系统首先遇到的是年代问题。王仲孚先生引用了董作宾先生的一段话指出："民国以来出版的教科书，无论是大学用的、高中或初中的教科书，谨慎的编者，多含糊其辞，不写出年代；老实一点的编者，只有照着旧传统的年代抄之大吉。不著年代便易使人惶惑，得不到真切的印象，而凡是写出年代的，又没有一个不是错误的数字，这当然不能怪编者，只怪没有一个准确可信的数字可供他们参考。"怀疑古史年代的真实性和可靠性，是对古史系统造成破坏的直接原因。王仲孚先生在审查和批判了疑古派的一些错误言论后，很痛心也很诚恳地说："我国传统的古史系统，是古代无数学者，经过漫长的考察时间，才逐渐建立起来的，我们对于传统的古史系统，应作如是观才是。"因此，他希望研究古史的学者不受疑古思潮的影响，不是着眼于破坏而是着眼于建设，以扎实的研究重建一个有年代指标的古史系统。

四、考古学与历史学的有机结合

自从王国维采用二重证据法研究中国古史取得了卓越成就以后，

地下考古资料就成了古史研究的"半壁江山"。王仲孚先生的古史研究就是如此，他的绝大多数的古史研究都坚持从传世文献和考古资料中寻找证据，经得起"拿证据来""有一分资料说一分话"的检验。他认识到"'考古学'是一门近代新兴的学科，它可以从地下掘出古代的遗物，作为载籍以外的证据，'科学精神'尤其是民国以后的国人所不敢抗拒的新思潮，所以，'考古学'曾被认为是解决古史问题的唯一方法"。他指出：一九二〇年被人们寄予厚望的考古学在中国有了显著进展，是年，法国神父桑志华首先在河套地区发现旧石器时代文化，有力证明了中国有石器时代的存在；次年，瑞典人安特生又在河南省渑池县仰韶村发现仰韶文化，又证明了中国有新石器文化的存在。的确，考古学揭开了中国上古史新的一页。但是，有个别西方学者根据一鳞半爪的考古资料，牵强附会，断言中国民族与文化非本土所生，而是来自西方。一部分国人受其蒙蔽，竟信以为真。在这大是大非面前，王仲孚先生没有丝毫的迟疑，他设专题研究中国民族"西来说"的形成与消寂，对德国的基尔什尔、英国的威尔金生、法国的拉克伯里等一批西方学者所散布的"西来说"进行了系统地驳斥和批判。他指出：中国境内一系列新石器时代文化遗址的发掘与研究，使得学者们重新审视并解决中国民族"西来说"问题有了更多的新材料、新证据，事实证明"西来说"完全是无根的滥言。再向上追溯到旧石器时代，已发现的文化遗址覆盖中国境内大部分地区。一九二九年在北京市房山区周口店出土的"北京人"头盖骨，震惊世界，以无可辩驳的事实证明距今四五十万年前华北一带就有人类活动。"虽然'北京人'与现代华北人尚没有任何直接渊源的证据，但国人对中国人种与中国古代文明起源于本土的信心却更为坚强，拉克伯里之说也就更不受人重视。"

重视考古学的最新发现和研究成果，采用王国维先生提出的"二重证据法"，将考古学与历史学有机结合起来，审视并解决上古史研究中的若干重大问题，是王仲孚先生治史的显著特点，也是值得我们学习的优良学风。

　　二〇一一年八月，我邀请王仲孚先生到烟台市参加了山东省大舜文化研究会和湖南省舜文化研究会联合举办的"第三届中国大舜文化研讨会"。会后我陪他回到久别的家乡，当地的村干部听说他回去，老早就在村委会办公室等候，热情地接待他。王仲孚先生还打听那些小时候在村子里和他一起上学游玩的同伴，在回县城的路上，他特意参观了矗立在龙口市的抗日烈士纪念碑，并向我讲述了八路军战斗英雄任长伦的英勇事迹。他还将一份由他回忆、搜集整理的有关抗日战争时期在家乡流行的抗日歌谣赠送给我。在多次交谈中，我深切感受到他是一位有着浓厚的乡土情怀、强烈的家国意识的历史学家，而且，学富五车、谈吐不凡、平和达观、幽默风趣、不知老之将至——藉此书在大陆再版之际，我衷心祝福王仲孚先生永葆"仁者寿"的心态，如《礼记·学记》所说，"善待问者如撞钟，叩之以小者则小鸣，叩之以大者则大鸣，待其从容，然后尽其声"。四方莘莘学子将奉先生为上座而叩问焉。

谢玉堂

2013 年 2 月 20 日于泉城

新版自序

这本书初版于 1996 年在台湾以繁体字印行，由于内容比较"冷僻"，原不期望能有再版的机会，现在能够以简体字的新面目再版呈现，首先要感谢山东大舜文化学会会长谢玉堂先生的大力支持。

本书的内容，主要是讨论中国上古史又称先秦史的许多重大问题，包含的范围颇广，从传说时代到春秋战国时代，皆有论述的题目。因为我在撰述这些论文时，正在担任台湾师范大学历史系、历史研究所"中国上古史"的课程，基于教学的需要，必须通博，不能像研究机构的研究人员，可以用数十年时间专注研究某一领域或某一个专题。

另外，本书所运用的材料以文献为主。本来就中国上古史的研究材料而言，应该多运用考古材料，或以地下史料来印证纸上史料。由于本书各篇写作时，两岸尚未开放交流，大陆的出版品，包括考古报告与有关先秦史方面的著作，在当时台湾地区的各大学校园里，是不许公开运用和流通的。因此对于中国上古史的研究与教学，也就受到了很大的限制。以文献记载的上古时代历史为研究对象，则比较不会受到材料的限制和环境的顾忌。这是本书写作的时代背景。

除此之外，当时台湾的学术风气，仍然受到民初"疑古派"主张的影响，传说时代的古史完全遭到否定，不要说三皇五帝，就是连夏代也不敢列为讨论的课题。

台湾戒严时期，像《古史辨》一类的著作，都不准公开印行和阅读。其实，《古史辨》七大册，固然收入疑古的文章，而不同意疑古的文章也照样收入，正反意见并陈，是一种讨论学术的态度。而且，《古史辨》所收各文的作者有些还在台湾，例如傅斯年、胡适、董作宾、李玄伯（宗侗）、钱穆、陈盘、卫聚贤等人，其他如柳诒征、缪凤林、吕思勉、张荫麟……基本上也都不是站在疑古派立场的学者，时代的现象如此，当时许多"禁书"未来将成历史笑话。例如：郭沫若的书不准看，但是冠以"郭鼎堂"看就没人管了；陈梦家、丁山因为人在大陆，他们的学术著作也被列为禁书。但是，有书商把陈梦家和丁山两位学者的著作编在一起，署名"陈丁合著"就可以了。类似这种笑话，都是特殊的时代背景留下来的。"陈丁合"的"大名"至今还收录在台师大图书馆的书卡上。

近人有"走出疑古时代"之说，其实我在三十多年前开始撰写这些论文之时，就已经是踏出"疑古时代"的第一步了。"古史辨派"的疑古，基本的观点认为，许多古代文献都是"伪书"，"伪书"里记载的古史，都是"伪史"。这样的主张显然有很大的偏差，当然不能成为"定论"。顾颉刚提出的"古史层累积成说"影响很大，其实颇多商榷之处，他把史事记载的时代作为史事发生的时代；他怀疑大禹是神话人物，不是历史人物，但他并没有说"大禹是一条虫"，也没有否定夏代的存在，这些应该做仔细的检视和正确的批判。本书对于为何使用文献史料及文献史料之不可轻言废弃，在许多篇前面，都做了说明。疑古惑经并无不可，但是对于古史全盘否定，则无法认同。

通过考古学、人类学对古代文献的检视，本书有许多一得之见，请读者指正。例如："黄帝制器故事"实具有新石器时代的现象；尧舜传说符合氏族社会特征；大禹的"神格"不能否定其为历史人物；夏代考古的地下材料因无文字发现，应该还不能作为夏史的直接史料运用；殷末内部的矛盾是商代覆亡的原因；春秋时代"诸夏意识"的指出；战国时代六国灭亡的顺位，都是前人与时贤所未注意到的问题，现在读来仍然是站得住的学术观点。

前已提及，本书写作期间，大陆的考古材料不能运用，所以各篇论文主要以文献史料为主，自两岸开放交流之后，大陆的考古材料已不再受到限制，本来应该利用这次难得的再版机会，把重要的考古材料与文献做适当的配合，但由于这些文献史料包含的范围很广，要逐一检查，补入考古资料，事实上已不许可。好在 20 世纪八十年代两岸学术交流已逐渐展开，夏代考古与夏文化的探索成为热门的学术议题，夏代考古的材料不再受到限制，夏史的写作也就比较正常。利用这次再版的机会，增加了两篇夏代的论文：《试论传说史料对夏史研究的重要性——兼释夏》《试论夏史研究的考古学基础》和一篇《先秦的王霸论与大一统论》。

回忆本书之完成，衷心感谢先师朱云影先生的启导，指示正确的研究方向，写作期间时时鼓励，循循善诱，始克有成；本书能够再版发行，要再一次向谢玉堂会长致谢。如果没有谢会长的热心推动，像这样一本冷门的学术著作，恐早已消寂在书海之中了。

本书筹备再版，时近两年，承蒙王绍东先生、惠荣荣女士、王钧林教授多所费心，使本书得以顺利出版，感激不尽。而台湾中国文化大学史学研究所博士候选人郝逸杰、赵广杰、郭铠铭诸学棣，牺牲假日，代为校稿，备极辛劳，在此一并感谢。

本书涉及文献、考古、人类学以及当代著名学者之论著，内容包含许多方面，虽经详细校订，谬误恐所不免。博雅君子不吝指正。

王仲孚

2014 年 5 月 5 日

原版管序

近代"疑古派"对中国传统古史系统的严厉批判，在中国近代史学发展上产生了两项重要的影响：一是改变了史学家认识古史资料的态度，并追求更符合求真原则的研究方法；一是使史学家感受到须重新寻找中国历史源头的压力。对寻找中国历史源头的工作，考古学家做出了"开路"的贡献。

西阴村、安阳与城子崖等地的考古发掘，不但展开了中国田野考古工作的新纪元，也开拓了历史研究的新天地。而第二次世界大战结束以后的几十年间，中国田野考古获得资料之多，可用"爆炸"一词来形容。这给重新寻找中国历史源头的工作提供了丰富的第一手资料。同时，也对考古学家与史学家的分工合作和互相借重，发生了催化的作用。

三十几年前，在当时"中央研究院"历史语言研究所所长、考古学家李济之先生的领导下，展开了一项重建中国上古史（自史前至秦统一）的工作计划；并由当时在史语所任职的许倬云先生初拟了一百个子题，经李济之先生等人审订后，分别邀请有关学者撰稿。1972 年出版了《中国上古史(待定稿)》第一本，1984 年出版了第二、三、四本。这是一项计划性的集体研究成果。

王仲孚先生任教于国立台湾师范大学历史系，讲授中国古代史二十余年。他秉着为重建中国上古史尽一份心力的情怀，并想在古史研究式微的环境下为欲窥中国古史殿堂的青年学子尽一份点灯的责任，特于近年利用中国古代文献、近代考古成果及前人研究意见，撰成专论十余篇，有的已经发表，并具新撰，辑为《中国上古史专题研究》。王先生独立完成的这本大作，是一家之言，其对古史教学与研究都甚有参考价值。对王先生执着于古史研究的精神，我尤表敬佩，特为之序。

管东贵

1986 年 8 月于台北市南港

原版自序

我国文献载籍记载的古代历史，在传统史学中，两千多年来，一直占有极为重要的地位，深受国人信仰。但自民国初年古史辨运动兴起，经"疑古派"学者施予严厉的批判后，不仅伏羲、神农、黄帝、尧、舜等一系列的古史系统遭到破坏，国人心目中古代圣王的崇高地位也几乎为之摧毁无遗。影响所及，读史者为之"四顾茫然"，学者对于以文献为主的建设性古史研究多裹足不前，在大学的历史系里，中国上古史或先秦史的教学资源，呈现严重缺乏的现象，有识者早已引以为忧，莘莘学子更是无所适从。

著者自 1973 年以来，在台湾师范大学历史系担任"中国上古史"课程，其后又在历史研究所开"中国上古史专题讨论"等课程，同时并以文献史料配合考古学、民族学的既有成果，对中国上古史许多重大问题加以检讨、撰文阐释。当时所能运用的主要教学资源，除了文献外，也仅有《大陆杂志》《"中央研究院"历史语言研究所集刊》《专刊》等所载有关中国上古史论文可以参考。而其时台湾的学术环境，仍受着疑古余风的影响，对于古代文献的史料价值和可信程度，许多人还坚持着保留或否定的态度；而两岸之间更是处于紧张的状态，许多大陆上的考古新材料，在大学校园里既得不到应有的信息，即使得到一些，为免触犯禁忌，也不敢随意地运用。所以在两岸开放交流以前，在大学任教而从事中国上古史的研究，倍感困难。这也是著者所撰论文多以文献史料为主的原因。

本书共收集了十八篇有关讨论中国上古史的专题论文，这些专题，不仅在探求古史的真相，也对近代古史研究的发展经过和变动过程，加以检讨和回顾。为了说明为什么要研究这些问题，以及研究这些问题的基本态度，著者在各篇的"前言"中，有时不免出现重复说明的现象。其次，自两岸开放交流以后，大陆地区的考古材料大量涌现，这对于一个从事中国上古史研究与教学的人而言，自是一个很大的冲击。令著者感到高兴的是，近三十年大陆考古发掘的资料，以及史学界对于中国上古史的意见，已一反疑古之风，基本上对文献史料和传统古史是予以肯定的，如何配合考古发掘的材料加以诠释，才是研究中国上古史更应该努力从事的工作，这也是著者乐于把这些论文呈现于读者之前的原因。

此外，由于有些专题的相关论著以及考古资料，二三十年来累积极多，如黄帝传说、中国原始农业的诞生、夏代考古与夏文化的探索等论题，都增列相关论著作为附录，以供参考。

本书之得以完成，首先要感念先师朱云影教授，由于云影师的殷殷启导和循循善诱，使我在中国上古史的园地里，知道如何耕耘。回忆云影师为了鼓励我能够坚持中国上古史的研究，特在我甫升讲师之时，即把历史系的大四必修课"中国上古史"让予我担任。二十多年来，在台湾的史学环境中，从事中国上古史的研究与教学，虽然是走在一条崎岖艰苦的道路上，但因有云影师的鞭策和精神感召，使我能勇敢地走下去而未退缩。

其次，1988 年 8 月至 1989 年 7 月著者休假，申请至"中央研究院"历史语言研究所访问一年，得管东贵所长照顾甚多，除了有专用研究室之外，并得使用及影印傅斯年图书馆藏书及期刊，且有机会向考古界前辈高去寻先生、石璋如先生请益，收获甚多。今本书付印之际，又蒙管前所长赐序一篇，在此敬致感谢。

本书从交稿到付印，著者一再迁延，影响作业时间，承蒙陈钟英女士耐心等待，诸多包涵，印制期间复承丁筱媛、石兰梅、杜钦、林天人、秦照芬、梁国真、陈文豪诸学棣费心协助校稿，而两年前文稿初成之时，曾得台湾师大历史系八三级同学多人热心代为誊稿，大名无法逐一列举，在此一并致谢。

中国上古史所涉及的问题，可谓千头万绪、盘根错节，学者复见仁见智、各持观点，本书各篇亦仅能提供几个思考和观察的角度而已，疏漏谬误，在所难免，学者专家，不吝指教是幸。

王仲孚

谨志于台湾师大历史系 1986 年 8 月

目　录

壹 试论中国古史系统的形成与破坏

一、引 言

中国历史的开端应该从什么时候算起？这是一个看似简单却又十分困难的问题。我们平时都常说"中国历史五千年"或"中华文化五千年"，五千年究竟从哪一年开始的呢？就不容易回答了。现在是一个讲求数字的时代，如果能有一个年代的数字作为开端，当然最好，可惜没有。董作宾先生在谈到古史年代的时候，曾经有过下面的一段话：

> 民国以来出版的教科书，无论是大学用书、高中或初中的教科书，谨慎的编者，多含糊其辞，不写出年代；老实一点的编者，只有照着旧传统的年代抄之大吉，不著年代便易使人惶惑，得不到真切印象。而凡是写出年代的，又没有一个不是错误的数字，而当然不能怪编者，只怪没有一个准确可信的数字可供他们参考。①

其实，这个问题至今仍未解决，事实上也的确有许多困难。

我国古代许多著作，都以一位远古帝王作为历史的起点，如《竹书纪年》、驺衍的《五德终始说》②《世本》③《大戴礼记·帝系》以及太史公的《史记》，都是从黄帝开始叙述，似是以黄帝作为历史的开端。《汉书·古今人表》及《律历志》引《世经》，唐代司马贞《三皇本纪》，宋代司马光《稽古

---

① 董作宾：《把近二十年研究古史年代的成果献给当代的注意国史者》，《平庐文存》卷一，艺文印书馆1963年10月版，第13页。

② 驺衍的《五德终始说》已佚，据《史记·孟荀列传》称："驺衍睹有国者益淫侈……乃深观阴阳消息而作怪迂之变，《终始》《大圣》之篇十余万言。"

③《世本》始于黄帝，见《史记集解·序》索隐引刘向语、《汉书·司马迁传赞》《汉书·艺文志注》及《后汉书·班彪传》。其书早已亡佚，现存清人辑本，共有八种。参《世本八种》，台北西南书局印行，1974年1月。

录》、刘恕《通鉴外纪》，元明时代南轩《资治通鉴纲目前编》、郑樵《通志》、陈枥《历代通略》，清代傅恒主编《乾隆御批历代通鉴辑览》等书则以伏羲氏为起点，似乎又以伏羲氏为历史的开端了。但是这些著作，都没有写出黄帝或伏羲氏是从哪一年开始的。三国时代，蜀国谯周的《古史考》、西晋皇甫谧《帝王世纪》以燧人氏为其著作的开端；南宋胡宏《皇王大纪》，明代周游《开辟衍行》，袁黄、王世贞《纲鉴合编》，清代吴楚材《纲鉴易知录》等书则以盘古氏为历史的开端；元代金履祥《资治通鉴前编》又谨守《尚书》，以尧为其著作的起点。

《史记·十二诸侯年表》以共和元年为纪年之始，亦即公元前841年，共和以前的《三代世表》，只记帝系而不记年，太史公在《三代世表》的序言里说：

> 余读谍记，黄帝以来皆有年数。稽其历谱谍终始五德之传，古文咸不同，乖异。夫子之弗论次其年月，岂虚哉！

所以《史记·三代世表》虽然自黄帝开始，史公也"弗论次其年月"。至于伏羲氏的年代，更是渺茫难稽，《列子·杨朱》说：

> 太古之事灭矣，孰志之哉，三皇之世，若存若亡，五帝之事，若觉若梦……太古至于今日，年数固不可胜纪，但伏羲以来，三十余万岁。

所谓"三十余万岁"的说法，笼统含混，作为中国历史开端的数据，当然也是无从采用的。

关于共和以前的年代，后世大多依据推测而来，目前连武王克商的年代，还不能够确定①。黄帝元年距今有多少年，自汉代以来，各家就有不同的说法。例如汉昭帝元凤三年（前78年）太史令张寿王言："黄帝至元凤三年六

---

① 武王伐纣的年代，中外学者的考订，先后二十余说，董作宾《武王伐纣年月日考》一文，定为公元前1111年，见《台大文史哲学报》1951年第三期。此说虽为中学历史教科书及许多中国通史著作所采用，但并非定论。此一问题学术界至今尚未解决，近十余年来，学者新说迭出，亦皆未成定论。重要者如黎东方先生的公元前1102年，《西周青铜器铭文中之年代学资料》，学生书局1975年版；劳干先生的公元前1025年，《周初年代问题与月相问题的新看法》，《香港中文大学中国文化研究所学报》1974年七卷一期；白川静氏的公元前1087年，《金文通释》第四十五辑；David W. Pankenier 的公元前1046年，*Astronomical Dates in Shang and Western Zhou*，*Early Chian* No. 7，1982；周法高先生的公元前1045年，《西周年代新考》，《大陆杂志》第六十八卷五期等。

千余岁。"而单安国、栖育等人则"言黄帝以来三千六百二十九岁"①。如此，则黄帝元年应该是公元前三千七百零六年。现在《辞海》后面所附的大事年表，系根据刘大白《五十世纪中国历史年表》，列黄帝元年为公元前二千六百九十八年，其推测的方法是采邵雍《皇极经世》中，帝尧元年为公元前二千三百五十七年，再加上帝尧以上的年代，即：帝挚九年，帝喾七十年，颛顼七十八年，少昊八十四年，黄帝一百年。

清末同盟会成立，倡导革命，不用清朝年号，便在《民报》上刊载黄帝肖像，并采用黄帝纪元。辛亥革命成功，大街小巷中都贴着"黄帝纪元四千六百零九年"②，民国初年章嵚著《中华通史》，就是采用黄帝纪元，而以黄帝元年为民国纪元前四千六百零八年③，美国里根总统（Ronald Wilson Reagan）于 1982 年春节，曾发表祝词，祝贺中国人黄历四千六百九十年新年④。这些都是以黄帝元年为公元前二千六百九十八年作为根据的。可见此一数据广被采用，但已故董作宾先生则推测黄帝元年为公元前二千六百七十四年，其推测的方法如下：

> 武王伐纣为公元前一一一一年，商代共六百四十年，夏代共四三二年，而以禹元年为前二一八三年，夏代以前，尧舜共一五〇年，则尧元年为公元前二三三三年，尧舜至黄帝共三四一年（即帝挚九年，帝喾七十年，颛顼七十八年，少昊八十四年，黄帝一〇〇年），所以黄帝元年为公元前二六七四年。⑤

综上所论，古代著作，以远古帝王作为历史的起点，各书并没有一致的立场，这是由于各书作者的态度不同，所以取舍也不同，因此我们要确定哪一位古代帝王是历史的开端，也就不知何取何从了。再以年代而言，严格地说，推测的年代是靠不住的，所以也无从确定中国历史是从哪一年开始的。但就历史教学而言，黄帝既被尊为中华民族的始祖，《史记》为正史中的第一部，似以黄帝作为中国历史的开端，并采用一个"约定俗成"的年代，大家

---

① 《汉书·律历志》。
② 顾颉刚：《古史辨第一册·自序》，台北明伦书局影印本，第 45 页。
③ 章嵚：《中华通史》第一册，台湾商务印书馆 1959 年版，第 103、161 页。
④ 《"中央"日报》第二版，1982 年 1 月 25 日。
⑤ 董作宾：《中国上古史年代》，《平庐文存》卷一，艺文印书馆 1963 年 10 月版，第 3～4 页。

一致遵守，应较适当①，不过这也不能成为定论。

从考古学的立场，探讨中国历史的开始也有其困难。19 世纪演化论风靡一时，激起了寻找人类老祖宗及人种树（Human Family Tree）的热潮。考古学也适时地在中国展开。1920 年，法神父德日进（Pére Teilhard de Chardin）、桑志华（Pére Emile Licent）首先在河套地区发现了旧石器中期文化，揭开了中国考古学的序幕。次年，安特生（J. G. Andersson）发现了河南仰韶村的彩陶文化，至 1929 年，考古学家裴文中等又在河北省房山县周口店发现了"北京人"，于是许多历史著作及历史教科书，一变而从"北京人"开始讲起，"北京人"似乎就成了中国历史的开端。"北京人"是旧石器初期的"猿人"，距今约五十万年，五十万年是一个十分悠邈的年代，如果以"北京人"作为中国历史的开端，岂不是把五千年的历史一下子拉长了一百倍吗？况且旧石器时代的古人类化石还不断出土，1963 年在陕西蓝田县发现的"蓝田人"，距今年代约六十万年，1965～1973 年在云南发现的"元谋人"，其化石年代经判定约为一百七十万年②。如果从考古学上的"北京人""蓝田人"或"元谋人"作为中国历史的开端，说"中国历史"已有五十万年、六十万年或一百七十万年，显然大都有商榷的余地③。考古学家又以为，新石器时代才是中

---

① 王仲孚：《略谈本国历史教学上的几个问题》，《中等教育双月刊》1981 年 10 月第三十二卷第五期，台湾师范大学中等教育辅导委员会出版。

② 所谓"元谋人"，系 1965 年在云南省元谋上那蚌小山丘更新世晚期，发现两枚石化程度很深、外形类似人牙的化石，经鉴定是一左一右的上内侧门齿，形态与北京人同类牙齿基本相似，可能代表一个青年男性个体。1973 年 10～12 月，对元谋人化石产地，进行了较大规模的发掘，获得一些元谋人石器材料，与蓝田人、北京人的石器从原料到制法，都有相似之处。1976 年以古地磁法测定，确定其地层的形成时代距今 150 至 310 万年，据元谋人化石所在层位判定，其化石年代约为 170±10 万年。但近年又有降低到一百万年以内的倾向。

③ 林寿晋《半坡遗址综述》一书，序云："自元谋人始，中国已有一百七十万年的历史。其中，有文字的历史不过四千年，占百分之零点二；史前史却居百分之九十九点八。"又，该书第一章《七千年前的村落》云："中国是世界文明的发祥地之一，有四千年文字记载的历史。中国是人类最早的居住地之一，原始社会的历史可以上溯到一百七十万年前的元谋人时代。"香港中文大学 1981 年版。案：此从考古学言之，固无不可，若以"元谋人"作为中国历史的开端或作为古史系统的起点，则似犹未可。又，郭沫若：《中国史稿》第一册第一章《中国历史的开端》认为"大约从一百万年以前起，远古的人类就已经劳动栖息、繁衍在祖国的土地上。在云南元谋，在陕西蓝田，在北京周口店，在山西芮城等地……已经发现了他们的遗骸或遗物，这些发现逐步揭示了我国历史的序幕"，人民出版社 1976 年 7 月第 1 版，第 4 页。类似郭氏的主张为大陆上许多《中国通史》所采取。

国文明的开始①。但也有人认为旧石器时代的晚期，中国历史的序幕就已经揭开②。我国新石器时代的年代，过去安特生曾就在河南、甘肃、青海等地发现的彩陶加以估计，发表了著名的彩陶文化六期，推测彩陶的年代为公元前3200～前2900年，随后又修定为公元前2200～前1700年③。但是近二三十年，新石器时代遗址，在黄河流域发现极多，无法逐一列举，由于碳十四的使用，对于新石器时代年代的测定数据，较安特生估计的年代，远为精确。1953～1957年发掘的"西安半坡"遗址，被认为是一个"七千年前的村落"④，1972年曾以碳十四测定了四件半坡遗址的标本，其中一件ZK38木炭的年代为4115±110 B. C.，树轮校正年代为4770±135 B. C.，足见安特生过去对彩陶年代的估计过于保守。

考古学者指出，中国新石器文化诞生的地区，在晋陕豫三省交界一带，亦即中原文化的核心地区，彩陶文化的开始可能在公元前6000年左右，其结束约在公元前3500年。据此，则我国的文明史应有8000年之久⑤。

从以上的简述，我们不难发现，以考古学建立中国的古史系统，以及确定中国历史的开端，仍是千头万绪的。至少还需假以相当时日的努力探讨，才能获致结论。中国历史的开端，究竟是"北京人"，还是"蓝田人""元谋人"？个人认为都不是很恰当的。因为这些远古的"猿人"化石，在人类体质演化史上，固然有很高的学术研究价值，但毕竟还不是"真人"（Homo Sapiens），而且以"元谋人"的第二颗牙齿，"蓝田人"的一块下颚骨——虽然还有伴随出土的一些石器，作为中国历史开端的依据资料，终究嫌太过贫乏。同时，我们也应该认识到，五十万年或一百七十万年的悠远漫长的时间里，除了旧石器中期和晚期的几个"点"的发现以来，大致是一片黑暗和空白。

---

① 李济著、万家保译《中国文明的开始》一书如此主张。台湾商务印书馆印行。
② 郑德坤：《中国历史的序幕——旧石器时代的民族与文化》，见《大公报在港复刊三十周年纪念论文集》，1978年版。又见《第一届国际汉学会议论文集》，"中央研究院"历史语言研究所1981年版。
③ 安特生（J. G. Andersson）：《甘肃考古记》，《地质汇报》甲种五号，1925年版。
④ "西安半坡"发现于1953年，1954～1957年进行了五次发掘，1963年出版《"西安半坡"——原始氏族社会聚落遗址》，北京文物出版社1963年版。
⑤ 张光直：《华北农业村落的确立与中原文化的黎明》，《"中央研究院"历史语言研究所集刊》第42本第一分册，1971年版。

这些人类化石作为考察人类演化过程的资料，自是十分宝贵，用之于建立中国古史系统，或作为中国历史开端的依据，显然是还有不足的。在旧石器时代，国史的序幕应该还未揭开才是。

就新石器时代的文化而言，由于农业诞生、聚落形成、各种文物灿然大备，所以考古学家将之作为中国文明的开始，因其已具备了信而有征的资料，现在更增加了许多可信的数据。但是彩陶文化的开始年代，仍是由推测而来的，况且它与历史时期的接榫，也没有正式完成，即以被视为"夏文化"的"二里头文化"而言，学术上的讨论还有着不同的争论①。如何以考古资料作为中国历史的开端，建立古史的系统，还有待考古学家和历史学家未来的合作和努力。

二、先秦的古史系统

先秦时代的学者，对于三代以上的古史，并没有建立起各家一致认同的古史系统，《左传·昭公十七年》记郯子言少昊氏以鸟名官的故事时，除了少昊氏以外还提到"黄帝氏以云纪……炎帝氏以火纪……共工氏以水纪……太昊氏以龙纪……"此一叙述的顺序，与此后的古史系统对照，显然没有时代先后的意思。但是郯子提到了五位"古帝王"的名字，即：少昊氏、黄帝氏、炎帝氏、共工氏、太昊氏。这些"古帝王"的名字，都是此后古史系统中的重要人物。

《国语·晋语》载司空季子的话说："昔少典氏娶于有蟜氏，生黄帝、炎

---

① "二里头遗址"的文化性质，有许多不同的看法：1977 年 11 月在河南登封告成镇遗址举行的夏文化讨论会上，夏鼐先生把与会者对于"夏文化"的意见，归纳为四种：1. 认为河南龙山文化晚期和二里头文化的四期都是夏文化遗存；2. 河南龙山晚期与二里头一二期遗存为夏文化遗存；3. 二里头一二期遗存是夏文化，三四期是商文化；4. 二里头一至四期是夏文化，河南龙山文化不是。

参夏鼐：《谈谈探讨夏文化的几个问题——在登封告成遗址发掘现场会闭幕式上的讲话》，原载《河南文博通讯》1978 年第一期，收在郑杰祥主编《夏文化论文选集》，中州古籍出版社 1985 年 3 月第一版，第 160～163 页。还有"认为二里头文化是先商文化，时间上相当于夏代，但不是夏文化"，参吴汝祚：《关于夏文化及其来源初步探索》，原载《文物》1978 年第九期。收在郑杰祥主编《夏文化论文选集》，中州古籍出版社 1985 年 3 月版，第 173～181 页；殷玮璋：《二里头文化探讨》，《考古》1978 年第一期，第 164 页。

帝。黄帝以姬水成，炎帝以姜水成。"这里提到了四位"古帝王"的名字，值得注意的是黄帝与炎帝属于同一个时代。

在《管子·封禅》里，提到了十二位古帝王的名字，《封禅》云①：

> 古者封泰山，禅梁父者七十二家，而夷吾所记者十有二焉。昔无怀氏封泰山，禅云云；虑羲封泰山，禅云云；神农封泰山，禅云云；炎帝封泰山，禅云云；黄帝封泰山，禅亭亭；颛顼封泰山，禅云云；帝俈封泰山，禅云云；帝尧封泰山，禅云云；舜封泰山，禅云云；禹封泰山，禅会稽；汤封泰山，禅云云；周成王封泰山，禅社首。

《封禅》所列的十二位古帝王，似乎有了古史系统的顺位，但是以神农和炎帝为二人，同时，成汤之后为周成王。在《史记·五帝本纪》中以黄帝、颛顼、帝喾、帝尧和帝舜为五帝。而孔子删书，断自唐虞，尧舜可以说是先秦儒家古史系统中的开端，《管子·封禅》中自黄帝向上延伸了四个古帝王，是很值得注意的现象。

《庄子·胠箧》也列举了十二位古帝王，似乎也有时代先后的顺序，《胠箧》云：

> 子独不知至德之世乎？昔者容成氏、大庭氏、伯皇氏、中央氏、栗陆氏、骊畜氏、轩辕氏、赫胥氏、尊卢氏、祝融氏、伏羲氏、神农氏。当是时也，民结绳而用之。

上列十二位古帝王无论是人名或次序，都与《管子·封禅》有所不同。《庄子》还提到了"三皇五帝"，例如《天运》中"三皇五帝"凡四见。其中假托子贡见老聃，老聃告以"吾语女三皇五帝之治天下"。但《庄子》并没有提出"三皇"是哪三人，"五帝"是哪五人。"三皇五帝"表示了三代以前的一个久远的时代，但并没有具体的古帝王标示时代先后的顺序。

在《吕氏春秋》一书里，虽然提到了"五帝"人选是：太昊、炎帝、黄帝、少昊、颛顼，但这五位古帝王是配合五个方位的"五方帝"，并不是具有时代先后顺序的古史系统。至于"三皇"的人选，至秦始皇统一天下以后，

---

① 今本《管子·封禅》已亡，兹据《史记·封禅书》所引。

才由秦博士提出"天皇、地皇、泰皇"之说①。

在《韩非子》一书里,以有巢氏、燧人氏的事迹,说明远古文明演化的过程,《五蠹》有如下的记载:

> 上古之世,人民少而禽兽众,人民不胜禽兽虫蛇,有圣人作,构木为巢,以避群害,而民悦之,使王天下,号之曰:有巢氏;民食果蓏蚌蛤,腥臊恶臭,而伤害腹胃,民多疾病,有圣人作,钻燧取火,以化腥臊,而民悦之,使王天下,号之曰:燧人氏。

《韩非子》所提到的两位"圣人"有巢氏与燧人氏,并没有形成一个古史系统。

《易·系辞传》称:

> 伏羲氏没,神农氏作,神农氏没,黄帝尧舜氏作。

上列五个古帝王的名字,明显的有时代先后的顺序,实具备了古史系统的初形。《庄子·缮性》云:"及燧人伏羲始为天下,是故顺而不一;德又下衰,及神农黄帝始为天下,是故安而不顺;德又下衰,及唐虞始为天下,兴治化之流;澡淳散朴。"似乎也采取了类似的古史系统。不过,《易传》的著作时代,是有争论的,有人认为它著于西汉,不是先秦时代的作品②。但是在没有成为定论之前,我们不妨依照传统的说法,把它列为先秦时代。

总之,在先秦时代,传统的古史系统并未建立起来,不过,当时学者已经认识到在"三代"以上,还有一段漫长的历史,各家所提到的古帝王很多,但究竟应代表古史系统中的哪一个时代,也没有定论。例如《庄子·胠箧》里,伏羲氏、神农氏的顺位,排列在轩辕氏、祝融氏之后;《管子·封禅》所列神农与炎帝,明显的是两个人。因此,在先秦的文献里,"太昊"是不是"伏羲氏","炎帝"是不是"神农氏","黄帝"是不是"轩辕氏",似乎得不到答案,近代学者以为两者不是一个人的成分较大③。

---

① 见《史记·秦始皇本纪》。
② 李镜池《易传探源》一文认为:"系辞与文言——汇集前人解经残篇断简,并加以新著的材料。年代当在史迁之后,昭宣之前。"《古史辨》第三册,第105页。
③ 徐旭生:《中国古史的传说时代》第二章《我国古代部族三集团考》,科学出版社1960年3月第一版,第37~127页。

　　所以，先秦时代各书中的古帝王尚未成为一个有秩序而获得各家公认的古史系统，儒家和道家的古史系统更是各不相同，不过他们提供的古史人物，却成为后人建立古史系统的资料。徐旭生先生《中国古史的传说时代》一书中所列"所谓炎黄以前的古史系统"，可以看出秦汉以后各书中所列古代帝王名字，几乎全取自先秦时代各书中的古帝王，兹将此表转列于后①：

庄子胠箧	吕氏春秋古乐	遁甲开山图	古今人表	帝王世纪	金楼子	三皇本纪	通鉴外纪	丹壶书	路史
			帝宓羲氏	包（伏）牺氏		人皇	全载帝王世纪说		
		女娲氏	女娲氏	女娲氏					
			共工氏						
			容成氏						
容成氏					容成氏				
						五龙氏			
						燧人氏			
								仓颉	史皇氏
大庭氏		大庭氏	大庭氏	大庭氏	大庭氏	大庭氏		大庭	大庭氏
伯皇氏		柏皇氏	柏皇氏	柏皇氏	柏皇氏	柏皇氏		柏皇	柏皇氏
中央氏	中央氏	中央氏	中央氏	中央氏	中央氏	中央氏		中央	中皇氏
						卷须氏			
栗陆氏		栗陆氏	栗陆氏	栗陆氏	栗陆氏	栗陆氏		栗陆	栗陆氏

----

① 徐旭生：《中国古史的传说时代》（所谓炎黄以前的古史系统），科学出版社 1960 年 3 月第一版。

庄子胠箧	吕氏春秋古乐	遁甲开山图	古今人表	帝王世纪	金楼子	三皇本纪	通鉴外纪	丹壶书	路史
骊畜氏		骊连氏	骊连氏	骊连氏	骊连氏	骊连氏		骊连	昆连氏
轩辕氏									轩辕氏
赫胥氏		赫胥氏	赫胥氏	赫胥氏	赫胥氏	赫胥氏		赫胥	赫苏氏
尊卢氏		尊卢氏	尊卢氏	尊卢氏	宗卢氏	尊卢氏		尊卢	尊卢氏
祝融氏		祝融氏			祝和氏			祝融	祝诵氏
伏羲氏							全载帝王世纪说		
神农氏									
		混沌氏	沌浑氏	混（浑）沌氏	浑沌氏	浑沌氏			
		昊英氏	昊英氏	皞（昊）英氏	昊英氏	昊英氏		昊英	昊英氏
		有巢氏	有巢氏	有巢氏	有巢氏	有巢氏		有巢	有巢氏
	朱襄氏	朱襄氏	朱襄氏	朱襄氏	朱襄氏	朱襄氏		朱襄	朱襄氏
	葛天氏	葛天氏	葛天氏	葛天氏	葛天氏	葛天氏		葛天	葛天氏
	阴康氏	阴康氏	阴康氏	阴康氏	阴康氏	阴康氏		阴康	阴康氏
	无怀氏	亡怀氏	无怀氏	无怀氏	无怀氏			无怀	无怀氏
			东扈氏						
			帝鸿氏						

三、汉代以后的古史系统

两汉是中国传统古史系统建立的时代。重要的古史系统有太史公的《史记·五帝本纪》、刘歆的《世经》①、班固《汉书·古今人表》、王符《潜夫论·五德志》等。这些著作中的古史系统，是此后中国传统古史系统形成的主要依据。

太史公虽然确知有伏羲氏、神农氏②，但他断然以黄帝为古史系统的开

---

① 《汉书·律历志》引。

② 参《史记·封禅书》。又《太史公自序》云："余闻之先人曰：'伏羲至纯厚，作易八卦'。"
《五帝本纪》云："神农氏世衰。"《伯夷列传》："神农虞夏忽焉没兮。"

端，这是由于经过了实际的考察和访问，决定采纳《大戴礼记·帝系》的古史系统，作为撰写《五帝本纪》的基本架构。《帝系》云：

　　黄帝产玄嚣，玄嚣产蟜极，蟜极产高辛，是为帝喾。帝喾产稷，产契，产放勳，是为帝尧。黄帝产昌意，昌意产高阳，是为帝颛顼。颛顼产穷蝉，穷蝉产敬康，敬康产勾望，勾望产蟜牛，蟜牛产瞽叟，瞽叟产重华，是为帝舜。帝颛顼产鲧，鲧产文命，是为禹。①

因此《史记·五帝本纪》的世系，可以列表如下：

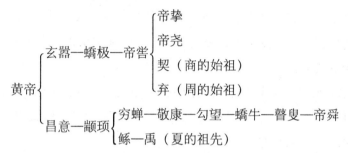

根据此表，则"五帝三王"咸祖黄帝②，后世尊称黄帝为中华民族共同的始祖，应与此有很大的关系。

《世经》的古史系统始于太昊炮牺氏（即伏羲氏）③，其古帝王的先后顺序依序是：

　　帝太昊炮牺氏—炎帝神农氏—黄帝轩辕氏—少昊帝金天氏—颛顼帝高阳氏—帝喾高辛氏—唐帝（帝尧）陶唐氏—虞帝（帝舜）有虞氏—伯禹夏后氏—成汤（天下号曰商，后曰殷）

《世经》的古史，每一帝王分属一德，然后以"五德相生"的系统，表示时代的推移，以古帝王代表时代的先后。可列出古史系统表如下：

----

① 《大戴礼记》卷七，商务四部丛刊本第36页。
② 刘师培《氏族原始论》认为此为"种人之宗法"，见《国粹学报》第一年第四号，第420～428页。
③ 伏羲氏有许多异称，例如《易·系辞传》作"包牺氏"；《庄子·缮性》《荀子·成相》《战国策·赵策》等，皆作"伏戏"；《史记·封禅书》引《管子》《汉书·古今人表》《宋书·符瑞志》等，作"宓羲氏"；《汉书·律历志》作"炮牺氏"；《列子·黄帝》《帝王世纪》作"庖牺氏"。其他尚有皇羲、皇牺、羲皇、戏皇、泰帝、青帝、春皇、木皇、苍帝、苍精之君等。见梁玉绳：《汉书人表考》上册，国学基本丛书，台湾商务印书馆第16页。

木德　太昊炮牺氏　帝喾高辛氏

火德　炎帝神农氏　帝尧陶唐氏

土德　黄帝轩辕氏　帝舜有虞氏

金德　少昊金天氏　伯禹夏后氏

水德　颛顼高阳氏　成汤商、殷

《汉书·古今人表》把古今（至秦末）人物"列九等之序"，其中列为"上上圣人"的，自太昊帝宓羲氏至文王周氏、武王，正是古史系统的主干，其次序如下：

太昊帝宓羲氏、炎帝神农氏、黄帝轩辕氏、少昊帝金天氏、颛顼帝高阳氏、帝喾高辛氏、帝尧陶唐氏、帝舜有虞氏、帝禹夏后氏、帝汤殷商氏

《古今人表》除了列出上举的古帝王所代表的古史系统外，还把先秦时代各书所出现的远古帝王名号，做了一次大整理，全部列入与太昊宓羲氏同一时代的"上中仁人"，他们是：

女娲氏、共工氏、容成氏、大庭氏、柏皇氏、中央氏、栗陆氏、骊连氏、赫胥氏、尊卢氏、浑沌氏、昊英氏、有巢氏、朱襄氏、葛天氏、阴康氏、亡怀氏、东扈氏、帝鸿氏

这些古帝王的名号，分别见于《左传·昭公十七年》《庄子·胠箧》《韩非子·五蠹》《吕氏春秋·古乐》，《史记》所引《管子·封禅》等。他们在各书中，原来的顺位有的本在伏羲氏之前，有的则看不出是在伏羲之前或之后，如今经此一番大整理，全部列在与伏羲氏同一个时代之中了。伏羲氏到了东汉时代，在古史系统中具有最高的地位，各书多把他列为首位，只有袁康《越绝书》似是例外①。

---

① 汉代袁康《越绝书·外传记宝剑第十三》载风胡子对楚王之言曰："轩辕神农赫胥之时，以石为兵；黄帝之时，以玉为兵；禹穴（益?）之时，以铜为兵，当此之时（战国）作铁兵……"（国学基本丛书，商务印书馆印行，第56页）。这种以石、铜、铁作为历史演化过程的标志和19世纪丹麦的汤姆生（C. J. Thomsen）所划分的石器时代、铜器时代、铁器时代，在基本的观念上，竟是如此的谙合。

《汉书·古今人表》所列的古史系统，有几点值得我们注意，其中这一批被列为"上中仁人"的古帝王，在传统的古史系统中，并没有占据很重要的地位；其次《韩非子》所推崇的"燧人氏"没有被列在《人表》之中，而《左传·昭公十七年》所提到的"共工氏"则被列为与太昊伏羲氏同一时代。《孟子·万章上》载帝尧时代的"四罪"：共工、驩兜、三苗、鲧，《人表》把他们列在帝尧时代，可见班固把《左传》里的"共工氏"与《孟子》里的"共工"作为不同时代的"二人"分开处理。

东汉王符著《潜夫论》，在《五德志》一章里，采取"五德相生"的原则，把古帝王做了有系统的整理和分配，建立了他的古史系统如下①：

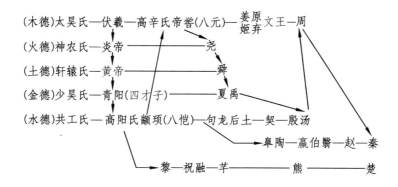

《潜夫论·五德志》里的古史系统，大体上是以《世经》为其基本架构的。

《大戴礼记·帝系》《史记·五帝本纪》所载整齐的世系，在后人看来颇有许多矛盾，例如自黄帝至尧皆为四世，至舜却为八世，所以宋欧阳修《帝王世次图序》以舜娶尧二女乃是上娶其曾祖姑，又如稷、契与尧同父，尧不能举，舜始举之；舜较禹晚四世，反禅位于禹，是上传其高曾祖②。同时，《易·系辞传》《左传》《国语》中所列许多著名的古帝王，如太昊、少昊、炎帝、伏羲氏、神农氏、共工氏等，都不见于《帝系》，颇使后儒费思，也使古史系统混乱，因此《世经》《古今人表》《潜夫论·五德志》都以太昊与伏羲氏、炎帝与神农氏、黄帝与轩辕氏、颛顼与高阳氏、帝喾与高辛氏合为一人。《潜夫论·五

---

① 本表采自胡秋原：《古代中国文化与中国知识分子》上册，香港亚洲出版社有限公司，第41页。
② 崔述：《补上古考信录》卷下，《考信录》上册，世界书局，第21页。

德志》更以太昊氏、神农氏、轩辕氏、少昊氏、共工氏、高阳氏、高辛氏为"世号"，以伏羲、炎帝、黄帝、颛顼、帝喾等为"身号"。"世号"当即部落名称，"身号"即该部落之领袖①。《潜夫论·五德志》并以帝喾出于伏羲、尧出于神农、舜出于黄帝，另以少昊氏为金德，禹为其后，这样使《左传》《易·系辞传》《国语》及《大戴礼记·帝系》所记载的古帝王，都做了适当地调和和安排，完成了一个自成体系的古史系统。

自《世经》至《潜夫论》的古史系统，系兼顾了经典的权威以及汉代盛行的五行思想，所做的古史整理工作，过去顾颉刚氏，以疑古的眼光，认为这是"依照公式创造历史"②，但我们也可以看作这是汉人在尊经和阴阳五行思想下的"古史观"，不能说这是他们伪造的古史系统。

当然，刘歆《世经》所列的古史系统，采"五德相生"的原则，为了以汉为火德，"摈秦"于古史系统之外，而以汉火继周木，又于黄帝轩辕氏与颛顼高阳氏之间，增加少昊金天氏，这种新的排列法，具强烈的政治意识③，但他毕竟还是要"稽之于易"④，王符《潜夫论·五德志》云：

> 自古在昔，三皇迭制，各树号谥，以纪其世……世传三皇五

---

① 朱云影师：《中国上古史讲义》，台湾师大出版组。
② 顾颉刚：《潜夫论中的五德系统》，原刊《史学集刊》第三期，收入《古史辨》第七册，中编。
顾氏亦曾作一简表如下：

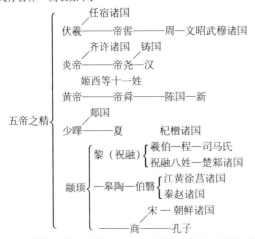

③ 雷家骥：《两汉至唐初的历史观念与意识》，《华学月刊》1983 年 12 月第一四四期，中国文化大学出版部，第 43～45 页。
④ 《汉书·律历志》引《世经》。

帝，多以为伏羲、神农为二皇，其一者或曰燧人，或曰祝融，或
曰女娲，其是与非未可知也。我闻古有天皇地皇人皇，以为或及
此谓，亦不敢明，凡斯数□（似脱一字），其于五经皆无正文，
故略依易系，纪伏羲以后，以遗后贤。

因此，很明显的，"于五经皆无正文"的古帝王，都不列在他的古史系统
之中。太史公于《史记·伯夷列传》说："夫学者载籍极博，犹考信于六
艺。"汉代的经学影响了古史信仰的取舍标准。钱宾四先生说："汉廷之表章
六经，罢黜百家，实起意于复古更化。更化者，化此晚周亡秦之覆辙；复古
者，复于三代尧舜之前轨。故诗书之在当时，见称曰古文。必上窥古文，始
知历史渊源……"① 传统古史系统建立于汉代，实有其时代的背景。

自汉代以后，史部著作中有关三代以上的古史系统，大体都沿袭着《世
经》《易·系辞传》里所列的古帝王顺序加以编列，而太昊伏羲氏便高居在
古史系统的顶端。例如西晋皇甫谧《帝王世纪》一书，虽略提到天皇、地皇、
人皇，但全书的体系，实以太昊伏羲氏为其开端②，南朝刘宋时沈约著《宋
书·符瑞志》云③：

赫胥、燧人之前无闻焉，太昊帝宓羲氏，母曰华胥，燧人之
世，有大迹出雷泽，华胥履之，而生伏羲于成纪。

可见沈约虽然确知有"燧人之世"，而仍以太昊伏羲氏为其开端。唐司马
贞补《三皇本纪》，包罗许多先秦及纬书里的古帝王，但他仍以"太皞庖牺氏
（即"太昊伏羲氏"），风姓，代燧人氏，继天而王"作为《本纪》的开端，
采纳了《汉书·古今人表》的方式。北宋刘恕《通鉴外纪》，已知纬书《春
秋·元命苞》所称"九头十纪"、盘古氏以及《庄子·胠箧》里所列之古帝
王，但却选择了《易·系辞传》所列之伏羲氏、神农氏、黄帝、尧、舜为其
书的古史系统。他认为"诗书仲尼刊定，皆不称三皇五帝三王，易下系曰：
古者包牺氏之王天下也，包牺氏没，神农氏作，神农氏没，黄帝尧舜氏作，

---

① 钱穆：《经学与史学》，杜维运、黄进兴编：《中国史学史论文选集一》，华世出版社 1985 年再
印版，第 124～125 页。
②《帝王世纪》已佚，现有清顾尚之辑，钱熙祚校，道光二十年刊本，《指海》第六集。
③《符瑞志》并非专论古史系统，但却依古史之系统叙事。

载继世更王而无三王之数，或以包牺至舜是为五帝，然孔子未尝道，学者不可附会臆说也"①。清代崔述著《考信录》，其书以为应按《易·系辞传》的次序，首列包牺氏，再依《左传·昭公十七年》郯子所言古帝王，依次为黄帝、炎帝、共工、太皞。而将少皞氏列于炎帝与共工氏之后，少皞氏之前为太皞氏，而将"太皞氏"与"伏羲氏"别为二人②。

在其他的历史著作中，如苏辙的《古史》，三代以上古史系统为太昊伏羲氏、炎帝神农氏、黄帝轩辕氏、少昊金天氏、颛顼高阳氏、帝喾高辛氏、帝尧陶唐氏、帝舜有虞氏③；司马光《稽古录》则为伏羲氏、神农氏、有熊氏、金天氏、高阳氏、高辛氏、陶唐氏、有虞氏④；陈栎《历代通略》，列夏商周三代以前为"三皇"与"五帝"，"三皇"为伏羲、神农、黄帝，"五帝"为少昊、颛顼、帝喾、唐尧、虞舜⑤；郑樵《通志》也是以太昊、炎帝、黄帝为"三皇纪第一"，以帝少昊、帝颛顼、帝喾、帝尧、帝舜为"五帝纪第二"；清代傅恒主编《御批历代通鉴辑览》，三代以上的古史系统，则为太昊伏羲氏、炎帝神农氏、黄帝轩辕氏、少昊金天氏、颛顼高阳氏、帝喾高辛氏、帝尧陶唐氏、帝舜有虞氏⑥。以上类似的著作，不胜列举，大致都是依据《世经》的古史系统，编辑而成的。

元代金履祥《资治通鉴前编》，始于帝尧陶唐氏、帝舜有虞氏，则是依据《尚书》编辑而成，较为例外⑦。

回顾两千年来历史著作中的古史系统，其基本架构，承自汉代，并深受经学传统的影响，学者不敢"离经叛道"的态度，在古史系统的编辑上，随处可见。因此，凡未在经书里出现的古帝王，多被排除在古史系统之外，著名的古帝王如燧人氏、有巢氏、葛天氏、无怀氏等人，始终占不到一席之地。

---

① 刘恕：《通鉴外纪》，《四部丛刊本》，商务印书馆，第 15～16 页。

②《崔东壁遗书·补上古考信录》，台北，河洛图书出版社，卷之三上，第 9 页；卷之三下，第 9～10 页。

③ 苏辙：《古史》卷一，《四库珍本》，商务印书馆。

④ 司马光：《稽古录》卷一，四部丛刊本，商务印书馆，第 7～12 页。

⑤ 陈栎：《历代通略》卷一，《钦定四库全书·史部十五》，商务印书馆，第 1～4 页。

⑥ 傅恒主编：《御批历代通鉴辑览》卷之一，台北，生生印书馆股份有限公司 1985 年 3 月初版，第 1～9 页。

⑦ 金履祥：《资治通鉴前编》卷一，《钦定四库全书·史部二》，商务印书馆印行，第 1～23 页。

至于盘古开天辟地，首见于三国时代吴国的徐整所著《三五历记》《五运历年记》①，出现的时代很晚；魏晋唐宋时代的学者，大都没有把它列入古史系统之中；类书如唐代的《艺文类聚》，宋代的《太平御览》，都不把盘古列在《皇王部》，大多数史书，也不采纳盘古开天辟地之说；直到南宋胡宏的《皇王大纪》一书，才以"盘姓为万姓之宗"，列入了古史系统的顶端②；元明清时代，虽然有些学者把盘古氏列在古史系统里，严谨些的学者则会不以为然，例如清代马骕在其所著《绎史》里，篇首列有"帝王传授总图"，首为伏羲，依次是女娲、神农以至黄帝。他对于盘古的看法是：

> 盘古氏名起自杂书，恍惚之论，荒唐之说耳，作史者目为三才首君，何异说梦。③

两汉经学的独尊，论者以为对中华民族的绵延和历史文化的发展，功不可没④，从古史系统建立及其后的影响加以观察，也确实是如此。自"古史辨运动"以后，传统的古史系统几已彻底瓦解，这固然与"疑古派"学者的破坏，有直接的关系，而民国以后，经学衰微，学者多已不再念"经"，由此而使古史信仰趋于淡薄甚至鄙视，是否应是古史系统遭到破坏的更重要原因呢？由于西洋新知识如考古学、人类学的输入，重建中国古史系统，实属学界的严肃课题。三十多年前，考古学家李济之先生指出，重建中国上古史的材料共有七大类，而认为"历代传下来的秦朝以前的记录……是研究中国上古史最基本的资料"⑤，他建议大学里应设立经学讲座，以便对于中国上古史的重建与研究有所帮助，李氏的主张，实具有真知灼见。

四、传统古史系统的破坏及其问题

我国传统的古史系统，以夏商周为"三代"，或以虞夏商周为"四代"，

---

① 马骕：《绎史》卷一，《开辟原始》，台北，广文书局。
② 胡宏：《皇王大纪》卷一，《三皇纪》，《四库珍本》商务印书馆，第1页。
③ 马骕：《绎史》卷一，《三五历记》条下，广文印书局。
④ 李威熊：《两汉经术独尊与经学诸问题的探讨》，《孔孟学报》第四二期，1981年9月，第150页。
⑤ 李济：《再谈中国上古史的重建问题》，《"中央研究院"历史语言研究所集刊》第三十三本，第355～359页。

例如《左传》庄公三十二年载内史过之言曰："故有得神以兴，亦有以亡，虞夏商周皆有之。"至于三代以上古史系统则有三皇五帝，再向上则为盘古开天辟地。这是先秦两汉学者所建立起来的古史系统，大体上为两千年来国人所沿用。但至五四新文化运动以后，此一"传统古史系统"则遭到破坏①。

1923 年，顾颉刚在《努力》增刊、《读书杂志》第九期，发表《与钱玄同先生论古史书》，提出其著名的"古史层累积成说"，指出中国的传统古史系统，都是后人一层一层地加上去伪造出来的，他认为："周代的人心目中最古的人是禹，到孔子时有尧，到战国时有黄帝神农，到秦有三皇，到汉以后有盘古。""时代愈后，知道的古史愈前，文籍愈无征，知道的古史愈多。汲黯说'譬如积薪，后来居上'，这是造史很好的比喻。"② 顾氏后来在《古史辨》第一册《自序》里，又重申了他的"中国古史层累积成说"的主张。

众所周知，顾颉刚的上述主张，引发了一场古史大论战，所谓"古史辨运动"，从此如火如荼地展开。当时虽然有人称赞顾氏之说"精当绝伦"③，但也有人指摘它的基本方法谬误④。笔者也曾检讨过顾氏此说，发现其主要错误，在于把史籍著成的时代，作为史事发生的时代，因此才会不管某书著作之目的与时代背景如何，凡是某一时代的著作中，未曾记载的事，就当作是历史上未曾发生过的事⑤。

在"古史辨运动"期间，疑古学者的基本主张，认为三代以上的古帝王，都是神话中的人物，环绕着这些古帝王的故事，也都是伪书中的伪史。而传统古史系统，原是以古帝王如伏羲、神农、黄帝、尧、舜等的时代先后，排列串联而成的，如今这些古帝王全被否定，古史系统也就遭到了彻底的破坏。这不仅使考察古史的人为之"四顾茫然"⑥，直到现在，我们的中国通史著作

① 屈万里《我国传统古史说的破坏与古代信史的重建》一文指出，传统古史遭到破坏的原因有三：一、古书辨伪之学发达；二、西方新知识输入的冲击；三、疑古派的批判与否定。见《第二届亚洲历史学家会议论文集》，收入《屈万里全集》，联经出版事业公司。

②《古史辨》第一册，中编，第 60 页。

③ 钱玄同：《答顾颉刚先生书》，《古史辨》第一册，中编，第 67 页。

④ 张荫麟：《评近人对于中国古史之讨论》，《古史辨》第二册下编，第 271～273 页。

⑤ 王仲孚：《顾颉刚的古史研究与著述》，《"国立"台湾师范大学历史学报》1987 年 6 月第十五期。

⑥ 董作宾：《中国古代文化的认识》，《大陆杂志》1951 年 12 月三卷十二期。收在《平庐文存》上册，卷三，艺文印书馆 1963 年版，第 1～25 页。

或一般历史教科书里的古史系统，还呈现着"双轨"的现象：大约都是在第一节先叙述考古发掘的旧石器时代、新石器时代，第二节又叙述古史传说中的三皇五帝，至夏商时代以下，才有了一贯的系统。这种古史系统"双轨"的现象，颇令人感到困惑，影响国人对于古史的信仰至深且远。这些都是由于旧的古史系统遭到破坏，新的古史系统未能建立起来的缘故。

此外，由于传统古史系统遭到破坏，许多历史著作，都从殷商开始写起，夏以前的古史多略而不提，大家都认为殷商时代，才是中国信史的开端。但是，现在看来，以殷商时代作为中国信史的开端，何尝是正确的呢？

谈到历史的开端，古今学者实多视其著作性质和个人的"史观"而定，并没有一致的看法。孔子删书，断自唐虞，并不表示唐虞以前没有历史；司马迁虽然确知有伏羲氏、神农氏①，但他仍以黄帝列为《五帝本纪》之首。太史公以黄帝作为《史记》的起点，是经过实际的考察和访问才决定的，《五帝本纪》太史公曰：

> 余尝西至空桐，北过涿鹿，东渐于海，南浮江淮矣，至长老皆往往称黄帝、尧舜之处，风教固殊焉，总之不离古文者近是。……余并论次，择其言尤雅者，故著为本纪书首。

可见太史公态度的严谨，但唐代的司马贞犹觉《五帝本纪》不足，所以在《五帝本纪》之前，再补上《三皇本纪》。小司马认为"太史公作《史记》，古今君臣宜应上自开辟，下迄当代，以为一家之首尾"，既论古史，就不应阙三皇而不备，由于皇甫谧的《帝王世纪》等书都是从三皇以来的事说起，所以他就"并采而集之作《三皇本纪》"。但是司马贞的《三皇本纪》，既谓"太皞庖牺氏，风姓，代燧人氏继天而王"，又谓"一说三皇谓天皇、地皇、人皇"，继之又说："自人皇以后，有五龙氏、燧人氏、大庭氏、柏皇氏、中央氏、卷须氏、栗陆氏、骊连氏、赫胥氏、尊卢氏、浑沌氏、昊英氏、有巢氏、朱襄氏、葛天氏、阴康氏、无怀氏，斯盖三皇以来，有天下者之号。"我们可以看出，司马贞的《三皇本纪》，既未决定何者是历史的开端，也未整

---

① 《史记·封禅书》："昔无怀氏封泰山，禅云云；虙羲封泰山，禅云云；神农封泰山，禅云云……"《太史公自序》："余闻之先人曰：'伏羲至纯厚，作易八卦。'"《五帝本纪》："神农氏世衰。"《伯夷列传》："神农虞夏忽焉没兮。"足见司马迁知道黄帝之前有伏羲、神农。

理出自己的历史系统，正如他自己所说的，系把经传典籍及谶纬图说等有关的资料，"并采而取之"而已①。

其实，战国秦汉时代学者，多以远古帝王代表历史发展的阶段，以古帝王为代表，依其时代先后，组成了古史的系统。所以，我国传统的古史系统，是古代无数学者，经过漫长的考察时间，才逐渐建立起来的②，我们对于传统的古史系统，应作如是观才是。

在先秦时代，各家提到的古帝王名字很多，但还没有一致的古史系统，到了汉代，古史系统才趋于定型，汉代学者所建立的古史系统，自然有汉代的思想为依据，我们不能以后代的观点，加以全面否定。自汉代以后，垂两千余年，古史系统没有发生很大的改变。不过，我国纬书里的古史系统，所谓"九头十纪"之说，未尝不可视为纬书的作者所尝试建立的古史系统，例如《春秋元命苞》云：

> 天地开辟至春秋获麟之岁，凡二百二十六万七千年，分为十纪。一曰九龙纪、二曰五龙纪、三曰摄提纪、四曰合雒纪、五曰连通纪、六曰叙命纪、七曰循蜚纪、八曰因提纪、九曰禅通纪、十曰疏仡纪。③

宋代罗泌的《路史》，就是以此为基础，建立其古史系统的。他以伏羲氏以上为前纪，伏羲氏以下为后纪。前纪列"禅通纪"以前古帝王，其中"循蜚纪"自"巨灵氏"以下至"次民氏"，共列二十二氏；"因提纪"自"辰放氏"以下至"庸成氏"，列十三氏；"禅通纪"自"史皇氏"至"伏戏氏"，共列十八氏④。清代马骕在《绎史》里批评罗泌《路史》"十纪之说，名不雅训，荐绅之所难言"，认为二百二十六万余年，分为十纪，是很不妥当的⑤。其实，如从搜集前代资料，建立更为严密的古史系统的观点来看，则《路史》的古史系统，也就不应该予以苛责了。

----

① 司马贞：《三皇本纪》，殿版本《史记》附，艺文印书馆印行。
② 王仲孚：《试论中国历史的开端和古史系统的建立》，《中国史新论》（傅乐成教授纪念论文集），台湾学生书局 1985 年 8 月版。
③ 马骕：《绎史》卷一引，广文书局影印本。
④ 罗泌：《路史·前纪》，卷六至卷九，《四部备要本》，台湾中华书局。
⑤《绎史》卷一，第 5 页。

在 19 世纪 "演化论" 学说盛行的时候，许多学者又常以几个不同的时代，来表示历史演化的过程，而不纪年。丹麦博物馆长汤姆生(C. J. Thomsen)所划分的石器时代、铜器时代、铁器时代，最为大家所熟知。美国人类学家莫尔根(L. H. Morgan)在其所著《古代社会》（*Ancient Society*）一书里，将人类历史分为蒙昧（Savagery）、半开化（Barbarism）、文明（Civilization）三个阶段。这也可视为莫尔根所建立的历史系统，他认为历史的开端，就是该书所列蒙昧时代的初期了①。不过，这一从蒙昧到文明的过程，应该是整个人类的 "历史系统"，而不是某一个国家或某一个民族的 "历史系统"。但是，自从我国传统古史系统遭到破坏以后，学者也有以莫尔根《古代社会》的历史系统为架构，与中国远古帝王相比附，合成一个新的古史系统，例如吴泽《中国原始社会史》一书②，所列的古史系统，就是最好的例证。该书的古史系统如下：

$$
蒙昧时代（Savagery）\begin{cases} 下期——（有巢氏） \\ 中期——火（燧人氏） \\ 上期——弓矢（伏羲氏） \end{cases}
$$

$$
野蛮时代（Barbarism）\begin{cases} 下期——陶（神农氏） \\ 中期——家畜植物（尧舜禹） \\ 上期——铁（夏代） \end{cases}
$$

文明时代（Civilization）——文字

此外，依据马克思所主张历史演化的阶段论，依次是原始社会、奴隶社会、封建社会，套进中国历史的发展过程中，自远古至清代的阶段划分如下：

原始社会（远古——禹）

奴隶社会（夏代——战国时代）

封建社会（秦汉——清代）

这一套历史系统和架构，自 1949 年以后，已为中国大陆地区历史学者和历史著作所普遍采用，例如郭沫若主编《中国史稿》（人民出版社 1962 年版，北京）一书，便是依据此一架构所撰写的，兹列出如下：

---

① 莫尔根之《古代社会》著于 1877 年，1935 年有杨东莼、张栗原中译本，见商务印书馆《汉译世界名著甲编》。

② 吴泽：《中国原始社会史》，桂林，文化供应社出版，1943 年版。

（以下略）

我们综述了从先秦以来中国古史系统形成到破坏的过程，不难发现民国初年古史辨运动对于传统古史系统的破坏，影响之深远可以说是"二千年来未有之变局"。

传统的古史系统之遭破坏，以先秦时代最为严重，不仅炎黄以前的古史系统已经混乱，即炎黄以下至夏代也是模糊不清的状态。文献记载的传统古史系统已不可能恢复，"阶段论"的历史系统虽然兼容并蓄地容纳了文献和考古两大资料，但此一系统是先预立框架，再予填补内容，正是顾颉刚先生批评汉代五德终始下的古史系统——系依照公式创造历史，可值得商榷之处甚多。考古学的石铜铁分期系统，至今也没有严格地建立起来。最近张光直先生主张把"先秦史"分为四大段落：一是直立人（Homo Erectus）生存的时代，约从一百万年到二十万年前；二是现代人类（Homo Sapiens）在东亚之出现，约十万到十五万年前；三是从"新石器革命"到文明的起源，大致从一万年前到公元前三千年前后；四是从文明开始及其发展，包含龙山文化和夏商周三代①。这个先秦史

----

① 张光直：《论中国先秦史的新结构》，《中国考古学与历史学整合国际研讨会》，"中央研究院"历史语言研究所主办，1994 年 1 月。

的新结构，体大思精，气魄宏伟，但是要使它实现在一本"先秦史"的著作中，恐怕有待努力者颇多，或许仅是一种构想，距其实现则遥遥无期。

我们可以预见，中国上古史系统的重建，将是一件漫长而艰巨的工程。

后　记

本文系 1989 年至香港中文大学联合书院历史系讲演稿，并综合下列二文而成：

一、《试论中国历史的开端和古史系统的建立》，《中国史新论》（傅乐成教授纪念论文集，学生书局 1985 年 8 月）；二、《试论汉代的古史系统》，《汉代文学与思想学术研讨会论文集》（"国立"政治大学中文所系主编，文史哲出版社，1991 年 10 月初版）。

贰 中国民族西来说之形成与消寂的分析

一、引 言

有关"中国民族"的起源问题，古籍之中仅有传说与神话，如女娲氏抟黄土为人①，盘古氏开天辟地②，但以其事渺茫难稽，近代学者对于这些神话与传说，还没有一致的看法，因此当不能视为民族起源的正式记载。古代学者，孔子作《书》，断自唐虞，司马迁《史记》则始于黄帝，过去史家对于"民族"由来或"人类原始"，一向甚少有论及之者，但也从未成其为问题。但自 19 世纪中叶以来，西方学者相继提出"中国民族"的由来问题，主张外来之说者颇不乏其人，一时"中国民族"外来之说大作。而在诸外来说之中，复各有不同之主张，如 Weiger 谓来自中南半岛，Cobineau 谓来自印度，Pumpelly 谓来自中亚，Richthofen 谓来自于阗，Huxley 等谓来自美洲，而法人拉克伯里（Terrien de Lacouperie）则谓来自两河流域的巴比伦，故又称"巴比伦说"③，本文所谓"中国民族西来说"主要即指此而言。

拉氏之说系列举中国传说中的古史人物与古代巴比伦历史互相比附，一

---

① 东汉应劭《风俗通》云："俗说天地初开辟未有人民，女娲抟黄土为人，剧务力不暇供，乃引绳絚况中举以为人，故富贵贤知者黄土人也，贫贱凡庸者，引绳絚人也。"见马骕《绎史》卷三引，台北广文书局，第4页。

② 三国吴人徐整《三五历记》云："天地混沌如鸡子，盘古生其中，万八千岁。天地开辟，阳清为天，阴浊为地。盘古在其中，一日九变，神于天，圣于地。天日高一丈，地日厚一丈，盘古日长一丈，如此万八千岁，天数极高，地数极深，盘古极长，后乃有三皇。"盘古传说又见《五运历年记》《述异记》等。马骕《绎史》卷一引。

③ 何炳松《中华民族起源之新神话》一文，共列中国民族起源之学说九种，计有（一）埃及说之根据文字者，（二）埃及说之根据瓷瓶者，（三）埃及说之根据史记者，（四）巴比伦说，（五）印度说，（六）中国民族外来说，（七）中国民族为皇古原有民族之残余说，（八）中国语为皇古人类公用语说，（九）中欧语言同源说。何文所列，尚未包括 Weiger、Pumpelly、Richthofen、Huxley 诸人之说在内。见《东方杂志》1929 年第二十六期第二号。

且传入中国，引起一部分学者的极大兴趣，蒋智由、章太炎、丁谦、黄节、刘师培、章鸿钊诸人，莫不竞起附和，大加鼓吹，于是风靡一时，在 20 世纪的前三十年成为极流行的论题，其影响之大，实为其他诸外来说所不及。现在虽然已经时过境迁，甚至已被人逐渐淡忘，但其所反映者实为晚清以来国人思想信念的一部分，是值得我们研究探讨的问题①。

其次，讨论此一问题，对于"中国民族"一词必须略作说明。"中国民族"是复合的民族，在其成长的过程中，融合了许多不同的"民族"，如同长江大河容纳了无数的支流。因此，它的含义因时代而应有所不同。从前的学者在讨论"中国民族"的由来时，使用的名称并不一致，或用"中国人种"，或用"汉族"，或用"华族""华夏族"等。其实这些名称，仔细探究之下并非十分适当。因为春秋时代的"华夏民族"，可能是从传说中的黄帝尧舜时起，融合了许多部落形成的，秦汉时代所形成的"中国民族"或"汉族"，也是从三代以来两千年间，融合了三苗、九黎、鬼方、昆吾、喁、莱、淮、岛、微、卢、彭、濮、庸、蜀、羌、骓、荆、舒、吴、越等族而成的②。中国因一向没有"种人"的限界，正如江海之不辨细流，故能成其大。孔子作《春秋》，诸侯用夷礼则夷之，夷而进于中国则中国之，正说明了这种精神。所以"中国民族"一词，文化的意义远大于"人种"的意义。如果从"人种学"（Raciology）的观点来分析现在的"中国民族"的成分，已非单纯③，或更欲向上寻找出它的源头，恐怕是不容易甚或不可能的事。

但是，当时学者对于"中国民族"由来的讨论，似仅有模糊的观念，并没有"人种学"上的明确定义。其时所谓的"吾种人"，大致是指"华夏族"或"汉族"。可是，如同上述，"华夏族"或"汉族"严格地说也是复合而成

---

① 王尔敏师：《近代中国思想研究及其问题之发掘》，《新知杂志》1972 年第三期，第 56～57 页。
② 芮逸夫先生：《中国民族》，《中国民族及其文化论稿》上册，艺文印书馆 1972 年版，第 51 页。
③ 例如李济之先生：《中国民族之形成》（The Formation of Chinese People）一书，以中国人种主要的成分有五，依其重要性之次序为：（1）黄帝子孙，（2）通古斯（Tungus），（3）藏缅群（Tibeto-Burman Group），（4）僬吉群（Monkhmer Group），（5）挥族群（Shan Group）。次要成分有三：（1）匈奴，（2）蒙古人（Mongols），（3）矮人（Davarts）。芮逸夫先生：《中国民族的构成》一文，将中国民族的主要成分，别为十二系：（1）汉人系，（2）通古斯系，（3）蒙古系，（4）乌梁海系，（5）突厥系，（6）塔吉克系，（7）康藏系，（8）罗么系，（9）同泰系，（10）僬吉系，（11）苗傜系，（12）"福摩萨系"。见前引书，第 64～67 页。虽然如此，但今日的"汉人系"在血统上，未见得与通古斯系或蒙古系毫无关联。

的。因此，当代学者之中，有人对于从前"中国民族"起源的讨论，认为"中国民族"一词的含义不清楚①，但也有人以为，如从"社会的文化的"观点言，虽称"中华民族"，从"政治的法律的"观点言，则为"中华国家"，而都包含在"中华国族"之内②，这些自然都是精辟之议。虽然如此，"中国民族"一词，在从前及现在却一直为许多学者所采用③。它似乎已成了一个"通俗的"名词。

不过，本文的主旨，不是要研究"中国民族始源"或"中国民族形成"的问题本身，而是要探讨从清末庚子以来，迄于 1931 年前后的三十年间，"中国民族西来说"在中国风靡一时的原因、经过和影响，从过去学者们对此一问题的讨论中，认识其所反映的思想与信念。

二、中国民族西来说的由来

早在 17 世纪，德国耶稣会教士基尔什尔（Athanase Kircher）首先提出"中国民族"起源于埃及的主张，其后，英人威尔金生（J. G. Wilkinson）等人起而推波助澜，终因证据薄弱，旋归消沉，其在中国之知识界亦并未引起任何反响。公元 1894 年英国伦敦大学教授拉克伯里（Terrien de Lacouperie）出版《中国古文明西源论》（*Western Origin of the Early Chinese Civilization*）一书，以西亚古史与中国古史相比附，证明古代中国民族系从巴比伦迁徙而来。拉氏之书，中国似未移译全文，国人蒋智由曾摘译该书要点，作扼要之介绍，并加注释，其说大致认为：巴比伦史上的奈亨台（Nakhunte 或 Nai Hwang Ti）于底格里斯河边有战功，当公元前 2282 年率巴克（Bak）民族东徙，从土耳其斯坦，经喀什噶尔（Kashgar），沿塔里木河，达于昆仑之东方，此东徙之

----

① 劳榦在《本国历史教科书中的若干问题》一文中说："……再就是中国民族起源的问题了。关于这个问题，最先便要问一问，其中所指的'中国民族'是什么？假若说凡隶属中国国籍，都是中国民族，那就中国民族本是一个复合的民族，问他的起源是一个无意义的话。"见《大陆杂志》1950 年一卷七期。
② 芮逸夫先生：《中华国族解》，《中国民族及其文化论稿》上册，艺文印书馆 1972 年版，第 4 页。
③ 例如芮逸夫先生前引书即其一例。该书分上中下三册共收论文七十篇。又如李济之先生亦有《中国民族之始》一文，载《大陆杂志》1950 年 7 月一卷一期。可见"中国民族"一词的使用，并无不妥。

酋长，即中国古史上的黄帝。其他如：莎公（Sargon，或译萨尔恭）即中国所谓神农，但克（Dunkit 或 Dungi）即中国所谓仓颉，巴克即中国所谓"百姓"，昆仑意为"花国"（Flowery Land），亦即中国所谓中华。至其"事"之相同者亦多，如"一年分四季，置闰月法"，"十二甲子之循环，六十年为一纪"，"金属之使用及铸造"，"从事农业得小麦之种"，"座尊右，四海之名称，置天文之官，四岳，十二牧、六宗"，"巴比伦之楔形文字一变而为画卦"等①。

日人白河次郎、国府种德于 1899 年合著《"支那"文明史》，就拉克伯里之说为根据，罗列巴比伦与中国文明及传说相同者多达七十余条，以证明中

---

① 蒋智由：《中国人种考》，上海华通书局 1929 年版，第 26~30 页。兹将该书摘译之要点抄录于后，以供参考：

奈亨台（Nakhunte）者，即近世：Nai Hwang Ti 与爱雷米特（Elamite）历史所称之 Kudur Nakhunte 相同，于底格里士河边有战功，当纪元前 2282 年（注：或谓当纪元前 24 世纪至 27 世纪）率巴克（Bak）民族东徙，从土耳其斯坦，经喀什噶尔（Kashgar）（注：即疏勒），沿塔里木河（Tarym），达于昆仑山脉之东方。其一族者，与本族分离，向北方近烟尼塞河流域旅行，今日于河边，发现其用当日文字所成之古铭；而同时又有未达东方者，与北西藏之民族，结合而为一部族。此东徙之酋长，以中国古史证之，即黄帝也。又曰莎公（Sargon）者，于当日民众未知文字，为记事实，用火焰形之符号，是即中国所谓神农也。又曰但克（Dunkit）者，近世 Tsanghieh 迦勒底语为 Dungi，亚尔多（Chaldea）人曾传其制文字，象鸟兽爪之形，是即中国所谓仓颉也。

巴克（Bak）者，本当时命其首邑及都邑之名，而西方亚细亚一民族，用以为自呼之称号，今此语之存于西亚细亚古史者，如巴克（Bakhdi）、巴克脱雷（Bactra）、巴克坦（Bakhtan）、巴克雅（Bakthyari）、巴克大（Bacdad）、巴克斯坦（Bagistam Bagor Bakstan）即巴克之陆（Land of Bak）、巴克美乃齐（Bakmesnagi）即巴克之国（Country of Bak）。此民族其后有东徙者，是即中国所谓百姓也。

昆仑（Kuenlum）者，即"花国"（Flowery Land），以其地之丰饶，示后世子孙之永不能忘。既达东方，以此自名其国，是即中国所谓中华也。

至其事之相同者，如：一年十二分法，一年二十四小别法，一年分四季法，置闰月法，五日累积法（注：木火土金水），以十二年为世运之一循环，二根元阴阳之义，用八十筮竹，音乐十二律，十二干支之循环，十二甲子之循环，六十年为一纪；沟渠运河堤防，金属之使用及铸造，用战车驾二头以上之马，君主之冠裳用特别之纹章（注：中国衮冕黼黻）；从事农业，得小麦之种（注：波斯湾之北及东北所自生者移植于中国），座尊右，四海之称名，置天文之官，四岳（注：迦勒底四个州国之王），十二牧六宗（注：稣西安那之六少神）。视文字之相同者，如十纪计算法，天皇十三头，地皇十一头，各一万八千岁，天皇二十三万四千年，地皇十九万八千年，总年数四十三万二千年（注：巴比伦以此计算大洪水以前诸王之年数）。十纪之第一期者，九人治世（注：中国有九头纪）；次五纪（注：中国有五龙纪）；又 Sumir（注：中国循蜚纪）；Dintirki（注：中国因提纪）；Tamdin，即波斯湾之北（注：中国禅通纪）；Urban，Urbagash，Hot Bak-Ket（注：中国伏羲）。十二月名称之符号，十二支名之符号（注：《尔雅》《史记》所称者）等是也。

巴比伦之楔形文字，一变而为画卦……卦者一种之古文字也，以字简而事易繁，故于一字之中，包含众多之意义，后世逐以此为寓天地万物之理。而所谓《易》者，古文字之字典也，历代时有增辑，故《易》不一，当时欲治古文，不能不检字典。孔子读《易》而韦编三绝，盖使用之勤以至此尔。《易》本为古文之字典，而卜筮者，又假《易》以为用，故于初九初六各爻之间，加以吉凶无咎等字。

国文明源于西亚①。此书于 1904 年（光绪三十年）由留日学生所组织的东新译社译成中文，改称《中国文明发达史》，在中国学术界颇为流行②。拉氏之说似经此而传入中国。

从以上拉克伯里学说传入中国的过程观察，拉氏的原著似仅传至日本，再由蒋智由氏的许多译著以及白河、国府二氏《"支那"文明史》的中译本转介给国人。其后讨论"中国民族西来说"的学者，多以此为主要根据，可见其影响之大③。而拉克伯里《中国古文明西源论》一书，似乎并没有完整的中文译本。

由于拉克伯里"中国民族西来说"主张颇为新奇，用他的理论作架构来附会中国远古时代渺茫难稽的传说，颇能言之成理，因此一旦传入中国，立即风靡一时。刘师培《中国历史教科书》即以"盘古氏后有天皇氏地皇氏人皇氏……此皆汉族初入中国之君也"立说④。事实上，"西来说"不仅在学术界流行，而几乎成了国民共同的信念。1915 年 5 月，袁世凯制定国歌的歌词，就充满了民族西来的意味，其歌词云⑤：

> 中华雄立宇宙间，
>
> 廓八埏。
>
> 华胄来从昆仑巅，
>
> 江河浩荡山绵连。
>
> 勋华揖让开尧天，
>
> 亿万年！

孙中山先生是一位旧学基础既好，又能积极接触新思想新学说的饱学之士，因此，在"中国民族西来说"盛行之时，也不免受到了相当的影响。1924 年演讲"三民主义"，说到中国民族的来源时称：

---

① （一）其中学术及艺术之相同者五十二。（二）关于文字者，巴比伦楔形文字类中国之卦象。（三）关于政治制度及信仰者九。（四）关于历史上之传说相同者八。见缪凤林：《中国民族西来辨》，《学衡》1925 年 1 月第三十七期，第 3 页。

② 周予同：《五十年来中国之新史学》，《学林》1941 年 2 月第四期，第 15 页。

③ 《中国人种考》出版于 1929 年 11 月。而蒋氏在民国前十一年的《新民丛报》已不断发表这一类的文章，可见其早已接触拉氏的主张。

④ 刘师培：《中国历史教科书》第一册，宁南武氏排印本，1936 年，第 2 页。

⑤ 魏庚人：《中国国歌简史》，《西北大学学报》1991 年第一期，第 124 页。

讲到中国民族的来源，有人说百姓民族是由西北方搬进来的，过葱岭到天山，经新疆以至黄河流域。照中国文化的发祥地说，这种议论，似乎是很有理由的。……但是考究历史，古时候的尧舜禹汤文武，都不是生在珠江流域，都是生在西北。珠江流域在汉朝还是蛮夷，所以中国文化是由西北方来的，是由外国来的。中国人说人民是百姓，外国人说西方古时有一种百姓民族，后来迁移到中国，把中国原来的苗子民族或消灭或同化，才成为中国今日的民族。[①]

孙中山先生讲到中国文明何以发生在黄河流域时，显然也受了拉克伯里"巴比伦"说的影响，他说：

好比黄河流域，是中国古代文化发源的地方。在黄河流域，一来有风雨天灾，二来有寒冷，本不能够发生文化。但是中国古代文化，何以发生于黄河流域呢？因为沿黄河两岸的人类，都是由别处搬来的，比方"马斯波他米亚"的文化，便早过中国一万多年，到了中国的三皇五帝以前，便由"马斯波他米亚"搬到了黄河流域，发生中国的文明。[②]

从以上的例子可以看出，"中国民族西来说"的确具有很大的势力，无怪乎丁谦说：

以是观之，中国人种来自西方，理自可信，所以拉克伯里之说一出，精研古学者皆以为然，不闻有反对之言也。[③]

三、"西来说"与中国古籍的附会

拉克伯里之说使中国学者发生极大的兴趣，展开了一场大附会。服膺拉氏"中国民族西来说"的学者，对于黄帝率其族人东迁之事，及其有关传说，无不言之凿凿，绘影绘形。例如关于黄帝从巴比伦东来的路线，拉克伯里仅

---

① 见《三民主义》，民族主义第一讲。
② 见《三民主义》，民权主义第一讲。
③ 丁谦：《中国人种从来考》，《蓬莱轩地理学丛书》第三册，正中书局1962年版。

指了一个概略，中国学者便以拉氏之说为基础，作进一步的推测，大致认为东来的道路从越过帕米尔高原以后，向东可能分为两途，光绪二十九年出版之《黄帝魂》一书，早已做了如上的表示①。据蒋智由的推测，"中国民族"由巴比伦至中国之路线是：

> 当百姓民族东来之日，其道路所经，今难确知，以今之地势推之，既横断中亚洲山脉，由此东向：其一道从叶尔羌（Yarkand，即莎车）、喀什噶尔（Kashgar，即疏勒），而出吐鲁番（Turfan）、哈密（Hami）之边，达中国之西北部，沿黄河而入中国；其一道从西藏北部青海之边而入中国。然路稍险隘，又从西藏之打箭炉，亦为一道。然由此入中国者，经蜀而入长江之流域，以今思之，大概出于首一道者为多。②

这显然是从拉克伯里之说中所得到的启示。这种推测，就地理形势而论，颇能言之成理。当时关于"人类起源于中亚"之说甚盛，《黄帝魂》先已指出③，1914 年《庸言报》载《中国文化之发源地》一文，做了较有系统的介绍，该文云：

> 据西儒研究，世界人类，始于东半球，东半球人类始于亚洲，亚洲人类始于帕米尔高原（Pamir）。自此分道四下，其西下者为埃及，为美索不达米亚，南下者为印度，东下者为中国。中国民族，由帕米尔高原，越葱岭，至天山南路，沿塔里木河（Tarim）东下至青海，自此分为二路。南路由扬子江顺流而下，抵四川，东阻于三峡，不得至湖北，北阻于秦岭，不得至陕西，乃盘踞扬子江上流，滋生繁盛，是为异日巴蜀二国之前身。北路沿黄河而下，抵甘肃陕西，自此顺流而东，一泻千里，平原旷野，一望无际，适于人类之生存，是为有史以前唯一不二之东西交通路。中国文化不发生

①《黄帝魂》。该书署"黄帝子孙之多数人撰述"，"黄帝子孙之一个人编辑"，中国国民党"中央委员会"党史史料编纂委员会 1968 年影印版，第 159 页。
② 蒋智由：《中国人种考》，第 34 页。
③《黄帝魂》，第 168 页。

于中带南带而发生于北带者，势使然也。①

持这种观点，本与拉氏的理论不尽符合，但在笼统含混的观念之下，使"中国民族"西来的途径俨然如同有了地理学的根据，而且也使中国文明何以发生在较冷的黄河流域，而不发生在较温暖的长江流域或粤江流域，得到了合理的解释。章太炎曾笼统地说：

> 大抵人类皆自高原而降，从西方抵东土者，一出北道则为匈奴，一出中道则为诸夏，一出南道则为马留。匈奴之民依沙漠而居，诸夏之民据大陆而居，马留之民附洲岛而居，所处不同，故职业亦异。②

以上所述的地理形势及民族西来的路线，实为主张"西来说"者的重要理论基础之一，帕米尔既为"我种人"从巴比伦东迁的途径，但帕米尔究竟在古籍中的记载为何地？却无从考察，蒋智由于是找到了传说中的"昆仑"，经过连篇累牍的考证，反驳诸家之说，坚持昆仑山就是葱岭或帕米尔，是古代"中国人种"进入中国的必经之路③。此说的"确定"，是中国民族西来说理论上的重要支柱，不仅符了拉克伯里的学说，也使中国古书里许多暗昧不彰的记载"迎刃而解"。因此昆仑即帕米尔这一解说，为主张民族西来说各家所一致认可。而古籍中有关黄帝的传说亦有与"昆仑"有关者，例如：《庄子·天地》：

> 黄帝游乎赤水之北，登乎昆仑之丘。

《穆天子传》：

> 吉日辛酉，天子升于昆仑之丘，以观黄帝之宫。

《列子·周穆王》：

> 别日升昆仑之丘，以观黄帝之宫而封之，以诒后世。

《山海经》：

----

① 《东方杂志》1914 年第十卷 12 号，第 13 页转载。

② 章太炎：《排满平议》，《章氏丛书》，世界书局 1982 年版，第 788 页。

③ 古籍有关昆仑的记载极多，大多传说纷纭，其地望渺茫难稽。考据家言昆仑之地望有三说，即巴颜喀拉山、大积石山、小积石南山。清段玉裁则以为凡高大之山皆曰昆仑，无所专指。所以古时传说中的昆仑山，可能仅是一种抽象的观念，并非专指某山，无怪乎后人的考证费尽力气，仍然得不到统一的答案。参蒋智由《中国人种考》，第 173 页。

> 流沙之滨，赤水之后，黑水之前，有大山名昆仑之丘，而南
> 望还归，遗其玄珠……

《山海经》：

> 黄帝乃取峚山之玉荣，而投之钟山之阳。

次云：

> 槐江之山，实唯帝之平圃，南望昆仑，其光熊熊，其气
> 魂魂。

下云：

> 昆仑之丘，是唯帝之下都。

章鸿钊认为"唯帝之下都"的"帝"字，即是黄帝，所以综合以上记载，做了以下的推测：

> 朔轩辕氏东征之迹，其必由峚山钟山复瑜昆仑，而后入主于
> 中夏，繁衍其子孙民族，以肇造此泱泱古大邦也。[①]

昆仑即为帕米尔高原，那么"峚山""钟山"必当今中亚或其以西之地，黄帝的事迹既然发生在那里，"当然是"由西而来的。这些解释，都是由拉克伯里所主"中国民族西来说"发挥而成的。

传说中的昆仑，除了与黄帝轩辕氏有关外，与传说中的"西王母"的关系更为密切。《山海经》说轩辕距西王母不远，古籍中有关"西王母"的记载不可胜计，根据《山海经》《穆天子传》《抱朴子》、贾谊《新书》等视察，西王母似为人名，根据《尔雅·释地》《竹书纪年》《尚书大传》《大戴礼》《荀子》《淮南子》等书的记载，西王母又似乎是国名或地名。拉克伯里以西王母为乌孙的君长[②]，服膺拉氏之说的学者，也就发挥个人奇想，任意附会一番。章太炎认为就是《旧约》里的西膜（Shem），因为"西母与西膜同音，王，闲音也"[③]，这是把"西王母"看作是人；而丁谦、章鸿钊、刘师培则以"西王母"为地名。丁氏指"西王母"即"迦勒底"；章鸿钊则考证"西王母"在"大秦"附近，他认为西王母"非其地之古国，亦即其邻封耳，而轩

[①] 章鸿钊：《三灵解》，1918年排印本，第6页。
[②] 蒋智由：《中国人种考》引，见该书第181页。
[③] 章太炎：《序种姓》，《訄书》，台北广文书局1978年版。

辕之国，当亦去此不远"①；刘师培更认为"西王母"就是西人所谓的"亚西利亚国"（案：今多译"亚述"），当周穆王时，国最富强，曾统一西方，穆王滨于西王母，"盖即至亚西利亚都城尼尼微耳"②；蒋智由则认为"西王母"实为"民族之名"③，这些考证的意见虽然不一，但皆由拉克伯里之说引起，目的在于印证"中国民族"起源于西亚巴比伦附近。

从传说中人物的附会，进而及于"动物"，我国传说中的许多动物，如龙、凤凰、麒麟等，与古史人物同样暗昧不彰。章鸿钊著《三灵解》，本黄帝西来之理，对他们做了详细的考证④。他认为黄帝又称轩辕氏，《山海经》屡言"轩辕之丘""轩辕之国"或"轩辕之台"，其地都在西王母所居之山以西若干里，有"诸沃之野""沃国""沃民""沃野"，那些地方，"鸾鸟自歌，凤鸟自舞"⑤，章鸿钊据此证明轩辕氏曾建国于西方，中国古代传说的凤凰也是随黄帝从西方传入中国的⑥。《山海经·海内西经》云：

> 开明西有凤凰鸟，皆戴蛇践蛇，膺有戴蛇，开明北，凤皇鸾
> 鸟皆戴蝛。

这些记载本不甚可解，章鸿钊却根据它做了结论：以开明为昆仑之门名，"此必轩辕氏东下之时，经昆仑之墟，而为怪鸟兽之像，立于门之四方，以威天下耳，后世石兽守门当始此"。⑦

中国古代传说的龙，许多是环绕黄帝为中心，《左传·昭公十七年》记"黄帝氏以龙纪官"，《史记·封禅书》《汉书·郊祀志》都记载了黄帝乘龙升天的故事。宋代罗愿在《尔雅翼》一书中，说龙的形状有"九似"："角似鹿、头似驼、眼似兔、项似蛇、腹似蜃、鳞似鱼、爪似鹰、掌似虎、耳似

---

① 章鸿钊：《三灵解》，第21页。
② 刘师培：《思祖国篇》。
③ 蒋智由：《中国人种考》，第102～103页。
④ 章鸿钊：《三灵解》，全书主要分三部分，即：龙解、凤凰解、麒麟解。龙、凤凰、麒麟即所谓三灵。
⑤ 见前引书，第6、20页。例如《山海经·海外西经》云："轩辕之国在此穷山之际，其不寿者八百岁……穷山在其北，不敢西射，畏轩辕之丘，在轩辕国北……此诸沃之野，鸾鸟自歌，凤鸟自舞，凤鸟卵民食之，甘露民饮之，所欲自从也。"
⑥ 前引书第6、18页。
⑦ 前引书，第22页。

牛。"① 传说的"龙"是否存在生物界，至今还不能肯定。西方也有关于龙的传说，其描述中的形状颇多与中国似。中国自古即有尊龙的观念，章氏认为这是由于"吾民族"与黄帝一同东迁的缘故，他说：

> 故龙之为物，固当见于黄帝以前，而尊龙之义，则必始于黄帝以后，盖首倡是说以树吾民民族之标帜者，亦即黄帝其人而已。②

中国古代传说中的动物，除了龙凤之外，还有麒麟。麒麟是中国传说中的"仁兽"③，《左传·哀公十四年》鲁哀公西狩获麟，孔子绝笔《春秋》，是大家所熟知的故事。麒麟原是祥瑞的动物，古时候有许多关于它的传说，纬书《尚书中侯》云："黄帝时麟在囿。"《三五历纪》云："黄帝之世以麟为畜。"章鸿钊氏认为"此为麒麟至中国之始"，据此，对中国民族的起源，似乎也随着发现了线索，他说：

> 麟非中国之产，征诸载籍，中国之有麟，又自黄帝始，则轩辕民族发祥之源，与其肇造华夏之伟积，愈有不可掩者矣。④

中国古书称麟一角，西书又有关于"一角兽"的记载，与我国古籍对麒麟的描述颇多吻合，由此产生了许多联想，对于中国民族的起源问题，做了如下的判断：

> 英王杰姆斯（James）所译之《旧约全书》，谓一角兽即里姆（Reem），或即野牛（Wild Ox），里姆即希伯来语之立姆（Reem），亦即亚西里亚语之立苗（Rimu），急读之，音皆与麟合，意麟即里姆矣。中国之有麟，自轩辕氏始，据《山海经》，轩辕国在西方，所居与西王母为丘，按之皆在今小亚细亚邻境。考希伯来人初居美索八达米，亚西里亚即继迦勒底而兴者，亦犹是地也，则与曩称中国民族来自迦勒底之说尤合。⑤

---

① 罗愿：《尔雅翼》卷二十八，《释鱼一》丛书集成新编，第三十七册，第767页。
② 前引书，第7页。
③《春秋公羊传》曰："麟者，仁兽也，有王者则至。"何休注云："状如麕，一角而戴肉，设武备而不为害，所以为仁也。"
④ 章鸿钊：《三灵解》，第24页。
⑤ 前引书，第26页。

章鸿钊透过对龙、凤、麒麟的解释，除了说明龙、凤、麒麟之等于何种动物以外，主要也在证明中国民族自两河流域一带而来。可见当时附会"中国民族西来说"热烈的一斑。

四、"西来说"与神话传说的比附

中国学者对于拉克伯里之说的热烈讨论与附会，搜罗之广似为拉克伯里所不及。熟习古籍的中国学者知道，黄帝虽被认为中国民族的始祖，但就传统说中的古史系统而言，黄帝之前尚有"三皇"，"三皇"之前更有开天辟地的"盘古氏"，当时的学者对于这样的古史系统还不能完全摆脱，于是只好以拉克伯里之说做基础，再杂采世界史的片断知识，继续从黄帝以上比附，以便得到合理的解释。首先在纬书里关于"三皇"的记载很多，例如《始学篇》云：

> 天地立，有天皇十三头，号曰天灵，治万八千岁，地皇十一头，治八千岁，人皇九头，兄弟各三百岁。

《遁甲开山图》云：

> 天皇被迹于柱州昆仑山下；地皇兴于熊耳龙门山；人皇生于刑马山提地之国。

《尚书璇玑铃》云：

> 人皇氏九头，驾六羽，乘云车，出谷口，分九州岛。①

"天皇""地皇""人皇"见于《史记·秦始皇本纪》，原为秦始皇得天下后，下令议帝号时，秦博士所提出者，是否实有其"人"，已属不可稽考。而纬书这些记载原是不易了解的一些话，如今在"民族西来"的前提下，却成了比附的资料。蒋智由氏认为"我种人"东来时，至下昆仑之后，沿黄河而进，于是对于"地皇氏""人皇氏"的传说做了如下的解释：

> 《春秋命历序》谓：地皇氏兴于熊耳龙门之山，熊耳龙门皆在黄河之滨。又曰：（人）皇出谷口，分九河。分九河亦当日居

---

① 以上皆马骕《绎史》卷一引。

于黄之证。①

蒋氏又"据古史"说,"有巢氏已治琅琊石楼山,其地在今之山东益都",因而确定"我种人至是已循黄河而至其出海尾闾之乡"②。至于对于"天皇氏"的解释,他说:

> 观于古代迦勒底诸国,朔其天文学之矿矢,无非由游牧时代为之,而我中国,自天皇氏已定干支,以天皇氏为起于柱州昆仑之下,则当时实为柱州游牧之民俗也。③

蒋智由氏的解释,系确认了"三皇"的存在,以求自圆其说,事实上他对于《遁甲开山图》说"人皇生于刑马山提地之国"一句避而未谈,对于"天皇氏"的解释则近乎不知所云。

章太炎同意传说中的昆仑即帕米尔高原,"波斯语译言屋极也"。他以"天皇被迹于柱州之昆仑"一句中,认为柱与极"皆状其山之高",又采元和汪荣宝之说,以"刑马提地"与"图伯特"乃一音之转,而《华阳国志》谓巴蜀本"人皇"之苗裔,因此把"人皇出刑马山提地之国"一语,解释成人种东来时自昆仑山(帕米尔)东下,经卫藏入蜀④。

拉克伯里说黄帝率巴比伦巴克民族东迁,而现在中国学者的"考证","中国民族"在"三皇"的时候已东迁,那么"中国民族"的东迁,应该是前后两次了。蒋智由于是认为古代迦勒底民族迁移,当分前后二说,"前者为塞米的人侵入之时,后者为廓特亨台王(案即所谓黄帝)兴起之时"⑤。丁谦氏因此又"于中国书中得一实证",提出一个很大的发现,认为中国民族的"始迁祖"既非黄帝,亦非三皇,而是"盘古",他说:

> 按西史谓徙中国者为巴克民族,巴克乃盘古转音,中国人谓盘古氏开辟天地,未免失实,而盘古氏之为中国始迁祖,则固确有可考矣。

---

① 蒋智由:《中国人种考》,第83页。案:蒋氏所引有误,并非出于《春秋命历序》。
② 前引书,第84页。《遁甲开山图》云:"石楼山在琅琊,昔有巢氏治此山南。"《绎史》卷一,第4页引。
③ 前引书,第86页。
④ 章太炎:《序种姓》,《訄书》,第41页。
⑤ 蒋智由:《中国人种考》,第58~59页。

根据这一"发现"，又做了如下的结语：

> 余窃谓巴克民族之来当在前，即自昔相传之盘古是也，夙沙
> 人之来当在后，即西人所指黄帝是也。①

丁谦氏以盘古即巴克民族，为中国的"始迁祖"，其"大胆假设"的程度，远驾乎拉克伯里之上，但当时却被采纳在历史教科书之中，真是不可思议②。可见只要"发明"了一种比附，就会有人随声附和，哪怕是"凿空妄说"，也在所不计，这似乎是当时反映的"时代现象"之一。

盘古、三皇、五帝不过是传统古史说的一个大概系统，在古书的记载里，远古帝王的名号极多，《庄子·胠箧》云：

> 昔者，容成氏、大庭氏、伯皇氏、中央氏、骊畜氏、轩辕
> 氏、赫胥氏、尊卢氏、祝融氏、伏羲氏、神农氏，当是之时……
> 邻国相望，鸡犬之音相闻，民至老死不相往来。

《帝王世纪》云：

> 女娲氏殁，大庭氏王有天下，次有柏皇氏、中央氏、栗陆
> 氏、骊连氏、赫胥氏、尊卢氏、祝融氏、混沌氏、昊英氏、有巢
> 氏皆袭庖牺之号。

《吕氏春秋·古乐》云：

> 昔古朱襄氏之治天下也，多风而阳气畜积……昔葛天氏之
> 乐，三人操牛尾，投足以歌八阕……

《吕氏春秋》和《帝王世纪》所载古帝王中的"葛天氏"，又见于《汉书·古今人表》《遁甲开山图》《金楼子》《丹壶书》③、司马贞《补三皇本纪》、刘恕《通鉴外纪》等书，前人仅知他是一位"古帝名"或"三皇时君号也"④，除了《吕氏春秋》的几句话外，别无记载可查。但这时却被章太炎

---

① 丁谦：《中国人种从来考》，《蓬莱轩地理学丛书》第三册，正中书局1962年版，第1399~1400页。
② 例如刘师培《中国历史教科书》第一课《上古时代述略》云："西人之称汉族也，称为巴枯民族，而中国古籍亦以盘古为创世之君，盘古为巴枯一音之转，盖盘古为中国首出之君，即以种名为君名耳。"
③《绎史》卷一，第3页引。
④《吕氏春秋·古乐》，高诱注，世界书局《新编诸子集成（七）》，第51页。

找出来与巴比伦的历史扯上了关系，他说：

> 宗国加尔特亚者，盖古所谓葛天，地直小亚细亚南，其人种初为叶开特亚，后与西米特科种合，生加尔特亚人。①

章太炎类似上述的附会很多，近乎有些兴之所至，随手拈来，例如纬书《春秋元命苞》说：

> 天地开辟至春秋获麟之岁凡二百二十六万七千年，分为十纪。一曰九头纪，二曰五龙纪，三曰摄提纪，四曰合雒纪，五曰连通纪，六曰叙命纪，七曰循蜚纪，八曰因提纪，九曰禅通纪，十曰疏仡纪。②

这种说法，至多不过是我国历史悠久的一种表示，未可认真计较，而章太炎却认为：

> （加尔特亚）其他部落或王于循米尔，故曰循蜚；或王于因梯尔基，故曰因提；或于丹通，故曰禅通。③

类似这种支离附会的情形是当时的普遍现象，例如《春秋命历序》曰："有神人名石耳，号皇神农。"章太炎认为这是"萨尔官者，神农也，促其音曰石耳"④，刘师培对于迦克底亚、盘古等的附会更是与众不同，他说：

> 神州民族兴于迦克底亚，《史记·封禅书》曰：泰帝兴，神鼎一。《淮南子》曰：泰古二皇，得道之柄。泰帝泰古者，即迦克底之转音也。厥后，踰越昆仑，经过大夏，自西徂东，以卜宅神州之沃壤，晢种人民称为巴枯逊族，巴枯逊者盘古之转音，亦即百姓之转音也（百姓为巴枯逊之合音）。今葱岭回部，以伯克为贵族之称，而中邦古代，亦以百姓为贵族之称，伯克、百姓、其音一。⑤

黄节氏不同意章太炎"加尔特亚即古所谓葛天"之说，也不同意丁谦

---

① 章太炎：《序种姓》，《訄书》，第 40 页。

② 《绎史》卷一引，又，《博雅》云："天地辟设，人皇以来至鲁哀公十有四年，积二百七十六万岁，分为十纪，曰：九头、五龙、挺提、合雄、建通、序命、修蜚、因提、禅通、流记。"见上引书，第 3 页。

③④ 章太炎：《序种姓》，《訄书》，第 41 页。

⑤ 刘师培：《国土原始论》，《国粹学报》第四期，台北文海出版社 1905 年影印版，第 408 页。

"巴克即盘古一音之转"的主张，却与刘师培相似，联想到了中亚回教徒的"伯克"，又参酌晋朝高僧的游记，提出了以下的见解：

> 吾闻之，天皇被迹于柱州昆仑山下，昆仑有名巴尔布哈者，巴尔布哈之音殆与巴克尤近，其为昆仑本名邪？且帕米尔诸土番称其酋长亦曰伯克，然则以高山名其酋长则谓巴克民族，衷诸吾国古书不尤可信邪！①

这些解释，已经把中国的传说古史系统追溯到了尽头，此后再也无从向上探索和比附了。

五、"西来说"盛行一时的原因

拉克伯里的"中国民族西来说"何以一旦传入中国之后，竟能风靡一时？世界学术新潮的激荡要为原因之一。蒋智由说："以今日者人类学日益昌明，人情于其祖先之所由来，决不肯安于茫昧。"又说："日本人考其人种所自来之书甚多。"② 刘师培言及〈中土文明本于迦耳底亚〉，特别加注云："日本人文明史言之甚详。"③ 胡炳熊《论中国种族》，谓"今夫人种之学，泰西最精"④。原来自19世纪后半期，达尔文发表其轰动一时的名著《物种原始》（*The Origin of Species*，1859年）与《人类原始》（*The Descent of Man*，1871年）谓生物由进化而来，人类则由猿类进化而成，其最初之发源地在非洲。因此19世纪后期以迄20世纪初期，探求人类文化及人类的起源地，成为全世界热门的问题，各国学者莫不纷纷参加探讨。所谓"中国民族及文化的由来"问题，不过是"人类文化始原与人种始原"问题的一环，所以蒋智由等接触到了这种新的学术潮流以后，才会表示上述的意见。中国学者如何探讨"其祖先之所由来"呢？传统的读书人原有一项特色，即遇有问题喜欢从古代载籍之中寻求答案，尤其是儒家的经典，在信仰上颇具权威性，不易动摇，

---

① 黄节：《黄史》种源第一，《国粹学报》第一期，台北文海出版社1905年影印版，第50页。
② 蒋智由：《中国人种考》，第33页。
③ 刘师培：《中国民族志》，中国民族学会1968年版，第2页。
④ 胡炳熊：《论中国种族》，《东方杂志》1970年第四卷第八期，第377页。

其次如《史记》等书也有很大的影响力。当时国人对古史的信仰，让盘古开天辟地及三皇五帝唐虞夏商周秦的序列系统，仍具有极大的势力，而拉克伯里之"西来说"之所以独受中国学者的偏爱，其主要原因就是拉氏的学说，系以中国载籍里的古史人物与巴比伦古史互相比附，使中国学者讨论此一问题时，既有古史知识为之基础，又可在丰富的古籍中很容易找到可以凭借的资料。中国古史有许多地方本来是传说纷纭莫衷一是，得不到合理解释的，拉氏之说正可弥补这一方面的缺憾，因为只要用他的学说，即使荒诞不经的记载，迷离恍惚的传说，都可以得到"合理"的解释，使一向混沌不清的古史，顿时呈现开朗的局面，予人以极大的新鲜感，这应是它能令中国学者趋之若鹜的重要原因。其他如"印度支那半岛说""亚美利加大陆说"以及"扬子江流域说"等①，其所以不能像拉氏之说那样流行一时，除了其本身的理论不够坚强以外，而在中国载籍之中找不到足够可资解释的记载，未尝不是原因之一。

中国旧式的学者在讨论问题时，是不能也不敢完全放弃古书不管的，对于民族由来的问题最初也是如此。蒋智由根据《春秋命历序》先确定"天皇氏则古书已言其所自出"，继就"有天皇氏，出昆仑东南无外之山"一语，做了如下的解释：

> 昆仑之下，古代实号柱州，故遂有谓天皇氏起于柱州昆仑之下者。盖中国古说，有大九州，大九州之中有柱州，而中国则名为赤县神州。柱州神州皆大九州之一，而神州之中，又自有九州，此小九州也。以昆仑之下为柱州者，古以昆仑为立天地之极，故有天柱地柱之称，柱州之义，盖亦犹是。②

这种不敢违背古书的情形，实为当时附会"西来说"学者之中的普遍现象。蒋智由之"据古史"论有巢氏时"我种人"已循黄河东下，丁谦论盘古为中国之"始迁祖"，谓于"古书中得一实证"，都是明显的例子。章鸿钊论

---

① 据章鸿钊《汉族起源近说》一文，曾提及"中国民族外来说"四种：一谓汉族的发祥地在"印度支那半岛"，二谓在"亚美利加洲大陆"，三谓在"扬子江流域"，四谓在"中亚细亚或西部亚细亚一带之地"，见《三灵解》，第30~31页。
② 蒋智由：《中国人种考》，第82页。

"龙"出于西方以明中国民族西来，在提及"近人"谓"伏羲之号与西域古王名合"时说：

> 伏羲氏见于《易·大传》，孔安国《书序》。温公《稽古录》亦始伏羲，故吾人尚论唯及伏羲氏而止，其余事不经见者不敢引焉。①

又如黄节在论"种原"时，常是"稽之禹贡"，"质诸王制"，而最后结论则曰：

> 黄史氏曰：信夫，吾民族来自西方，吾质诸古书尤信。②

其他如刘师培《国土原始论》等文，也是以《尧典》《禹贡》如何如何，作为立论的根据。他们甚少敢于怀疑古籍本身的可靠性。

清末中外接触频繁，学术界的"闭关自守"早已无法继续维持下去，世界新知的激荡，也是促成"民族西来说"在中国热烈讨论的原因，许多附会拉克伯里之说的学者，莫不以世界学术的新知与中国古籍交互为用。例如蒋智由在《中国人种考》一书，"中国人种诸说"一章，已介绍到文化起源问题的"一元论"与"多元论"，以及达尔文、赫胥黎等人的学说，对于世界地理、西洋古史的知识，已极丰富③。1914年《庸言报》载《中国文化之发源地》一文，不仅具备西洋史地新知，而又能多方接触新说，该文指出：

> 世界文化发源地有六。一、埃及（Egypt），二、美索波达米亚（Misopotamia），三、印度（India），四、中国，五、墨西哥（Mexico），六、秘鲁（Peru）是也。埃及等五国皆处亚热带地方……
>
> 据西儒研究，世界人类，始于东半球。东半球人类，始于亚洲，亚洲人类，始于帕米尔高原（Pamir），自此分道四下。其西下者为埃及，为美索波达米亚，南下者为印度，东下者为中国……
>
> 近世西儒 Lacouperie……盛倡中国文化西来说。西儒 Richthofen 则谓中国文化来自于阗。李氏为地质学家，以中国地理与

---

① 章鸿钊：《三灵解》，第7页。
② 《国粹学报》第一期，第50～51页。
③ 蒋智由：《中国人种考》，第六章中国人种之诸说，第61～146页。

地质为根据，研究中国历史，其所著之书曰 China，盛倡中国文化发生于 Loess，此为历史家最新学说。

因此，该文的结论说：

> 黄河流域全土，农业发达最早，汉族文明所以发生于此地者，职是之由。①

这是接触世界新知的事例之一。又如丁谦氏论"中国人种的由来"，也运用了西史的知识，他说：

> 五大洲立国最早者，莫如埃及与迦勒底。埃及弗论，而加勒底朝八十六代，均在公元前二千三四百年以上，是先于吾国五帝数千年矣。故五帝之世所称为神圣创造之物，无一非彼间所已有，用是知中国人种，由彼而来，非同臆说。②

黄节《种别篇》，似乎受到了人类起源在中亚的影响，谓附于"昆仑诸族"后的"塞种"西行而开西方文明，附于昆仑诸族后的大月氏种，则东行"开泰东之文明"。他在论"塞种"时显然也熟习西洋历史。其《种别篇》云：

> 然则附于昆仑诸族后之称为塞种者，则西行而开泰西文明，是故以西洋历史之第一期，不能不首列吾东方诸国，若埃及，若腓尼西亚，若海部牛，若亚西利亚，若巴比伦，若波斯，欧美历史家所谓创造文明者，东方之国民盖谓是尔。③

章鸿钊的《三灵解》，以中国古代的"龙"，语源于西土的"陀兰兵"（Dragon），"凤凰"与西方古代神为"腓尼克斯"（Phenix），希腊语谓之"福奥伊尼衍克斯"（Phoinix）之音相似，对"麒麟"之解释则称：

> 英王杰姆斯（James）所译之《旧约全书》，谓一角兽即里姆（Reem），或即野牛（Wild ox），里姆即希伯来语之立姆（Reem），亦即亚西利亚语之立苗（Rimu），急读之，音皆与麟合，意麟即

---

① 《东方杂志》第十卷第十二号转载，见第 13～14 页。
② 丁谦：《中国人种从来考》，《蓬莱轩地理学丛书》第三册，附在《穆天子传地理考证》之后，正中书局，第 1401 页。
③ 《国粹学报》第一期，第 52～53 页。

里姆坎。①

章氏在上述的考证过程中，参考的外国资料重要者计有：《纳尔逊氏百科全书》（*Nelson Encyclopedia*）、《康恩威氏魔鬼学》（*Conways Demonology*，1879年）、《洛乌弗尔氏东方绿松石考》（*Berthold Laufer，Notes on Turquois in the East*，1913年）、《羌姆勃氏二十世纪字典》《威婆斯德氏新万国字典》（*Websters New International Dictionary*）等，中国的载籍则更为广博。可见他的"新解"，完全是接触了西方的知识之后所产生的联想。章氏在《三灵解》一书里，又根据《山海经》《穆天子传》《北史·大秦国传》《太平寰宇记》等记载，推测传说中的"西王母"的地望，乃是需要具备西洋的史地知识才能够做到。他说：

> 大秦国即古罗马，刘宋以后为东罗马，其国介于里海与地中海之间，而常跨有小亚细亚与巴尔干半岛之地。②

章鸿钊既考证西王母在大秦附近，因此不同意丁谦氏谓西王母在"迦勒底"的考证。章氏反驳的理由，也是以世界史地的新知来作为立论的根据。他说：

> 近时丁谦氏穆天子传地理考证，谓西王母即迦勒底，考迦勒底建国之始，略与黄帝同时，其后灭于亚述（即亚西里亚），又入于巴比伦，即今底格里士河与阿付腊底斯两河流域之地。周秦之际，迭相侵凌，波斯起而巴比伦亡，马基顿兴而波斯灭，至汉文帝十三年，即公元一百六十七年（案：应为公元前一六七年）马基顿亡于罗马，于是史所谓大秦国者，亦骎骎乎奄有其境矣。③

国人以世界史地的新知，解释载籍中的古史，因而产生许多联想，是显而易见的，刘师培说：

> 大约汉族入中国时，与西人初入南洋印度者同；西人于亚洲各地设埠通商，以渐次扩充其势力；故伏羲之时，犹之西人初至

① 章鸿钊：《三灵解》，《麒麟解》，第26页。
② 章鸿钊：《三灵解》，《麒麟解》，第21页。
③ 章鸿钊：《三灵解》，《麒麟解》，第21页。

亚洲之时也。①

以上的引述，足以说明世界新知对国人的激荡是促成"西来说"盛行的另一因素。

再者，"中国民族西来说"传入中国之后，学者起而附和，论者以为国人唯知以外人之说是从，多半是崇洋的思想作祟。其实，许多附和"西来说"的学者，完全是受了世界学术新说的影响，起而探求民族的始原，以便求得远古历史的真貌。所以仔细考察下，可以发现他们至多系以外人之说为新奇，不仅没有"盲目崇洋"的思想，相反地，处处表现了强烈的民族意识，这一点不论是"西来说"的赞成者或是反对者，都是一致的。例如蒋智由认为黄帝率族人东来，系"选拔其俊秀之才"，"故一入中国，既战胜其土人，遂百务俱举，而任官分职，各得其人"②，已有中国民族具有优秀血统的暗示。他又认为，摩西率以色列族出埃及，徘徊四十年，犹不越红海之滨，而我人种在四千年前在原始的交通工具之下，长途跋涉，克尽艰苦，自巴比伦远来中土，显示了我国民族性是何等的优越，他说：

> 孰若我种人，于上古四千余年前世界草昧，舟车未兴而超越千万里高山崛岉，沙漠出没之长道，以开东方一大国。是则我祖宗志气之伟大，性质之勇敢为何如？而其事业之雄奇，又直为他人种之所无，足以鼓舞我后人之气概者，抑又何如也？③

清末列强交侵，国势危殆，庚子以后，知识分子对于亡国灭种、优胜劣败的恐惧，随时流露在字里行间，即使讨论民族起源问题的文章也随处可见。某无名氏辨西来说之非，认为西来说盛行的原因，是由于"我国人不过外人云然，我以云然而已"，而这种情形，令人担忧的不是"西来说"本身的是与非，而是民族精神的丧失，他之所以要辩，固在此而不在彼，他说：

> 故今人于我种族，其事实之错误，害犹小，如此大事，乃亦

---

① 刘师培：《中国民族志》，中国民族学会丛刊之二，1962 年，第 3 页。
② 蒋智由：《中国人种考》，第 37 页。
③ 蒋智由：《中国人种考》，第 34 页。又刘师培也表示了这方面的感情，他说："要而论之，汉族初入中国时，犹之西班牙人入美洲也，犹异族之消灭，犹之南洋岛族被化于欧人也，异族之迁徙，犹之虾夷人种屏迹北海也，至是而禹域河山，遂悉举而入于汉族之掌握。呜呼，吾祖宗创业之艰难，岂可一日忘耶。"见《中国民族志》，中国民族学会印行，第 3 页。

可以冒昧从人，甘自弃其根本所由来，曾不少惜，其根质之轻浅，志义之薄弱，断不能自存于天演物竞之中，其害乃更大也，我为此惧，不能不辩。

黄节在叙述作《黄史》的动机时，可以看出对于当时中华民族遭遇的忧虑：

於戏，中国不亡，若绝若续，我生不辰，日月告凶。痛乎，夷夏羼杂，而惧史亡。则有国亡种亡之惨，乃取官书正史而读之，手之所披，目之所接，人兽错出，其为藉道而降者，又窜乱十九，风雨如晦，鸡鸣不已，时后访及野乘，驰心域外，则窃有志乎黄史之作……以述吾种兴替之迹。①

清末的报章杂志，在讨论中国文明的始源问题，多半都会对自己民族的过去颇有信心，对于当前的处境则深致疑虑。光绪三十一年《时敏报》载《论中国文明之起源》一文，比较中国文明与西亚文明发生的先后，以为西亚文明如在公元前 2200 年，则仅当中国虞舜时代，如在公元前 4000 年，也未能超过"伏羲氏时代"，因做结论谓中国古代文明，实发生在"民族西来"之后，其文曰：

鸣乎吾族之文明，必自西来始发生可知也。伟哉，吾民族乎！伟哉，吾民族乎！②

不过，文明发达最早的民族，固然是中国、印度、埃及、墨西哥，以及西亚尔河流域，但当时这些地区，除中国外，都已成了欧洲白种人的殖民地，又如何能不令人警惕！因此该文又说：

能崭然独立之民族谁邪？呜呼，太古文明今何在邪？是可为中国惧，是可为中国惧！嗟吾民族毋谓中国今犹完全遂可恃也，毋谓中国文明继续未绝遂可恃也。文明早发达之民族五，今已亡者四矣，若吾民族则尚未忍遽曰亡耳亡耳。

宣统二年，《刍言报》载汪穰卿（康年）一文，其驳斥外来之说，也是基于民族感情而发，他说：

---

① 《国粹学报》第一期，第 45 页。
② 《东方杂志》第二卷第四期，第 86 页转载。

今人惑于外人之说，则以为吾国之黄帝自小亚细亚，吾国之人种皆由彼来也。虽然，吾窃有一疑焉。夫黄帝以前，世所传帝皇之名，谓之渺茫可也，若伏羲神农前乎黄帝，固不诬也，既有帝必有人民，得无谓黄帝胜神农之裔，又逐蚩尤，而吾国古代之民族咸被诛逐乎？如是则依外人之说，承认黄帝为西北来之人，又必平添出黄帝杀尽古汉族之一段血史，而后其说可通，吾不知若辈何乐而为此。①

总之，中国民族西来问题，因国人以传统古史附会新说，原已盛行一时，而当时国势凌替，外患日亟，民族生存的危机感，在知识分子的心中十分沉重，遂使此一问题的讨论，更为热烈。

六、"西来说"的谬误与矛盾

"中国民族西来说"何以盛极而衰呢？颇值得加以分析。首先可以发现，赞成"西来说"的学者，对于同一问题的看法并不一致，甚至彼此矛盾，例如章太炎以"天皇被迹于柱州之昆仑"，系人种东来时自昆仑山（帕米尔）东下，经藏入蜀，这种解释，使相信西来说的蒋智由已不表赞成②。又如黄帝率领巴克民族东迁，事在远古时代，当时中西交通既然畅通无阻，何以有史以后中西交通反而隔绝，至少在中国古代的载籍之中，从黄帝以后经唐虞夏商周，除周穆王西征的传说而外，不闻有与中亚或巴比伦交往之事？蒋智由解释这种现象，归因于古代的洪水，他说：

> 顾西来之事，既大昌于黄帝，而自尧以后反绝，则其时必当有地理上一大变动之事，夷考其时无他，殆所谓洪水焉耳。当日西方传闻，必以东方为尽在怀襄滔天之中，故中西之通道开而复塞。嗣后洪水既平，中国又急急务为内治，其所布设，一切皆东

----

① 《汪穰卿（康年）先生传记遗文》，《近代中国史料丛刊》第一辑，文海出版社 1966 年版，第 84 页。

② 蒋智由云："《汉书·地理志》：谷口县属左冯翊，九嵏山在西。《广韵》：礼泉县本汉谷口县也。人皇所出之地，自当指此。"《中国人种考》，第 142 页。

方之事，而无与于西方，而古代迁徙之事，以文字艰难，不留一家之著录，而后世遂因此而无所考见也。①

章太炎则有不同的解释，他认为"自黄帝入中国，与土著君长蚩尤战于阪泉，夷其宗"以后，经少昊、颛顼、尧不断与三苗斗争，后经夏禹的征伐，三苗以亡。自夏禹以后，中州安定，这一批西来的"中国人"，由于生活的安逸，忘记了原来的"故土"，于是乐不思返，逐渐和加尔底亚人分了家。他认为《穆天子传》的故事，乃是周穆王兴起了"故土"之思，所以才有西征的传说②。

不过，黄帝传说极为纷纭，既有由西而东的痕迹，又何尝没有由东而西的痕迹，贾谊《新书》说：

> 黄帝职道义，经天地，纪人伦，序万物，以信与仁为天下先，然后济东海入江，内取绿图而济积石，涉流沙，登于昆仑，于是还归中国，以平天下。③

根据这种传说，丁谦氏认为黄帝的活动是由东向西，他并不否定"中国人种"的西来，只是主张西来的时间不在黄帝之时，而在伏羲神农以前的"盘古氏"之时④。对于这种不同的传说，蒋智由想出了调和的理由，他认为这是黄帝东来之后，怀念故土的现象，他说：

> 夫人情于去国离乡，每念游钓之所，一丘一壑皆不胜其天上之思。而况当日者初至东方，所见土著，都为蛮夷之俗，而母国之文化，又未易发布于一时，遂若回首西顾，动人艳羡，至其后基业已定，而东方佳丽之地一植文明，发达甚速。而又以西道崄巇，不生再往之心，遂使西方之事淡忘于日久之间，而口口相传，偶留古说，百家撷拾，错杂互记，遂若其事甚奇，而不能解其原因之若何也。⑤

黄节也取蒋氏的观点，认为这是黄帝"眷怀祖国"。由于丁谦主张"黄帝

---

① 蒋智由：《中国人种考》，第38页。
② 章太炎：《序种姓》，《訄书》，第43页。
③ 马骕：《绎史》，卷五引，广文书局，第12页。
④ 丁谦：《中国人种从来考》，附在《穆天子传地理考证》之后，《蓬莱轩地理学丛书》第三册，正中书局，第1399～1400页。
⑤ 蒋智由：《中国人种考》，第36页。

由东而西"的说法如果成立，将使拉克伯里氏之说的理论体系崩溃，所以一方面有蒋智由以上述积极的解释弥补缺陷，一方面有章鸿钊的反驳丁氏，说他"若以黄帝有西行之迹，遽谓其无东迁之事者，此尤不明始末之论也"①。虽然如此，丁谦实已指出了西来说本身的矛盾。

拉克伯里谓黄帝率巴克族从巴比伦迁来中国，中国学者如蒋智由、章太炎等起而附和，但严谨的学者如王国维氏，对于古代民族移徙，也表示了与西来说相反的意见，其《西胡考》一文称：

> 自来西域之地，凡征伐者自东往，贸易者自西来，此事实也，太古之事不可知，若有史以来，侵入西域者，惟古之希腊大食，近世之俄罗斯，来自西土。其余若乌孙之徙，塞种之徙，大月氏之徙，匈奴之徙，厌哒之徙，九姓昭武之徙，突厥之徙，回鹘之徙，蒙古之徙，莫不自东而西。②

西来说的重要理论之一，是说黄帝率巴克民族经"大夏"越昆仑而至中国，但王国维的考证指出，"大夏"本来是东方古国，大约在秦汉间才徙往葱岭以西，居妫水之南，较大月氏之西徙略早，"大夏"之国自踰葱岭以后，即以音行，中国载籍翻译的名称因各不同，除《史记》《汉书》仍称"大夏"故号外，《后汉书》谓之兜勒，六朝译经者谓之兜佉勒、兜怯罗，《魏书》谓之吐呼罗，《隋书》以下谓之吐火罗，《西域记》谓之睹货逻。大夏既出自东方，推测史前时代印度、波斯、大秦等民族，亦皆出自东方，他说：

> 窣利、睹货逻既同出东方，则其同语系之种族若印度，若大秦，当无一不出自东方，特其迁徙，当远在有史以前。此前说之结论必归于是，又与民族西徙之事相符合也。③

王氏的考证既如上述，而外国学者的意见也不一致，单以黄帝西来说而论，拉克伯里主张黄帝由巴比伦迁徙而来道经昆仑，日本学者有驾长雄则主张黄帝起于昆仑之下，为昆仑"土著"之君④，因此使一味附会的学者，已

① 章鸿钊：《三灵解》，1918 年排印本，第 33 页。
② 王国维：《西胡考》下，《观堂集林》卷十三《史林五》，河洛图书出版社 1983 年版，第 611 页。
③ 王国维：《西胡考》，第 614 页。
④ 蒋智由：《中国人种考》，第 112 页引。

有不知所从之感。再者，若以黄帝为东迁之第一人，为中国民族西来的"始迁祖"，则黄帝战胜三苗之君蚩尤，"入主中夏"，则"三苗"岂非成了古代中国的"土著"，而黄帝以"外人"反成了中夏之主，那么清朝入主中国，统治汉人，如同黄帝当年一样，也应该是天经地义的事了。这种说法，适与清末流行的排满思想，大相抵触，所以章炳麟等人竭力反对，但又提不出更合理的解释，只能笼统地说苗民也是从西方迁徙来的①，作为反对的理由。

又就熟习古代载籍的中国学者而言，以黄帝为中国民族西来时的"始迁祖"，也是颇有问题的，因为依照中国古史传说，黄帝之前有"三皇"，"三皇"之前更有开天辟地的"盘古氏"，如以拉克伯里、蒋智由之说，黄帝为率领巴克族迁来中国之第一人，那么传说中的三皇与盘古氏又将置于何处？因此，蒋智由、黄节、刘师培等皆以"人皇"时即有西来之迹，丁谦更进一步以"巴克"与"盘古"为一音之转，断定中国民族的"始迁祖"是盘古。本来"巴克"（Bak）被拉克伯里、蒋智由等人认为是中国古书里所谓的"百姓"，如今又被考证为"盘古"，而"宗国加尔底亚"章太炎认为即古书里的"葛天"，这些附会，使此一问题得不到解决，反而枝节横生，所谓治丝益棼，愈理愈乱，中国学者之中，即使赞成"西来说"的人也有不知何去何从之感，例如黄节在《种源篇》里说：

> 黄史氏曰，质诸王制之言，尤信我瞻九州吾种人来自西方有可考见者，古书所载，盘古生于大荒，莫知其始，抟土引绳，渺邈难信。克比利（案即 Lacouperie）谓吾国太古民族自加尔特亚、巴比伦转移东下，近时学者谓加尔特亚盖即古所谓葛天，巴克者，盘古一音之转，西方称吾民族为巴克民族，即盘古民族。夫地名人名，重译不齐，审音比附，将毋可信，若今里海西南隅则有巴克地名（诸暨蒋观云说），斯又何从邪。②

黄节对于各种异说不知所从，于是再发明新说，他从西域回教徒得来灵

---

① 章太炎说："大地初就，陂陀四隤，淫水浸其边幅，是故人类所宅独在中央高原，汉族自波米罗（此《大唐西域记》所译字，今则作帕米尔）来虽无史籍根据，其理不诬，若是则苗人必不与鱼鳖同生，其始亦当自西方高原来，二者理证即相等，抑未知据此土著为苗人耶为汉人耶？"见《排满平议》，《章氏丛书》，世界书局，第787页。

② 《国粹学报》第一期，第50页。

感，以为"盘古"就是回教徒的"伯克"，刘师培附和之①，但这种解释，只能增加原来问题的复杂性，对于问题的解决，则毫无帮助。

在赞成西来说的学者之中，由于各自恣意附会，同一问题，解释互不相同，不待反对者的驳斥，已有自乱阵脚的现象，除前述者外，对于"西王母"的解释亦可看出。章太炎说"西王母"是《旧约》中的"西膜"（Shem），乃诺亚（Noah）之子②，刘师培则以为是"亚西利亚"（亚述），蒋智由则主"种族名"，其地"当在今和阗，喀什噶尔，叶尔羌之间"③。但又说：

> 又西王母之国，早见于传记，而多赞美之词，以音译之，甚近稣西安那。是故百姓民族之在西方时，曾受其教化者也。④

在各家意见中，主张是地名的人似乎较多，也比较能够自圆其说，章鸿钊批评以"西王母"为人名时称："假曰人名，则自黄帝以下，以迄周穆王西滨于西王母之年，为岁几何，此必不可以信者。"⑤但即使西王母为地名，而究在何地，学者之间言人人殊，迄无统一的答案。造成这种现象的原因，是因为载籍的本身，就没有一定的说法，赞成西来说的学者，在"中国民族由西而来"的大前提之下，各据一书，随意附会，以致彼此抵触，徒增纷扰，这不仅"西王母"的解释是如此，即"黄帝""巴克"等所有不同的解释，莫不由于如此。

"西来说"的逐渐消寂，考古学的兴起，也是原因之一。中国古史传说纷纭，用"西来说"的理论加以附会，结果一部分固可以自圆其说，一部分却解释不通，甚或矛盾百出⑥，即使能够自圆其说的部分，也不免令人有"是

----

① 黄节《黄史》。又，刘师培云："今葱岭回部以伯克为贵族之称，而中邦古代亦以百姓为贵族之称，伯克百姓其音一。"实与在《中国历史教科书》《中国民族志》等著作中言"盘古为巴枯一音之转"，前后颇难自圆其说。见《国土原始论》，《国粹学报》第四期，第408页。
② 章太炎：《序种姓》，《訄书》，第44页。
③ 蒋智由：《中国人种考》，第102～103页。
④ 蒋智由：《中国人种考》，第36页。
⑤ 章鸿钊：《三灵解》，第19页。
⑥ 例如章太炎在《中华民国解》一文，以姜水在雍州，而《序种姓》一文又以为即蒲昌海。又章氏既附会拉克伯里西来说以昆仑为花国，故称中华，而又谓："夫华本华山、居近华山，而有华之称。"其前后之矛盾如此，见《中华民国解》，《章氏丛书》，世界书局，第781页。

耶？非耶？"的感觉。真正的答案，唯有寄望于考古发掘。这不仅反对"西来说"的学者们强调这种主张，即使接受（西来说）的学者，也不免抱持这种态度。这从黄节、刘师培、蒋智由等人的著述中，随处可见，例如黄节说：

> 太古冥冥，吾意前乎黄帝当有无量世界，及黄帝而后进化，他日当有发见于洪积石层者。①

刘师培论"古政原始"也有如下的感慨：

> 惜中国不知掘地之学，使仿西人之法行之，必能得古初之遗物。②

蒋智由是对"西来说"极为倾心的一人，也表示了对考古学的重视：

> 今我人种西来之说，已为世界之所认，然则我国人有起而考其事者，必先探险巴比伦（Babylonia），迦勒底（Chaldea），霭南（Elam），即苏西安那（Susiana）及幼发拉底、底格里士尔河间，美索不达尼亚平原，与夫中亚细亚各地，而求其碑碣器物文字语言，及地层中之遗物，而后是非真伪，可得有显了之日，而不能不有待于中国文明学术进步后也。③

"考古学"（Archaeology）是一门近代新兴的科学，它可以从地下掘出古代的遗物，作为载籍以外的证据，"科学精神"尤其是民国以后的国人所不敢抗拒的新思潮，所以"考古学"曾被认为是解决古史问题的唯一方法④。反对西来说的学者，更是特别强调它的重要性。何炳松说：

> 假使吾国考古学上发掘之事业不举，则吾国民族起源之问题即将永无解决之期，而吾人亦唯有自安愚鲁之一法。⑤

柳诒征论"中国人种之起源"，以为"无器物之证""盖不可考"，他说：

> 仅仅文字，以考史事，不过能识有史以后之事，其未有文字以前之史事，仍无从考证，故欲推测人种之起源，必须得未有文

---

① 黄节：《黄史》立国第三，《国粹学报》第一期，第54页。
② 《国粹学报》第四期，第408页。
③ 蒋智由：《中国人种考》，第32～34页。
④ 李宗侗：《古史问题的唯一解决方法》，《古史辨》第一册下编，1926年，第268页。
⑤ 何炳松：《中华民国起源之新神话》，《东方杂志》1929年第二十六卷第二号，第87页。

字以前之器物以为证。①

缪凤林是反对"西来说"最力的人物，他除了根据载籍驳斥"西来说"的不当以外，也强调了讨论史前时代，地下遗物是重要的证据，不凭地下遗物，难以考察民族的由来，他说：

> 研究此有史以前之长期史迹，则以古人之遗骸与未朽之用器为唯一之资料，中国民族之由来，远在有史以前，欲加考证，自必凭借有史以前之遗骸与用器。乃今中国地质古生物人类诸学，或则才有萌芽，或则犹未发轫，遗骸用器，发现者绝无仅有，民族由来研究，自难一也。②

又如陆懋德《中国文化史》，也表示了这方面的强烈意愿：

> 夫亚洲在世界为文化发达最早之洲，中国在亚洲为文化发达最早之国，欲考其文化之真相，必上溯人种来源之始，石器时代之初，文字未兴之前，凡此各种问题，皆与地质学（Geology）、古生物学（Paleontology）、考古学（Archaeology）、人种学（Ethnology）、人类学（Anthropology）有关。而其材料，则不仅凭文字之记载，须有赖地下之发掘。③

对于考古发掘的期待，可说是当时讨论"中国民族西来说"的学者不论赞成者或反对者，一致的愿望了。早在公元1920年，为大家所一致寄望的"考古学"，开始在中国展开，是年，法国神父桑志华（Pere E. Licent）首先在河套地区发现旧石器时代文化，正式证明了中国有石器时代的存在，次年瑞典人安特生(J. G. Andersson)又在河南省渑池县仰韶村发现仰韶文化，安氏后来虽然参酌在甘肃发现的彩陶，认为仰韶彩陶有西来的渊源，但却否认了拉克伯里之说：

> 前有法国拉克伯里氏曾提倡中国文化西源之说，然多无根据，后英人鲍尔（Ball）氏亦有是说。在当时虽似亦风动一时，

---

① 柳诒征：《中国文化史》，正中书局，第1页。原载《学衡》1925年10月第四十六期，台湾学生书局影印本。
② 缪凤林：《中国民族西来辨》，《学衡》1925年1月第三十七期。
③ 陆懋德：《中国文化史》第一章"绪论"，《学衡》1925年5月第四十一期。

然据近世学者研究之结果，多以拉氏之说殊无科学根据，为不足言矣。中国古史亦常有西方种族屡次东迁之说，吾人就考古学上证之，亦谓此等着采之陶器，当由西来非由东去也。①

安特生虽然从考古学的观点，做了中国文化仍可能为西来的表示，但对于中国人种的迁移尚持保留的态度，他说：

> 著者此际之讨论，仅及文化之迁移，至人种之迁移，则未敢过问，当俟步赖克博士（Dr. Davidson Black）以研究人骨所得之结果，照示吾人矣。②

"步赖克"（现在多译为"步达生"）原为北平协和医校解剖学教授。后来主持过"北京人"的研究，步氏曾接受"中央地质调查所"之委托，研究辽宁沙锅屯与河南仰韶村两处新石器时代的遗骸，他取以上两处遗址发现的骨骸，与现代华北人骨及亚洲以外人骨为比较之研究，发表结果称：

> 故吾人比较研究之结果，颇不易避去"沙锅屯仰韶居民体质与现代华北居民体质同派"之结论。

后来，步氏又研究甘肃各新石器文化遗址所得之人骨，其研究结果为：

> 在我于沙锅屯及仰韶遗骸之报告中，我当证明那两组骨骸所代表的人民之体质与现代当地居民之体质同属一派。假如所证果实，则仰韶沙锅屯居民之体质与史前甘肃居民之体质亦相似，盖三组人之体质均似现代华北人，即所谓亚洲嫡派人种也。③

新石器时代遗址的发掘与研究的结果，促使学者对于"中国民族由来"问题，不得不根据地下的新材料，重新估计。他们对于拉克伯里的主张，一致表示了断然否定的态度。滨田耕作在《东亚文明之黎明》一文中，介绍安特生在河南渑池县仰韶村发现的石器和瓦器（即陶器），同意安氏的意见，即仰韶文化的特色，如有孔石斧、石环、半月形或长方形石刀，以及以鬲为代表的单色瓦器，为中国新石器时代所特有，而具有这种文化的人种，乃是中

---

① 安特生：《中华远古之文化》，《地质汇报》1923年第五号第一册，文海出版社影印版。
② 安特生：《甘肃考古记》，《地质专报》甲种第五号。
③ 步赖克（步达生）（Davidsan Black）：《甘肃史前人种记略》，见《甘肃考古记》附录。

国人的祖先"原中国人"（Proto-Chinese），他又引《越绝书》载风胡子对楚王的话，证明"此刻在中国发现的石器，不消说是中国人祖先所用的了"①，对于拉克伯里、李希陀芬、波尔（Ball）等人的"西来说"，作了如下的批评：

> 柯伯利（Terrien de Lacouperie，即拉克伯里）在自今半世纪以前，就提出一种意见，说汉民族的起源地在巴比伦尼亚，黄帝是统率 Bak 族（百姓）东征的人。李希陀芬说是从西域于阗地方西移。又在约略十年前，波尔说巴比伦的汉民族，直与西方历史上的民族结合，自学术上看去，可以说是根据薄弱之说。②

1926 年"北京人"在河北省房山县周口店出土。虽然"北京人"与现代华北人尚没有任何直接渊源的证据，但国人对中国人种与中国古代文明起源于本土的信心却更为坚强，拉克伯里之说也就更不受人重视。李长传《中国文化起源与世界文化移动之研究》一文，不仅否认安特生的"新西来说"，且根据旧石器遗迹的发现，认为"北京人业已用火，北京人已知用脑，用火，则我国文化之基础，已肇始于其时，不必近求仰韶时期"。他提出了中国文化渊源于旧石器时代的主张③，并对拉克伯里的"西来说"作了如下的批评：

> 拉克伯里之巴比伦说起，一时颇为旧派学者所惊倒。我国维新初期之学者，如蒋智由氏且附会而张大之，实则其说不足一驳，所谓文字相同，凡意标文字，以象形为基础，凡此类文字，以实物为依，自多不谋而合之处，决不能以为同出一源，即历日、天文等知识，亦出自自然景相，其不能以为根据。所谓黄帝、神农与巴比伦之神话时代相比拟，更近于附会。④

这些批评，反映了学者对于从前拉克伯里所主张的西来说，予以根本否

---

① 滨田耕作：《自考古学上观察东亚文明之黎明》，张我军译，《辅仁学志》二卷二期，1931 年 9 月。按《越绝书》卷十一《越绝外传·宝剑记第十三》载风胡子对楚王之言："轩辕神农赫胥之时，以石为兵……至黄帝之时，以玉为兵……禹穴之时，以铜为兵……当此之时作铁兵。"

② 滨田耕作，前引文，第 35 页。

③《东方杂志》，1937 年第三十四卷第七号，第 175 页。

④ 前引文，第 172 页。

定，使穿凿附会的学者无从辩驳。从五四新文化运动发生以后，中国史学界有"疑古派"的兴起，声势极盛。"疑古派"的基本主张，认为中国古史是"层累地造成"的，古书多出后人的伪作，不足凭信。例如春秋时代只有尧舜禹的记载，战国初年才出现黄帝，于是黄帝立在尧舜之前，战国中期出现神农，于是神农又立在黄帝之前，及秦博士提出了"三皇"，于是"三皇"便立在五帝之前，汉代又把盘古氏作为开天辟地之人，列在三皇之前，"譬如积薪，后来居上"。总之，远古帝王的名号和事迹，大都出于后人的伪造，不值得去相信①。"疑古派"的主张是否正确是另一回事，但在当时对于古代的文献和传说古史说作了严厉的批判，使传说古史说的信仰，遭受到重大的破坏。就主张"中国民族西来说"的学者而言，中国远古帝王以及古代载籍之被彻底地否定，无疑使他们的附会失去了依据，其影响之大，实不下于上述考古学的发掘结果。从前竭力寻求解决之纷纭古史，如今由于遭到根本地否定，遂可以弃置不必理会。

使"中国民族西来说"逐渐消寂的又一原因，是社会科学新知的展开。国人运用民族学或文化人类学的理论解释文献的记载，也可以使暗昧不彰的古史，呈现新的意境，例如从"知母不知父"或"圣人皆无父感天而生"等记载，可以推知中国远古时代有母系社会的存在。即以"盘古氏"传说为例，丁谦氏因不同意黄帝是西来的第一人，而以"盘古"为"中国民族"西来的"始迁祖"，《后汉书·南蛮传》则以"盘瓠"为高辛氏之神犬，据民族学家的调查研究，现代闽浙一带的畲民，犹以"盘瓠"作他们的始祖。盘瓠原为高辛氏之一犬，因作战有功而与公主结婚，于是就繁衍了子孙。"盘古"亦即"盘瓠"，这本是古代原始民族的"图腾信仰"（Totemism），不足为奇②。如以"盘古"为中国民族的"始迁祖"，与以盘古氏为开天辟地之人，岂非同样地荒诞不经。如丁谦氏之说，以"盘古"为中国民族的"始迁祖"，显然

---

① 参顾颉刚：《古史辨》第一册《自序》及《战国秦汉间人的造伪与辨伪》，原载《史学年报》第二卷第二期，收入《古史辨》第七册上编，台北明伦出版社。
② 参以下诸文：沈作乾：《畲民调查记》，《东方杂志》1924年第二十一卷第七号；何子星：《畲民问题》，《东方杂志》1933年第三十卷第十三号；凌纯声：《畲民图腾文化之研究》，《中央研究院历史语言研究所集刊》1948年1月第十六本；何联奎：《畲民的图腾崇拜》，《民族文化研究》，自印本。"畲民"亦作"畲民"。

属于无稽的附会，当然为有识者所不取。

随着社会科学新知的展开，中国学者也已注意到世界文明的诞生究系出于"一元"或"多元"的问题尚无圆满的结论。因此在触及此项问题时，颇不乏倾向于"多元论"者。古人说："治水者，茨防决塞，虽在夷貉，相似如一，学之于水，不学之于禹也。"① 正有此意，所以陆懋德说：

> 余谓人同此心，心同此理（本陆象山语），凡为人类，因环境之适合，生活之迫压，皆能自造文化，虽或相似，亦未必出于一源。②

既然古代文化亦有出于多元的可能，则暂舍一元论，尝试做中国文化如何在本土发生的讨论，岂非也是探求民族始原问题的一个方向?③ 这种转变，对于"西来说"也是一项不利的因素。

赞成"西来说"的学者，由于附会不当，彼此矛盾，早已显示本身理论的不够坚实，对于反对此说的学者如缪凤林等人的驳斥，已无反击的余力，此后加以上述各种因素交织而来，证明了从前的比附毫无意义，要探讨中国民族或文化的始源，应该通过考古学或人类学的研究，而不是比附传说中的古史人物，要解释载籍上的远古帝王活动事迹，则应借助社会学及文化人类学的新知，而不是借助巴比伦历史。中国古史的研究必须逐渐走上科学的道路，因此，像拉克伯里一类的学说，终于遭到淘汰的命运也就自然难免了。

七、学者对"西来说"的批判

在拉氏之说兴起时，虽有蒋智由、章太炎、丁谦、黄节、刘师培等人的附和而大行其道，而当时不肯苟同的中外学者，也不乏其人，兹谨略作叙述，以见其经过的梗概。

---

① 见《列子·汤问》张湛注引慎到言。
② 陆懋德：《中国文化史》，《学衡》第四十一期。
③ 例如衡聚贤氏有《中国文化起源于东南发达于西北的探讨》一文，见《东方杂志》1937年第三十四卷第七号。

在拉氏之说流行之初，有无名氏即著《中国民族西来辩》，驳黄帝西来说时称：

> 黄帝去虞夏文物灿备之时较近，遗迹尤详。《书》虽断自唐虞，而《大戴礼记》，犹传帝系姓事，其他散见百氏之篇尤伙，曾无黄帝西来事。《史记·五帝本纪》，乃至断自黄帝，虽伏羲神农，犹不敢加入，去取何其审慎，而所载黄帝事，亦绝无西来痕迹也。①

这种意见，因仅限于在古籍材料中考辨，对于流行的新说，其批判的力量究属有限。至于中外较为严谨的历史学者，持审慎态度不肯起而附和者尤多，这在他们的著作中，随处可见。例如夏曾佑氏在光绪三十年（1904 年）所著的《中国古代史》一书中，论及"中国种族之原"时说：

> 至吾族之所从来，尤无定论。近人言吾族从巴比伦迁来，据下文最近公历一千八百七十余年后，法德美各国人，数次在巴比伦故墟掘地，所发见之证据观之，则古巴比伦人，与欧洲之文化相去近，而与吾族之文化相去远，恐非同种也。②

1914 年，章嵚著《中华通史》，正是中国民族西来说方兴未艾之时，他对此一问题亦持谨慎的看法，其书第一册导言"释族"说：

> 近世欧洲学者，谓华族之始源，本在亚洲西方之地，后由西方东徙，径行本国之黄河上流沿岸，折入内部，攘斥苗人，而有其地，遂为华族建国之起源。而其率族东徙之人，西士号为那苛贡特（Nakhunte），世俗浅信，或以黄帝拟之，此第就音译之近同，藉端推测，自余如纪时之分析，文字之简单，虽或相符，而究不足定吾族西来之铁证。故在今日华族西来之一语，尚无何种完全之论，即欲勉推其说，等诸假定，而亦有所不能者，诚慎之也。③

至于外国学者，如德人夏德（F. Hirth）在 1908 年所著的《中国古代史》

---

① 该文附在蒋智由《中国人种考》一书之后，第 4 页。
② 夏曾佑：《中国古代史》，台湾商务印书馆，第 3 页。夏氏是书初称《最新中学中国历史教科书》，第一册出版于光绪三十年（1904 年）。1933 年商务印书馆将该书加以句读，改称为《中国古代史》，作为"大学丛书"之一，重新出版，颇引起学术界的注意。见周子同：《五十年来中国之新史学》，《学林》第四期，第 13 页。
③ 章嵚：《中华通史》第一册，台湾商务印书馆 1959 年版，第 16 页。

（*The Ancient History of China*，*To The End of Chou Dynasty*）一书中，坦然指出中国民族与文化断非由外地迁移而来①，其后美人罗斯（John Ross）在《中国民族的起源》一书（*The Origin of the Chinese People*），也认为"中国民族西来说"是靠不住的②。法国著名的汉学家马伯乐（Henri Maspero）直截了当地否定拉克伯里的"巴比伦说"，认为不值得理会，他批评拉氏之说时云：

> 拉克伯里（Terrien de Lacouperie）之所以精密地划出中国人所曾走过的路线，是因为他想建立中国文字的古形与楔形文字相同，和中国神话中的某些帝王名称与某些美索波达米亚的国王名称相同之说，他把中国人叫作 Bak 民族，实际只是因为他不幸从"百姓"一字上做了一个错误的文字游戏（Jeu de mot）。这些假设，没有一个有点证据的影子。③

中国学者亦有初以"西来说"为是，后也转变态度者，可以梁启超为例。梁氏是一位颇能接受新思想的人，他起初似乎已倾向"中国民族西来说"，在所著《论中国地理大势》一文时说：

> 盖我黄族之始祖，本自帕米尔高原迤逦东下，而扬子江上游，崇峦峻岭，壁之障之，故避难就易，沿黄河以趋。④

但梁氏后来又有了转变，对于西来说明白表示反对的态度，他在《太古及三代载记》中说：

> 降及近世，欧洲学者盛倡中国人种西来之论，好奇之士，诧为新异，从而和之，乃偏索百家所记名号，刺取其与巴比伦迦勒底古史所述彼中王名译音相近者数四，辄附会为彼我同祖之征，斯益凿矣。⑤

从 1921 年以后，反对"中国民族西来说"的呼声越来越高，而大张旗鼓予以讨伐者，可以缪凤林、何炳松二氏为代表。缪凤林反对拉克伯里式的"中国

---

① Hirth，*The Ancient History of China*，*To the End of Chou Dynasty*，P. 3，*The Columbia University Press*，New York，1908。台北成文出版社影印本。
② John Rose，*The Origin of the Chinese People*，Oliphants Ld. Londo。其言曰："Now，the only satistactory means of understanding the origin and development in the west is untrustworth."See Introduction P. 1.
③ 马伯乐著，蒂若译：《中国文化之原始》，《中法大学月刊》，第 84 页。
④ 梁启超：《论中国地理大势》，《饮冰室文集》，台湾中华书局 1960 年版。
⑤ 梁启超：《太古及三代载记》，见《国史研究六篇》，台湾中华书局 1971 年版，第 6 页。

民族西来说"最力，先后著《中华民族西来辨》① 与《中华民族由来论》② 两文，取巴比伦古史与中国古史对照，指斥拉克伯里氏的错误。他除了观察由于地理之阻碍，古代移徙为不可能外，又比较中国与巴比伦之人种不同及年代悬殊，更列举双方古代文物创作之不同，如学术、文字、宗教、建筑、美术等，进而认为"巴比伦之学术技艺等，为古代中国所无者尤多"③，缪氏在其后出版的《中国通史纲要》一书中，又再度申论此意④。缪凤林而外，何炳松氏亦为反对"中国民族西来说"的重要人物，何氏著《中华民族起源之新神话》，归纳西洋学者对于中国民族起源之学说九种，逐一作扼要之介绍与严厉的批判，是一篇颇具"威力"的反对文章⑤。何文一开始即引述考狄之言，对欧人从 17 世纪以来探讨中国文化由来问题的动机，予以猛烈抨击，他说：

> 欧洲人震于中国立国之悠久，及其在世界史上地位之重要也，于是大运神思，力言中国文化渊源西土，以示西洋人之有功于中国，新说蔚起，天花乱坠，直至今日而未尝或已。遂予吾辈以人类无知与科学未备所发生之痴愚一种罕见之实例。⑥

何氏更进而指出，西洋人这种自大轻人之心事，流露在学术研究之中，可能是各种"新神话"兴起的主要原因，因此在逐一介绍、逐一批判之后，归纳结论说：

> 盖中华民族之起源问题，本属未有文字以前之历史上问题，而中国未有文字以前之过去情形，则至今尚未经考古学家之探究者也。彼西洋学者欲藉一部分之文字，再辅以文学上之神思，以谋解决此种困难之历史问题，则其结果之劳而无功博而寡要，盖亦计中事。唯近日西洋开明之学者对此早已恍然大悟，故凡埃及说，巴比伦说，印度说，和阗说，以及其他诸说，均已视为"非非之想，无根之谈"摈弃不用。我国学者如再任意援引，不加别

① 载在《学衡》第三十七期。
② 载在《史学杂志》二卷二～三期。
③ 缪凤林：《中国民族西来辨》，《学衡》第三十七期，第27～28页。
④ 缪凤林：《中国通史纲要》，台湾学生书局1972年影印版，第27～32页。
⑤ 何炳松：《中华民族起源之新神话》，《东方杂志》1929年第二十六卷第二号。
⑥ 前引文，见《东方杂志》第二十六卷第二号，第76页。

择，则其危险，将与夜半临池，可不慎哉。①

这可以说是对所有"外来说"发动了一次总反击，何氏认为拉克伯里等主张外族人移居中国之事，"至多只能视为西洋新撰之《山海经》而已"②。何氏此文对于当时及以后中国学者的影响很大，其后驳斥西来说的文章，不少引述何文以为根据者。③

八、"西来说"由盛而衰的原因

总之，19 世纪中叶以后，中国民族始源问题，引起各国学者的热烈讨论，在各种"外来说"之中，拉克伯里主张的"巴比伦说"独受国人重视，风靡一时，实有其原因。因拉氏之说的特点系以中国载籍与巴比伦古史巧妙比附，在国人传统的古史信仰之上，加以新奇的解说，因此具有较大的"说服力"。

中国古代载籍素来有其权威性，知识分子遇有问题即喜从古书中寻求答案。但中国古书对于远古史事的记载多系后人述古之作，不仅史实暗昧不彰，而且传说纷纭，莫衷一是，拉氏之说正可以弥补这一方面的缺憾，因此以其学说来探讨中国民族的由来问题，较易引起国人的兴趣，而且也有参与讨论的基础，自然比从纯粹由人类学、地质学、古生物学，或考古学的观点来讨论，易为中国学者所接受。

但是，拉氏之说也遭遇了困难。中国古代文献载籍极丰，有关远古帝王及其事迹异说互见，可谓盘根错节，难以究诘，附和"西来说"的学者，各据一书或一说恣意附会，反对"西来说"的学者亦可另据一说加以驳斥，

---

① 前引文，第 87 页。
② 前引文，第 83 页。
③ 例如缪凤林《中国民族由来论》《中国通史纲要》等著作，皆曾参考过何炳松文。又，姜亮夫《夏殷民族考》一文，似乎也受何文的影响，其绪论云："追探三代的民族问题，自然并且也是很应当的要从民族的由来着手……过去虽然也有些人在那儿试探，如丁谦、刘师培、蒋观云、夏曾佑、屠孝实、拉克伯里 Terrien deLacouperie、基尔什尔 A. Kirchcr、巴克斯 Harry Parkes、摩尔敦 Samuel George Morton、哥比诺 A. deGobineau，以至于在中国成名的安特生诸人。但外国人一定要把他说是从埃及巴比伦印度来的，不过是要显示他们西方人是优秀民族，中国人自己不会有文化罢了，中国人又多震于西学说之新奇可喜，而妄穿凿，结果是不会有什么成就的!"见《民族杂志》二卷一期，第 1938 页。

使同一问题得不到统一的合理解释，徒增纷扰而已。这种现象的发生，乃由于探讨民族起源问题，文献载籍的资料，固可备为参考，但不能作为研究的主要依据。在问题得不到彻底解决之时，考古学遂被认为是重要的科学方法，但拉克伯里之说，全系以载籍为基础而产生的设想，自然无法通过考古学而找到地下的证据，因为考古学再发达，恐将永远也不能从地下挖出神农或黄帝一类的古史人物来①，考古学既不能给予拉氏之学说以任何有力支持，而中国古代载籍和远古帝王所一向具有的权威性，反而因疑古派的严厉批判，逐渐发生了根本动摇，使拉克伯里之设想以及附会其说的中国学者，完全失去了可资凭借的依据，所以虽然风靡一时，也不得不趋于消寂。

不过，拉氏的理论本身虽无多大的价值，但在探讨中国民族起源及古史的问题上，却给予中国学者许多冲击作用，国人经过一个初步探索的阶段之后，对于此类问题的研究，已有正确的认识，不论从地下材料或纸上材料，都逐渐走向科学研究之途。

从以上的讨论，亦获得了另一教训，即我们对外来的新说固然不可一味地排斥，但也不可不加批判即予无条件接受，这是必须引为警惕的。至于中国民族与文化的始源问题，当代西方部分学者，虽然仍有不愿放弃具有外来因素的主张者②，但我们可以断言的是，类似前此拉克伯里之说，谓黄帝自巴

---

① 顾颉刚在《古史辨》第二册《自序》云："有许多古史是考古学上无法证明的，例如三皇五帝，我敢预言到将来考古学十分发达的时候也寻不出这种人的痕迹来。"明伦出版社，第5页。

② 杨希枚先生在《西洋近代的东方学及有关中国古史的研究》一文说："西方学者对于中国古文化的一般看法是：除了西方外来的文化素质以外，中国古代的本位文化几乎是一无所有，中国古代无异乎是一块'文化沙漠'了。最近阿尔布莱特（F. Albright）会坦白地表示出这种意见说：'考古学的比较研究已渐证明中国文化的一切基本成分几乎都是陆续从西方渗透来的。'"（From The Stone Age To Christianity 2nd Edition With New Introduction.）见《大陆杂志》1970年第二辑第六册，第77页。又如苏联学者列·谢·瓦西里耶夫于1976年著《中国文明的起源问题》（该书有郝镇华、张韦生、杨德明、莫润先、诸光明合译的中文本，文物出版社1989年版），强调仰韶文化西来之旧说。瓦西里耶夫曾著《关于外因影响在中国文明发生中的作用》（苏联《亚非人民》1964年第二期）、《古代中国文明的起源》（苏联《历史问题》1974年12月号）诸文，认为"外来信息是中国新石器时代起源的决定性因素"，仰韶文化、龙山文化、殷代文化都大量引进了"外来信息"，"它的渊源至少有一部分是在中国以外的地方"云云，已遭中国考古学家的严词驳斥，认为肆意歪曲考古资料，参甘肃省博物馆、北京大学历史系考古专业：《从马家窑类型驳斥瓦西里耶夫的"中国文化西来说"》，《文物》1976年第三期；林寿晋《论"仰韶文化西来说"》一文，认为瓦西里耶夫系"重新捡拾安特生早已放弃的观点"，见《中国文化研究所学报》，第十卷下册，香港中文大学印行，第273页。

比伦而来，且绘影绘形若斑斑可考者，将难再为国人接受。我们应该重视任何外人的新说，而不可一味盲从附和，陷于"危险的武断"之中。

附　1990 年中国人口普查主要数据一览表

民族别	1990 年普查人口数（人）	1982 年普查人口数（人）	增长百分率
统　计	1133682501	1008175288	12.45
汉族	1042482187	940880121	10.68
蒙古族	4806849	3416881	40.80
回族	8602978	7227022	19.04
藏族	4593330	3374035	18.57
维吾尔族	7214431	5962814	20.99
苗族	7398035	5036377	46.89
彝族	6572173	5457251	20.43
壮族	15489630	13388118	15.70
布依族	2545059	2122389	19.91
朝鲜族	1920597	1766439	8.73
满族	9821180	4304160	128.18
侗族	2514014	1426335	76.26
瑶族	2134013	1403664	52.03
白族	1594827	1132010	40.88
土家族	5704223	2834732	101.23
哈尼族	1253952	1059404	18.36
哈萨克族	1111718	908414	22.38
傣族	1025128	8404590	21.95
黎族	1110900	818255	35.76
傈僳族	574856	480960	19.52
佤族	351974	298591	17.88
畲族	630378	368832	70.91
高山族	2909	1949	87.80
拉祜族	411476	304174	35.28

民族别	1990 年普查人口数（人）	1982 年普查人口数（人）	增长百分率
水　族	345993	286487	20.77
东多族	373872	279397	33.81
纳西族	278009	245154	13.40
景颇族	119209	93008	28.17
柯尔克孜族	141549	113999	24.17
土族	191624	159426	20.02
仫佬族	159328	90426	76.20
羌　族	198252	102768	92.91
布朗族	82280	58476	40.71
撒拉族	87697	69102	26.91
毛南族	71968	38135	88.72
仡佬族	437997	53802	714.09
锡伯族	172847	83629	106.68
阿昌族	27708	20441	35.55
普米族	29657	24237	22.36
塔吉克族	33538	26503	26.54
怒　族	27123	23166	17.08
乌孜别克族	14502	12453	16.45
俄罗斯族	13504	2935	360.10
鄂温克族	26315	19343	36.04
德昂族	15462	12295	25.76
保安族	12212	9027	35.28
裕固族	12297	10569	16.35
京　族	18915	11995	57.69
塔塔尔族	4873	4127	18.08
独龙族	5816	4682	24.22
鄂伦春族	6965	4132	68.56
赫哲族	4245	1476	187.60
门巴族	7475	6248	19.64

民族别	1990 年普查人口数（人）	1982 年普查人口数（人）	增长百分率
珞巴族	2312	2065	11.96
基诺族	18021	119104	50.50
其他未识别的民族	749341	881838	
外国人加入中国籍	3421	4842	

（注：本表采自田晓岫主编：《中华民族》，北京：华夏出版社 1991 版，第 758 ～ 760 页。）

叁　盘古传说试释——兼论我国古史系统的开端

一、前　言

20 世纪 90 年代的中国人，没有谁再会相信盘古开天辟地的说法了。但是，回顾过去的历史，自汉末三国以来，有关盘古的传说出现后①，将近两千年之久，却一直成为国人信仰的一部分，并记载在许多著作之中。例如自魏晋以后，各地出现的盘古庙、盘古祠或盘古墓等，就是对盘古信仰的反映。据文天祥《文文山集》载：

> 文山被执，对元丞相博罗曰："自古有兴有废，天祥今日忠于宋以至此，幸早施行。"博罗曰："你道有兴有废，且道盘古到今，几帝几王？"②

可见元初蒙古人亦已相信了盘古为历史的开端，似乎也认为"盘古"是历史上最早的"帝"与"王"。1915 年，丁谦氏作《中国人种从来考》，认为"盘古氏"就是巴比伦"巴克族"（Bak）迁徙来到中国时的"始迁祖"。③ 这在今日看来，虽然是荒唐之论，但却也表示了民国初年有些学者对盘古的深信不疑。直到如今，我们提到"盘古"一词，人们习惯地仍会联想到"开天辟地"，或"首出御世"的圣王，足见此说之深入人心。

但事实上，就我国文献记录而言，盘古传说出现后，并没有立即为史家接受写在史部著作中。东汉班固作《汉书·古今人表》，始于太昊宓羲氏；南朝范晔《后汉书·南蛮传》所述的"盘瓠"故事，乃是高辛氏的"畜犬"，

---

① 何新：《盘古之谜的阐释》，《哲学研究》1986 年第五期，第 43 页。
② 文天祥：《文文山集》卷十五《系年录》，世界书局。
③ 丁谦：《中国人种从来考》，《穆天子传地理考证》附录，《蓬莱轩地理学丛书》第三集，《浙江图书馆校刊》，1915 年版，台北正中书局印行，第 1399 ~ 1400 页。

后成为武陵蛮的始祖，并没有说它是"开天辟地"的人物或万物之祖。此外如蜀汉谯周的《古史考》①、晋皇甫谧的《帝王世纪》② 等书，则始于燧人氏。即使其后的类书，如唐虞世南编纂的《艺文类聚》、北宋太宗时代编纂的《太平御览》，都把徐整的盘古开辟之说列入"天部"，而不列入"皇王部"，可见他们都不把盘古视为"开辟人物"或"首出御世"的圣王。直到南宋胡宏的《皇王大纪》，才把"盘古"作"盘古氏"，列为"三皇纪"之首，"盘古氏"遂成为我国古史系统的开端。然而清季以来，严谨的学者如崔述、马骕等，则又斥其荒诞。此说不受传统史家重视的原因何在？岂非史学史或文化史上应该探索的问题！

盘古之名，不见于汉代以前典籍，所以它是后起之说，可成定论。近代学者对于盘古之考察，或谓由于南方民族"盘瓠"神话之转化，或谓源于印度佛教的创世神话，各家之说，虽能一时言之成理，但始终没有令人满意的解释，也没有最后一致的结论。即以"盘瓠"的神话而言，自杜佑、罗泌以来，多指荒唐不经，民国以后学者，以此说无稽而予以根本否定者，更不乏其人。但是当代民族学家调查我国西南的傜民及闽浙一带的畲民，其口述始祖的故事，自认为是神犬盘瓠的后裔，与三国魏晋以及宋明以来的记载，颇多谙合。可见此说并非无中生有，或凭空杜撰而来。民俗学家以为，神话为包含"真理的核"的外壳③，剥去外壳，真相才能大白。我们固然不能再拘泥旧说，把盘古当作开天辟地的人物，但也不应把他视为毫无意义而一笔抹杀。

因此，盘古之说如何发生？与"盘瓠"的关系如何？何以东汉以后二者纷纷出现于文献载籍的记录之中？盘古在古史系统中如何成为"首出御世"的圣王？一千七百多年以来，国人对他信仰的真正情形如何？他在国史发展以及中华民族融合的过程中，显示了怎样的意义？凡此，都值得再加以检讨，做有系统地了解。

----

① 谯周，《三国志》有传。所著《古史考》已佚，清孙星衍有辑本，平津馆存版，嘉庆十一年重刊（"中央研究院"历史语言研究所藏）。
② 皇甫谧《帝王世纪》亦佚，清顾尚之、钱熙祚辑校本，《指海》第六集。
③ 见林惠祥著：《民俗学》，《人人文库》，商务印书馆，第12页。

二、盘古传说的出现

盘古"开天辟地"的传说，主要见于徐整的《三五历纪》和《五运历年纪》，以及旧题任昉著的《述异记》等书。徐整是三国时代吴人①，任昉为南朝梁人，但《述异记》一书，据《四库提要》指出，可能为后人附会而成，不是任昉亲撰的。那么，《述异记》著成的时代，就不会早于南朝的萧梁了。兹先把这些基本的资料，抄录于后，以便讨论。徐整《三五历纪》云：

> 天地混沌如鸡子，盘古生其中，万八千岁。天地开辟，阳清者为天，阴浊者为地，盘古在其中，一日九变，神于天，圣于地，天日高一丈，地日厚一丈，盘古日长一丈，如此万八千岁，天数极高，地数极深，盘古极长，后乃有三皇。数起于一，成于五，盛于七，处于九，故天去地九万里。②

《五运历年纪》云：

> 元气蒙鸿，萌芽兹始，遂分天地，肇之乾坤，启阴感阳，分布元气，乃孕中和，是为人也。首生盘古，垂死化身，气成风云，声为雷霆，左眼为日，右眼为月，四肢五体为四极五岳，血液为江河，筋脉为地理，肌肉为田土，发髭为星辰，皮毛为草木，齿骨为金石，精髓为金玉，汗流为雨泽，身之诸虫，因风所感，化为黎甿。③

任昉《述异记》云：

> 昔盘古之死也，头为四岳，目为日月，脂膏为江海，毛发为草木。秦汉间俗说：盘古头为东岳，肠为中岳，左臂为南岳，右臂为北岳，足为西岳。先儒说：盘古泣为江河，气为风，声为雷，目瞳为电。古说：盘古氏喜为晴，怒为阴。吴楚间说：盘古

---

① 据《经典释文》卷一序录："徐整字文操，豫章人，吴太常卿。"
② 《艺文类聚》卷一引，亦见《太平御览》卷二、马骕《绎史》卷一。
③ 《绎史》卷一引，广文书局。

氏夫妇阴阳之始也。今南海有盘古氏墓，互三百里，俗云：后人追葬盘古之魂也。桂林有盘古祠，今人祝祀。南海中有盘古国，今人皆以盘古为姓。①

根据以上的资料，则"盘古"不仅是人类的始祖，而且是创造天地万物的始祖。这种较有系统的传说在三国魏晋时才正式出现记录。汉代以前的文献，有关天地万物创始的记载，根本看不到与"盘古"有关的字样。例如《易·序卦传》说：

有天地然后有万物，有万物然后有男女，有男女然后有夫妇。

纬书《易乾凿度》对于天地开始的说法是：

有太易，有太初，有太始，有太素。太易者，未见气也；太初者，气之始也；太始者，形之始也；太素者，质之始也；气形质具，而未相离，故曰浑沦。浑沦者，言万物相浑沦而未相离也。视之不见，听之不闻，循之不得，故曰易也。易无形埒，易变而为一……一者形变之始也，清轻者上为天，浊重者下为地，冲和气者为人，故天地含精，万物化生。②

所以王充《论衡》说：

五经以前，至于天地始开，帝王初立者，主名为谁，儒生又不知也……上古久远，其事暗昧，故经不载而师不说也。③

从战国以至汉代的传说，天地开辟后创造人类万物的人物，已是"女娲氏"，屈原《天问》：

遂古之初，谁传道之，女娲有体，孰制匠之？

东汉应劭《风俗通》云：

俗说天地开辟，未有人民，女娲抟黄土作人，剧务力不暇给，乃引绳于絚泥中，举以为人，故富贵者，黄土人也，贫贱凡

---

① 兹据汉魏丛书本。《绎史》卷一，第2页引则无末11字。
② 见《列子·天瑞》，《太平御览》卷二亦有记载，但各句分散。
③《论衡·谢短》。

庸者，絚人也。①

徐整《三五历纪》中所谓"天地浑沌""阳清者为天，阴浊者为地"等，显然是采择了古易太极阴阳的观念②。至于"盘古"之名，有人以为是由南方"蛮族"神话中的"盘瓠"转化而成的，例如夏曾佑《中国古代史》云：

> 盘古之名，古籍不见，疑非汉族旧有之说。或盘古盘瓠音近，盘瓠为南蛮之祖，此为南蛮自说其天地开辟之文，吾人误用以为己有也。故南海独有盘古墓，桂林又有盘古祠，不然吾族古皇，并在北方，何盘古独居南荒哉！③

关于"盘瓠"的故事，见于晋干宝的《搜神记》及范晔《后汉书·南蛮传》。"盘瓠"原为高辛氏畜犬，相传高辛氏与南蛮作战不胜，后"盘瓠"咬死强敌吴将军，衔其头以归，因与高辛氏公主结婚，生六男六女，其后自相夫妻，他们的子孙，就是"长沙武陵蛮"④。据《后汉书》章怀太子注及南宋罗泌的《路史》说，这故事本于应劭的《风俗通》⑤，但今本《风俗通》并无此文，不过魏鱼豢的《魏略》⑥、北魏郦道元《水经注·沅

---

① 《太平御览》卷七十八。

② 刘恕《通鉴外纪》云："昔者天地未分，谓之太易，元气始萌，谓之太初，气形始端，谓之太始，形变有质，谓之太素，质形已具，谓之太极，亦曰浑沌。五气通运，二灵体散，为天地之元，故离为清浊，清以阳发，故气冲为天，浊以阴凝，故气下为地，天地形别，谓之二仪，以人参之，谓之三才。"《四部丛刊》卷一，商务印书馆，第6页。

③ 夏曾佑：《中国古代史》，台湾商务印书馆1968年台三版，第8页。案：夏氏此书初称《最新中学历史教科书》，第一册出版于光绪三十年（1904年）。1933年商务印书馆将该书加以句读，改称《中国古代史》，作为大学丛书之一，重新出版，颇受学界注意。见周予同：《五十年来中国之新史学》，《学林》1941年2月第四期，第13页。

④ 《后汉书·南蛮传》云："昔高辛氏有犬戎之寇，帝患其侵暴，而征伐不克。乃访募天下有能得犬戎之将吴将军头者，赐黄金千镒，邑万家，又妻以少女。时帝有畜狗，其毛五采，名曰盘瓠。下令之后，盘瓠遂衔人头造阙下，群臣怪而诊之，乃吴将军首也。帝大喜，而计盘瓠不可妻之以女，又无封爵之道，议欲有报而未知所宜。女闻之，以为皇帝下令，不可违信，因请行。帝不得已，乃以女配盘瓠。盘瓠得女，负而走入南山，止石室中。所处险绝，人迹不至……经三年，生子一十二人，六男六女。盘瓠死后，因自相夫妻。……今长沙武陵蛮是也。"干宝《搜神记》所述大致相同，唯谓高辛氏征讨的对象为"戎吴"。并多述盘瓠的来历说："高辛氏有老妇人居于王宫，得耳疾历时。医为挑治，出顶虫，大如茧。妇人去后，置以瓠篱，覆之以盘，俄尔顶虫乃化为犬，其文五色，因名盘瓠，遂畜之。"见《搜神记》卷十四，里仁书局1981年版，第168页。本条亦见《艺文类聚》卷九四、《法苑珠林》卷九十一、《初学记》卷廿九、《太平御览》卷七十八引。

⑤ 罗泌：《路史·发挥二》，"论盘瓠之妄"条，《四部备要》本册二，台湾中华书局，第19页。

⑥ 《太平御览》卷八七五引。

水注》皆有记载，可见此说的不虚。干宝《搜神记》所载武陵蛮为"盘瓠"的子孙时说：

> 武陵长沙郡卢江郡夷，盘瓠之后也，杂处五溪之内，盘瓠凭山险阻，每每常为害，糅杂鱼肉，叩桲而号，以祭盘瓠，俗称赤髀横裙，即其子孙。[1]

秦汉以来，已与武陵地区开始接触，东汉以后尤为频繁。据《后汉书·南蛮传》称，秦昭王使白起伐楚，略取蛮夷，始置黔中郡，汉代改为武陵郡。到了东汉时代，武陵蛮于光武建武二十三年十二月反叛，大寇郡县，武陵将军刘尚率兵万余，乘船沿沅水入武溪击之，结果全军覆没。后遣伏波将军马援，将兵至临沅（即武陵郡），才告讨平。但是终东汉之世，除了明帝一朝没有武陵蛮叛乱的记载外，历章、和、安、顺及以至桓、灵，武陵蛮累次反叛，攻劫州郡[2]。刘备于建安二十五年率兵伐吴时，还曾经策动武陵蛮夷反吴助蜀[3]。

从以上所述，不难看出，东汉以来随着对武陵蛮的用兵，中原人士已经与这一地区有所接触，武陵蛮的"盘瓠"神话，自然也就会随之传出。应劭为汉灵帝时人，曾做过汝南太守[4]；范晔生于晋隆安二年（398年），死于宋元嘉二十二年（445年）[5]；徐整为豫章（江西南昌）人，他们的时代和活动地区，容易接触到"盘瓠"神话，因而著之于书，是可以想见的。至于"盘瓠"神话何以会转化而为"开天辟地"的"盘古"，正是我们所应该注意探讨的重点。如果借助民族学上的理论及以往学者对边疆民族的调查报告，或许可以求得较为合理的解释。

---

[1]《搜神记》卷十四，"盘瓠"条，里仁书局，第169页。
[2] 查《后汉书》各本纪，有关武陵蛮叛乱及用兵之时间，计有：光武帝廿三年十二月、廿四年秋七月、廿五年春正月；章帝建初元年二月、冬十月，三年冬十二月，五年三月；和帝永元四年、五年冬十一月、六年冬十一月；安帝元初二年十二月，三年五月、秋七月；顺帝永和二年春正月；桓帝元嘉元年秋七月、延熹三年冬十一月、五年冬十月、六年秋七月；灵帝中平三年冬十月。可以说终东汉之世，武陵蛮之叛乱与东汉之用兵，未尝或止。
[3]《三国志·吴书·吴主传第二》云："（先主）至巫山、秭归，使使诱导武陵蛮夷，假以印传，许之封赏，于是诸县及五谿民皆反为蜀。"
[4]《后汉书》卷七十八《应劭传》。
[5] 范晔，《宋书》《南史》皆有传。

三、当代学者对于盘古的讨论

　　盘古传说类似于一种创世的神话，论者已多①。但是这种传说的起源如何？历来学者看法颇不一致，有人主张"盘古"即是《后汉书·南蛮传》里所述的"盘瓠"，如苏时学《爻山笔话》，以为"盘古"乃"盘瓠"之音转，李慈铭《越缦堂日记》乙集，盛称此说，谓足破千古之惑②，前述夏曾佑氏，亦持此一看法。杨宽在《中国上古史导论》里说"盘古原本盘瓠之音转"，"盘古之即盘瓠，诚确不可易"，不过他不认为盘古传说是从南方苗瑶传入中原的，而据郭璞《山海经注》，认为盘古传说系由"犬封"传说推演而来的③。吕思勉对于"盘古"源于"盘瓠"之说，则持相反的意见，他认为"盘瓠"与高辛氏的时代相同，如何能够"开天辟地"？而且我国古帝王如伏羲、女娲，大多为蛇身或龙身，盘瓠则为神犬，二者迥然不同，不能混为一谈④。

　　盘古的传说，与《山海经》"烛阴""烛龙"的故事，也有颇多类似的地方，《山海经·海外北经》云：

　　　钟山之神，名曰烛阴，视为昼，冥为夜，吹为冬，呼为夏，不食、不饮、不息，息为风。身长千里，在无臂之东。

《大荒北经》云：

　　　西北海外，赤水之北，有章尾山，有神人面，蛇身而赤，直目正乘，其暝乃晦，其视乃明，不食、不寝、不息，风雨是谒，是烛九阴，是谓烛龙。

----

① Hirth：*The Ancient History of China*，P. 34，The Columbia University Press. 1908，Reprinted by Ching Wen Publishing Company，Taipei，1970. 又，李甲孚：《传说中的盘古氏》，《东方杂志》1970 年 3 月复刊第三卷第九期，亦以盘古氏传说本质神话性质，为玄妙之言。
② 杨宽：《中国上古史导论》引，《古史辨》第七册上编，1941 年，第 157 ~ 158 页。
③ 见《古史辨》第七册上编，第 160 ~ 165 页。按郭璞《山海经·海内经》云："昔盘瓠杀戎王，高辛氏以美女妻之，不可以训，乃浮会稽海中，得三百里封之，生男为狗，女为美人，是为狗封之国也。"
④ 吕思勉：《盘古考》，《古史辨》第七册中编，第 19 ~ 20 页。

因此，顾颉刚据以认为盘古开辟之说，是由《山海经》"烛阴"的故事而成的①。不过，顾氏前此在其"古史层累造成说"时，又曾主张盘古是苗族传来的：

汉代交通，苗族将盘古传来，于是三皇之上，又多了一个开
天辟地的盘古。②

顾氏显然同意"盘古"源于"盘瓠"的说法，不过他的主张，前后有些自我矛盾。

以上是就边疆民族和古代文献中的神话来考察。此外还有以盘古为域外传播或迁徙而来的说法，这在中国民族外来说盛行时，尤为普遍。

19 世纪，西方学者讨论中国民族的由来，多主张中国民族系由外地迁徙而来，一时中国民族外来之说大作，探讨中国民族的起源，自然不免附会到我国传说中的盘古。例如公元 1853 年法国哥必诺（Gobineau），倡中国文化来自印度，他认为：

中国神话中之盘古，实即此印度民族迁入中国河南时之酋
长，或诸酋长中之一，或即白种民族之人格化……③

哥氏以盘古氏作为印度民族的一位"酋长"，相信的人自然不多，但是国人在探讨盘古传说的来源时，相信是从印度传播而来者，却大有人在。特别是历史上，印度佛教的东来，启发了许多人探讨"盘古"传说的灵感。例如屠孝实以为盘古传说，本于印度最古之圣诗《梨俱吠陀》之牺牲崩化神话④；吕思勉以为徐整的《三五历纪》《五运历年纪》之说，系佛教东来之后，"杂彼外道之说而成"⑤。由于印度佛教经典中，有类似创世的神话，因此以盘古传说为印度产物，随从佛教传入中国，遂成为一部分中国学者的信念⑥。不

---

① 顾颉刚、童书业：《三皇考》，《古史辨》第七册中编，第 152～154 页。
② 顾颉刚：《与钱玄同先生论古史书》，《古史辨》第一册中编，1926 年，第 65 页。
③ 何炳松：《中华民族起源的新神话》，《东方杂志》1929 年廿六卷第二号，第 84 页。
④ 屠孝实：《汉族西来说考证》，《学艺》1920 年 4 月二卷一期。
⑤ 吕思勉前引文，《古史辨》第七册中编，第 15 页。
⑥ 例如孙子高在《评三皇考》一文中说："盘古开辟说是印度的产物，随从佛教输入中国，印度古有金胎（金卵）化成说……可见盘古开辟说非由《山海经》的烛阴之故事涂附而成，多半由印度的金卵化成说蜕化以出。否则，盘古何以亦生于卵子耶？汉魏六朝印度思想万斛狂澜，倾灌中国，其携来之神话亦必甚多。……所以我说追求盘古之来源，不当求之中国古籍，而当远溯于印度的文献。"《图书季刊》三卷一、二期，台北学生书局 1936 年影印版，第 46～47 页。

过，像《三五历纪》等所载的开辟故事，太极阴阳的观念极重，看不出有多少佛教的思想。研究中国神话的西方学者 Werner 氏认为，盘古传说起源于道家阴阳思想的成分较多，与佛教的宇宙观并无关系①。

盘古被视为由域外迁徙而来的古代圣王，曾经有过更精彩的比附。1894年，法人拉克伯里（Terrien de Lacouperie）著《中国古文明西源论》（*Western Origin of Early Chinese Civilization*），主张我国历史上的黄帝，即巴比伦史上的"巴克族"（Bak）酋长"奈亨台"（Nakhunte），彼率领其族越过中亚、帕米尔高原，然后沿黄河流域进入中原，是为中国民族与文化的由来②。此说传入中国后，学者起而附和者颇多，黄帝系由巴比伦迁徙而来之说因而盛行一时。同时，讨论到中国民族的起源，自不能不联想到在传说中比黄帝更早的"盘古"，例如前述丁谦氏《中国人种从来考》一文，即主张中国的"始迁祖"不是黄帝，而应该是"盘古"，他说：

> 按西史谓从中国者为巴克民族，巴克乃盘古转音。中国人谓盘古氏开天辟地，未免失实，而盘古氏之为中国始迁祖，则固确有可考矣……余窃谓巴克民族之来当在前，即自昔相传之盘古是也，夙沙人之来当在后（即霭南国都城苏萨），即西人所指黄帝是也。③

这种类似的说法，还见于黄节的《种源篇》与刘师培的《中国历史教科书》，他们都认为"巴克族"之"巴克"，即"盘古"之音转，例如刘著教科书第一课《上古时代述略》云：

> 西人之称汉族也，称为巴枯民族，而中国古籍亦以盘古为创世之君……盘古为巴枯一音之转，盖盘古为中国首出之君，即以

---

① T. C. Werner: *Myths & Legends of China*, P. 77, 80, 台北敦煌书局 1968 年影印本（未注明初版时间及出版者）。

② 1899 年日人白河次郎、国府种德合著《"支那"文明史》，采拉克伯里之说，罗列巴伦与中国文明及传说相同者七十余条，以证明中国文明源于西亚。此书于光绪三十年（1904 年）由留日学生所组织的"东新译社"译成中文，改称《中国文明发达史》，在中国学术界颇为流行。见周予同：《五十年来中国之新史学》，《学林》第四期，第 15 页。

③ 丁谦：《中国人种从来考》，《穆天子传地理考证》附录，《蓬莱轩地理学丛书》第二集，《浙江图书馆校刊》，1915 年版，台北正中书局印行，第 1399～1400 页。

种名为君名耳。盘古氏后有天皇氏、地皇氏、人皇氏……①

其他如蒋智由《中国人种考》一书，也有类似的征引：

> 然则我种人之祖国，果何在乎？夫我种人所相传最古之祖为盘古，今人有云："吾汉族初兴于帕米尔高原，西人称为巴克民族，巴克即中国所称之盘古。"②

以上的比附，由今看来，似乎比盘古传说的本身，更为荒诞不经。但这也正反映了民国初年的一部分学者，对于传统旧说的盘古，仍然怀着极深的信仰。

中国民族西来说，本来就是以西亚古史与中国古史比附而成，中国古代典籍中的故事，遂成为穿凿附会的对象。由于盘古在汉代以前的经典中并未出现，即使魏晋隋唐的史部著作，也没有给予盘古在古史系统中"首出御世之君"的地位。相反的，东汉以后，伏羲氏在古史系统中的地位，却远大于盘古，稍为严谨的史部著作，莫不以伏羲氏为古史的开端，深为学者所信仰。所以章鸿钊氏对于赞成"西来说"的学者，随意比附中国远古帝王，显然不同意前述各家对盘古的附会，他的看法是：

> 伏羲氏见于《易·大传》《孔安国书序》。温公《稽古录》亦始于伏羲，故吾人尚论唯及伏羲而止，其余事不经见者不敢引。③

或许伏羲氏是《易传》里提到始创八卦、肇始文明的人物，又为自东汉以后传统古史系统中第一位远古圣王，而盘古在传说中，则为开辟后"首出御世"的圣王，为少数边疆民族所信仰的开辟始祖，所以也有人认为盘古与伏羲实为同出一源。常任侠据四川沙坪霸出土之石棺画像，即认为伏羲、盘古为一人，他说：

> 伏羲一名，古无定书，或作伏羲、庖牺、宓羲，同声俱可相假，伏羲与盘瓠为双声。伏羲、疱羲、盘古、盘瓠，声训可通，殆属一词。无问汉苗，俱自承为盘古之后，两者神话盖同出于一源也。④

① 刘师培：《中国历史教科书》，宁南武氏排印本1936年版，第1页。
② 蒋智由：《中国人种考》，据《上海警钟日报》一百十六号，《论中国思想对外之变迁》一文，上海华通书局1929年版，第80页。
③ 章鸿钊：《三灵解》，1918年排印本，第7页。
④《说文月刊》第十、十一期合刊。

其他如闻一多、徐松石诸氏，亦有类似的看法①。如此，"伏羲为人祖"，"盘古亦为人祖"，则二者合而为一，自亦顺理成章。不过，这样把伏羲、盘古二者合而为一，与"盘古氏即浑沌氏"②的说法，其渺茫含混的程度，似乎也没有多大的差别了。

"盘古"的开辟故事，多属"创世"神话的性质，从文字表面观察是无疑问的，但这个传说何以晚至三国时代才告出现，神话学者考察它的来源，仍然相信原系发生在南方民族，后经中土文人修饰而成中华民族的神话③。南方民族的神话，何以成为中华民族的起源神话，徐中舒氏以为由于"南方民族至东汉，乃渐次同化于中国"，所以盘古之传说，最初乃见于东汉④。袁珂《中国神话》一书，把盘古如何成为中华民族开天辟地的老祖宗，提出了综合的意见：

> 三国时候，徐整作《三五历纪》，吸收了南方民族中"盘瓠"
> （案："盘"似应作"槃"）或"盘古"的传说，加以古代经典中
> 的哲理成分和自己的想象，创造一个开天辟地的盘古，填补了蒙
> 鸿时代的这一段空白，成为我中华民族共同的老祖宗。⑤

袁氏的综合意见，大致是合理的。但是"盘瓠"原为南方民族神话中的"畜犬"，如何能够被创造成一个"开天辟地"的"盘古"，过去学者都没有明确的交代。我们似乎还应进一步考察，以探求合理的解释。袁氏又说："尽管有这些不同的记述（对于盘古），有一点都是相同的，就是人们对于开天辟地的老祖宗盘古的景崇和推尊。"⑥然而，我们还应仔细考察一下，是不是自"盘古"传说出现以后，立即成为人们"景仰和推尊"的老祖宗呢？在中国

----

① 闻一多《伏羲考》云："伏羲与盘瓠诚属二系，然细加分析，两者仍出同源"，"'盘瓠'与'包羲'字异而声义同。在本初系一人为二民族共同之祖，同祖故同姓……"见《神话与诗》，台中蓝灯文化公司1975年版，第61页。徐松石以为"盘古王就是伏羲氏"，见《日本民族的渊源》，香港东南亚研究所1974年版，第165页。
② 袁黄、王世贞：《纲鉴合编》卷一《三皇纪》，以"盘古氏即浑沌氏"，新兴书局影印本。
③ 玄珠：《中国神话研究》，台北新陆书局，第80~81页。
④ 徐中舒：《陈侯四器考释》，《中央研究院历史语言研究所集刊》1931年第三本第四分。据《路史·发挥二》云，盘瓠之说首见于东汉应劭之《风俗通》。
⑤ 袁珂：《中国神话》，台北里仁书局1982年版，第9~11页。
⑥ 袁珂：《中国神话》，台北里仁书局1982年版，第45页。

史部著作及传说的古史系统里，"盘古"至何时才被加以"人格化"，而成为"首出御世"的圣王？这些都是考察"盘古"传说不应忽略的地方。

四、盘古在国史中的信仰

自民国疑古之风兴起，顾颉刚提出了有名的"中国古史层累造成说"，认为中国古史系统是后儒一层一层地"造成"的，他指出盘古在古史系统中最晚出现：

> 周代的人心目中最古的人是禹，到孔子时有尧舜，到战国时有黄帝神农，到秦有三皇，到汉以后有盘古。[1]

自汉代盘古出现以后，顾氏似乎认为即受到国人崇高的信仰，他在《三皇考》一文里说：

> 盘古，自三国至今日一千七百年已公认为首出御世的圣王了。[2]

如果仔细检查一下汉末三国以来的有关著述，盘古似乎并没有像顾颉刚氏所说的，被公认为"首出御世"的圣王。盘古传说虽然在汉末三国时代见于著录，但是历魏晋隋唐以迄北宋，在重要的史部著述中，并未成为古史系统的开端。自徐整《三五历纪》、任昉《述异记》等书出现"盘古"之后，传统的史家并没有立即接受其"首出御世"之君的地位。魏晋以后的史部著作，燧人、伏羲的地位，远超过了盘古。尤其是伏羲氏，从东汉以后已成为古史系统中的开端，具有崇高的地位。沈约《宋书·符瑞志》云："赫胥燧人之前无闻焉。"然后自太昊宓羲氏叙述。唐代司马贞在《补三皇本纪》里说："近代皇甫谧作《帝王世纪》、徐整作《三五历记》，皆论三皇以来事，斯亦近古之一证，今并采而集之，作《三皇本纪》。"[3]他的《三皇本纪》虽然采集了徐整的《三五历纪》，但仍然首述太昊伏羲氏，他显然知道盘古的传说，但却不以盘古为历史系统的开端。此外，类书如唐代的《艺文类聚》和北宋

---

[1] 顾颉刚：《与钱玄同先生论古史书》，《古史辨》第一册中编，第59页。
[2]《古史辨》第七册中编，第155页。
[3] 司马贞：《补三皇本纪》，艺文印书馆殿版本《史记》附。

的《太平御览》，对于徐整《三五历纪》所载盘古开辟之说，都列在"天部"，而未列在"皇王部"，北宋司马光的《稽古录》亦始于伏羲氏，并没有提及盘古，司马光并且说明了他以伏羲氏作为该书开端的理由：

> 伏羲之前为天子者，其有无不可知也，如天皇、地皇、人皇、有巢、燧人之类，虽于传记有之，语多迂怪，事不经见，臣不敢引，独据《周易》，自伏羲以来叙之。①

其他如刘恕的《通鉴外纪》，虽然知道纬书"九头十纪"之说和《三五历纪》中的盘古氏，但仍以"包牺以来纪"为卷首②；苏辙的《古史》也以伏羲氏作为其古史系统的开始③；即使南宋罗泌的《路史》，博采纬书，并用"九头十纪"之说，作为其古史系统的架构，但也不采盘古氏作为"首出御世"的圣王④。

至于把"盘古氏"正式列入历史著作系统的，则为南宋胡宏的《皇王大纪》，该书卷一"三皇纪"首列盘古氏，然后依次是：天皇氏、地皇氏、人皇氏、有巢氏、燧人氏，胡宏并做评论说：

> 世传天地之初如鸡子，盘古氏以身变化，天地日月山河草木于其中，所谓讹失其真，而盘姓为万姓之先，则不可没者也。⑤

我们虽然不能肯定胡宏的《皇王大纪》认为"盘姓为万姓之先"，对后世究竟发挥了多大的影响，但宋末元初的蒙古人，似乎已经接受了盘古氏是"首出御世"之君的观念，《文文山集》载元丞相博罗对文天祥说："你道有兴有废，且道盘古到今，几帝几王?"⑥ 固是一例。《元史·祭祀志》载，至元十五年（1278 年）修会川县（四川会理）盘古遗迹，亦可窥见其时对盘古的信仰。到了明代，似乎对盘古氏更为笃信。明周游的《开辟衍行》，袁黄、王世贞的《纲鉴合编》，都把盘古氏列为古史人物中的第一位。王圻纂辑的《三才图会》，不仅把盘古氏列为开辟后的第一位远古圣王，而且还绘出了

---

① 司马光：《稽古录》，《四部丛刊》，商务印书馆，第7页。
② 刘恕：《通鉴外纪》卷一，《四部丛刊初编》，商务印书馆，第6页。
③ 苏辙：《古史》卷一，《四库珍本》，商务印书馆。
④《路史·前纪》第一卷为《初三皇纪》，即初天皇、初地皇、初人皇。
⑤ 胡宏：《皇王大纪》卷一，《三皇纪》，《四库珍本》，商务印书馆，第1页。
⑥ 文天祥：《文文山集》卷十五《系年录》，世界书局。

"盘古氏"画像（见文后附图一）①，具体地加以"人格化"。马欢在其所著《瀛涯胜览》一书里，记载锡兰有一座大山，"山顶有人脚迹一个，入石深二尺，长八尺余，云人祖阿聃（Adam），即盘古之足迹也"②。可见在马欢的观念中，"盘古"亦即"人祖"。据《畿辅通志》"京畿金石考"条记载："完县有盘古石刻，曰邑人刘绍掘得残碑，有盘古氏十月十六日生九字，青县南十五里有盘古庙，明弘治崇祯间，两加修葺。"③

清初，吴楚材在康熙五十年（1711 年）写的"上起三皇，下终明代"的《纲鉴易知录》，把盘古氏列为"三皇纪"第一位，伏羲氏列为"五帝纪"的第一位。"三皇纪"共叙远古"帝王"六人，依次是：盘古氏、天皇氏、地皇氏、人皇氏、有巢氏、燧人氏。认为"盘古氏首出御世"④。从上述各例中可以看出，自南宋胡宏以后，虽然有一些史部著作，把盘古氏列入了古史系统，但这些史部著作，在学术上并没有很高的评价。清季以来，一般人对于盘古固然仍有很深的信仰⑤，但严谨的学者，对于盘古开辟之说，莫不持以怀疑的态度。钱大昕对于胡宏的《皇王大纪》，讥为"儒生侈谈远古"⑥，崔述《考信录》本于"考信于六艺"的精神，自伏羲氏"考"起，他对于"徐整以下诸家"上溯开辟之初的批评是："世益晚则其采择益杂，且并其不雅训者，而亦载之。"⑦ 马骕在其《绎史》中，批评《三五历纪》中的盘古开辟之说时云：

> 盘古氏名起自杂书，恍惚之论，荒唐之说耳，作史者目为三才之首君，何异说梦。⑧

所以《绎史》在篇首所列的"帝王传授总图"，也以伏羲为第一人，依次是：女娲氏、神农氏以至黄帝（神农至黄帝经过了八代），他在卷一《开辟

---

① 王圻：《三才图会》，台北成文出版社印行，据明万历三十五年刊本影印。
② 马欢：《瀛涯胜览》，"锡兰国"条，广文书局《笔记三编》。
③ 陈登原：《国史旧闻》上册，台北大通书局 1981 年影印版，第 2 页引。
④ 台北新兴书局影印本，1955 年出版，第 1～2 页。
⑤ 例如清梁绍壬《两般秋雨盦随笔》卷二云："始兴县南十三里，有鼻天子陵，重修始兴县志，断为盘古之墓，盘古始为天子，追尊之也。"台北市景美区亦有"盘古庙"一座，据云系三百年前移民所建，该庙位于景文街口与木栅路交界处，规模不大，可惜于1982 年10 月间，因马路拓宽，遭市府拆除。此庙如视为三百年前先民之信仰一部分，则仍有保存之价值才是。
⑥ 钱大昕：《十驾斋养新录》卷十三，"胡三峰皇王大纪"条。
⑦ 崔述：《考信录提要》，《崔东壁遗书》第一册，河洛图书出版社，第 31 页。
⑧ 马骕：《绎史》卷一。

原始》之末，论曰：

> 舍诗书六艺之文，而妄信诸子谶纬之杂说，未能悉三代之世，及而远求洪荒以上之氏号，斯好奇者之过也，尚论者断自庖牺氏可矣。

清代傅恒修的《历代通鉴辑览》，也是从太昊伏羲氏开始①，可见直至清代，史部著作中对于伏羲氏的信仰，远大于盘古氏。

民国以后，由于社会科学的研究日益开展，探讨中国民族与文化的起源，依据的是考古学、古生物学、民族学及人类学等，而不再是传说中的盘古氏了。除了一度相信"中国民族西来说"的少数学者之外，盘古氏也不再被历史著作所接受，例如丁谦氏以盘古氏为"始迁祖"，柳诒徵氏《中国文化史》即驳之曰：

> 此等荒诞之说，丁氏亦知失实，然犹信盘古为中国始迁祖，则附会之过也。②

有的学者即使提及盘古，也只是作"理性"的解释，例如陆懋德《中国文化史》云：

> 盖古代以为人类万物必有共同之起源，即谓之盘古，不过为假定之名词，并非真有此人，亦非真有此事，后人不达此义，遂信为实。③

自疑古派兴起，传统古史系统大受破坏，许多历史著作都以殷商作为古代信史的开始，夏代的历史都遭舍弃，遑论盘古。至于殷商以前的古史，大多根据考古的资料，从"北京人"说起，近五六十年的中国上古史或中国通史一类的著作，考古发掘的"北京人"已取代了盘古氏或伏羲氏的地位，成为历史系统的开端了。即使专门讨论中国古史传说的著作，也不把盘古纳入讨论的范围之内④，盘古在国人的脑海中，留下的恐怕只是模糊笼统或"荒诞无稽"的观念了。

----

① 商务印书馆印行。未注出版年月及所据版本。
② 柳诒徵：《中国文化史》上册，正中书局1954年版，第14页。
③《学衡》1925年5月第四十一期，第16页。
④ 例如徐旭生：《中国古史的传说时代》，科学出版社，1962年增订本；徐亮之：《中国史前史话》，香港亚洲出版社，皆不把"盘古氏"列入古史传说系统之内。

五、"盘瓠"传说的民族学考察

干宝《搜神记》与范晔《后汉书·南蛮传》所记高辛氏畜犬盘瓠（《搜神记》作"盘瓠"），因功与公主结婚，子孙繁衍而为武陵蛮的故事，后代学者加以非难的，颇不乏其人，例如唐杜佑《通典》指出：

> 晔云高辛氏募能得犬戎之将军头者，购黄金千镒，邑万家，妻以少女。按黄金周以前为斤，秦以二十两为镒，三代以前分土，自秦汉分人，又周末始有将军之官，其吴姓宜自周命氏，晔皆以为高辛之代，何不详之甚。①

宋罗泌《路史》认为"盘瓠"乃是以狗为名，并非真正的狗②；刘锡蕃《岭表记蛮》亦以为自范晔后数千年典籍，皆辗转抄袭"盘瓠"传说，并以瑶族为狗的后裔，斥为妄言附会③，直至近年仍有人指斥范书为无稽者。④

不过，关于"盘瓠"为边疆少数民族奉为祖先的传说，自魏晋以来，记载颇多，似乎不能说都是受了范书的影响。直到近代，两广的瑶民及闽浙的畲民，在口述其始祖时，仍自认为他们是"盘瓠种"，亦即狗的子孙。以古籍而言，除了《搜神记》及《后汉书·南蛮传》以外，如北魏郦道元的《水经注·沅水注》云："沅陵县西，有武陵，源出武山……有盘瓠迹犹存矣。"罗泌《路史》记载，卢溪县之西百八十里的武山，有一尊"貌狗人立"的石像，"是所谓盘瓠者"，"今县之西南三十里有盘瓠祠"⑤。顾炎武《天下郡国利病书》记广东的傜

---

① 杜佑：《通典》卷一八七，"边防三·南蛮上·盘瓠种"，新兴书局影印，第997页。
② 罗泌：《路史·发挥二》，"论盘瓠之妄"。
③ 刘锡蕃《岭表记蛮》云："自范蔚宗盘瓠之说出，而郭璞、张华、干宝、李延寿、梁载言、乐史之徒，各有著述，益复附会其词，逐使功齐哥伦布之盘王，沦而为狗。由是中国数千年来之典籍，述傜族祖先者，莫不以其人为犬之后裔。寝假而苗、僚、侗、僮诸族，亦皆以为盘瓠之后。连篇累牍，满于书史。国人之妄言妄听如此，学术之无进步，此亦为其最大之原因。"
④ 如李甲孚氏《传说中的盘古氏》一文，其副题即为"兼论后汉书南蛮传盘瓠说的无稽"，《东方杂志》1970年复刊第三卷第九期，第51页。
⑤《路史·发挥二》注引黄冈《武陵记》云："山半石室可容数万人，中有石床，盘瓠行迹，今山窟前石兽石羊奇迹尤多，辰州图经云：隍石窟如三间屋，一石狗形。蛮俗云：盘瓠之像……"《四部备要》册二，中华书局，第19页。

人说："傜本盘瓠种……自信为狗王后，家有画像，犬首人服，岁时祝祭。"又说广东的"莫傜"，"盖盘瓠之遗种"①。刘锡蕃著《岭表纪蛮》云："盘古为一般傜族所崇祀，称之为盘王。傜人以为人之生死寿夭贵贱皆盘王主之，故家家供其像。"② 诸如上述，自宋明至清代学者的记载，不胜列举。

近代民族学家，调查两广傜及闽浙一带的畲民，他们口述其祖先时，都说是"盘瓠"——狗王的后裔，与《后汉书·南蛮传》所述的故事，大同小异。例如广东连山阳山一带的傜人传说云：

> 远自盘古时代，有番王起来兴兵作乱，屡次进剿无功，才晓示天下，有斩首来献的，以公主妻之。一天，便见盘瓠衔了番王的首级走来。盘古大惊，认为堂堂的公主，怎能下嫁异类的盘瓠？打算立即问斩，却受到公主力阻，并且骑了盘瓠入山。从此诞育居民，世代不绝，已达十万人。③

钟静闻氏记广东惠阳畲仔山的傜民，至今相传其始祖是"盘瓠"。其盘、蓝、雷三姓，每年夏历五月初五祭祀始祖的情形是：

> 相传他们于这一天，在公共祠堂中，挂起始祖的遗像，犬首人身，相与祭祀礼拜，并且全村于此时以手足抵地，举行种种兽状的行动云。④

陈志良调查广西傜民的情形是：

> 龙胜大罗乡盘傜，传系狗变来的。义宁公共乡盘傜，传系龙狗变来的。龙胜镇南乡板傜，传系平王的女儿，和龙狗结婚了传下的。义宁公正乡板傜，传系龙狗产生的。隆山龙湾乡东陇傜，传系狗变来的。都安五仁乡东陇傜，传系蓝狗公的子孙。⑤

庞新民氏调查广西的板傜传说云：

---

① 见该书卷一〇〇"广西四"，卷一〇四"广东八"。
② 刘锡蕃：《岭表记蛮》。
③ 黎行：《自傜排来》，《群众周刊》第五卷第一期；岑家梧：《盘瓠传说与傜畲的图腾崇拜》一文转引，《责善半月刊》1941 年 6 月第二卷第七期，第 696 页。
④ 钟静闻：《广东畲仔山的猥民》，《东方杂志》1928 年 3 月第二五卷第六号，第 98 页。
⑤ 陈志良《盘古的研究》，《建设月刊》三卷六期，岑家梧前引文转引，《责善半月刊》二卷七期，第 698 页。

　　板偌祖先形系狗头，昔某国王，因外患难平，乃出布告云：如有人能平此患，愿以其女妻之。板偌之祖先往平之。后向某国王求婚，国王视之，乃一狗头者。欲毁婚，其女不可，乃相与入山。某国王并封之为王，因名狗头王。后狗头王夫妻居山中有年，生子女各七人，尔时山中并无其他人类，狗头王之子女，遂由姊妹兄弟结为夫妇，各个散处深山穷谷中，以自谋生活，繁衍滋传，即今日之板偌也。①

　　闽浙一带的畲民，在民族的分类上，据史图博（H. Stübel）、李化民二氏之研究，认为是属于"猺民总族分出之东北一支族"②，12 世纪时已遍布湖南、湖北、广东、江西、福建等省，13 世纪之末，遂滞留于福建，后一部分移至浙江省③。明谢肇淛《五杂俎》云："吾闽山中，有一种畲人，相传盘瓠种也。"浙江畲民的始祖传说，与干宝《搜神记》所述的"盘瓠"故事，极为相似。据何联奎氏的调查云：

　　在上古的时代，高辛王之后耳痛三年，后从耳中取出一虫，形象如蚕，育于盘中，忽而变了一只龙犬，毫光显现，遍身锦绣。高辛王见之，大喜，赐名龙期，号称盘瓠。那时犬戎入寇，国家异常危急，高辛王就下诏求贤，谓有能斩犬戎将军的头来献的，必把公主嫁给他。龙期便挺身而往敌国，衔了犬戎将军的头报命，欲求高辛王践他的前言。高辛王嫌其不类，颇有难色，龙期忽作人声曰："你将我放在金钟内，七天七夜，就可变成人。"到了第六天，公主怕他饿死，打开金钟一看，则身全变成人形，只留一头未变，于是盘瓠着上衣服，公主戴上犬头冠，俩相结婚了。盘瓠挈妻入山居住，生三男一女，长姓盘，名叫自能；次姓蓝，名叫光辉；三姓雷，名叫巨佑；女婿姓钟，名叫智深。（见

---

① 庞新民《广西猺山调查杂记》，《中央研究院历史语言研究所集刊》1932 年 10 月四本一分。
② 史图博（H. Stübel）、李化民：《景宁敕木山畲民调查记》上册（中文本），第 3 页。徐益棠：《浙江畲民研究导论》，《金陵学报》1933 年 11 月三卷二期，第 430 页引。
③ 徐益棠：前引文《浙江畲民研究导论》，第 431～432 页。

文后附图二)①

沈作乾记福建畲民的婚嫁,"新郎和新妇交拜成礼,然后悬一狗头人的祖像于堂中,大家围着歌拜",他们祭祀时,除了祭宗祖之外,并祭其始祖"盘瓠",据沈作乾所记:

> 除夕,家人聚宴,叫作"吃分岁",在将"吃分岁"时,无论男女老幼,多要衔肉骨一块,屈身绕桌足匍匐三周,又要做犬吠三声,然后就席。……到深夜人静,关闭门户,然后悬狗头人身的祖像于堂中,阖家环拜而歌,有人说:"这是一条端刻狗头形的木杖像存祠中。"又有人说:"这确是像,木杖存祠中,醮名时才用。"②

克洛氏(C. R. Kellog)与江鼎伊氏所记,大致相同③。

综合傜民与畲民的始祖传说和"盘瓠"神话,与《搜神记》《后汉书》等所记述者,其基本母题大致是相同的,即"盘瓠"为其始祖,而自认为是"狗"的子孙。这种传说实为一种"图腾信仰"(Totemism)的现象,应是可以肯定的④,佛来则(J. G. Frazer)《图腾制与外婚制》(*Totemism and Exogamy*)一书,对"图腾制"所下的定义是这样的:

> 一个图腾就是一类物象,初民以迷信态度尊敬之,而相信自己和同辈的各个分子与此类物像有密切和特殊的关系。⑤

所以,从汉魏以来见于记载和边疆民族的"盘瓠"神话,通过民族学的考察,应可以了解它的真相,"盘瓠是图腾之名,而非种族的名称"⑥。据凌纯声氏研究,在世界各民族中,以狗为氏族图腾或拜狗为祖先,有十五种人之

---

① 何联奎:《浙江畲民研究导言》,自印本。附图二采自何联奎:《民族文化研究》。
② 沈作乾:《畲民调查记》,《东方杂志》1924 年第二一卷第七号。
③ 凌纯声:《畲民图腾文化的研究》,《中央研究院历史语言研究所集刊》1948 年 1 月第十六本,第 163 页引。
④ 岑家梧:《盘瓠传说与傜畲的图腾崇拜》一文,综合古籍及傜畲的盘瓠传说,提出其结论云:"狗与女交而生其族,确是蛮人的图腾神话,傜人畲人又因为确是南蛮的后代,所以他们把盘瓠的传说一直保留下来。这种狗与人交而生其族的传说,我们称之为第一型的盘瓠传说。"《责善半月刊》一卷七期,第 699 页。
⑤ 凌纯声前引文《畲民图腾文化的研究》引,第 128 页。
⑥ 凌纯声前引文《畲民图腾文化的研究》引,第 169 页。

多，分布于亚、澳、美三洲之地。在亚洲方面，如爪哇的卡郎人（KaHang）与日本北海道的虾夷，传说都是一狗与一女配合而传下来的，与我国傜、畲的传说相同①。

傜民、畲民以"狗头人身"做他们的祖像，也是明显的图腾现象，耶方斯（E. B. Jevons）认为："图腾祖先最初为动植物，其后变为半动物半人类，更进而成为象征动物或植物之纯粹之人形神。"② 我国古史传说中的始祖诞生故事，如安登感神龙而生神农③，伏羲、女娲"蛇身人首"，神农氏"人身牛首"④，这与傜、畲以始祖为"狗头人身"的情形是一样的，都是古代图腾的特征。

"盘瓠"为我国南方民族的"图腾祖"，为什么转化为"盘古"，而成为"开天辟地"以及人类万物的始祖，应可推想而知。

我国人文思想起源甚早，商周以后，图腾社会仅存遗迹而已。战国秦汉的学者，对于有关宇宙起源或文明的肇始一类问题，早已做"哲学的"或"理性的"探讨了。虽然在传说和神话中，也保留了许多图腾的遗迹，但是秦汉以后的学者，囿于时代知识，已无法了解原始社会的真相，仅能以其"理性的"态度，强为之解释，例如许慎对于远古帝王的感生故事，认为"圣人皆无父，感天而生"⑤，唐代柳宗元对于传说中的"半人兽"的远古帝王，则感到疑惑难解，他说：

> 故传伏羲曰牛首，女娲其形类蛇……然则伏羲氏、女娲氏，
>
> 是亦人而已矣……又焉得为牛、为蛇……⑥

徐整著作《三五历纪》的时代，已是三国之世。就学术思想的背景而言，

---

① 凌纯声前引文《畲民图腾文化的研究》引，第 169~172 页。据凌氏研究，我国盘瓠图腾民族的分布，东起沿海的闽浙，中经粤湘桂滇，南至越南之东京北部，西至缅甸之景东，而止于怒江东岸。

② 岑家梧：《转形期的图腾文化》，《食货半月刊》1937 年 3 月五卷六期。

③ 有关神农诞生的传说，见《春秋元命苞》（《释史》卷四引）、《帝王世纪》（《太平御览》卷一三五引）、司马贞《补三皇本纪》、罗泌《路史·后纪三》、胡宏《皇王大纪》卷一等。

④ 伏羲、女娲"蛇身人首"，除了文献记载的传说之外，汉代武梁祠石刻伏羲、女娲像，皆作"蛇身人首"；神农氏"人身牛首"见《帝王世纪》、司马贞《补三皇本纪》、刘恕《通鉴外纪》等。

⑤ 许慎《五经异义》，又见《春秋公羊传》。

⑥ 崔述：《补上古考信录》卷之上，见《崔东壁遗书》，台北河洛图书出版社，第 18~19 页。

东汉时代经学发达，史学进步，虽然阴阳五行思想流行，但学者仍富于批判精神。当《三五历纪》《述异记》等书写作之时，经学家已确定伏羲氏为人类文明的肇始人物，如《易传》，史学家以伏羲氏为古史开端的历史系统，也已大致完成，如刘歆《世经》、班书《人表》。但是在有关天地万物的创始和人类始祖的由来等大问题上，在经典和史部著作中，反而找不到明显的记载，因此在接触到南方民族"武陵蛮"的"盘瓠"神话时，这种"新奇"之说，固然会被视为"荒诞"，予以排斥，但也正可以解释上述的疑惑，予以选择地接受。但可以想见的是，在当时学者的心目中，无论如何人类总不能是狗的子孙，所以略去"盘瓠"神话中的"荒诞"部分，并参酌传统的太极阴阳的"宇宙开创论"（cosmogany），抟合而成为"盘古"开辟之说。我们看"盘古"开辟之说，与"盘瓠"神话出现在著作的时代，几乎是相同的，可见两者的确不无关系①。

但是，徐整等以盘古为天地开辟、人类万物之祖，史家却难以接受。史部著作中的古史系统，多不以盘古为开端。"盘瓠"为南方民族的始祖神话，则记录在南方民族的传记中，范晔《后汉书》系记载"南蛮"始祖的由来，才叙述"盘瓠"的故事；杜佑《通典》把"盘瓠种"列在边防部、南蛮项下；马端临《文献通考》，则列入"四裔考"中的"南"部；《太平御览》则把"盘瓠"置于"四夷部"的南蛮项下，与越裳国、黄支国、廪君、板楯蛮、俚等并列，"盘古"开辟之说，则列于"天部"，"盘瓠"与"盘古"都没有被列入"皇王部"。这种类书编辑的原则，不能说没有受到史部著作的影响，我们可以说范晔、杜佑诸氏及其以后的许多学者，对于"盘瓠"的记载，其态度忠实而审慎，并富有批判的精神。

----

① 刘起釪《开天辟地的神话与盘古》一文认为："华夏族开天辟地式的神，最早有敷布大地的禹，接着有营造九重天、安上八根天柱以及在洪水中重造大地的诸神，又有生出日月的女神羲和、常羲，又化成宇宙美物的烛龙或烛阴，然后有补天奠地造人的巨神女娲，这些前后出现的传说，本是我国古代有关开天辟地的神话，尤以烛龙或烛阴的故事，显然更为盘古神话的原型。可能这些原有神话故事在传说过程中，到秦汉之际，因与南方各族接触交融，而受了盘瓠神话的影响，而用了它的谐音'盘古'……从三国时期起，就只有盘古成为我国最早最古的开天辟地的巨神了。"见《社会科学战线》1988年第二期，第148页。案：刘氏之说，除了以禹为华夏族最早"开天辟地式的神"不表苟同以外，其余的看法，与本文基本上是一致的。

六、结　论

"盘古"开辟之说，起于三国魏晋之际，与"武陵蛮"的"盘瓠"神话出现于著录的时代几乎同时。"盘古"的起源，及其与"盘瓠"有无关系，学者的看法一向见仁见智，并无定论，现在加以综合考察，仍以"盘古"系由"盘瓠"转化而来的可能性为大。"盘瓠"乃南方民族图腾信仰之始祖，近代两广闽浙之傜、畲，仍自以为狗的子孙，奉盘瓠为始祖。由于汉末与南方接触后，学者将图腾制度的始祖信仰，去其"荒诞"部分，参酌固有之太极阴阳等宇宙开创论，抟合而成新说，以解释天地开辟、人类与万物化生的现象。

但是，盘古开辟之说出现的时代，中国人文思想早已成熟，经学发达，史学尤为进步，古史系统的建立已趋完成。东汉以来，经学家、史学家莫不以伏羲氏作为文明肇始与古史开端的人物。所以自魏晋以来，盘古虽亦受人们的信仰，但却不被史家及史部著作所接受，古史系统大多仍以伏羲氏为开端，而不以盘古。至于"盘瓠"传说，史家仍存其真，自范晔、杜佑诸氏，皆列入历史著作中的"四裔部"之类，作为记载南方民族起源的资料。南宋以后，虽然盘古氏被"人格化"，成为"首出御世"的圣王，并列入古史系统的开端，但这些著作的学术水平不高，并不受到后世重视，也经不起学术的批判。清季以来，盘古虽受着一般的信仰，但严谨的学者，多斥此说为荒诞，古史著作仍以伏羲氏为开端。此固由于经学传统的影响，实际上也是由于史学进步，史家富有批判的精神所致。

盘古不应再被看作开天辟地的"人物"，自不待言，但也不应因为确定了它是后起之说，因而就被视为荒诞不经或毫无意义，而应该把它视为汉代以来，中原民族与南方民族融和与抟成过程中，反映在思想信仰上的一种现象。

附图一　盘古氏（想象图）

采自《三才图会》（二），王圻纂辑，明万
历三十五年刊本，台北成文出版有限公司，
第555页。

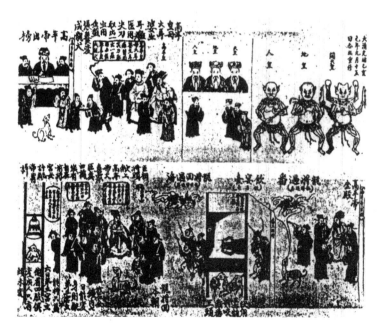

附图二　畲民画像

采自何联奎《民族文化研究》（1950年自印本）。

肆 伏羲氏传说试释

一、前 言

我国传统古史系统以及远古史事,以往多以古代文献中的记载为依据,而古史系统中的远古圣王,如伏羲、神农、黄帝、尧、舜等人物及其传说中的事迹,在历史上,长久以来,向为国人所深信不疑。但由于这些文献载籍中的史事,多属后人追记,其中不免有穿凿附会之处,甚至同一史事,呈现先后歧异或众说纷纭的现象,后人读之,也就不免有疑窦丛生,或莫衷一是的感觉,过去学者因而有古书辨伪之学。

对于古书和古史的怀疑,历代虽不乏其人①,但多属枝节的考辨,对于古史系统以及传说中远古圣王的信仰,并无根本的动摇,直到民初"疑古派"兴起,才遭到了严重的破坏。"疑古派"的基本主张,就是所谓的"层累积成说"②,认为古史传说中的人物及其事迹,系出于后儒之伪作,因而采取抹杀及否定的态度,这使考察古史的人,一时为之四顾茫然③。虽然经过长期检讨和反省之后,当代学者已发现民初"疑古派"的矫枉过正,并深信古代典籍

---

① 参阅万里《我国传统古史说之破坏和古代信史的重建》一文,原载《第二届亚洲历史学家会议论文集》。收入《书佣论学集》,台湾开明书店 1969 年版。又,顾颉刚在《古史辨》第一册自序中,自唐代刘知几以下至清代崔述,共列历代疑古学者十九人。韩慕义(Arther W. Hummel)(英译《古史辨自序》之序文)(*The Autobiography of Chinese Historian, being the pretence to a symposium on ancient Chinese history. Ku Shin Pien 1931, London.*)列自韩非子、王充至崔述,中国历代的疑古学者有十七人,见郑德坤译,《近百年来中国史学与古史辨》,《史学年报》1933 年 8 月第一卷第五期。
② 顾颉刚在《与钱玄同先生论古史书》提出他的"层累地造成的中国古史"的基本主张时说:"周代人心目中最古的人是禹,到孔子时有尧舜,到战国时有黄帝神农,到秦有三皇,到汉以后有盘古。"见《古史辨》第一册中编,第 60 页;又见《古史辨》第一册自序,台北明伦出版社 1926 年版,第 52 页。
③ 董作宾氏在《中国古代文化的认识》一文中说:"我国古代文化所寄托的一部分'纸上材料',经过这样一—'辨',几乎全部被推翻了,疑古的新史学影响所及,东西洋的汉学家,对于中国古代文化问题,为之四顾茫然,不知所措。"《大陆杂志》1951 年 12 月第三卷第十二期。

为古史资料的重要部分①，史后传说具有史前的史实②，但是由于经过了"疑古派"的破坏，后继的史学工作者，对古史传说做建设性的研究，颇多裹足不前，影响至为深远。笔者基于此一认识，过去数年，曾以文献史料配合考古学、民族学、人类学的既有成果，对于我国传统古史重新检讨，做综合的考察，在"国家科学会"奖助下，先后完成以远古帝王为中心的古史传说阐释论文多篇③，希望对于古史信史的重建，在前辈学者已有的基础之上努力，以求寸进。

关于传说史料的价值和考察古史传说应有的态度，虽然在上述各篇拙文中的"前言"里，曾经略有所陈，在此仍应再做说明。史学研究，最重史料与方法，古史的研究，地下直接材料重于纸上间接材料，是尽人皆知、毋庸置疑的。但是，对于古史传说的考察而言，却无法完全依赖地下的发掘，正因为得不到地下直接材料的印证，所以才称之为"传说"，一旦发现了直接材料，也就不成其为古史传说，而应视为信史了。

所以，古史传说的研究，应注重其"母题"的考察，注意其显示的古文明特征，与近代社会科学理论所指示的特征是否谐合，而不必过于在意其"人"有无的考证，或其谱系世次是否合理。战国秦汉时代的学者，不可能具备现代考古学、民族学、人类学的知识，他们的著作中，所述远古史事的现象，如果与现代社会科学的新知或理论，有足以对照或符合的地方，我们就应该加以重视，宁信其有。环绕着古史传说，常以人物为中心，反映着远古某一阶段的文明特征，这些特征，才是我们考察的重点。傅斯年先生指出："古代史的材料，完全是属于文化方面，不比现代材料，多注意于人事方面。"④ 对于古史传说的考察，尤其应该如此。

----

① 李济在《再谈中国上古史的重建问题》一文，列举与中国上古史有关的材料七大类，而认为"历代传下来的秦朝以前的记录……是研究中国上古史最基本的资料"，《"中央研究院"历史语言研究所集刊》1962 年 1 月第三十三本，第 358~359 页。
② 黎东方：《史后传说中的史前事实》，《史学汇刊》1970 年 8 月第三期，中国文化学院史学研究所。
③ 拙文计有：《黄帝制器传说试释》，《师大历史学报》1976 年 5 月第四期；《神农氏传说试释》，《赵铁寒先生逝世周年纪念论文集》，1978 年 4 月；《尧舜传说试释》，《师大历史学报》1979 年 5 月第七期；《大禹与夏初传说试释》，《师大历史学报》1980 年 5 月第八期；《殷先公先王与成汤传说试释》，《师大历史学报》1981 年 5 月第九期。
④ 傅斯年：《考古学的新方法》，《傅斯年选集》第四册，文星书店 1952 年版，第 522 页。

　　古代文献载籍中的远古史事，多系后人述古之作，并非当时的"实录"，固然可成定论，但却也不能因为写定的时代较晚，或内容"荒诞不经"，即遽指为伪书与伪史，斥其毫无意义，而加以抹杀或否定。因为有些"荒诞不经"的记载，也许是由于我们的知识还不足以了解，例如始祖感生以及知母不知父的故事，东汉的许慎便说是"圣人皆无父，感天而生"[1]。法人格拉勒（M. Marce Granet）认为古书并无绝对的真伪，对古事的考察应着重"内考证"，在"伪里寻真"，不应因过分注意古书真伪的考订，反而忽略了书中的事实[2]。梁启超说："凡以文字形诸记录者，盖无一不可于此中得史料也。"[3]经传诸子的著者，原各有其著作目的和观点，例如诸子的援引古事，乃是在于"证成己说"，所以同一史事，取舍不同，解释也不同，因此我们运用这些材料时，必须加以"过滤"，才较能发现历史的真相。

　　古史的研究，必须在已有的成绩之上进行，所以不论前人对文献上的考订，以及当代学者的研究成果，都应该予以重视。我们更应体认到，近代社会科学新知的开展，使上古史的材料日趋扩大，考古学、民族学、人类学、民俗学等，无一不是研究上古史的重要资料，同时也是自成体系的专门学问，古史工作者势不可能直接参与每一学科的研究，所以必须借重专家研究的成果或报告，来做"科际整合"的探讨[4]。古史研究涉及之材料及学科范围如此之广泛，考察古史传说，固然系以文献记载为讨论的主要依据，但却不能仅从文献本身去直接证明了。

　　在古代文献中，伏羲氏为远古时代的圣王，被尊为"三皇"之一，东汉高诱注《淮南子》，则以伏羲、神农为"泰古二皇"[5]，蔡邕《独断》一书亦以"上古天子，庖牺氏、神农氏称皇"[6]，可见伏羲与神农在远古传说中，具

---

[1]《诗正义》引许慎《五经异议》说："诗齐鲁韩，春秋公羊说，圣人皆无父，感天而生。"又，《说文》"姓"字条下："古之神圣人，母感天而生子。"

[2] M. Marce Granet 著，李璜译：《古中国的舞蹈与神秘故事》，见《法国汉学论集》附录一，香港珠海书院丛书，台北九思出版社，第 194～196 页。

[3] 梁启超：《中国历史研究法》，台北中华书局 1961 年台三版，第 49 页。

[4] 参拙作：《七十年来的中国上古研究》，《中国之文化复兴》第三编第三章，中国文化大学出版部 1981 年版。

[5]《淮南子·原道训》"泰古二皇，得道之纪"句下。

[6]《古今逸史》第三册，台湾商务印书馆期刊版，第 1 页。

有特别重要的地位，而伏羲氏的地位尤为崇高。《易·系辞传》，《汉书》的《律历志》《古今人表》，沈约《宋书·符瑞志》，司马光《稽古录》，刘恕《通鉴外纪》等书，都将伏羲氏列为古史系统中的第一人；清代"考而后信"的崔述，对于伏羲"人格"的真实性并不否定①；直到民国以后，北京大学讲授中国哲学史的陈汉章氏，仍从伏羲氏讲起②。凡此足以说明伏羲氏在传统古史系统中，以及后代学者的观念里，具有何等重要的地位。

伏羲氏传说中的重要事迹，如始作八卦、制嫁娶之礼、"作网罟以田（佃）渔，取牺牲以供庖厨"③，一直被视为"王天下"的圣德，其传说必渊源有自，显非疑古者所能轻易否定。芮逸夫先生曾调查我国西南苗民的传说，对于此一古史传说中的人物，提供了民族学的资料④，其他学者之中因此而产生探讨的兴趣与信心者，也不乏其人⑤。但各家的着意点并不尽同，如何将有关的传说史料加以整理，并参照民族学、人类学以及当代学者所研究的成果，做综合的考察，提出系统的阐释，仍为有待努力以赴的工作。

再者，在我国文献载籍中，伏羲氏有许多异写，例如《易·系辞传》作"包牺氏"，《庄子·缮性》《荀子·成相》及《战国策·赵策》等，皆作"伏戏"，《史记·封禅书》引《管子》《汉书·古今人表》《宋书·符瑞志》等，作"宓牺氏"，《汉书·律历志》作"炮牺氏"，《列子·黄帝》、皇甫谧《帝王世纪》作"庖牺氏"，其他名称尚有皇羲、皇牺、羲皇、戏皇、泰帝、青帝、春皇、木皇、苍帝、苍精之君等⑥。各种不同的名称很多，但皆属一"人"。

案：《庄子·胠箧》《世本·作》《淮南子·览冥训》及《古史辨》所收

---

① 崔述：《上古考信录》，断自庖牺以来，《崔东壁遗书》第一册，卷上，河洛图书出版社，第8~12页。

② 见《古史辨》第一册自序，第36页。又，1918年章鸿钊氏著《三灵解》（三灵指龙、凤凰、麒麟）称："吾人尚论唯及伏羲氏而止，其余事不经见者不敢引焉一。"

③《汉书·律历志》。

④ 芮逸夫先生：《苗族的洪水故事与伏羲女娲的传说》，原刊《中央研究院历史语言研究所人类学集刊》第一卷第一期，上海商务印书馆1938年版。收在《中国民族及其文化论稿》下册，艺文印书馆1972年版。又有《伏羲女娲》一文，载《大陆杂志》1950年第一卷十二期。

⑤ 例如闻一多有《伏羲考》一文，原刊1942年《人文科学报》，收在《神话与诗》，台中蓝灯文化公司1975年影印本。

⑥ 梁玉绳：《汉书卜表考》上册，《国学基本丛书》，台湾商务印书馆，第16页。

有关讨论之文字，皆作"伏羲氏"①；当代学者有关讨论的著作，也都采"伏羲氏"为标题②。所以本文的标题以及在行文时，使用"伏羲氏"；但在征引文献时，则使用原文中所使用的名称，不再另作说明。

二、伏羲氏传说的由来

在先秦载籍中，伏羲氏最早见于《易·系辞传》，《管子》中《封禅》《轻重戊》以及《庄子·缮性》《荀子·成相》《战国策》等书。《易·系辞传》著于何时，今人未有定论，《管子》的成书时代，学者多主战国③。《易·系辞传》称：

> 昔者庖牺氏之王天下也……于是始作八卦，以通神明之德，以类万物之情。

今本《管子·封禅》已亡，《史记·封禅书》载管子与齐桓公论封禅云：

> 古者封泰山禅梁父者七十二家，而夷吾所记者十有二焉。昔无怀氏封泰山，禅云云；宓牺氏封泰山，禅云云……

《封禅》首述无怀氏，次及伏羲氏。《庄子·胠箧》述远古帝王，自容成氏至神农氏共十二氏，伏羲氏列于神农之前，伏羲氏之前更有十个古帝王。

伏羲氏的传说，应非起于战国，似可以追溯到更遥远的古代才是。《左传·昭公十七年》记郯子对鲁昭公之言，除了说明少皞氏以鸟名官之外，还说："太皞氏以龙纪，故为龙师而龙名。"据《左传》杜预注，说太皞就是伏羲氏。杜预为晋时人，在他之前的一些著作，即已经合太皞与伏羲为一人了。以太皞

---

① 例如顾颉刚、杨向奎著：《三皇考》第十六节《伏羲们和三皇的并家及其纠葛》；吕思勉著《三皇五帝考》第五节《伏羲考》等例皆是，见《古史辨》第七册中编，1941 年。
② 如前引芮、闻诸氏之文即是。又，徐中舒：《跋苗族的洪水故事与伏羲女娲的传说》第四节标题为《伏羲鳞身，女娲蛇躯》。
③ 例如宋苏辙著《古史·管晏列传》云："至战国之际，诸子著书，因管子之说而增益之。"《朱子语类》："《管子》非管仲所作……其书想只是战国时人收拾仲当时行事言语之类著之，并附以他书。"以上引自张心澂《伪书通考》，明伦出版社印行，第 764 页。今人罗根泽著《管子探源》八章，分考各篇著作时代，以战国时代为多，唯将《封禅》列为汉司马迁作，恐有过当，见该书第 108 页。罗书著于 1930 年，台北里仁书局有影印本。

即为伏羲，可能源于纬书①。正史之中，班固《汉书》中《律历志》《古今人表》等，也都以太昊伏羲合为一人，两千年来几已成为定论。虽然先秦的载籍并没有将太昊（皞）与伏羲合为一人的记载，因此自清季崔东壁以来，学者颇有以太昊、伏羲并非一人的看法②；但文献中太昊与伏羲的名称，皆为后人所加，而事迹则大多雷同，考察传说中人物，"只当其母题是否相同，而不当拘于其名称之殊异，以此论之，谓太皞为伏羲，似无不可"③，应是正确的态度。

从春秋战国时代往上追溯，伏羲氏传说仍有可以考察的踪迹。芮逸夫先生于 1933 年至湘西考察苗族，从苗人口述的洪水故事中，得知苗族自认为他们全出于伏羲女娲。在许多苗族所说的故事中，兄妹结婚与洪水是故事的母题。大意是说，古代遭遇洪水，人类几乎灭绝，仅存兄妹二人，后配为夫妇，人类才得以绵延。有些苗族说，兄的名字叫作 Bu-i，妹的名字叫作 Ku-eh，据英人克拉克(S. R. Clarke)的调查，苗人用汉语讲述时，则称"Fu-hsi"，"Bu"是"祖先"之义，"i"是"一"或第一之意义。"Bu-i"也就是最早的祖先④，其他如西南的僮族传说与伏羲氏亦有特殊关系⑤。

这些西南边疆民族传说的考察，似乎还不能确定此说系起于南方而传入中原，反而极可能是在远古时代，中原的旧说保留在苗族的记忆里。凌纯声先生以为中国历史上的主人翁，最初是汉藏系民族，他们先后三次入居中原，最先是苗傜系，再次是泰掸系，最后是华夏系。最早迁入中原的苗傜系民族，历史上称之为"髦""猫"或"苗"等名，他们属于古史上的"伏羲女娲"

<hr>

① 《太平御览》卷七十八引《遁甲开山图》云："仇夷山四绝孤立，太昊之治，生伏羲处。"芮逸夫先生以为太昊即为伏羲，即源于此。见前引书，第 1047 年。
② 例如清代崔述著《考信录》，以为应按《易·系辞传》的次序，首列包牺氏，而依《左传·昭公十七年》郯子所言古帝王，依次为黄帝、炎帝、共工、太皞、少皞。而将太皞氏列于黄帝与共工氏之后，少皞氏之前，与伏羲氏别为二人，见《崔东壁遗书》，《补上古考信录》卷之上，河洛图书出版社印行，第 9 页，及卷之下，第 9 ~ 10 页。今人徐旭生著《中国古史的传说时代》一书，分我国古代部族为三个集团，以太皞氏族在东方，属于东夷集团，伏羲女娲同一氏族，在南方，属于苗蛮集团，科学出版社 1962 年增订版，第 49、57 页。
③ 徐中舒：《跋苗族的洪水故事与伏羲女娲的传说》，芮逸夫先生前引文附录，《中国民族及其文化论稿》下册，1972 年，第 1067 页。
④ 芮逸夫先生前引文，第 1040 ~ 1050 页。
⑤ 徐松石：《傣族、僮族、粤族者》，第 19 ~ 20 章，香港世界书局 1963 年版。

集团①。从甲骨文与殷墟地下遗物考察，伏羲女娲的传说似乎在殷商时代就已经有了。侯家庄 1001 号大墓出土一件"一头二身"的蛇形器，或以为可能就是流传后世的东汉武梁祠及唐高昌国绢上的伏羲、女娲画像。而甲骨文中的 多多、多多、多多 等字，"也许在殷代的伏羲、女娲就称为 多多"，伏羲女娲则是晚于殷代的名称②。由此看来，伏羲氏传说的由来是极为悠久的了，但是正式的名称，大约到战国秦汉以后，才逐渐定型。

我国传说中的远古帝王，其名称多系后人所加，伏羲氏似亦如此。由前述名称之多，就是一项证明③，这些后人所加的远古帝王名称，乃是由于他们具有某种发明或功业，对生民有过重大贡献的缘故，汉代的服虔曾说：

> 自少皞氏以上，天子之号以其德，百官之号以其徵。④

张晏也说：

> 自少皞以前，天子之号象其德，颛顼以来，天子之号因其名。⑤

《礼记·月令》孔颖达疏云：

> 伏羲、神农、黄帝、少皞，皆以德为号也，高阳、高辛、唐、虞，皆以地为号也。

这里的所谓"德"，就是对生民福祉有极大贡献的功业⑥。有关伏羲氏名

---

① 凌纯声：《中国边疆民族》，中华文化出版事业委员会 1953 年版，第 4~6 页。唯据语言学家意见，"苗傜系"与"汉藏系"不属同一语族，故"汉藏语系"中并不包括"苗傜语系"，参董同龢著《语言学大纲》，中华丛书编审委员会 1969 年版，第 16~17 页。

② 刘渊临先生：《甲骨文中的"虫"字与后世神话中的伏羲女娲》，《"中央研究院"历史语言研究所集刊》1970 年第四十一本第四分，第 604~606 页。

③ 参本文前言及注 19。

④《史记·五帝本纪》集解引。

⑤《汉书·古今人表》引。

⑥ 古文献中的"德"字，表现许多不同的意义，据李宗侗氏看法，"德"的初意，与"性"或"姓"相近，与民族学的"图腾"的含意相同。例如《左传·隐公十一年》："天而既厌周德矣，吾其能与许争乎?"《宣公三年》："周德未衰，天命未改。"《国语·晋语》谓："异姓则异德，异德则异类。"以"五德终始"之"德"，都具有"德"之初意。参李宗侗著《中国古代社会史》（一），中华文化出版事业社 1954 年版，第 40~41 页。但是本文所引各节的"德"字，显然不能以"性"或"图腾"解释。又如《诗经》言文王"秉文之德"（周颂清庙）、"文王之德之纯"（周颂维天之命）、"聿修厥德""厥德不回"（大雅文王之什）等等，也都不能以"德"的初义来看。

称的由来，汉魏学者有着以下的说法：

《礼含文嘉》：

> 伏者，别也，变也；戏者，献也，法也。①

《白虎通·德论》：

> 伏羲，画八卦以治天下，下伏而化之，故谓之伏羲也。

《汉书·律历志》：

> 易曰："炮羲氏之王天下也。"言炮牺继天而王，为百王先，
> 首德始于木，故为帝太昊。作网罟以田渔，取牺牲，故天下号曰
> 炮牺氏。

皇甫谧《帝王世纪》：

> 太昊帝庖牺氏，风姓也，首德于木，为百王先，帝出于震，
> 未有所因，故位于东方。②

《绎史》卷三引王嘉《拾遗记》：

> 庖者，包者，言包含万象，以牺牲登荐于百神，民服其圣，
> 故曰庖牺氏。

宋罗泌独采《礼含文嘉》之说，而指其他诸说为"鄙妄"③。先儒对于伏羲名称的由来。解释各有不同，实是由于各人所处的时代不同，观察的着意点不同，也是各人的思想或"史识"不同，有以致之。

汉代学者为了调和异称，又将太昊与伏羲作世号与身号的区别，"世号"为部落名号，"身号"为个人私名，王符《潜夫论》以太暤（与昊、暭、皞同）为世号，伏羲为身号④，班固《汉书·律历志》则似以太昊为身号，伏羲为世号，汉张晏说："太昊，有天下号。"⑤ 唐孔颖达则以为"太昊身号，伏羲代（世）号"⑥。傅斯年以"太暤、少暤皆是部族名号，不是个人私名"，

---

① 《太平御览》卷七八引。
② 顾尚之、钱熙祚辑辑校本，《指海》第六集。
③ 《路史·后纪》，中华书局《四部备要》本，第2页。
④ 王符：《潜夫论·五德志》。
⑤ 《汉书·古今人表》，颜师古注引。
⑥ 《左传·昭公十七年》孔疏，"代号"即"世号"，盖避李世民讳。

更以为伏羲氏"亦非能名之于一人者"①。太昊、伏羲等名称，既然都是后人所加而非当时的私名，则二者的合而为一，自是汉人考察古史综合整理的结果，先儒意见的歧异，乃是由于各人的观点不同。不过，他们透过五行思想，以伏羲氏属于木德，方位在东，意见则几乎是一致的。例如《汉书·律历志》引《世经》、皇甫谧《帝王世纪》等，都说伏羲氏"首德于木，为百王先"。《说文》："木，东方之行。"《礼记·月令》和《吕氏春秋》的作者，也都把太昊配属东方。四川省合川县东汉石墓浮雕的"伏羲举日"图②，伏羲头部上方的太阳，似乎就是象征"东方之帝"的意思。

伏羲举日图
（摹本）

五行家把太昊配属于东方，可能也与太昊之族分布在东方有关，《左传·僖公二十一年》称：

> 任、宿、须句、颛臾，风姓也，实司太暤与有济之祀。

据《左传》杜预注："四国，伏羲之后。任，今任城县，宿，东平无盐县，颛臾在泰山南，武阳县东北，须句在东平须昌县西北。四国封近于济，故世祀之。"据傅斯年氏在《夷夏东西说》一文中考证：

> 太暤族姓之国部之分配，西至陈，东括鲁，北临济水，大致当今河南东隅，山东西南部之平原，兼包蒙峄山境，古代共认太暤为东方之部族，乃分配于淮济间之族姓。③

其次，从伏羲诞生之地的传说观察，也有东方的现象。《御览》卷七十八引《诗含神雾》云：

> 大迹出雷泽，华胥履之，生宓牺。

《潜夫论·五德志》说略同。《史记·五帝本纪》称："舜，耕历山，渔雷泽。"《集解》引郑玄曰："雷夏，衮州泽，今属济阴。"正距春秋时代的风姓四国不远。再者，相传陈为"太暤之虚"（左昭十七），地当河南淮阳，亦

① 傅斯年：《夷夏东西说》，《傅孟真集》第四册，台大文学院版，第75页。
② 《合川东汉画像石墓》，《文物》1977年第二期，第66~67页。
③ 傅斯年前引文，第73页。

距山东不远，且陈字从东从邑①，正显示了它的地望②。由于太皞氏之族在东方历史悠久，所以直到春秋时代，还有风姓四国留在今泰山之南。

总之，伏羲氏传说的渊源颇为悠远，至其名称的由来，实得自他的功业，《汉书·律历志》谓"作网罟以田渔，取牺牲"，是"天下号曰炮牺氏"之原因，这与燧人氏"钻燧取火，以化腥臊"天下号曰燧人氏③、神农氏"制耒耜，教民农作，故谓之神农也"④，其情形是一样的。伏羲大约就是"驯服家畜"的意思⑤，也被认为"犹言游牧之王"⑥。总之，他可能为远古时代最初发明畜牧，具有真实"人格"的氏族领袖，也可能是一位时代"拟人化"的象征人物。

三、伏羲氏传说的时代

在先秦著述中，伏羲氏有时在古史系统中，并不是第一位远古帝王，例如《庄子·胠箧》云：

> 昔者容成氏、大庭氏、伯皇氏、中央氏、栗陆氏、骊畜氏、
>
> 轩辕氏、赫胥氏、尊卢氏、祝融氏、伏羲氏、神农氏。

注引司马彪云："此十二氏皆古帝王。"⑦ 这些远古帝王的次序，显然也表示了时代的先后。又如《管子·封禅书》首述无怀氏，次及伏羲氏。一般而言，自战国以来的古史系统，多以燧人、伏羲、神农、黄帝、尧、舜的次

---

① 参芮逸夫先生前引文，第1061页；李宗侗：《中国古代社会史》第一册，第11页，中华文化出版事业社印行，1963年再版本；丁骕：《中国地理、民族、文化与传说史》，《"中央研究院"民族学研究所集刊》1970年第二十九本，第47页。

② 近年来有的学者对伏羲地望提出一些看法，侯哲安认为伏羲的中心势力在淮水流域，其后裔分布地域很广大，他应该是当时我国东部和南部民族的首领（见《伏羲女娲与我国南方诸民族》，《求索》1983年第四期，第107页）。程德祺主张伏羲的根据地是在太湖流域无锡的惠山附近（见《伏羲新考》，《江海学刊》1987年第五期，第67页）。李永先则反对程氏的说法，认为伏羲氏的地域在泰山一带（见《也谈伏羲氏的地域和族系》，《江海学刊》1988年第四期，第114页）。

③ 《韩非子·五蠹》。

④ 《白虎通·号》《礼含文嘉》《太平御览》卷七八、《绎史》卷四引。

⑤ 朱云影师：《中国上古史讲义》第四章《原史中的三皇五帝》，师大出版组油印。

⑥ 刘师培：《论古代人民以尚武立国》，《国粹学报》第一年第二期，合订本第一册，文海出版社影印，第157页。

⑦ 王先谦：《庄子集解》，《新编诸子集成》第四册，世界书局，第16页。

序作为时代的先后。此以《庄子·缮性》最具代表性，《缮性》云：

> 及燧人伏羲始为天下，是故顺而不一，德又下衰，及神农黄
> 帝始为天下，是故安而不顺，德又下衰，及唐虞始为天下，兴治
> 化之流，枭淳散朴。

其中燧人、伏羲、神农，《尚书大传》《风俗通义》引《礼含文嘉》等，又以之为"三皇"。三皇之人选，始见于秦博士之天皇、地皇、人皇，汉以后异说颇多①，《尚书大传》云：

> 遂人为遂皇，伏羲为戏皇，神农为农皇也。遂人以火纪，故
> 托遂皇于天；伏羲以人事纪，故托戏皇于人；神农悉地力，种谷
> 蔬，故托农皇于地。②

这是以燧人、伏羲、神农隐含秦博士的"天皇、地皇、人皇"之说。《管子·揆度》载："齐桓公问于管子曰：自燧人以来，其大会可得而闻乎？管子对曰：燧人以来，未有不以轻重为天下也。"此外，如郑玄注《通卦验》："燧人谓人皇，在伏羲前，风姓始王天下。"谯周《古史考》云："太古之初，有圣人以火德王，号曰燧人，次有三姓乃至伏羲。"皇甫谧《帝王世纪》："燧人氏没，庖牺氏代之，至伪《三坟》乃谓伏羲为燧人氏之子。"③

细考燧人氏的功德，以《韩非子》所述最详，《五蠹》云：

> 上古之世，民食果蓏蚌蛤，腥臊恶臭而伤害肠胃，民多疾
> 病，有圣人作，钻燧取火，以化腥臊，而民悦之，使王天下，号
> 曰燧人氏。

韩非子述古圣王之功业，首言有巢，次及燧人，而不及伏羲、神农。发明取火，固然是远古时代的重要大事，对于人类文明的演化有极大的贡献，唯燧人氏的"德"也仅止一项而已，况且还有不同的传说，例如《河图挺辅佐》云："伏羲禅于伯牛，钻木取火。"④ 所以燧人列于伏羲之前，颇受到后儒的怀疑，孔颖达《尚书正义》云：

---

① 三皇异说，参顾颉刚、杨向奎：《三皇考》，原载《燕京学报》专号之八，收在《古史辨》第七册中编。
② 《四部丛刊初编》，商务印书馆，第59页。
③ 《绎史》卷三引，广文书局影印本。
④ 《绎史》卷四引。

又燧人，说者以为伏羲之前，据易曰："帝出于震。"震，东方，其帝太昊，又云："古者庖牺氏之王天下也。"言古者制作莫先于伏羲，何以燧人厕在前乎？

事实上，我国秦汉学者，即有列太皞伏羲氏于燧人氏之前者，《荀子·正论》云：

何世而无嵬，何时而无琐，自太皞、燧人莫不有也。

《春秋命历序》云：

伏羲、燧人始名物虫鸟兽。①

《白虎通·德论》：

三皇者何谓也，谓伏羲、神农、燧人也……

因此，伏羲氏在古史的系统中，或列于燧人氏之前，或根本略燧人氏不提，而首述伏羲，例如《易·系辞传》述远古圣王的制作，即始于"包牺氏"，《管子·轻重戊》载齐桓公问管子曰："轻重安施?"管子对曰：

自理国宓戏以来，未有不以轻重而能成其王者也。

以下并依次叙黄帝之王、有虞之王、夏人之王、殷人之王，而以伏羲列为最先。《战国策·赵策》记赵武灵王的话说：

古今不同俗，何古之法？帝王不相袭，何礼之循？宓戏（或作伏羲）、神农教而不诛，黄帝尧舜诛而不怒，及至三王，观时而制法……

扬子《法言·君子》：

或问人言仙者，有诸乎？吁，吾闻伏羲、神农殁，黄帝尧舜殂落而死……

战国以后，学者以伏羲为古史系统开端之第一人尤多，《淮南子·原道训》："泰古二皇，得道之纪。"高诱注："二皇，伏羲、神农也。"蔡邕《独断》也说："上古天子庖牺氏、神农氏称皇。"②《世本·帝系》③、班固《汉

---

① 《绎史》卷三引。
② 《古今逸史》第三册，商务印书馆明刊本，第1页；又，《说郛》第七册，商务印书馆，第4403页。
③ 张澍粹集补注本，《世本八种》，台北西南书局，第81页。

书·古今人表》，也都是始于太昊伏羲氏，《左传·昭公十二年》谓楚左史倚相"能读三坟五典八索九丘"，疏引孔安国《尚书·序》云："伏羲、神农、黄帝之书谓之三坟。"安国之意，也是列伏羲氏为最早。至于伏羲氏为神农氏之前的重要时代，各家并无异说。

伏羲氏何以被战国秦汉学者视为历史系统的开端？王符《潜夫论》说，他的原则是根据《周易》①、《汉书·律历志》首列"太昊炮戏氏"的原因，是认为他"首德于木，为百王先"。沈约《宋书·符瑞志》始于太昊帝宓羲氏、是由于"赫胥、燧人之前无闻焉"。司马光《稽古录》也说明了他以伏羲为该书开端的理由：

> 伏羲之前为天子者，其有无不可知也，如天皇、地皇、人皇、有巢、燧人之类，虽于传记有之，语多迂怪，事不经见，臣不敢引，独据周易，自伏羲以来叙之。②

其他如刘恕《通鉴外纪》以"包牺以来纪"为首篇，是基于伏羲以前的古帝王"六经未著录，仲尼未尝道"③。清代的崔述，认为"羲农以前，未有书契，所谓三皇十纪帝王之名号，何由知之"，所以他将《上古考信录》始于"包牺氏"，而其余三皇十纪之说概不载也④。

古代学者对于历史的开端，显然有不同的看法，《尚书》断自唐虞，《竹书纪年》、驺衍"五德终始说"⑤ 及太史公的《史记》等，始于黄帝，前举《世本·帝系》《汉书·律历志》所列《世经》及《古今人表》、沈约《宋书·符瑞志》以及宋代司马光《稽古录》、刘恕《通鉴外纪》等，都以伏羲作为开端。他们之所以不同的原因，并非由于彼此编造各自的伪史，而是由于各人的著作目的不同，或由于彼此的"史观"不同，因而采取了不同的标准或态度。"孔子删书，断自唐虞"，并非表示唐虞以前没有可叙述的史实，而是为了孔子个人著作的目的，而有所"断自"。太史公著《史记》，显然也知道伏羲与神农，而《五帝本纪》却始于黄帝，则是经过了广泛采访和严谨

---

① 王符：《潜夫论·五德志》。
② 司马光：《稽古录》，《四部丛刊初编》卷一，商务印书馆，第7页。
③ 刘恕：《通鉴外纪》，《四部丛刊初编》，商务印书馆，第19页。
④ 崔述：《补上古考信录》，《崔东壁遗书》第一册，河洛图书出版社，第7~8页。
⑤ 见《史记·孟荀列传》。

的考证之后决定的①。

伏羲氏的时代，显然是原始农业诞生之前的一个重要阶段，所以各家一致将它列于神农氏之前，这个时代是无法以确实的数字表示出来的。以前德国汉学家夏德（F. Hirth）曾把伏羲氏的时代列为公元前 2852～前 2738 年，英人翟理士（Giles）则列为公元前 2953～前 2838 年②。以今日考古学的年代对照，这些年代正是彩陶文化的极盛期，农业早已诞生，因此这两书所列的年代数字，显然已不值得采纳。原来远古时代，人类漫长的历史过程，只能以重要的特征区分时代，例如莫尔根（Lewis H. Morgan）在《古代社会》（Ancient Society）将人类历史分为"蒙昧"（Savagery）、"半开化"（Barbarism）和"文明"（Civilization）三个阶段，丹麦考古学家汤姆生（Thomsen, Christian Jürgensen）的石、铜、铁分期，尤为著名。

我国战国时代的学者，显然也早已发现人类历史，没有确实年月记载的部分，远较有年月记载的部分为长，在远古悠久的时代里，人类文明的演化，实可分为几个阶段，纬书《春秋元命苞》有"九头十纪"之说，而伏羲氏列在第九纪的禅通纪里③，《庄子·盗跖》明白地指出，在黄帝之前有三个时期④，其他如《韩非子·五蠹》也提出有巢氏、燧人氏等初民进化的阶段，《礼记·礼运》虽未强分时代，却也把初民进化的业绩，指陈了出来，所以孔颖达以之分属于伏羲、神农各时代⑤。自战国以来，学者多喜以古代著名的氏族名号，作为指示时代的名词，以代表社会演化的各个阶段。

伏羲氏"作网罟以佃渔"，使人类脱离了采集时代，而进入了原始的畜牧阶段，他的功业使远古时代的历史产生了划时代的转变，所以古代学者多把他列于古史系统的首位，所谓"首德于木，为百王先"，那是在五行思想影响

① 例如《封禅书》载管子与齐桓公论封禅，谓"宓牺封泰山，禅云云"。《五帝本纪》云："神农氏之末世。"《伯夷列传》云："神农虞夏忽焉没兮。"
② Hirh, *The Ancient History of China*, *To the End of Chou*, P. 7, Columbia University press 1908, Reprineted by Ching Wen Publishing Company, Taipei, 1970.
③《绎史》卷一引《春秋元命苞》。
④ 详参徐炳昶著：《中国古史的传说时代》，第六章《所谓炎黄以前的古史系统考》。
⑤ 见《礼记·礼运》疏，十三经注疏《礼记（一）》，艺文印书馆，第 417 页。

下的学者，认为伏羲的功业最先是在东方兴起的，他在人类文明演化史上，是第一位有重大贡献的远古帝王。

四、伏羲氏传说中的远古文明特征

《淮南子·览冥训》说："伏羲女娲不设法度，而以至德遗于后世。"所谓"至德"，也就是最伟大的功业。伏羲氏究竟有哪些具体的"至德"呢？我们仔细分析文献中的古史传说，其主要的母题不外是：始书八卦；创作书契；发明网罟，以便佃猎渔捞；制定嫁娶，开始了婚姻的制度。如就这几项"母题"加以分析，则不难窥见伏羲氏传说中所显示的文明特征，及其在古史上的意义。

伏羲氏始画八卦，见于《易·系辞传下》：

> 古者庖牺氏之王天下也，仰则观象于天，俯则观法于地，观鸟兽之文与地之宜，近取诸身，远取诸物，于是始作八卦，以通神明之德，以类万物之情。

关于《周易》的来源，据《汉书·艺文志》说，系伏羲作卦，文王作《系辞》，孔子作《十翼》，所谓"易历三圣"。其中由八卦重为六十四卦出于何人，古代固有异说①，近代学者也没有一致的看法②。至于"始书八卦"，先儒莫不归之伏羲氏，没有异说，除《周易》外，其他如《史记·太史公自

---

① 唐孔颖达《周易正义·序》论重卦之人云："然重卦之人，诸儒不同，凡有四说：王辅嗣（弼）等以为伏羲画卦，郑玄之徒以为神农重卦，孙盛以为夏禹重卦，史迁等以为文王重卦。"孔颖达赞成王弼的主张，他说："故今依王辅嗣以伏羲既画八卦，即自重为六十四卦为得其实。"见十三经注疏第一册《周易》，台北新文丰出版公司影印本，第4页。神农氏重卦之说，又见晋皇甫谧《帝王世纪》，文王重卦之说在汉代最为流行，除《史记·周本纪》外，又见《汉书·艺文志》、扬雄《法言·问神》、王充《论衡·对作》。宋罗泌《路史·余论二》，谓"造八卦画伏羲，而六十有四者亦伏羲也"。

② 蒋伯潜《十三经概论》谓"重卦之人当从司马迁说，定为文王"，见台北中申书局影印本，第39页，书成于1924年。李镜池《周易筮辞考》谓"八卦究竟是谁作的？六十四卦究竟是谁重的？这些问题我们已无从考定"，见《古史辨》第三册上编，第238页，1936年出版。高亨《周易古经通说》以为"重卦之事。至晚当在殷代"。殷代已有重卦，已可得考古材料的证实，安阳四盘磨出土的殷代甲骨、山东平阳朱家桥出土的商末墓葬中的随葬陶罐肩部刻文，都有"重卦"的八卦符号，见张亚初、刘雨《从商周八卦数字符号谈筮法的几个问题》，《考古》1981年第二期，第158~159页。

序》云："余闻之先人曰：伏羲至纯厚，作易八卦。"又如《绎史》引《礼含文嘉》云：

> 伏羲德洽上下，天应以鸟兽文章，地应以河图洛书，伏羲则而象之，乃作八卦。

《尸子》云：

> 伏羲始画八卦，列八节而化天下。①

近代学者对于《易传》的讨论，以为卦爻辞著成于周初②，十翼大致为战国中晚期到西汉中叶的作品③，而易卦系源于龟卜。至其时代，或主为西周初年产物④，或主八卦的来源"系从殷人所崇拜的自然神中所抽绎出来的"⑤，八卦为占卜的符号，而非最早的文字，为近代学者普遍的看法⑥，近年出土的殷末周初甲骨及铜器铭文中发现有易卦及重卦的符号，对于以往各家的推测，提供了地下史料的有力支持⑦。

不过，殷末周初的甲骨及铜器上既已有了重卦符号，则八卦的起源至少应在殷末周初以前的时代才是。我们应该留意的是先儒何以要把八卦的起源归之于伏羲氏，而两千年来无异说呢？这除了从古代的占卜观察以外，还应从文字的起源来考察。关于中国文字的起源，一直是近代学者热切关心的问题，讨论的文字极多，董作宾氏认为殷代的金文铭刻，是殷代的"古文"，是原始图画文字，甲骨文是殷代的"今文"，已脱离图画演进到符号，根据甲骨

----

① 《绎史》卷三引。
② 屈万里：《周易卦爻辞成于周武王考》，《"国立"台湾大学文史哲学报》1950 年 6 月第一期，收在《书佣论学集》，台湾开明书店印行。
③ 李镜池：《易传探源》，《古史辨》第三册上编，1931 年，第 95～132 页。
④ 屈万里：《易卦源于龟卜考》，《书佣论学集》，第 48～68 页。
⑤ 陈梦家：《古文字中之两周祭祀》，补录（四），《燕京学报》第十九期。
⑥ 陈梦家前引文称："易之产生源于卜辞，当设之以后，王室之卜史散人民间，易卜法为较简易之筮法，而依其本来术语造为口诀，从经人汇集而为卦爻辞……"《燕京学报》十九期，第 154 页；蒋伯潜《文字学纂要》云："八卦的'卦'字，本作'圭'，因为用以卜，故又加'卜'成'卦'"，正中书局，第 25 页。于省吾《伏羲氏与八卦的关系》一文认为："八卦系起源于原始宗教中巫术占验方法之一的八索之占"，《纪念顾颉刚学术论文集》上册，巴蜀书社 1990 年版，第 1 页。
⑦ 参张政烺：《试释周初青铜器铭文中的易卦》，《考古学报》1980 年第四期，及张亚初、刘雨前引文。

文向前推想，中国文字最早当在新石器时代的农业社会①，最近十数年，新石器时代早期陶文的发现，使此一问题的探讨渐露曙光，李孝定先生以为，已知的汉字应以西安半坡的陶文为最早，可上溯至公元前4000年，最晚亦当在公元前3500年，以陶文的纪数与甲文比较，完全相同，似可证明中国文字的起源，在系统上是单元的②。

半坡陶文的纪数符号如 — ＝、二里头时期的 — ＝ ≡ ☰ 以及甲骨文的 — ＝ ≡ ☰ ☰ 等数字③，似乎也正是构成八卦的重要"笔画"，这些纪数符号的诞生，或许在半坡更早的时代。《汉书·律历志》称："自伏戏画八卦由数起。"八卦是由简单的笔画组成，其特点是"有画无文"。这些简单的笔画，在后人心目中简直是微不足道，但在原始的蒙昧时代，人类从根本不会刻画简单的记号，到能够使用简单的记号，是一件了不起的发明。依照文字演化的过程，乃是先有结绳，后有图画，最后才演进为符号，所以《易·系辞传》称："上古结绳而治，后世圣人易之以书契。"传说中的伏羲氏，应该是从结绳过渡到图画文字之间的重要"人物"或时代，东汉许慎《说文解字·序》、唐司马贞《补三皇本纪》即直书庖牺氏造书契，以代结绳之致。整齐的八卦或六十四卦，殷末周初确已使用，但是在古代的占卜以及占卜的符号，则由来已久，先儒将以笔画为主的八卦，归之于伏羲氏发明，或许有追溯源始的理由吧。所以有人以为八卦就是文字的肇端④。旧说"仓颉"是古代创造文字的人物，但仓颉的时代说法不一，有以之属于黄帝时代的，也有以之属于伏羲时代的⑤。

---

① 董作宾：《中国文字的起源》，《大陆杂志》1952年五卷十期。

② 李孝定：《汉字史话》，联经出版事业公司印行，第35~36页；《中国文字的原始与演变上篇》，"中央研究院"历史语言研究所集刊》1973年第四十五本二分，第369页。

③ 李孝定先生前引书，第30页；Ping-ti Ho: *The Cradle of The East*, P. 229, the Chinese Universiyt of Hong Kong press., 1975.

④ 许慎《说文解字·序》云："古者庖牺氏之王天下也，仰则观象于天，俯则观法于地，观鸟兽之文，与地之宜，近取诸身，远取诸物，于是始作易八卦，以垂宪象。"清段玉裁注云："庖牺作八卦，虽即文字之肇端，但八卦尚非文字。"

⑤ 关于仓颉的时代，许慎《说文解字·自序》《世本》及《汉书·古今人表》都说是黄帝的史官，马骕《绎史》卷五引《春秋元命苞》《河图玉版》等书，都说仓颉是古帝王，《尚书》孔颖达疏云："仓颉，说者不同……崔瑗、蔡邕、曹植、索靖皆直言古之王也，徐整云在神农黄帝之间，谯周云在炎帝之世，卫氏云在庖牺苍帝之世，慎到云在庖牺之前，张楫云仓颉为帝，生禅通之纪。"十三经注疏，《尚书》，艺文印书馆，第6页。

近人以考古资料分析指出，中国古代文明是在两大基础之上发展而成的，一是以粟与旱地耕作为主的原始农业，一是原始的文字，二者都是自我发展而生的①。在古史传说中，象征发明书契的伏羲和发明原始农业的神农，古代学者称之为"泰古二皇"②，显然是有其根由的。

关于伏羲氏发明网罟以便于佃渔的传说，亦始见于《易·系辞传下》：

　　古者包牺氏之王天下也……作结绳而为网罟，以佃以渔。

《汉书·律历志》谓："作网罟以佃渔，取牺牲，故天下号曰庖牺氏。"《世本·作》："芒氏作网。"宋衷注云："伏羲臣。"王符《潜夫论》、谯周《古史考》，也都说伏羲氏结绳作网③。唐司马贞《补三皇本纪》称："结网罟以教佃渔，故曰宓牺氏，养牺牲以供庖厨，故曰庖牺。"甲骨文有 𦋐、𦋊 等字。便是象从网下得兽，𤔲、𤓰、𤖖、𤓷 等字，象以"毕"获鸟，渔字作𤉡，象从鱼、从网（网）、从手④，都反映了"作网罟以佃以渔"的情形。以往学者多把伏羲氏列为"渔猎阶段"⑤，其实，网罟的发明，使渔猎的技术有突破性的进步，实已脱离了原始的渔猎阶段，在远古文明演化的过程中，更向前迈进了一步。因为"有了网罟，便可以把空中飞的、陆上走的、水中游的，都不难捕获"。而且"猎获物较前激增，除供食用外，时有剩余，饲养起来，渐悟动物孳生之利，便开始了畜牧生活"⑥。所以发明网罟，捕获活的禽兽，显然有不平凡的意义。

我国古代婚姻制度的诞生，相传肇端于伏羲，班固《白虎通义》以为"古之时，未有三纲六纪，民人但知其母，不知其父"，后来由于伏羲的仰观俯察，"因夫妇、正五行、始定人道"，才肇始了婚姻制度，谯周的《古史

① Ping-ti Ho：*The Cradle of the East*，P. 352.，The Chinese University of Hong Kong Published 1975.
② 《淮南子·原道训》："泰古二皇，得道之纪。"高诱注云："二皇，伏羲、神农也。"蔡邕《独断》云："上古天子，庖牺氏、神农氏称皇。"见明刊本《古今逸史》第三册，台湾商务印书馆，第1页。
③ 茆泮林辑本，《世本》，第108页；《世本八种》，西南书局印行；《潜夫论》见《五德志篇》；《古史考》见《绎史》卷三引。
④ 罗振玉：《增订殷墟书契考释》，艺文印书馆，第28、49~50页。
⑤ 例如：徐亮之：《中国史前史话》，第112页；徐炳昶：《中国古史的传说时代》，第240页，都说伏牺氏为渔猎时代。
⑥ 引自朱云影师：《中国上古史讲义》，师大出版组油印，第56页。

考》亦称：

伏羲制嫁娶，以俪皮为礼。①

依据进化论学者的看法，人类婚姻的最初形式是乱婚（Promiscuity）或血族婚，逐渐才演进到一夫一妻制②。虽然这种说法受到一部分学者如魏士特马克（Edward Westmark）和罗威（Lowei）等人的反对，但人类最初的原始社会，曾经有过血族婚应是事实。《列子·汤问》所谓"男女杂游，不媒不聘"，《后汉书·南蛮传》记载高辛氏畜犬盘瓠，与帝女结婚，生六男六女，自相夫妻，以及芮逸夫先生记述湘西四个苗族洪水故事，都以兄妹结婚为母题，无不是血族婚的反映。

相传伏羲、女娲既是兄妹，又是夫妇③，显然是血族婚的现象。汉代武梁祠石刻伏羲女娲像，皆作"蛇身人首"两尾相交之状。"蛇身人首"乃是一种图腾信仰（totemism）的现象，伏羲、女娲多被视为"龙"或蛇图腾④。伏羲诞生的故事，相传为"华胥履大人迹于雷泽"⑤，也是一种感孕图腾的现象。我们知道，在图腾制度之下的氏族社会，以外婚（exogamy）为其特征之一，族内婚被严格禁止，悬为一大禁忌。近人对于伏羲制嫁娶以俪皮（《礼记》郑玄注：俪皮，两鹿皮也）为礼，认为伏羲以兄妹而兼夫妇，系为了不破坏禁忌，而以俪皮隔离兄妹的身体⑥，这应是已经领悟到血族婚的不是而采取的措施，这种措施似亦具有要走向族外婚的倾向，所以先儒将婚姻制度归始于伏羲氏。虽然直到春秋时代，事实上可能仍有血族婚的存在⑦，但当时人对于"男女同姓，其生不蕃"已有普遍的体认⑧。从民族学的考察得知，原始民族发现血族婚的害处极早，伏羲氏制嫁娶的传说，反映了我国原始婚姻

---

① 《绎史》卷三引。
② 莫尔根在《古代社会》里认为，人类婚姻的发展过程，从杂婚与血族婚到一夫一妻制的婚姻，经过了五个阶段，而以乱婚为第一阶段，见杨东尊等中译本第六册，商务印书馆1935年版，第682页。
③ 参芮逸夫先生前引文，该文征引资料甚多，兹不具引。
④ 参闻一多：《伏羲考》，《诗与神话》，台中蓝灯文化公司1975年版，第13～17页。
⑤ 《绎史》卷三引《诗含神雾》。
⑥ 许进雄：《鹿皮与伏羲女娲的传说》，《大陆杂志》第五十九卷二期。
⑦ 《管子·小匡》："（桓）公曰：'寡人有污行，不幸而好色，而姑姊妹有不嫁者。'"《公羊传》桓公二年："楚王妻媦。"何休注："媦，妹也。"
⑧ 见《左传·僖公二十三年》载叔詹之言。又，《国语·晋语》称："同姓不婚，恶不殖也。"

进步的迹象①。

五、结　论

在古代文献中，伏羲氏为远古时代的圣王，在古史传说中，具有特别重要的地位。有关他的名称，异说颇多，如庖牺、包牺、宓牺、炮牺、伏戏、青帝、木皇等，汉代以后，又将太皞与伏羲氏合为一人，这些名称的歧异，显属后人所加，而非当时的私名，但此一传说的渊源，从民族学与考古学的资料加以考察，似可追溯到殷商以前更为遥远的时代。

伏羲氏传说中的主要圣德，也是我们考察的主要母题，这些"母题"表现了我国远古文明的主要特征，"始画八卦"大约是发明了记事或占卜的符号，"作网罟以佃渔"应是发明了原始的畜牧，脱离了原始渔猎的阶段，"制定嫁娶"则是开始了原始的婚姻制度，"人首蛇身"的传说，显示了图腾制度的痕迹。

就伏羲氏的"人格"而言，可能是一位原始畜牧时代的氏族领袖，也可能是一位时代"拟人化"的象征性人物，这对于古史传说的考察并无多大关系。伏羲氏之族最初兴起的地方，大约在春秋时代风姓四国所在的东方一带，他的重要功业，是促进人类脱离蒙昧进入初期文明的关键，所以被认为是文明演化史上的第一位远古圣王，因而列于古史系统的首位，在五行思想盛行的战国秦汉时代，学者称他"首德于木，为百王先"，其原因即在于此。

---

① 有一些学者，如侯哲安认为伏羲、女娲时代生产力有初步发展，是由母系氏族社会过渡到父系氏族社会时期，见《伏羲女娲与我国南方诸民族》，《求索》1983 年第四期，第 1061 页。程德祺主张伏羲与女娲兄妹通婚的关系，说明他们当时处于渔猎时代一个血缘婚向族外婚过渡的阶段，见《伏羲新考》，《江海学刊》1978 年第五期，第 67 页。李永先则认为伏羲氏是一个长达四千年的族团，在历史上经历了族内群婚、族外群婚、对偶婚的阶段，见《也谈伏羲氏的地域和族系》，《江海学刊》1988 年第四期，第 114 页。

伍　神农氏传说试释

一、前　言

对于我国文献载籍中的远古史事，特别是传说中的远古帝王，过去"疑古派"的学者，完全采取了否定与抹杀的态度，而对于古代文献，由于写定的时间较晚，因此也多认为出于后人的作伪，不足凭信，疑古之甚，至谓东周以前无史①，若非甲骨文发现与殷墟发掘，恐怕殷商时代也早已被打入了神话的范畴②。

但是，由于近代社会科学新知的展开，考古学、人类学、民族学等的进步，对于上古史的研究，不仅扩大了史料的范围，也提供了新的知识和方法，例如，由于新石器时代出土文物之丰富，已确定了我国文明悠久的事实；民族学、人类学的研究，增加了对原始文化和初民社会的认识，使以往许多被认为"不雅驯之言"的古代记载，得到了不少合理的解释。古代文献载籍及传说中的远古史事，既未可据为"实录"，亦不能予以完全抹杀，此一认识，

---

① "疑古派"可以顾颉刚为代表，其主要观点认为古史系"层累地造成"，见《古史辨》第一册自序，《战国秦汉间人的造伪与辨伪》，《古史辨》第七册上编。其谓"东周以前只好说无史"，见《自述整理中国历史意见书》，《古史辨》第一册上编，1926 年，第 34～35 页。

② 在"古史辨派"以前，中外学者有关上古史的著作都能够讨论到传说中的远古帝王，如夏曾佑：《中国古代史》，商务印书馆 1968 年版，该书初版于光绪三十年（1904 年）；F. Hirth, *The Ancient History of China To the End of Chou Dynasty*, 1908, New York。自"疑古派"兴起以后，某些学者多舍弃远古传说部分不顾，而从殷商时代开始，如张荫麟：《中国史纲上古篇》，台北正中书局 1948 年版；姜蕴刚：《中国古代社会史》，商务印书馆 1979 年版；Jacques Gernet, *Ancient China, From the Beginning to the Empire*, University of California press, 1968。

在过去疑古之风炽盛时，已不乏其人①，如今史学界的体认则更为普遍②，李济之先生即曾指出，中国上古史的重建，文献载籍是不可忽略的重要材料之一③；董作宾先生强调建设性的古史研究，新材料和旧材料同样重要④；赵铁寒师《古史考述》也确认"经传的书面记载"，"有其不可忽视的价值"⑤。

古代文献不应因其写定的时代较晚，即指为出于后人的作伪，因为"作伪者不能凭空直做，必须有所蓝本，并且须模仿这蓝本"⑥，经传诸子的作者，因各有其著作的目的和观点，所以同一史事，而取舍不同，解释也不同。纬谶图说看似充满了神怪和荒诞不经，那是著者囿于时代的知识，这些资料如透过民族学或民俗学的研究，反觉其质朴可贵，如今，像"知母不知父"一类的"感生"传说，已不再会有人视为荒诞不经了。所以文献载籍中的远古史事之考察，不应着重书本的真伪，而应着重其材料中的现象，因为"必有原始的如此之现象，乃有如此之传说"⑦。唐司马贞在《补三皇本纪》中说："图谶所载，不可全弃。"清人俞正燮、马骕等也持类似的看法，这不能

----

① 例如王国维《古史新证》主张以地下材料与纸上材料相印证，见《王观堂先生全集》第六册，台北文华出版公司1983年版；徐炳昶、苏秉琦：《试论传说材料的整理与传统时代的研究》，《史学集刊》1947年12月第五册；徐炳昶：《中国古史的传说时代》，青年文库1959年版；黎东方先生：《被否认的中国古代》，《国立中山大学史学研究所集刊》1934年1月第三卷第二期，都不同意疑古派的观点。

② 持此一态度的学者极多，除本文所列举者外，如郑德坤《中国的传统文化》云："近数十年考古学的发掘，使我们对古史，增加许多信心。古代传下来的文献，固有些可疑，但是我们对这些材料已不能一笔抹杀了。"见第39页，该书为著者应马来亚大学之约，所做的学术讲演（1962年），台北地平线出版社1974年版。

③ 李济：《再谈中国上古史的重建问题》，《"中央研究院"历史语言研究所集刊》1962年第三十三本，第358~359页。

④ 董作宾：《中国古代文化的认识》，《大陆杂志》1951年12月三卷十二期。董氏有《建设性的古史研究》一文，原载1956年1月1日《香港时报》第十一版，又刊于《孟氏图书馆刊》第二卷第一期。其不同意疑古派抹杀殷以前古史传说的意见，散见于《平庐文存》上册所收各文，台北艺文印书馆1963年版。

⑤ 赵铁寒师：《古史考述·自序》。此书共收论文二十一篇，台北正中书局1965年10月初版，1969年6月二版。其中属于古史传说的重要论文计有：《少皞氏与凤鸟图腾》《阪泉及涿鹿地理方位考辨》《舜禹征伐三苗考》《禹与洪水》《夏代诸帝所居考》《夏民族的图腾演变》《夏民族与巴蜀的关系》《夏图腾出现时期之推测》等多篇。

⑥ 李宗侗：《中国古代社会史（一）》，中华文化出版事业委员会1954年版，第84页。现由华冈书局印行。

⑦ 陈志良：《始祖诞生与图腾主义》，《说文月刊》第二卷，第509页。

不说是前人的卓识①。

环绕着古史传说人物的中心，常常反映着远古某一阶段的文明特征，这些文明的特征，便是我们应该考察的重点，至于其"人"之有无，实属次要的事，因此不必斤斤计较于远古帝王身世谱系的考辨，傅斯年先生说过，"古代史的材料，完全是属于文化方面，不比现代材料多可注意于人事方面"，所以研究的着意点，也应该有所不同②，这也正是我们考察古史传说所应抱持的态度。

我国古代文献载籍中，有关神农氏的传说极多，从战国以来学者不断地传达，例如孟子时代"有为神农之言者许行"，倡君民并耕之说，他的主张使陈良之徒陈相"尽弃其学而学焉"③，可见其说在当时颇具吸引力，孟子仅驳斥许行之说为不当，但却未从根本上认定神农为虚构；《庄子》一书屡言神农，并以之为"至德之世"④；《吕氏春秋》的作者们也多次提到神农⑤，可见传说中远古的神农氏，是为战国时代学者所肯定的了。

汉代以后，学者对于神农氏的信仰更为确定，《史记》虽始于黄帝，不言三皇，但太史公显然确认神农之存在⑥，《汉书·食货志》以《洪范》八政之首的"食"，兴自神农之世，其他如刘歆《世经》⑦、班固《白虎通义》、应劭《风俗通义》、王符《潜夫论》，晋皇甫谧《帝王世纪》、唐司马贞《补三皇本纪》、杜佑《通典》，宋司马光《稽古录》、刘恕《通鉴外纪》、罗泌《路史》、胡宏《皇王大纪》等书，对于我国远古史事都曾做过系统的整理，而于传说中的神农氏莫不确定其时代及事迹，并各自提出自己的看法。

在国史上，神农氏传说对于边疆民族也发生过极大的影响，属于鲜卑族的北周宇文氏，自称"其先出自炎帝神农氏"⑧，《辽史》亦称"辽之先出自

---

① 司马贞：《补三皇本纪》，《史记》附，艺文印书馆，第1366页；俞正燮：《癸巳类稿》，世界书局；马骕：《绎史》卷十第16页云："虽纬谶杂说不足深信，然而足以补迁史之疏，济诸说之穷，似未可尽弃也。"广文书局。
② 傅斯年：《考古学的新方法》，《傅斯年选集》第四册，文星书店1967年版，第522页。
③《孟子·滕文公上》。
④《庄子》中《胠箧》《刻意》《缮性》《秋水》《知北游》《盗跖》诸篇。
⑤《吕氏春秋》中《尊师》《季夏》《勿躬》《慎势》诸篇。
⑥《史记》中《五帝本纪》《封禅书》《伯夷列传》《货殖列传》诸篇。
⑦《汉书·律历志》引。
⑧《周书》卷一《文帝本纪上》；《北史》卷九《周本纪上》。

炎帝"①，我国西南的苗傜僮人至今仍奉拜神农氏②，越南史上首先建国的雄王，亦谓其出于炎帝神农氏之后③，法人马伯乐（Maspero）尝解释古代中国周围的"野蛮人"，即历史进化落后的中国人④，古事虽渺茫难稽，不易做"人种学"的考察，但至少表示了他们对于我国历史与文化的"认同"，自有其重大意义。

我国自古以农立国，不仅古代帝王多祭祀神农⑤，国人至今犹以"炎黄子孙"自诩，"炎"即炎帝神农氏⑥。神农氏传说在古史上既有如此重要的分量，因此，对此传说的由来和意义，以文献载籍配合考古学、民族学、人类学的新知，并参酌当代学者的有关论文，加以系统的探讨，做综合的解释，

----

① 《辽史》卷二赞曰："辽之先出自炎帝。"卷六三《表》一："辽本炎帝之后。"
② 徐松石：《粤江流域人民史》，香港世界书局 1963 年修订本，第 14 页。
③ 《钦定越史通鉴纲目前编》卷之一《雄王》，"国立中央图书馆"中越文化经济协会 1969 年版，第 97~98 页。
④ 马伯乐著，蒂若译：《中国文化之原始》，《中法大学月刊》四卷三期，第 92 页。大陆学者亦对此问题多所考察，如唐嘉弘：《炎帝传说考述——兼论姜炎文化的源流》即指出："炎帝和黄帝作为氏族部落的代表象征人物及后嗣，世代活动地域应为黄河中下游地区至汉水流域。……在炎帝神农氏的共名下，还衍生出许多支姓分族，蚩尤三苗、共工、四岳及一些戎、羌等，可能均有姜炎因素，包括文化上与血缘纽带上。姬、姜二大族系是华夏的两大组成部分，姜炎族群源远流长，其所形成的姜炎文化丰富多样。在历史的发展过程中，它与黄帝族群互相渗透融合，成为华夏文化的重要组成部分，另一部分姜炎族群如戎、羌、苗等，则形成少数的异族文化。宝鸡地区及其毗邻地区的考古文化，其主要氏族部落当为姜炎族系，其中的主要文化当为姜炎文化。"《史学月刊》1991 年 1 月，第 6~13 页。
⑤ 《周礼·春官宗伯》："祈年于田祖。"孔颖达疏："田祖谓始耕田者，即神农也。"杜佑：《通典》卷一〇一载"开元祀先农文"，又《汉旧仪》曰："春始东耕于藉田，官司先农，先农即神农炎帝也。"《后汉书·礼仪志上》注引，世界书局新校本，第 3107 页。
⑥ 王符《潜夫论·五德志》以神农氏为世号，炎帝为身号。徐炳昶《中国古史的传说时代》指出："公元前第一世纪的学者大约由于此二名（神农、炎帝）全指黄帝以前的主要氏族或时代，就把他们综合起来，认为他们是指同一的对象。"见第 226 页。但三国蜀国谯周《古史考》、清代崔述《考信录》不以炎帝、神农为一人，崔述曾辨炎帝非神农氏，见《补上古考信录》卷之下，台北河洛图书出版社第 1 页。这仅是少数的例外。
　　另关于"炎黄"合称的问题，学者杨亚长认为："传说中的炎帝和黄帝，实际上是我国史前时期的两个氏族组织，它们同时起源于我国新石器时代的早期阶段。后来黄帝族逐渐战胜并且融合了炎帝族，因而形成了以黄帝族为核心的较大规模的氏族集团。炎帝族以羊为图腾，活动地域主要在关中地区。黄帝族以熊为图腾，最早发源于河南新郑一带，冀南地区磁县和关中西部的宝鸡一带则为黄帝族的两个重要的聚居之处。从考古资料来看，老官台文化和仰韶半坡类型文化为炎帝族的考古学文化。分布于河南中部的裴李岗文化为黄帝族的早期文化；分布于豫北、冀南地区的仰韶文化二里岗类型为黄帝族战胜并融合蚩尤族以后的原始文化；而主要分布于黄河中游地区的仰韶文化庙底沟类型则为黄帝族融合炎帝及其他民族后的考古学文化。"收录于《炎帝、黄帝传说的初步分析与考古学观察》，《史前研究》1987 年第四期，第 85 页。

实在是值得尝试也是应该尝试的工作。

二、神农氏传说的由来

在先秦文献中，神农氏原为远古帝王或氏族名称，有时亦用为指示时代的名称，或者兼有氏族与时代的两重意义。《孟子·滕文公》载许行"为神农之言"，赵岐注云："神农三皇之君，炎帝神农氏也。"①《庄子·胠箧》列举古帝王，自容成氏以下凡十二氏，神农氏其中之一，王先谦集解引司马彪云："此十二氏皆古帝王。"② 管子与齐桓公论封禅称："古者封泰山禅梁父者七十二家，而夷吾所记者十有二焉。昔无怀氏封泰山，禅云云；宓牺封泰山，禅云云；神农封泰山，禅云云……"③ 显然也以神农为远古帝王之一。其用为时代名称者如《庄子·盗跖》"神农之世"即其一例，至于《逸周书》谓"神农之时，天雨粟，神农遂耕而种之"④，《庄子》谓燧人伏羲之后"德又下衰，及神农黄帝始为天下"⑤，《吕氏春秋》谓"神农十七世有天下"，显然都兼有氏族与时代的两重意义。

在先秦传说史料里，神农氏虽然仅为一远古帝王或氏族名称，或某一时代的名称，但观《逸周书》《易·系辞传》《管子》《吕氏春秋》等，则当时已确认神农与原始农业有密切关系，甚且明言其为农业的发明人了，《易·系辞传》称：

> 神农氏作，斫木为耜，揉木为耒，耒耜之利以教天下。

《管子·地员》：

> 古之民人，食肉饮血，衣皮毛，至于神农……教民食五谷。

又，《轻重戊》：

> 神农作，树五谷淇山之阳，九州之民乃知谷食，而天下化之。

----

①《孟子正义》，《新编诸子集成》第一册，世界书局，第214页。
②《庄子集解》，《新编诸子集成》第四册，世界书局，第61页。
③《史记·封禅书》引。案今本《管子》亡。据《封禅书》，神农与炎帝不为一人。
④《绎史》卷四引，广文书局。
⑤《庄子·缮性》。

《吕氏春秋·爱类》：

神农之教曰：土有当年而不耕者，则天下或受其饥。①

这些文献写定的时代，有些虽或不能十分确定，但其为先秦古籍，至少目前还是学术界的通说。神农氏在先秦时代已正式出现，虽然此或为一实在的远古氏族或氏族领袖，或为一文化黎明期的象征性人物，或为时代拟人化，但其所代表的"人格"与"事功"已为当时学者所深信不疑了。

我国古代文献中有许多的"氏"，除了前述《庄子·胠箧》《史记·封禅书》引《管子》之言各列十二氏外，其他散见各书者极多，如《左传》载郯子言太皞氏、炎帝氏、黄帝氏、颛顼氏、共工氏与少皞氏之"五鸟""五鸠"②，御龙氏、豢龙氏③以及"八元八恺"与"四凶"④；《吕氏春秋》有葛天氏、阴康氏、陶唐氏⑤；《汉书·古今人表》自伏羲氏以下至神农氏共列二十氏；司马贞《补三皇本纪》自人皇至无怀氏共列十八氏。《韩诗外传》称："孔子开泰山，观易姓之王，可得而数者七十余人，不可得而数者万数也。"⑥《古孝经纬》称："古之所谓氏者，氏即国也。"⑦《史记·五帝本纪》称黄帝"监于万国"，《尚书·尧典》谓尧"协和万邦"，《吕氏春秋·上德》言"当禹之时天下万国"。所谓"七十"余人⑧、"万国""万邦"，显系指古代氏族或部落之多而言。可见远古时代，黄河流域必然散布着为数极多的氏族，在这些许多氏族之中，能留名于后世者，必为强大而有力的氏族，平庸弱小的氏族，恐无法留名后世⑨，而所谓"强大有力"，不见得就是指武力或人数而言，应该是指具有某种发明或功业对生民有过重大的贡献，汉服虔说：

---

① 《季夏纪》云："无发令而干时以妨神农之事。"
② 《左传·昭公十七年》。
③ 《左传·昭公二十九年》。
④ 《左传·文公十八年》。
⑤ 《吕氏春秋·古乐》。
⑥ 《史记·封禅书》正义引。
⑦ 刘师培《氏族原始论》认为"古帝所标之氏，指国言，非指号言"，《国粹学报》合订本第一册，光绪三十一年（1905年）版，文海出版社印行，第410页。
⑧ "七十""七十二"系指数目极大，并不是一个"实数"，参杨希枚先生：《略论中国古代神秘数字》，《大陆杂志语文丛书》1975年第三辑第五册；闻一多：《七十二》，《神话与诗》，第207～220页。
⑨ 田崎仁义著，王学文译：《中国古代经济思想及制度》，《人人文库》，商务印书馆1972年版，第115～119页。

自少暤以上，天子之号以其德，百官之号以其征，自颛顼以来，天子之号以其地，百官之号以其事。①

另一学者张晏也有类似的说法：

自少暤以前，天子之号象其德，颛顼以来，天子之号因其名。②

由以上看来，"神农"之名虽然是后人所知，而实得自他的功业，神农之所以被称为神农，乃是由于发明了农业的大"德"。《国语·郑语》云："夫成天地之大功者，其子孙未尝不章。"农业的发明是人类文明演化史上的大事，使人类生活得到空前的改善，因令后人感念不忘。自阴阳五行思想兴起，学者受其影响，又以炎帝神农氏属于火德，方位在南，色尚赤。例如《吕氏春秋》和《月令》都以古帝王做方位的分配，以炎帝为南方之帝。西汉以后的学者考察古史，对于神农名称之由来，说得十分清楚，例如张晏认为：

以火德王，故号曰炎帝，作耒耜，故曰神农。③

刘歆《世经》：

以火承木，故为炎帝，教民农耕，故天下号曰神农氏。④

班固《白虎通·号》：

谓之神农何？……古之人民皆食禽兽肉，至于神农，人民众多，禽兽不足，神农因天之时，分地之利，制耒耜，教民农作，神而化之，使民宜之，故谓之神农也。

纬书的编者也认为神农之名，得自农业方面的发明，如《礼含文嘉》曰：

神者信也，农者浓也，始作耒耜，教民耕其德，浓厚若神，故为神农也。⑤

《春秋纬》云：

炎帝大庭氏，下为地皇，作耒耜，播百谷，曰神农。⑥

---

① 《礼记·月令》疏引。
② 《史记·五帝本纪》集解引。
③ 《汉书·古今人表》注引。
④ 《汉书·律历志》引。
⑤ 《太平御览》卷七八引。
⑥ 《礼记·月令》正义引。

"神农氏"一词既为后起的名词，所以异称极多，战国以前古书如《左传》《国语》称"烈山氏"①，《礼记·祭法》则称"厉山氏"，汉韦昭、唐孔颖达、宋刘恕认为"烈山氏""厉山氏"就是神农氏②，此后有关神农氏之异称，除炎帝、烈山氏、厉山氏外，他如：有炎、农皇、地皇、人皇、赤精之君、赤帝、南方之帝、伊耆氏、大庭氏、魁隗氏等，总计多达十余种③，其中炎帝与神农氏自汉以后大致合而为一④，王符《潜夫论》以神农为世号，炎帝为身号⑤，汉以后的许多著作，多以炎帝、神农氏连称，如晋皇甫谧《帝王世纪》，唐司马贞《补三皇本纪》，宋司马光《稽古录》、刘恕《通鉴外纪》、罗泌《路史》、胡宏《皇王大纪》、郑樵《通志》等。

神农氏与炎帝何以合而为一，亦为学术上颇饶兴味的问题⑥，在五德终始思想之下，炎帝之所以为上古天子，是因为他具有"火德"，所以汉以后学者说他是"以火德王天下"，是因着五行运转的顺序"以火承木"。但在古史传说中，燧人氏是火的发明人，所以也具有"火德"，《古史考》称："古之初，人吮露精，食草木食……于是有圣人作，以火德王，造作钻燧出火，教人熟食……号曰燧人。"⑦ 燧人氏与炎帝虽然都具有"火德"，但是他们的"德"显然有所不同，也就是他们的功业不一样，燧人氏是火的最初发明人，"教民熟食"而已，神农氏却是首先把火应用在原始的耕作上，发明农业，使初民免于饥馁，所谓炎帝、烈山氏莫不与火有关，大约这是后世认其具有"火德"的原因，而且远超过了燧人氏。

大凡一件喧腾众口的传说，凭空捏造是不太可能的，况且战国是学术开

---

① 《左传·昭公二十九年》；《国语·鲁语》。
② 例如《国语》韦昭注、《左传》孔颖达正义、《礼记·祭法》陆德明释文、刘恕《通鉴外纪》等皆以烈山氏为神农氏，唯《左传》杜预注以"烈山氏神农世诸侯"。
③ 梁玉绳：《汉书人表考》，《国学基本丛书》，商务印书馆，第18页。
④ 徐炳昶前引书，第226页。大陆学者龚维英指出："先秦典籍中并无'炎帝神农氏'的称谓，《山海经》喜谈帝，但绝口不谈神农；《庄子》侈谈神农，却闭口不谈帝。《吕氏春秋》《新书》《淮南子》《史记》亦未将两者合一。称'炎帝神农氏'始自《世本》。"见于：《"炎帝神农氏"形成过程探索》，《华南师范大学学报》1984年第二期，第109~111页。
⑤ 王符：《潜夫论·五德志》第三十四，《新编诸子集成》第二册，世界书局，第163页。
⑥ 田崎仁义前引书，第31~32页，曾指出此一问题，但他以炎帝为太阳神，神农为农业神则为拙文所不能同意。
⑦ 《绎史》卷一引，《太平御览》卷七八引。

放百家争鸣的时代，各家一齐作伪，无中生有，实属有悖常理，王国维说：

> 上古之事，传说与史实相混而不分，史实之中固不免有所缘
> 饰，与传说无异，而传说之中亦往往有史实为之素地，二者不易
> 区别。①

神农氏传说写定的时代虽在战国以后，但考察此一传说的特征，相信必有其悠远的"历史事实"，为此一传说形成的基础。

三、神农氏传说的时代

传说中的神农氏，既是氏族或"人"的名称，也用为指示时代的名词，但其究竟属于如何的时代，我们不妨从文献本身并对照考古学加以考察。《易·系辞传》称：

> 伏羲氏没，神农氏作，神农氏没，黄帝尧舜氏作。

以神农氏之时代列于伏羲之后，黄帝之前。《庄子·盗跖》将"神农之世"列于"有巢氏之民""知生之民"之后，其《缮性》云：

> 及燧人伏羲始为天下，是故顺而不一；德又下衰，及神农黄
> 帝始为天下，是故安而不顺；德又下衰，及唐虞始为天下，兴治
> 化之流，枭淳散朴。

其燧人、伏羲、神农、黄帝、唐（尧）、虞（舜）的次序，显然是依照时代的先后。《商君书》亦以神农氏与黄帝为两个相承袭的时代②，《战国策》列神农于宓羲与黄帝尧舜之间③，《吕氏春秋·尊师》述古圣王十人之尊师，其顺序依次是神农、黄帝、颛顼、帝喾、帝尧、帝舜、禹、汤、文王、武王，

---

① 王国维：《古史新证》，《王观堂先生全集》（六），文华出版公司，第 2077 页。
② 《商君书》："神农之世，男耕而食，妇制而衣……神农既没，以强胜弱，以众暴寡，故黄帝内行刀锯，外用甲兵。"大陆学者屠武周以图腾象征表明神农、炎帝和黄帝的时代关系："炎帝的生父是牛氏，母亲是蛇（有蟜）氏，炎帝以牛为图腾，世系按父方计算，已进入父系社会。……神农是蛇（龙首）氏女子和牛氏男子所生，神农以蛇为图腾，世系按母方计算，属于母系社会。……黄帝的生父是有熊氏，生母是蛇（有蟜）氏，他的世系按父方计算，已经入父系社会。……炎帝是神农的后裔，炎帝与黄帝是同母异父的兄弟。"见于：《神农、炎帝和黄帝的纠葛》，《南京大学学报》1984 年第一期，第 59～64 页。
③ 《战国策·赵策二》。

可见《吕氏春秋》的作者们，虽未言宓羲，却也确认神农在黄帝之前。

汉代不论"缙绅先生"或纬书作者，对于神农氏时代位于伏羲之后黄帝之前的次序，似更十分确定，《史记·五帝本纪》明白地指出黄帝之起是在神农氏之末世，《尚书大传》①、《礼含文嘉》②、《白虎通》等言"三皇"人选为：燧人、伏羲、神农，《白虎通》引"或曰"，《风俗通》引《礼记谥法》③之"三皇"则为：伏羲、神农、祝融，《春秋运斗枢》之"三皇"是：宓羲、女娲、神农④，其所称古帝王名号虽多，但都以伏羲、神农为三皇中的二皇，而排列的次序总是伏羲在前，神农在后。《淮南子》称："泰古二皇，得道之纪。"高诱注云："二皇，伏羲、神农也。"⑤ 王符《潜夫论》云："世传三皇五帝，多以伏羲、神农为二皇。"⑥ 可见伏羲、神农为远古时代前后相承的二皇，已是汉代学者一致的意见，而神农氏的时代在伏羲之后，也是他们一致的看法，"三皇"异说虽多，要可以"燧人、伏羲、神农"一组为代表，其表示的特征，燧人氏为原始的渔猎阶段，伏羲氏为原始的畜牧阶段，神农氏为原始的农业阶段⑦。所以古代学者把神农氏排在代表原始畜牧阶段的伏羲氏之后，实符合了文明演化过程的规则，这必是战国秦汉间人长期观察的结果。

从考古学观察，新石器时代特征，除了"工业技术"由打制进而为磨制外，其他相伴而来者尚有多项，如农业的诞生、陶器的制作、聚落的形成等，皆其重要者⑧，这些特征，在神农氏传说里都不难见到蛛丝马迹。

神农氏为传说中的农业发明人或氏族，农业的诞生正是新石器时代初期的重要特征，我国原始农业诞生何地，由于新石器文化分布极广，尚无定论，唯学者根据考古学上发现的"沙苑文化"推测，晋陕豫交界一带，是颇值得

---

① 《尚书大传》卷五，《四部丛刊初编》，商务印书馆，第 59 页。
② 见《风俗通义·皇霸》引，明刊本《古今逸史》第三册，商务印书馆影印本，第 1 页。
③ 《白虎通·号》，《风俗通义·皇霸》。
④ 《太平御览》卷七六，《绎史》卷三引。
⑤ 《淮南子·原道训》高诱注。
⑥ 王符：《潜夫论》，世界书局，第 161 页。
⑦ 朱云影师：《中国上古史讲义》第四章第二节，台湾师大出版社铅印。
⑧ 张光直：《中国新石器时代文化断代》，《"中央研究院"历史语言研究所集刊》1959 年第三十本上册，第 266 页；《华北农业村落生活的确立与中原文化的黎明》，《"中央研究院"历史语言研究所集刊》1970 年第四十二本第一分，第 117～119 页，列有华北古文化及"中原文化"特征多项，可以参考。

注意的地区之一，特别是与神农氏传说相对照。《管子》云："神农氏作，树谷淇山之阳，九州之民乃知谷食。"其地望颇指向此一地区[①]，近人考证炎帝神农氏活动地区主要在山西解池一带[②]，则与考古学指示的这一地区亦极接近，其意义颇不寻常。

陶器的制作，在人类文明演化史上出现的时代颇早，莫尔根（L. H. Morgan）《古代社会》（*Ancient Society*）认为陶器的出现是人类历史进步的新纪元，而列为野蛮时代（Savagery）与半开化时代（Barbarism）的分界线，其时代甚至较栽培植物之出现略早[③]，穆勒莱尔[④]（Müller Lyer）则认为新石器时代文化之所以高于旧石器时代，制陶术的发明，或为原因之一。

我国古史传说发明农业的神农氏，也是陶器的发明人。《逸周书》云："神农耕而作陶。"[⑤]其他有关陶制容器的发明归诸神者亦多，如"神农作瓶瓮"[⑥]，"瓶饼神农作"[⑦]，虽然传说中的昆吾与舜也是作陶的人物[⑧]，但其在传说中的时代较晚，昆吾为"夏伯"，与商汤同时[⑨]，所以就资料所表示的现象而言，实不如"神农耕而作陶"之原始质朴，宋代高承在所撰《事物纪原》一书里，归纳有关作陶诸说而为之结论曰："陶始于炎帝明矣"[⑩]，良有以也。我国细石器时代已有陶器出土[⑪]，新石器时代的制陶业已极发达，彩陶

---

① 李济：《华北新石器时代文化的类别、分布与编年》，《大陆杂志史学丛书》第三辑第一册，第6页。

② 钱穆《神农与黄帝》一文认为神农为姜姓农耕部族，约起于今汉水之东，后"自南而北，由今河南南阳境，越嵩山熊耳山脉，北渡大河，而移植于今山西之夏县安邑一带者"，而古史所称阪泉之战，地在今山西之盐泽，见《说文月刊》第四卷合刊本，第189～190页；又见所著《中国文化史导论》。

③ 莫尔根：《古代社会》（一），杨东尊、张栗原译，《汉译世界名著》，商务印书馆1935年版，第19～21页。

④ 穆勒莱尔：《社会进化史》，沈怡中译本，《人人文库》，商务印书馆1970年版，第87页。

⑤《太平御览》卷七八、《绎史》卷四引。

⑥ 罗顾编：《物原》，《丛书集成简编》，商务印书馆，第33页。

⑦ 徐亮之：《中国史前史话》，台北华正书局1979年版，第170页引《纬珠》。

⑧ 昆吾作陶，见《吕氏春秋·君守》《太平御览》卷八三三引《尸子》及《说文》；《世本·作》："舜作陶，夏臣昆吾更增加。"

⑨《诗·商颂·长发》："韦顾既伐，昆吾夏桀。"则"昆吾"似与商汤同时。

⑩ 高承：《事物纪原》，《人人文库》，商务印书馆，第327页。

⑪ 李济：《中国史前文化》，《大陆杂志》，1951年6月二卷十一期，第4页。

文化区的分布，亦以晋陕豫三省交界处为中心①，正与原始农业的诞生及神农氏传说的地望，颇有可资对照之处。

新石器时代开始后，农业发明，人类定居生活，聚落随之出现，柏莱乌德（Robert J. Braidwood）指出，新石器的诞生乃是经过了"城市革命"，他认为"文明即是城市化"（civilization means urbanization）②，所谓"城市"，盖即指聚落而言。农业与聚落都是新石器时代来临、文明诞生的产物，我国新石器时代聚落遗址发现极多，有关原始的建筑情形，也已大致清楚③。

原始建筑既与农业有密切关系，在传说史料中，发明农业的神农氏，也是发明"宫室"的人物，《越绝书》称："赫胥、神农之时，以石为兵，断树木为宫室。"④ 此外，传说古代的"明堂"也始于神农，《淮南子》称神农之时的明堂之制"有盖而无四方"⑤，所谓"宫室""明堂"，当然是后人的观念，其实都是反映了原始的建筑。《越绝书》谓神农以石器为工具，断树木为宫室的材料，《淮南子》谓神农时"明堂"的形象是"有盖而无四方"，都透露了新石器初期原始建筑技术的简陋⑥，可见这些传说写定的时代虽然较晚，但文献中所述之现象，却符合了新石器时代初期的文明特征。战国秦汉间人，决无今日考古学、人类学的知识，他们所记载的神农氏传说，既符合了多项新石器时代初期的特征，所据资料想必为自古相传的旧说，至于后人所言神农氏之世系与年数⑦，虽似出自穿凿，但对于以上的推论，实无关宏旨。

----

① 张光直：《华北农业村落的确立与中原文化的黎明》，《"中央研究院"历史语言研究所集刊》，1970 年 12 月第四十二本第一分，第 124～125 页。

② Robert J. Braidwood, *Prehistoric Men*, P. 106, Chicago Museum of National History, 1957。

③《新中国的考古收获》，第 9 页。

④ 袁康：《越绝书》卷十一，《越绝外传记实剑第十三》，《国学基本丛书》，商务印书馆，第 56 页。

⑤《淮南子·主术训》。阮元《揅经室集明堂论》引桓谭《新论》曰："神农氏祀明堂，有艺而无四方。"阮氏案语："此与淮南子同，桓谭时古籍犹多，或不专本淮南也。"见《皇清经解》卷一千六十九。

⑥ 参拙作：《黄帝制器传说试释》，《师大历史学报》1976 年 4 月第四期，第 83～84 页。

⑦ 例如《春秋纬命历序》曰："炎帝传八世，五百二十岁，或云三百八十年。"谯周《古史考》以神农至炎帝一百三十三姓。《通鉴外纪》曰："自神农至榆冈四百二十六年。"

四、神农氏传说中的图腾特征

我国传说中的远古帝王，其诞生传说都充满了"怪异"的记载，例如华胥履巨人迹于雷泽而生伏羲①，附宝感大电绕北斗生黄帝②，庆都与赤龙合婚而生尧③，握登见大虹意感而生舜④，修己吞薏苡而生禹⑤，简狄吞玄鸟卵生契⑥，姜原履巨人迹而生弃⑦。

神农氏诞生的传说也不例外，《春秋元命苞》称：

> 少典妃安登，游于华阳，有神龙首感之于常羊，生神农，人面龙颜，好耕，是为神农，始为天子。⑧

《帝王世纪》云：

> 炎帝神农，母曰佳姒，有蟜氏女名登，少典妃，游华阳，有龙首感之，生神农于裳羊山。⑨

其他有关类似的记载极多，如唐司马贞《补三皇本纪》：

> 炎帝神农氏，姜姓，母曰女登，有蟜氏之女，为少典妃，感神龙而生炎帝，人身牛首。

宋代罗泌《路史》：

> （神农氏）……母安登，感神于常羊，生神农于列山之石室。⑩

胡宏《皇王大纪》：

> 少典女登，游于华山之阳，有神龙之祥，生为神农，长于羌

---

①《绎史》卷三引《诗含神雾》。
②《绎史》卷五引《帝王世纪》。
③《绎史》卷九引《春秋合谶图》，《宋书·符瑞志》略同。
④《宋书·符瑞志》，《竹书纪年》沈约附注。
⑤《绎史》卷十一引《帝王世纪》。
⑥《史记·殷本纪》，《诗·商颂·玄鸟》郑笺。
⑦《史记·周本纪》。
⑧《绎史》卷四引《春秋元命苞》。
⑨《太平御览》卷一三五引。
⑩《路史·后纪三》，《四部备要》，中华书局，第1页。

水，为羌姓师。①

纬书如《孝经钩命决》则说："任己感龙生帝魁。"② 或云："佳姒感龙生帝尪魁。""魁""尪魁"即神农氏名③，名称虽异，但其基本的形式则无不同。

远古帝王感生故事如此之多，当是由于有原始的如此现象或信仰，才会发生如此的传说，这些感生故事的共同特征是有母无父，古代学者不明真相，往往强为之解释，例如汉许慎《五经异议》云："圣人皆无父，感天而生。"④《说文》："古之神圣人母，感天而生子。"⑤ 这都是后儒为时代知识所囿的例子。如今，从民族学的观点考察，"知母而不知父"正是远古母系社会的反映，毫不足怪。而"感生"现象也正符合了初民社会"图腾制度"（Totemism）的通则。据弗莱则(J. G. Frazer)称，澳洲土人认为"图腾祖"可以把小孩的精魂放射出来，倘使女子经过图腾的所在，精魂射到其身体，就会怀孕生子，此即所谓"感孕图腾"（Conceptional Totemism）。这可以说是原始人对于生育现象的一种解释，也可以说是初民的重要信仰。

传说中远古帝王的形貌，也有许多令后人感到"怪异"的描述，例如伏羲、女娲"蛇身人首"，神农氏"人身牛首"，《山海经》里有关半人半兽的记载极多，这些记载在从前的学者看来是荒诞不经的，例如唐柳子厚《观八骏图》云：

> 故传伏羲曰牛首，女娲其形类蛇，孔子如倛头，若是者甚众……然则伏羲氏、女娲氏、孔子氏是亦人而已矣……又乌得为牛、为蛇、为倛头……⑥

这是古代学者囿于时代知识的另一显例。由于限于时代知识，以当代现象解释古代事物者所在多有，崔述在《考信录》里说：

> 后世之儒所以论古之多谬者无他，病在于以唐宋之事例三

---

① 胡宏：《皇王大纪》卷一，三皇纪《四库珍本》二集，商务印书馆，第19～20页。
②《太平御览》卷七八引。
③《太平御览》卷一三五引。
④ 又见《春秋公羊传》。
⑤《说文》"姓"字条。
⑥ 崔述：《补上古考信录》卷之上，《崔东壁遗书》，河洛图书出版社，第18～19页。

代，以三代之事例上古……妄以己意揣度，以致异说纷然，而失圣人之真。①

崔述的评论甚是，但他自己也犯了同样的错误，例如司马贞《补三皇本纪》称包羲氏、女娲氏皆蛇身人首，神农氏人身牛首，崔述即引上述柳宗元之言，认为是不可思议的事。关于神农氏为半人半兽的传说，又有两种不同的记载，一是《春秋元命苞》言神农感神龙而生，其形貌是"人面龙颜"②；其次是晋皇甫谧《帝王世纪》、唐司马贞《补三皇本纪》、宋刘恕《通鉴外纪》等③则谓神农是"人身牛首"，罗泌《路史》对于神农的形容是"长八尺有七寸，弘身而牛愿（额），龙颜而大唇"④。

这些现象，在现代民族学或文化人类学里，都可以发现合理的答案。原来在初民社会里，图腾信仰普遍存在，他们相信图腾可以生人，图腾多为某种动物或植物，也有非生物的，初民相信其始祖，皆由其图腾即某种动物或植物变化而来。例如北美易洛魁族（Iroquois Indians）属于熊与狼部族的人，都承认自身为熊与狼变化而来的后裔；奥日贝人（Ojibways）则认为其族系狗变化而来⑤；我国闽浙一带的畲民，至今犹以祖先为高辛氏之神犬，其供奉祖先之画像作人身狗头⑥；李维士（H. R. Rivers）指出南洋群岛各部族，莫不以自身为图腾变化而来的后代，如鱼部族相信自己来自鱼，水部族的人来自水，其他火、草等图腾的人，也各有同样的传说⑦。

古代半人半兽的记载，如从图腾信仰来看，不但不觉得荒诞不经，而且资料中的现象更显示了它的原始性，耶方斯（E. B. Jevons）在《宗教史道论》（*An Introduction to the History of Religion*）一书中认为："图腾祖先最初为动植

----

① 崔述前引书，第17页。
② 《绎史》卷四引《春秋元命苞》。
③ 刘恕：《通鉴外纪》卷一，《四部丛刊》，商务印书馆，第8页。
④ 《路史·后纪》卷三，第1页。
⑤ 岑家梧：《图腾艺术史》，商务印书馆1937年版，第28页。
⑥ 有关畲民之图腾信仰参以下各著作：沈作干：《畲民调查记》，《东方杂志》1930年4月第二十七卷第七号；何子星：《畲民问题》，《东方杂志》1933年7月第三十卷第十三号；凌纯声：《畲民图腾文化之研究》，《中央研究院历史语言研究所集刊》1948年1月第十六本；何联奎：《畲民的图腾崇拜》，自印本。
⑦ 岑家梧：《图腾艺术史》，商务印书馆1937年版。

物，其后变为半动物半人类，更进而成为象征动物或植物之纯粹之人形神。"① 可见半人半兽原是初民图腾信仰之下的一种现象。

由以上所论，神农氏诞生传说具有图腾特征是无可怀疑的了，但是属于何种图腾，却不易确定，如就"感神龙而生"或"人面龙颜"的现象而言，则应属于龙图腾②；如就"人身牛首"言，则又似属牛图腾③；古籍多称神农氏姜姓，"姓"即图腾，姜姓则应属羊图腾④；又《左传》载"炎帝氏以火纪，为火师而火名"，其图腾特征又似与火有关⑤。当代学者对于神农氏究属何种图腾的推测虽多⑥，但尚无一致的结论。

由于以上所列资料，其写定的时代去古已远，其间难免有学者"妄以己意为揣度"而加以缘饰，所以上述记载的现象，恐已非神农氏图腾的初型，论者以为考察时不可"不论何书载有近似始祖神话者即加以采用"，必须慎重研究始祖与图腾的关系人⑦。著者以为：神农氏为传说中的农业发明人，农业与牛有密切关系，因此后代学者如皇甫谧及纬书的编者们，擅作主张"以牛易羊"，实未可知。又秦汉学者多以炎帝神农氏"以火德王"为上古之"天子"，而天子与"龙"又有密切关系，因此神农氏也就又有了"感神龙而生"的记载，这可能是由于羼入了后人的观念有以致之⑧。虽然如此，神农氏具有初民图腾特征则是可以确定的。

① 岑家梧：《转形期的图腾文化》引，《食货半月刊》1937 年 3 月五卷六期。
② 认为神农氏为龙图腾者，如陈志良前引文，第 510 页；卫惠林：《中国古代图腾制度的范畴》，《民族学研究所集刊》1968 年第二十五期。
③ 徐亮之前引书《中国史前史话》，第 176 页。
④ 李宗侗前引书《中国古代社会史（一）》，第 38 页。
⑤ 李宗侗前引书《中国古代社会史（一）》，第 12~13 页。
⑥ 例如黄文山：《中国古代社会的图腾文化》一文又以为"炎帝也许是图腾名"，见《黄文山学术论丛》，中华书局 1959 年版，第 266 页。
⑦ 李宗侗前引书《中国古代社会史（一）》，第 84 页。
⑧ 古史传说每羼入后人观念，这从炎帝诞生的记载中见之，《国语·晋语》："昔少典氏娶于有蟜氏，生黄帝、炎帝，黄帝以姬水成，炎帝以姜水成，成而异德，故黄帝为姬，炎帝为姜。"炎帝实为图腾演变后之始祖，黄帝则为另一部始祖，少典氏非图腾，依一般规则，不能成为两图腾的共祖，所谓黄帝、炎帝皆少典氏之子，实为父系化后的现象。见李宗侗：《炎帝与黄帝的新解释》，《"中央研究院"历史语言研究所集刊》1969 年 1 月第三十九本上册，第 35~36 页。

五、神农氏传说与原始的农业①

从战国以来，将农业的发明归之于传说中的神农氏，为学者共同一致的看法②，然则远古时代原始农业是在怎样的情况之下产生的呢？人类在"采食时代"，不论是狩猎或采集野生果实，生活环境都必十分艰苦，直到农业发明之后，才获得改善。《新语·道基》云：

> 民人食肉饮血，衣皮毛，至于神农，以为行虫走兽难以养民，乃求为食之物，尝百草之实，察酸苦之味，教民食五谷。③

《淮南子·修务训》称：

> 古者民茹草饮水，采树木之实，食蠃蛖之肉，时多疾病毒伤之害，于是神农氏乃始教民播种五谷，相土地宜，燥湿肥硗高下，尝百草之滋味，水泉之甘苦，令民知所避就，当此之时，一日而遇七十毒。

农业发明之初，最先是从野生的植物中，选择可食者加以栽培，不可食者加以淘汰，在这选择淘汰的过程中，自要经过"尝百草之实，察酸苦之味"，或"尝百草之滋味，水泉之甘苦"等实际经验。因此，神农氏不仅是传说中原始农业的发明人，也是发明医药的始祖。《世本》称："神农和药济人。"④《搜神记》也说："神农以赭鞭鞭百草，尽知其平毒寒温之性，臭味所主，以播百谷。"⑤后世有关医药的著作，颇多托之于神农者。

《淮南子·氾论训》称："古者剡耜而耕，磨蜃而耨。"原始农业初起，农

---

① 本节原为拙作《从传说史料看我国原始的农业》之第二节，《"国立"台湾师范大学历史学报》1977 年 4 月第五期。但内容稍有增删。
② 如《易·系辞传》称："庖牺氏没，神农氏作，斫木为耜，揉木为耒，耒耜之利，以教天下。"《逸周书·考德》："神农之时，天雨粟，神农遂耕而种之，作陶斤斧，为耒耨，以垦草莽，然后五谷兴。"《礼含文嘉》："神农……始作耒耜，教民耕种，美其衣食，德浓厚若神，故为神农也。"《管子》中《地员》《轻重戊》，《汉书·食货志》，皇甫谧《帝王世纪》，刘恕《通鉴外纪》，罗泌《路史》，胡宏《皇王大纪》，郑樵《通志·三皇纪》等，不胜列举。
③ 明刊本《两京遗编》第一册《宋元明善本丛书》，商务印书馆，第 2 页。
④《世本·作》，茆泮林辑本：《世本八种》，台北西南书局，第 106 页。
⑤《绎史》卷四引。

具自极幼稚，但它的使用对于原始社会的经济状况却有无比的影响，因此也是远古时代的大事。传说中的原始农具，是神农氏发明的"耒耜"，如《易·系辞传》云："神农氏作，斫木为耜，揉木为耒。"《礼含文嘉》云："神农始作耒耜，教民耕种。"又云："神农就田作耒耜，天应以嘉谷，地应以醴泉。"① 《世本》以"倕作耜"，马骕注认为倕是神农臣②，可见神农作耒耜的传说势力极大。

耒耜究竟是一种怎样的农具？其形制从古文字上观察，或许可以探悉一些消息。甲骨文中的"耤"字作𣂩𣂩、𣂩等，其偏旁"耒"作𣂩、𣂩、𣂩诸形，金文上的"耒"字计有：𣂩（耒彝）、𣂩（耒作父己彝）、𣂩（耒敦）等，都是象手持耒之形③。耜之本字为𣂩，古文借为"以"字，甲骨文作𣂩（前六），金文则有以下诸形：𣂩（毛公鼎）、𣂩（散盘）、𣂩（秦公敦）、𣂩（仲盘）都是耜的象形字④。

耒，小篆作𣂩，说文："耕曲木也，从木推𣂩（𣂩，象𣂩生之散乱也）。"从各种传说史料的记载看，耜的制作，都说是"斫木""破木"而为之，例如《周书》称：

> （神农）……破木为耜锄耨，以垦草莽，然后五谷兴，以助果蓏之实。⑤

可见原始的农具除了石制的以外，便是木制的了。

从考古和少数民族的农具来观察，耒耜的形状，和商周古文字的形状颇有可以互相对照之处。就汉代武梁祠石刻画像中的神农氏，其所持之耒与甲骨文、金文形制酷似。至于考古发掘和中国少数民族所用耒耜类工具，汪宁生《耒耜新考》一文，所列及附图最为翔实，兹附于本文之末，以供参考。（参本文末之附图）

---

① 《绎史》卷四引。
② 《绎史》卷四引《世本》马骕注。
③ 徐中舒：《耒耜考》，《中央研究院历史语言研究所集刊》1930 年 5 月第二本第一分，第 12 页；甲文"耤"字参李孝定《甲骨文字集释》第四册，"中央研究院"历史语言研究所专刊，1978 年，第 1549 页；容庚：《金文编》"耒"字列在图书文字，台北联贯出版社 1977 年版，第 896 页。
④ 徐中舒前引文；《金文编》，第 773～774 页。
⑤ 《太平御览》卷七八、六七三引。

现代南洋的土著，仍有用木制农具的，探险家曾在新几内亚的东北部，发现当地的原始部落仍用木锄耕种①。考古学家指出，热河林西发现的细石器文化，代表由旧石器到新石器的中间阶段，在出土的石器当中，有不少农业用的磨石盘、石棒、石铲等②，证明当时农业已很发达，木制的农具可能较这些石制的农具为进步，因为在铜器时代以前，要"斫木"或"破木"制造农具，不得不用石刀、石斧、石铲之类的工具为之了。细石器时代出土的石器，除农具以外，还伴随着石刀、石斧、石铲，足以说明木制农具产生的可能性，只是年代悠远，不能像石器一般地流传后世罢了。《越绝书》载风胡子之言曰："轩辕神农赫胥之时，以石为兵，断树木为宫室。"正是这种情形的反映。考古学家指出，新石器时代早期的石器中富伐树工具（treefalling complex），村落定居后，伐木做木器的工具大为增加③，神农氏传说中发明的耒耜是木制，而不说是铜制或铁制，更显示了它原始的真实感。

穆勒莱尔（Müller Lyer）认为，原始农业最简单的形式是耙耕（Hae Culture），没有犁和马，只有用"耙"来耕土地的表面④。我国古代的耕作，也是以简单的农具刺地，以种植农作物，这从古文字里似可窥见一些远古农耕的形式。例如"利"字，甲骨文作**𥝢**、**𥝢**、**𥝢**、**𥝢**、**𥝢**等形，金文作**𥝢**、**𥝢**、**𥝢**，其偏傍所从之**𠃌**、**𠃌**诸形，为"力"字的形变，象用耒端刺田起土之形，金文把"力"旁之土移于禾旁⑤，这些资料为我们提供了对于远古耕作想象的线索。

环绕神农氏传说的农作物是"粟"及"五谷"，所谓"五谷"迄无定说⑥，但"五谷"中的麦已确定是外来而且时代较晚。神农氏作，然后"五

---

① 焦敏之：《原始人的文化》，生活出版社 1937 年版，第 99 页。
② 李济：《中国史前文化》，《大陆杂志史学丛书》第一辑第二册，1952 年，第 25 页。
③ 张光直：《中国新石器时代文化断代》，第 268~270 页。
④《社会进化史》，《人人文库》，商务印书馆，第 54 页。
⑤ 徐中舒前引文，第 15 页。
⑥《辞海》五谷条载五谷之异说共五种：（一）《周礼·天官·疾医》："以五味五谷五乐养其病"，"五谷，麻黍稷麦豆也。"（二）《大戴礼记·曾子天圆》："成五谷之名。"注："五谷，黍稷麦麻菽也。"（三）《孟子·滕文公》："树艺五谷。"注："五谷，谓稻黍稷麦菽也。"（四）稻谷、大麦、小麦、绿豆、白芥子为五谷，见佛书《成就妙法莲华经主瑜伽仪轨》。（五）大麦、稻、谷、小豆、胡麻为五谷，见佛书《建立曼荼罗护摩仪轨》。此外，如《楚辞·大昭》王逸注五谷为"稻稷麦豆麻"。《农政全书》："五谷，禾麻麦栗豆也。"

谷"兴，当然是后人的观念，但与神农氏传说有关的"粟"，却最具有我国原始农业的特征。学者研究，"粟"与黍稷组成的"小米群"，终先秦之世，是华北农作系统的重心。据《西安半坡》发掘报告，半坡类型的仰韶文化，种植的谷物是粟①；而以庙底沟为代表的仰韶文化，种植的谷物也是粟；在陕西华县的泉护村内的房子里，曾发现过粟粒的痕迹②；热河赤峰蜘蛛山史前遗址的文化层中，也发现许多粟的灰烬③；陕西宝鸡斗鸡台新石器时代遗址的陶器里，藏着霉黑的谷粒④；其他如甘肃临夏大河庄等地，也都有所发现。所以在史前全部华北地区，小米的种植似已相当普遍⑤，其他如水稻和高粱，也都经考古证明为我国史前的农作物，但并不占重要的地位⑥。从以上有关木质农具与"粟"的考察，神农氏传说显然保存了许多自古相传的旧说。

原始时代，人类由于工具的限制，还不能大规模的"伐林启壤"，开垦耕作，所以远古时代，人类对于土地的开辟和利用，草原区应较先于森林区⑦，开辟的方法，先就要耕的地方放火焚烧，用简单的农具松土，然后散播种子，任其自然生长，所谓"烧山林、破增薮"⑧，"烈山泽而焚之"⑨。传说发明农业的神农氏，又叫作"炎帝"或"烈山氏"，都反映了早期的原始农业，与火有密切的关系⑩，直到有史时代的农业，仍然要利用烈火，例如《史记·货殖列传》云："楚越之地，地广人稀，饭稻

----

① 《西安半坡》报告云："由于近年考古对'小米'往往不细辨种属，我们还不能肯定已经发现的史前小米之中，是否除栗之外还有黍稷。不过从殷代卜辞中，我们可以知道黍和稷已经是当时最主要的粮食作物。"何炳棣：《黄土与中国农业的起源》，香港中文大学1969年版，第121页。

② 《新中国的考古收获》，第11页。

③ 安志敏：《中国史前时期之农业》，《燕京社会科学》第二卷，第139页。

④ 徐炳昶前引书，第44页。

⑤ 何炳棣：《黄土与中国农业的起源》，第113页。

⑥ 安特生在仰韶彩陶的残片上，发现谷壳的印痕，经瑞典植物学家 G. Edman & E. Soderberg 断定为人工栽培的稻谷外壳，见 J. G. Andersson, *Childern of the Yellow Earth*, pp. 335～336。又，1931年董光忠发掘山西万泉县荆村时，曾发现谷类灰烬，唯当时并未加以研究，抗战期间日人高桥基生鉴定为粟及高粱；安志敏：《中国史前时期之农业》，《燕京社会科学》第二卷，第39页；何炳棣：《黄土与中国农业的起源》，第143页；K. C. Chang, *Early Chinese Civilization*, pp. 13～16, 1976（台北虹桥书店影印），有关于我国史前水稻之讨论。

⑦ 邹豹君：《我国文化发源地为什么在黄淮平原》，《大陆杂志》五卷八期。

⑧ 《管子》中《揆度》《国准》。

⑨ 《孟子·滕文公上》。

⑩ 《说文》："烈，火猛也，从火列声"；"炎，光火上也，从重火。"

羹鱼，或火耕而水耨。”即其一例。

不过，古代放火所焚的山林，恐不是高大的森林而是草莱。近人曾征引多种资料研究，证明古代文献凡提到田地或开垦，都是指着田野而言，而不是山地，因为以常理推测，远古时代地旷人稀，没有放弃草莱不先开辟而要烧山毁林以辟农田之理①。这种主张所见极是，高大的原始森林，即使放火烧过，恐也不易耕种，司马迁所说楚越之地的“火耕”，也是指烧去平地上的杂草，而不是整片的焚林，火耕所烧如系森林，树木必留残干深根，也将无法水耨②，所以古代开辟农田所焚的“山林”，或许是草莱与丛木（Jungle）混杂的坡地。

神农氏传说与农业初期游移性的农耕，亦有可以对照之处。原来人类发明农业之后，对于游猎起初还不能完全放弃，所以社会学家以为原始农业的最低级，是耙耕而兼游猎③。又因为初民尚无施肥的知识，地力无法连年维持，需要烧草更换耕地，因此所耕之地，不得不常迁徙。由上述的原因推测，最初的农业大都具有“游耕性”（Slash and Burn）④。从古文化遗址观察，这种情形已可得到证明，例如陕西半坡村仰韶遗址的房子，屡经改建，这些房子即为游移的农耕民族所建筑⑤，又如仰韶遗址有许多是曾经间断而重复占据的，“定居”之中，仍不免有迁徙⑥。古史传说，神农氏起于厉山，称“厉山氏”或“烈山氏”，地在湖北随县北之厉乡，初都陈，即河南淮阳，后徙山东曲阜，死后葬于长沙⑦。姑不论以上的地名究竟当今何处，及以上传说的真实性如何，我们却可以从传说中表现的特征观察，代表发明原始农业的神农氏，其迁徙不定的情形，未尝不是初期原始农业“游耕性”的反映。

---

① 何炳棣：《黄土与中国农业的起源》，第95页。
② 《黄土与中国农业的起源》，第97页。
③ 《社会进化史》，《人人文库》，商务印书馆，第57页。
④ Peake Harold J. E.，*The Origins of Agriculture*（于景让译：《农业的起源》，台北三省书店印行）；张光直：《中国新石器时代文化断代》，第267页；何炳棣：《黄土与中国农业的起源》，第93页。
⑤ Cheng Te-kung（郑德坤）：*Prehistoric China* Vol 1，一书持此说，见李济之：《华北新石器时代文化的类别、分布与编年》，《大陆杂志史学丛书》第三辑第一册，1970年9月，第6页。
⑥ 何炳棣：《黄土与中国农业的起源》，第93页。
⑦ 司马贞：《补三皇本纪》，《史记》第二册，台北艺文印书馆，第1365页。

六、结　论

我国文献载籍中的古史传说，常以远古帝王为中心，表现了某种文明的特征，虽然这些资料多系后人述古之作，写定的时代较晚，但由于资料中表现的现象，与考古学、人类学、民族学等新知足资对照之处极多，因此已不能完全予以抹杀。

传说中的神农氏，为远古帝王或氏族之一，有时亦用为指示时代特征的名称。战国秦汉以来，学者皆以神农氏为原始农业的发明人，从资料显示，"神农"之名显为后人所加，其"人格"的真实性，虽难以确定，但从民族学观点考察，神农氏"人身牛首"及其"感生"传说，颇为朴质，实具有初民社会图腾制度的特征，其为远古之一氏族，则又不能否定。远古时代，黄河流域氏族分布极多，神农氏或即发明农业擅长耕嫁之氏族之一，后人认为有"德"，因而命曰神农，并逐渐成为一位文明初期的象征性人物。由于农业的发明，为文明演化的一个重要阶段，所以神农氏亦被用为指示时代的特征。

神农氏传说所反映之初期农业特征极多。我国原始农业诞生甚早，新石器时代初期农业为中原文化的重要特征，早已得到考古学的证明。神农氏传说所显示者，如原始农业诞生的背景，耒耜为木制而不言铜制或铁制，陶器之制作，断树木为"宫室"开始定居，原始农作物"粟"的种植，以及游移性的农耕，无不显示了原始的真实感。古人对神农氏的许多描述，反映了他们对史前文化发展的推想或理解，而这跟后代考古学上的发现颇多吻合。

后　记

本文原为纪念赵铁寒老师而作，刊于《赵铁寒先生逝世周年纪念论文集》（台北：文海出版社，1978 年），前此，著者有《从传说史料看我国原始农业》一文（《"国立"台湾师大历史学报》第五期，1977 年），其中有关"神农氏传说"部分，与本文颇多重复，仅予以删除。

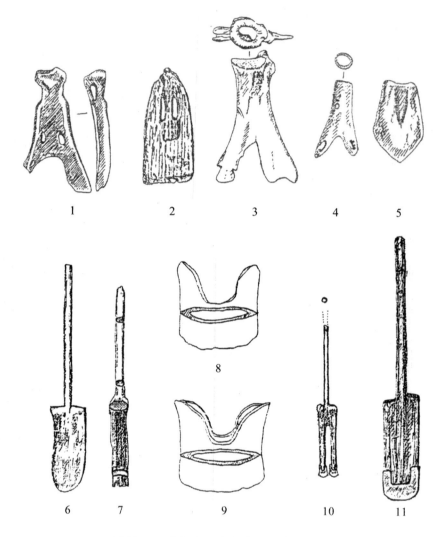

附图一　近年发现耒耜类工具实物

　　1、2. 余姚河姆渡"骨耜"（距今 7000～6000 年）和"木耜"（距今约 6000 年）　3、4. 海安青墩"骨耜"和"鹿角耒"（距今约 5000 年）　5. 建平、敖包山"石耜"（距今约 5000 年）　6. 铜绿山"木锹"（春秋战国）　7. 长沙曹㜏墓"木锹"（西汉）　8. 圻春毛家嘴铜口耜（西周）　9. 上海博物馆藏铜口耜（西周）　10. 江陵纪南城"铁口耒"（战国）　11. 长沙马王堆"铁口耜"（西汉）

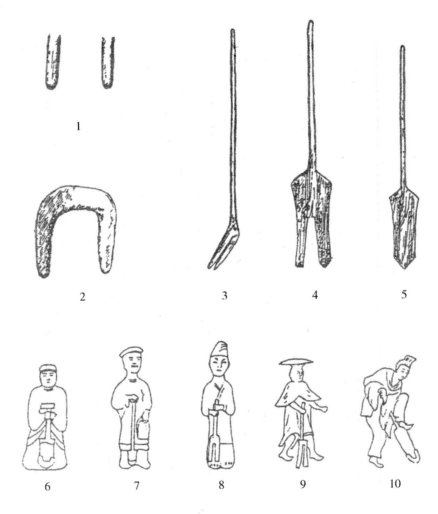

附图二　近年发现耒耜类工具的痕迹和模型

　　1. 陕县庙底沟木耒痕迹（龙山文化）　　2. 安阳小屯西地木耒痕迹（殷）
3. 江陵凤凰山木俑手持的耒（西汉）　　4、5. 长沙伍家岭等木俑所持的耒和
耜（西汉）　　6. 郫县持耜石人（东汉）　　7. 宜宾翠屏村持耜陶俑（东汉）
8. 灵宝张湾持耒陶俑（东汉）　　9. 徐州小李村画像石上持耒人像（东汉）
10. 邓县画像石上"郭巨埋儿图"（东汉）

　　以上二图采自汪宁生：《耒耜新考》，《新史学》一卷二期，1990 年 6 月。

附图三　武梁祠石刻神农氏

采自冯云翼：《金石索》卷三，台北台联国风出版社印行。

陆　黄帝制器传说试释

一、关于黄帝传说的真实性

在旧史传说的远古帝王中，黄帝是一位事迹颇多的人物，古代文献如《易·系辞传》《左传》《国语》《管子》《庄子》《吕氏春秋》《山海经》《淮南子》等书，皆有关于黄帝的记载①。战国秦汉间的许多著作，如《竹书纪年》、邹衍《五德终始说》《世本》《史记》等，也都始于黄帝②。特别是《史记》的撰述，司马迁舍弃传说中的伏羲、神农，毅然以黄帝为中国历史的开端，乃是经过了广泛采访和严格考证之后的结论③。

由于时代去古已远，许多黄帝事迹未免异说纷陈，正如《五帝本纪》太

---

① 《易·系辞传》："神农氏没，黄帝尧舜氏作。"《左传·僖公二十五年》："遇黄帝战于阪泉之兆。"《左传·昭公十七年》："黄帝氏以云纪(官)。"《国语·晋语四》："黄帝之子二十五人，其同姓者二人而已"，"昔少典娶于有蟜氏，生黄帝、炎帝，黄帝以姬水成，炎帝以姜水成。"《管子·轻重戊》："黄帝作钻燧生火……黄帝之王，童山竭泽。"《庄子·天运》："老聃曰：黄帝之治天下，尧之治天下……"《吕氏春秋·应同》："黄帝之时，天先见大螾大蝼。"《山海经·海内经》："黄帝妻雷祖生昌意。"《淮南子·说林训》："黄帝生阴阳。"以上仅各征引一二则示例，有关黄帝传说资料极多，不能备录。

② 《竹书纪年》、邹衍《五德终始说》《世本》皆已亡佚，从以下资料可以看出这些著作始于黄帝：(1)《史记·魏世家》襄王十六年集解引荀勖曰："和峤云：'纪年起自黄帝，终于魏之今王。'今王者，魏惠成王子。"(2)《史记·孟子荀卿列传》："驺衍……(著)终始大圣之篇十余万言……先序今以上至黄帝。"(3)《史记·集解序》索隐引刘向云："《世本》，古史官明于古事者所记也，录黄帝以来帝王诸侯及卿大夫系谥名号，凡十五篇也。"又《汉书·司马迁传》赞、《汉书·艺文志》注，及《后汉书·班彪传》，都以《世本》始于黄帝。《史记》始于黄帝，分见《五帝本纪》《三代世表》。

③ 《五帝本纪》太史公曰："余尝西至空桐，北过涿鹿，东渐于海，南浮江淮矣，至长老皆各往往称黄帝尧舜之处，风教固殊焉，总之，不离古文者近是。予观春秋、国语，其发明五帝德，帝系姓章矣，顾弟弗深考，其所表见皆不虚。"所谓"其所表见皆不虚"，索隐云："言帝德、帝系所有表见者皆不为虚妄也。"可见司马迁对于黄帝的传说，经过了广泛的采访和考证。又，《史记·封禅书》："昔无怀氏封泰山，禅云云；伏羲氏封泰山，禅云云；神农氏封泰山，禅云云……"《五帝本纪》："神农氏世衰。"《太史公自序》："余闻之先人曰：'伏羲至纯厚，作易八卦。'"可见司马迁显然知道传说中黄帝之前的伏羲与神农，而毅然以黄帝为限。即对于黄帝的传说也是"择其言尤雅者"采用，《三代世表》称："予读谍记，黄帝以来皆有年数。"但《三代世表》虽始于黄帝，却不纪年，可见其态度的严谨。

史公曰："百家言黄帝其文不雅驯，荐绅先生难言之。"不过，后来学者对其可疑事迹，虽然有所辨析，但从未否定黄帝为历史人物的资格，如东汉王充《论衡》仅以黄帝升仙传说为"言虚"①、宋胡宏《皇王大纪》疑黄帝"世数多寡长短"②、清崔述《考信录》辨黄帝与炎帝之时代先后③，如此而已。

民国以后，有关我国古史的讨论曾经热烈一时，"疑古派"学者或基于"层累造成说"的观念，以黄帝为出于后人的假托④，或以黄帝为阴阳五行思想下的"五色帝"⑤，或以黄帝即禹之化身⑥，或认黄帝实出"皇帝"之字变⑦，这些没有一致结论的意见，虽曾对史学界产生过相当的影响，但就此据以否定黄帝之真实性，尚未能够被学术界普遍地接受。王国维根据春秋铜器

---

① 王充：《论衡·道虚》，《诸子集成》（七），世界书局，第68页。
② 胡宏《皇王大纪》论曰："包羲神农黄帝尧舜禹汤文武仲尼杰出一世，独与天地相似，而俊材异能之士委命陈力不得与之争圣，何独至于姓而疑之乎，其可疑者世数多寡长短耳。"见卷二，《国库珍本》第二集，商务印书馆影印，第16页。
③《国语·鲁语上》："黄帝能成命百物，以明民共财。"崔述云："此语虽未必确实，然尚无大谬。"可见崔述虽辨黄帝十余事，但并未否定黄帝之"人格"。参见《崔东壁遗书·补上古考信录》卷之上，台北河洛图书出版社影印本，第27页。
④ 顾颉刚所谓"层累地造成的中国古史"，系认为"周代人心目中最古的人是禹，到孔子时有尧舜，到战国时有黄帝神农，到秦有三皇，到汉以后有盘古"，又说"自从秦灵公于吴阳作上畤，祭黄帝，经过了方士的鼓吹，于是黄帝立在尧舜之前了，自从许行一辈人抬出了神农，于是神农又立在黄帝之前了，自从《易·系辞》抬出了庖牺氏，于是庖牺氏又立在神农之前了，自从李斯一辈说'有天皇有地皇有泰皇，泰皇最贵'，于是天皇地皇泰皇更立在庖牺氏之前了。自从《世本》出现硬替古代名人造了很像样子的世系，于是没有一个人不是黄帝的子孙了……时代越后，知道的古史越前；文籍越多，知道的古史越多。汲黯说：'譬如积薪，后来居上。'这是说古史很好的比喻"。见《与钱玄同先生论古史书》，原刊《努力增刊读书杂志》第九期，收入《古史辨》第一册中编，1926年，第59~66页。
⑤ 童书业《三皇考附录二》案语："《墨子·贵义》云：'帝以甲乙杀青龙于东方，以丙丁杀赤龙于南方，以庚辛杀白龙于西方，以壬癸杀黑龙于北方'……《墨子》文中所谓青赤白黑四色之龙，疑即青赤白黑四色之帝，而《墨子》文中所谓帝，疑即黄帝，帝杀四龙，即所谓'黄帝胜四帝'也。此四帝与黄帝即五方帝……"见杨宽《中国上古史导论》引《古史辨》第七册上编，1941年，第251~252页。童氏认为黄帝即"白青黄赤黑"五色帝之一，何以其他四帝加起来，也比不上黄帝事迹传说的一二？阴阳家以黄帝为五方帝之一，实无害于黄帝之"人格"。
⑥ 陈梦家：《商代的神话与巫术》，《燕京学报》第二十期版，台北东方文化书局影印本1970年版。黄帝与禹在传说中并非一人，连当时疑古的人也不赞成，勿待多辨。
⑦ 杨宽《中国上古史导论》云："黄帝传说既非出于禹传说之分化，然则何自来乎？曰：'黄帝'实出'皇帝'之变字。《易·系辞传》云：'黄帝尧舜垂衣裳而天下治。'而《风俗通·声音》：'皇帝尧舜垂衣裳而天下治……'崔述据以证黄帝即皇帝，谓《吕刑》皇帝'遏绝苗民'，实即黄帝与炎帝战于阪泉之事，此说甚是。"见《古史辨》第七册上编，1941年，第195页。古文音同字通，"黄帝"或亦写成"皇帝"，杨氏此说显然不能以此否定所有黄帝传说。

"铸公簠"，认为"铸国任姓为黄帝之后"的古说为可信①，丁山考证战国铜器"陈侯因脊镈"铭文，认为"菓昏"二字，即旧史传说中的黄帝，而黄帝实为远古之"人帝"，而非"神帝"②。其余许多学者，如董作宾、钱穆、李宗侗、凌纯声、李济诸先生或从古代文献的本身推测，或从民族学的观点考察，或从考古学的立场估量，对于黄帝传说的历史成分都做了肯定的表示，董作宾先生甚至认为黄帝时代已可列入我国的有史时代③。

----

① 王国维《铸公簠跋》云："《乐记》：'武王克殷，封黄帝之后于祝。'郑注云：'祝或为铸。'《吕氏春秋·慎大览》亦云'封黄帝之后于祝'。古铸祝同字，《晋语》：'黄帝之子二十五宗，得其姓者十四人，为十二姓，任居其一。'铸为任姓，其为黄帝后之祝，信矣。"见《观堂集林》卷第十八，史林十，河洛图书出版社 1983 年版，第 889～890 页。

② 丁山：《由陈侯因脊镈铭黄帝论五帝》，《中央研究院历史语言研究所集刊》1933 年第三本第四分，第 517～535 页。丁氏指出："黄帝为人，乃列国史记之公说，非《帝系》《国语》一家之言也。"（第 521 页）又云："晚周诸子可伪托也，《世本》《帝系》《国语》可伪窜也，《陈史记》《齐春秋》，国之正史，不可以伪乱真也。《齐春秋》始黄帝，《晋魏春秋》（即《竹书纪年》）亦始黄帝，则黄帝为人，更不得疑其子虚乌有，谓非古帝王矣。"（第 522 页）

③（1）认为黄帝为古代之部族或部落领袖者：
　Ⅰ蒙文通：《古史甄微》，《人人文库》，商务印书馆 1933 年版，第 36～44 页。
　Ⅱ徐旭生：《中国古史的传说时代》，科学出版社 1962 年版，第 40 页。
　Ⅲ钱穆：《神农与黄帝》，《说文月刊》第四卷，第 189 页。
　Ⅳ黎东方：《被否认的中国古代》，《"国立"中山大学文史学研究所月刊》第三卷第二期，第 39 页；又：《中国上古史八论》，中华文化出版事业委员会 1957 年版，第 23 页。
　Ⅴ姜蕴刚：《黄帝及其时代》，《东方杂志》1946 年 2 月四二卷三期。
　Ⅵ凌纯声：《中泰文化论集》，中华文化出版事业委员会 1958 年版，第 1～15 页。
　Ⅶ丁骕：《中国地理、民族、文化与传说史》，《"中央研究院"民族学研究所集刊》1970 年第二十九期，第 81 页。
　（2）认为黄帝传说有图腾或氏族特征者：
　Ⅰ闻一多：《伏羲考》，《神话与诗》，第 21 页。
　Ⅱ李宗侗：《炎帝与黄帝的新解释》，《"中央研究院"历史语言研究所集刊》1969 年第三十九本上册，第 27～39 页。
　Ⅲ杨希枚：《国语黄帝二十五子得姓传说的分析》上篇，《"中央研究院"历史语言研究所集刊》1963 年第三十四本下册，第 627～648 页。
　Ⅳ徐亮之：《中国史前史话》，台北华正书局 1979 年版，第 219～229 页。
　（3）认为黄帝时代已有文字者：
　Ⅰ柳诒征：《中国文化史》上册，正中书局 1954 年版，第 45 页。
　Ⅱ董作宾：《中国文字》，《平庐文存》卷四，艺文印书馆 1963 年版，第 2 页。
　Ⅲ严一萍：《夏商周文化异同考》，《大陆杂志特刊》1952 年 7 月第一辑，第 416～420 页。
　Ⅳ徐松石：《粤江流域人民史》，香港世界书局 1963 年修订本，第 19～20 页。
　（4）董作宾先生在《我怎样研究上古史》一文说："唐虞以前，我们有史以来，至少可以根据传说，排到黄帝时代……我国上古史年代，推至黄帝并不为过。"《平庐文存》上册，第 127 页。又：《共和以前帝王的"复员"》一文云："我国文字、历法，现在已经证明起源都是很早的，有史以来，应该从黄帝开始，是不成问题的。"《平庐文存》上册，第 26 页。
　（5）李济之先生在《中国民族之形成》（The Formation of the Chinese People）一书内分"中国民族"主要成分有五，第一为"黄帝子孙"。又在《中国民族之始》一文里说："当黄帝尧舜禹汤这些先圣先哲已被认为是神话中的人物时，古生物学家的锄头，忽然发掘了比黄帝老过万年以上的'现代人'形的老祖宗来了。这一类的发现，虽不能否定黄帝尧舜禹汤的神话人物的性格，但类似他们这一类人的可能的存在，已不能整个地否定。"《大陆杂志史学丛书》1952 年 7 月第一辑第二册，第 6 页。

二、当代学者对于黄帝制器传说的看法

传说中的黄帝功业，要以制器故事为最多，《易·系辞传》载黄帝尧舜的制作，自"垂衣裳"以下共有九事①，《帝王世纪》以此九事皆归诸黄帝之功②，《世本·作》记载黄帝及"黄帝臣"的制作，多达数十种③，其他散见于各书者更不胜列举。由于远古的制作多集于黄帝名下，因此当代学者对于"黄帝制器"传说的考察，也有过许多不同的看法。

顾颉刚以为，《易·系辞传》记载有关远古帝王的"观象制器"故事，系出于后儒的作伪，所谓"以制器者尚其象"本是莫须有的事④，齐思和指出，自韩非子倡圣王以能发明器物而后始为人民举为天子之说即兴，各家所喜托之古代"圣王"，遂皆不能不有所发明，古史传说至战国

---

① 《易·系辞传下》所载九事如下："黄帝尧舜垂衣裳而天下治，盖取诸乾坤。刳木为舟，剡木为楫，舟楫之利，以济不通，致远以利天下，盖取诸涣。重门击柝以待暴客，盖取诸豫。断木为杵，掘地为臼，臼杵之利，万民以济，盖取诸小过。弦木为弧，剡木为矢，弧矢之利，以威天下，盖取诸睽。上古穴居而野处，后世圣人易之以宫室，上栋下宇，以待风雨，盖取诸大壮。古之葬者厚衣之以新，葬之中野，不封不树，丧期无数，后世圣人易之以棺椁，盖取诸大过。上古结绳而治，后世圣人易之以书契，百官以治，万民以察，盖取诸夬。"
② 皇甫谧《帝王世纪》云："蚩尤氏叛不用帝命，黄帝于是修德抚民，始垂衣裳以班上下，刳木为舟，剡木为楫，舟楫之利，以济不通。服牛乘马，引重致远……"以《易·系辞传》之九事，皆归于黄帝之功。见顾尚之辑，钱熙祚校，道光二十年刊本，《指海》第六辑，第4~5页。
③ 现存清人辑《世本》共有八种，计：（一）王谟辑本《汉魏遗书钞》；（二）孙冯翼辑本《问经堂丛书》；（三）陈其荣补订孙本《槐庐丛书》；（四）秦嘉谟辑补《琳琅仙馆刊本》；（五）张澍稡集补注本《二酉堂丛书》；（六）雷学淇辑本《畿辅丛书》；（七）茆泮林辑本《十种古逸书》；（八）王梓材《世本集览》（《四明丛书》仅有序、目、通论、缘起，无正文），其中以秦本最为赅备。现已汇成一编，称《世本八种》，台北西南书局印行。有关黄帝的制作，见于《作》。据秦嘉谟辑补本《作》，自黄帝造火食以下计有二十七种，见《世本八种》，第356~359页；茆泮林辑本《作》，自黄帝见百物始穿井以下共二十八种，见第109~115页。
④ 顾颉刚：《论易系辞传中观象制器的故事》，原载《燕大月刊》第六卷第三期，收入《古史辨》第三册上编，1931年，第45~69页。胡适之不同意顾颉刚的意见，他在（给顾颉刚）《论观象制器的学说书》中说："你的驳论，太不依据历史上器物发明的程序，乃责数千年前人见了'火上水下'的卦象何以不发明汽船，似非史学家应取的态度……瓦特见水壶盖冲动，乃想到蒸汽之力，此是观象制器，牛顿见苹果坠地……同是有象而后有制作"，"飞鸟之象，便是飞艇的祖宗。"这些批评十分中肯，后来顾氏强调自己的主张是："制器时看的象乃是自然界的象，而不是卦爻的象"，"至于《易传》中这章文字，明明是教我们看了卦象而制器，这是万万不可能的事。"见《古史辨》第三册上编，第86~88页。

末年既集中于黄帝，所以黄帝的制器故事也就较其他传说中之帝王为多①；杨宽则以为黄帝本上帝神话所演变，上帝本为造物者，所以黄帝就成了制器传说之中心人物②。这些否定的意见，皆源于疑古的态度，其难成定论，自不待言。梁启超说：

> 古籍记载事物之创作，归诸黄帝时者十而七八，虽多或出比
> 附，要非绝无根据。③

可惜采取肯定态度的学者，也未能提出令人满意的解释，例如：蒋智由受"中国民族西来说"的影响，认为黄帝之时文物大盛，系由域外输入所致，正如同近代欧西文明如铁道电线等之输入中国者相似④；蒙文通主张中国远古民族分为泰族、炎族、黄族三部，传说中的羲、农、黄帝三人，在三族中最为杰出，所以"黄族之所创述，悉以归之黄帝耳"⑤。

综观以上各例，不论持否定或肯定的态度，似嫌缺乏充分的论据，因此也就未能接触到问题的核心。其实，所谓黄帝"制器"的传说，乃是我国远古时代"科技"发明的反映。根据考古学家与人类学家的考察，人类发明农业之后，乃由"采集食物"（Food-gathering）进而为"生产食物"（Food-producing），柴尔德（V. Gordon Childe）称之为"产食革命"（Food-Producing Revolution）。"产食革命"的完成，使人类脱离了旧石器时代而迈进新石器时代，所以也称之为"第一次技术革命"（First Technological Revolution）⑥，这

---

① 齐思和：《黄帝之制器故事》，原载《史学年报》1934 年第二卷第一期，收在《古史辨》第七册中编。
② 杨宽：《中国上古史导论》，《古史辨》第七册上编，1941 年，第 207 页。
③ 梁启超：《三代载记》，《国史研究六篇》，台湾中华书局 1971 年版，第 25 页。梁氏又云："黄帝之人格及事业必有大过人者，故能为我民族数千年崇仰之所集，其无正确之遗迹传于后世者，恐亦罹洪水之荡埋耳。"柳诒征称远古文物发明，为"洪水以前之制作"，而"洪水以前，实以黄帝时为最盛之时，后世盛称黄帝，有以也。"《中国文化史》上册第二章，第 20～27 页。
④ 蒋智由《中国人种考》云："以黄帝仅不过一百有十一岁之日月，而文明程度，如是其膨胀而发达，谓必尽出于一时之创辟乎？不能不生学者怀疑心。盖以世界文化，无此顿进之率也。若曰：是即由迁徙而来，因祖国之所有，以栽培之于中国，犹夫今者欧人之至中国，而布设其电线铁道，与夫一切新法之事。故不待数十年，而已焕然改观。设也地理再绝，而东西不通，则后人读史，不知其所从来，亦必讶其发现之骤，而不知其固自移徙而来也。"上海华通书局 1929 年版，第 23 页。
⑤ 蒙文通：《古史甄微》，《人人文库》，台湾商务印书馆，第 54 页。
⑥ Felix M. Keesing, *Cultural Anthropology*, P. 84, Holt, Rinehart and Wiston Inc. New York, 1958. Taipei Rrinted, 1966.

是人类文明演化史上划时代的大事。新石器时代因为农业已经诞生并开始生产食物，于是出现分工，人类才有多余的时间与进步的技术，从事专精的发明，因此在此一时期，各种文物纷纷出现。

我国自"沙苑文化"发现后，考古学家已经相信这种"产食革命"在华北确曾发生过，其地点约在晋陕豫交界一带，时间约当公元前八千年左右①。基于以上的认识，则黄帝制器颇多的传说，实反映了不平凡的意义。李约瑟（Joseph Needham）指出，我国古代记载文物发明的典籍如《世本》等书，可以叫作"技术学辞典"或"发明的记录"，这些远古发明的记载，为过去西方学者所忽略，颇值得作进一步的探讨②，这不能不说是李氏的卓见。

三、古史传说中的黄帝时代

本节拟在讨论黄帝制器传说之前，先检查一下黄帝在古史传说中所处的时代。

古史相传，黄帝与神农是两个相承接的时代，《易·系辞传》称：

庖牺氏没，神农氏作，神农氏没，黄帝尧舜氏作。

司马迁作《史记》，也确认黄帝之前为神农氏时代，《五帝本纪》称：

轩辕之时，神农氏世衰，诸侯相侵伐，暴虐百姓，而神农氏弗能征。于是轩辕乃习用干戈，以征不享，诸侯咸来宾从。

《五帝本纪》所称的"神农氏世衰"，汉晋以来的学者如高诱注《淮南子》、谯周《古史考》、皇甫谧《帝王世纪》等，都认为不是神农氏本身，而

---

① 参：（1）Kwang-Chin Chang（张光直），*The Archaeology of Ancient China*，p. 78～79，Yale University Press，1968.（台北进学书局影印本）；（2）张光直：《华北农业村落的确立与中原文化的黎明》，《"中央研究院"历史语言研究所集刊》第四十二本第一分，第124～129页；（3）李济之：《华北新石器时代文化的类别、分布与编年》，《大陆杂志史学丛书》第三辑第一册，1970年9月，第6页。
②《中国之科学与文明》第一册，黄文山中译本，商务印书馆1972年版，第99～102页。

是神农氏之后八代而袭神农之号的榆罔①，这与《易·系辞传》黄帝承接神农氏时代的旨趣，正相符合。其他古代典籍，如《庄子》《吕氏春秋》《战国策》《淮南子》《汉书·古今人表》，莫不以黄帝与神农相接，大约这是先秦两汉魏晋学者们的一致看法②，即使清代"考而后信"的崔述，也不否认③。

不过，黄帝及其以前的神农氏，并不是传说中远古时代的开始，神农氏之前更有伏羲氏、燧人氏。汉代学者称伏羲、神农为"泰古二皇"④，其实，在这"泰古二皇"之前，传说中的古帝王还有很多，《庄子·胠箧》以伏羲、神农以前共有十个"氏"⑤，《遁甲开山图》称，自女娲氏至无怀氏"凡十五代皆袭庖羲之号"⑥，《汉书·古今人表》则自神农以上共列二十个"氏"⑦。这许多远古帝王的时代，都被列在黄帝之前，表示黄帝以前经过了悠久的时代。

纬书的古史系统，也表示了黄帝之前有一段悠久的演化历程。按远古的时代，纬书另有"十纪"之说，《春秋元命苞》云：

> 天地开辟至春秋获麟之岁，凡二百二十六万七千年，分为十

---

① (1) 三国蜀国谯周《古史考》云："炎帝之后凡八代五百余年，而轩辕氏代之。"（《补三皇本纪》索隐）据孙星衍辑本，平津馆存版，嘉庆十一年重刊。（"中央研究院"历史语言研究所藏）(2) 晋皇甫谧《帝王世纪》："炎帝神农氏……纳奔水氏，曰听詙，生帝临魁，次帝承、次帝明、次帝直、次帝厘、次帝哀、次帝榆罔，凡八世，合五百三十年。"《指海》第六集，第4页（"中央研究院"历史语言研究所藏）。《太平御览》卷七八引《帝王世纪》："神农氏姜姓也……凡八世，帝承、帝临、帝明、帝直、帝来、帝哀、帝榆冈。""冈"盖"罔"字之讹。台北粹文堂影印本，第519页。(3) 司马贞《补三皇本纪》注云："按神农之后凡八代，事见帝王世纪及古史考……其易称神农氏没，即榆罔，榆罔犹袭神农之号也。"《五帝本纪》索隐："世衰，谓神农氏子孙道德衰薄，非指炎帝之身，即班固所谓参卢，皇甫谧所云帝榆罔是也。"
② 例如《庄子·缮性》："德又下衰，及神农黄帝始为天下。"《吕氏春秋·情类》："故耳之欲五声……虽神农黄帝，其与桀纣同。"《战国策·赵策二》："宓羲神农教而不诛，黄帝尧舜诛而不怒。"《淮南子·俶真训》："至德之世……乃至神农黄帝，剖判大宗。"
③ 崔述云："《易传》曰：'庖羲氏没，神农氏作，神农氏没，黄帝尧舜作。'是庖羲神农在黄帝前也。"《崔东壁遗书·补上古考信录》卷之下，河洛图书出版社，第1页。
④《淮南子·原道训》："泰古二皇，得道之纪。"高诱注云："二皇，伏羲神农也。"
⑤《庄子·胠箧》："昔者，容成氏、大庭氏、伯皇氏、中央氏、栗陆氏、骊畜氏、轩辕氏、赫胥氏、尊卢氏、祝融氏、伏羲氏、神农氏……"
⑥《太平御览》卷七八，引《遁甲开山图》。
⑦《汉书·古今人表》列神农氏以上二十氏为：宓羲氏、女娲氏、共工氏、容成氏、大庭氏、柏皇氏、中央氏、栗陆氏、骊连氏、赫胥氏、尊卢氏、浑沌氏、昊英氏、有巢氏、朱襄氏、葛天氏、阴康氏、亡怀氏、东扈氏、帝鸿氏。案：《庄子·胠箧》之远古帝王，《人表》多列于宓羲之后，《路史》颇讥其失。

纪。其一曰九龙纪，二曰五龙纪，三曰摄提纪，四曰合雒纪，五曰连通纪，六曰叙命纪，七曰循蜚纪，八曰因提纪，九曰禅通纪，十曰疏仡纪。①

罗泌《路史》以伏戏氏（伏羲氏）以上为前纪，伏戏氏以下为后纪，前纪列"禅通纪"以前古帝王，其中"循蜚纪"自"钜灵氏"以下至"次民氏"，共列二十二氏，"因提纪"自"辰放氏"以下至"庸成氏"列十三氏，"禅通纪"自"史皇氏"至"伏戏氏"共列十八氏，《庄子·胠箧》《遁甲开山图》《汉书·古今人表》等所列古帝王，《路史》大都列在"禅通纪"内②，黄帝则列在紧接"禅通纪"之后的"疏仡纪"内，也就是"十纪"中的最后一"纪"。据《丹壶书》称，"疏仡纪"以上，"禅通纪"凡八十八世，"因提纪"凡六十八世③，马骕《绎史》认为"十纪"共二百二十六万余年，一"纪"二十余万年，则一"世"当得三千年，"疏仡始黄帝以讫获麟，不过二千年"，因此颇感疑虑难解④。其实，这些数字固不能视为正确可靠，但却足以表示我国历史的悠久，而在这漫长悠久的历程中，绝大部分在黄帝以前，黄帝以后的时代，仅占极短暂的时期。考古学家、人类学家与社会学家曾一致指出，在人类历史演化的过程中，"文明时期"为时甚短，不过占全部历史的百分之几而已⑤，这与上述传说史料所显示的意义，应该是没有什么不同。

---

① 马骕：《绎史》卷一，第3页引。
② 见罗泌《路史·前纪》卷六至卷九，但浑沌氏、有巢氏、燧人氏则在《因提纪》（卷四~卷五）。
③《绎史》卷一引。
④ 马骕云："信如十纪之说，名不雅训，荐绅之所难言，即所称二百二十六万余年，分为十纪，则'纪'二十余万年，因提六十八世，禅通九十余世，世当得三千年，而一姓或止二三世，则是享年有永祚，世为不长也。疏仡始黄帝以讫获麟，不过二千年耳，方之以前，修短不伦，忽焉与鲁史《春秋》同时绝笔，何其舛与！"《绎史》卷一，第5页。
⑤ 莫尔根（Lewis H. Morgan）在《古代社会》（Ancient Society）一书里说，假定人类在地球上的生存期间为十万年（这数字只是假定），那么在十万年之中，文明时代仅占五千年而已。见杨东蒓等中译本第一册，商务汉译世界名著，1935年，第65页。穆勒莱尔（F. Müller Lyer，或译穆勒莱耶）《婚姻进化史》云："史前时代比之于以后进化之各个时代都长久过……可以把一支公尺放在我们面前，作为比例，最先之七十公分，定为史前时代，大约二十公分是为宗族时代，十分是为家族时代，其余只剩了少数几公厘为现在初兴之个体变象时期。"见叶启芳中译本，《人人文库》，商务印书馆1965年版，第171~172页。

从年代学上观察，传说中黄帝的年代，大约相当公元前二三千年前后①，与安特生（J. G. Andersson）最初推测的彩陶年代相当，所以有人曾推测黄帝为彩陶时期人物②。但新的彩陶年代，估计约在公元前五六千年前③，那么黄帝时代不仅相当于考古学上的新石器时代，而且恐怕已是新石器时代的"极盛"时期了。

四、关于"食"的传说

神农氏是传说中农业的发明人，代表了原始的农业时代④，黄帝承接着神农氏时代，当然也继承了神农以来的农业经验，农业必然较前更为进步。在黄帝的许多传说之中，与农业有关者颇多。《史记·五帝本纪》称黄帝"艺五种"，《索隐》："艺，种也，树也，五种即五谷。"《本纪》又云："时播百谷

------

① 传说中黄帝的年代有以下的推测。
　　（1）《汉书·律历志》载元凤三年（前78年），长安单安国等人言"自黄帝以来3629岁"，则黄帝元年相当于公元前3706年。
　　（2）宋代邵雍，《皇极经世》，尧元年甲辰，据卢景贵高等天文学考定相当于公元前1357年，又据皇甫谧《帝王世纪》，尧以上共五帝三百四十一年，计：黄帝一百年，少昊金天氏八十四年，颛顼高阳氏七十八年，帝喾高辛氏七十年，帝挚九年。则黄帝元年相当公元前2698年。
　　《辞海》附录"中外大事年表"：黄帝轩辕氏元年为公元前2698年，盖亦根据邵雍、皇甫谧二书之推测。
　　光绪二十九年（1903年）出版之《黄帝魂》一书，署"黄帝子孙之多数人撰述""黄帝子孙之一个人编辑"，该书第一篇"黄帝纪年说"附有"黄帝降生后大事略表"，该表以黄帝降生后十一年"黄帝即位"，三百五十年"唐尧即位"，四千六百十一年"联军入北京"。案："联军入北京"事在光绪二十六年，公元1900年，则黄帝即位之年，依该书著者之意，应为公元前3711年，但该书著者并未说明采用此一年代之依据，显亦出于推测。见《黄帝魂》，中国国民党史料编纂委员会1968年版，第2～4页。
　　当代学者董作宾推测，见《中国上古史年代》，以黄帝元年为公元前2674年，《平庐文存》卷一，第4页。
　　而徐亮之推测见《中国史前史话》，亦以黄帝元年为公元前2674年，见该书，第231页。
　　以上推测的许多年代，自然不能视为确实，但未尝不可作为参考的数字。
② 安特生（J. G. Andersson）最初估计仰韶期彩陶文化的年代为公元前3200～前2900年，后又修正为公元前2200～1700年。徐亮之云："彩陶创始于黄帝氏。"见前引书，第217页。
③ 张光直前引文《华北农业村落的确立与中国文化的黎明》，第217页；何炳棣：《黄土与中国农业的起源》，第126页（香港中文大学中文本），都主张仰韶文化在公元前5000年左右即已诞生。
④ 朱云影师《中国上古史讲义》第四章《原史中的三皇五帝》，认为"神农氏代表的是原始农业阶段"，台湾师大出版组，第84页。

草木。"《正义》："言顺四时之所宜而布种百谷草木也。"《黄帝内传》："黄帝升为天子，地献草木，述耕种之利，因之以广耕种。"① 这些无疑是农业进步的反映。

新石器时代的农业特色是农业的"游耕性"（Slash and Burn），考古学家发现"西安半坡"遗址，曾有四次基本堆积，"很可能的，这个遗址在建立居住了一段时期以后，曾经放弃过一段时间，然后再回来重新占据。这个程序至少有过一次的发生，也许还不止一次"②。传说中黄帝的"国都"不止一处，其活动地区亦皆不定，正是此一特征的反映③。

农业发明后，由于长期对自然现象观察的结果，因而有历法的诞生④。古代学者将历法的发明归美于黄帝，《史记》称"黄帝考定星历"⑤，汉初有五家历，而以黄帝调历居首⑥，《世本·作》："容成造历。"又云："黄帝使羲和作占日，常仪作占月，臾区占星气，伶伦作律吕，大挠作甲子，隶首作算数。"⑦《史记·历书》《索隐》："系（世）本及律历志，黄帝使羲和占日，常仪占月，臾区占星气，伶伦造律吕，大挠作甲子，隶首作算数，容成综此六术而著调历也。"这些纷纭的传说，表示了黄帝时代历法已经诞生⑧，也表示了农业的进步。

----

① 《绎史》卷五引，广文书局。
② 张光直前引文《华北农业村落的确立与中国文化的黎明》，第131页。
③ 《史记·五帝本纪》："黄帝披山通道，未尝宁居。"又云："北逐荤粥，合符釜山，而邑于涿鹿之阿。"《大戴礼记·帝系》篇："黄帝居轩辕之邱。"《今本竹书纪年》："黄帝元年即位，居有熊。"《帝王世纪》："黄帝生于寿丘，受国于有熊，居轩辕之邱，因以为号。"（《五帝本纪》集解引）"黄帝都有熊，今河南新郑是也。"（《太平御览》卷一五五引）《水经注·渭水注》："南安姚瞻以为黄帝生于天水，在上邽城东七二里轩辕谷。"
④ 《帝王世纪》云："（尧时）有草夹阶而生，随月生死，每月朔日生一荚，至月半则生十五荚，至十六日后，日落一荚，至月晦而尽，若月小则余一荚厌而不落，王者以是占日月之数（《初学记》《艺文》并作王者以是占历）。"顾尚之、钱熙祚辑校本，《指海》第六集，第12～13页。《路史》卷七余论云："萱荚，历荚也……伏书大传亦云朱草，《大戴礼记》云：朱草日生一荚，至十五日后，日落一叶，周而复始。"案此实反映了远古历法的诞生，系由观察自然现象而得，时间则不见得即发生在尧时。
⑤ 《史记·历书》太史公曰。
⑥ 《汉书·律历志》。
⑦ 张澍：《世本粹集补注》，《世本八种》，西南书局，第9～10页。
⑧ 朱云影师：《中国上古史讲义》第五章《中国文明的曙光》指出，衣冠文明、车的文化和历法，为可断言与黄帝有密切关系者的三事。

农业技术的进步，促进了谷物加工与熟食器具的制作，《易·系辞传》称"断木为杵，掘地为臼，杵臼之利，万民以济"，为黄帝尧舜自"垂衣裳"以下九事之一，杵臼是谷物加工的重要器具，必待农业十分发达之后才会有这类工具出现。《世本》称："雍父作杵臼。"宋衷注："雍父，黄帝臣也。"① 除雍父之外，杵臼的发明者另有两说，《吕氏春秋·勿躬》："赤冀作臼。"桓谭《新论》则以"伏羲制杵臼之利"②。"赤冀"为如何之人，缺少比较考察的数据，无从了解，"伏羲"为旧史传说中的重要人物，他的时代在神农之前，已成定说，其时农业尚未诞生，何从"制杵臼之利"，所以这两说的势力都十分薄弱。段玉裁《说文解字注》云："黄帝臣雍父作杵臼。"③ 显然采取了《世本》与宋衷之说。

杵臼的发明，产生了谷物加工的技术，此即所谓"舂"，《说文》："舂𦥑，捣粟也，从𠬞（双手）持杵以临臼……古者雝父初作舂。"《世本》亦称："雍父作舂。"又称："雍父践舂。"④《黄帝内传》："帝斩蚩尤，因作杵臼，断木杵，掘地为臼，以火坚之，使民舂粟。"⑤ 甲骨文中"舂"字有𦥑𣪊（后下二十·十三）、𦥑（续五·二·四）诸形，象一人用两手持杵临臼捣米之形，⁛则象溢出之米⑥。可见殷代杵臼的使用已十分普遍，但杵臼的发明决不始自殷代，我国新石器时代的遗址中，石杵的发现极为普遍，如仰韶村、西安半坡，皆发现磨制的环杵⑦，可见其出现系在殷商以前更远的时代。《说

---

① 茆泮林辑本，《世本·作》，《世本八种》，第113页。《太平御览》卷七六二引《世本》作"黄帝臣雍父"。
②《太平御览》卷七六二引。
③《说文解字注》"舂"字条，艺文印书馆，第337页。又，《路史后纪》卷三，炎帝"乃命赤冀创杵铁为杵臼"，注云："赤冀即赤粪，赤粪若也，一作赤制，炎帝之臣，与摄提诸稽元嚣皆十二支神，作粪者误。……《吕氏春秋》云赤冀作杵臼，而《新论》以杵臼为伏羲作，《黄帝内传》以为黄帝作钼鎒鐳𨰻之类，事始等始各不同。"《吕览》与《路史》之说，显为段氏所不取。
④《路史余论》二引，茆泮林辑本，《世本八种》，第113页。
⑤《绎史》卷五引，广文书局，第6页。
⑥ 李孝定：《甲骨文字集释》第七册，"中央研究院"历史语言研究所专刊，第2405页。
⑦ 安特生：《中华远古之文化》，《地质汇报》第五期，袁复礼译，台北文海出版社1923年版，第17页。又，李济之先生前引文，《大陆杂志史学丛书》第三辑第一册，1970年，第9页。

文》："古者，掘地为臼，其后穿木石。"① 甲骨文的杵臼作 ⺉、凵 形，显然已非 "掘地为臼" 的原始形式，而是 "穿木石" 的杵臼了。

谷物加工的器具，必须在原始农业发生后经过若干时日，才能从生活的需要中逐渐体验出发明的动机来。传说中的神农氏只发明了耕作用的耒耜，到了黄帝便有了杵臼的制作，这正是原始农业进步后的自然现象。杵臼和耒耜与农业都有密切的关系。古代学者不把杵臼的发明归诸神农氏，也不把 "雍父" 与神农氏列入同时，而必称之为 "黄帝臣"，或恐也有所本。《史记·周本纪》"楚围雍氏"，《正义》引《括地志》云："故雍城在洛州阳翟县东北二十五里，故老云黄帝臣雍父作杵臼所封也。"② "雍父" 或系黄帝时一重要氏族领袖，在农具的发明上有过极大的贡献。

人类知道用火与熟食的时代极早，考古学上发现五十万年前的 "北京人" 即已知用火，莫尔根（Lewis H. Morgan）认为人类发明用火开始于 "蒙昧时代"（Savagery）的中期③，我国古籍如《韩非子》《尸子》《白虎通》《礼含文嘉》等，皆以燧人氏为发明取火之人④。但《管子》却称 "黄帝作钻鐩生火，以熟荤臊"⑤，《世本》亦称 "黄帝造火食"⑥。近人以燧人氏发明取火为古代相传之通说，因疑后儒由于燧人氏势力甚微，《管子》遂攘其取火之发明归之于黄帝，又恐未能使人尽信，《世本》遂将火与火食之发明分而为二⑦。

其实，火之为用，在人类文明演化的过程中，担任着极重要任务，而每一重要时代，都有不同的用火方式，所以在旧史传说中，不仅燧人氏与黄帝有取火的传说，介于燧人与黄帝之间的伏羲也有钻木取火的传说。纬书《河图》曰："伏羲禅于伯牛，钻木取火。"⑧ 农业发明之后，由于主要食物的性

① 《说文》："凵，春臼也，古者掘地为臼，其后穿木石，象形，中象米也。" 段注："《易·系辞传》盖黄帝时雍父初作如此，或穿木或穿石，凵象木石臼也。" 艺文印书馆，第337页。
② 《史记·周本纪》周赧王八年 "王赧谓成君" 句下。
③ 莫尔根：《古代社会》（一），商务汉译世界名著，第34页。
④ 《韩非子·五蠹》，《白虎通·号》，《尸子》见《绎史》卷一引，《古史考》见《太平御览》卷七八引，《绎史》卷一引，《礼含文嘉》见《太平御览》卷七八引。
⑤ 《管子·轻重戊》，《诸子集成本》（五），世界书局，第414页。
⑥ 秦嘉谟辑补本《世本八种》，西南书局，第356页，注云："本引作造火食旃冕，诸书有分引作旃作冕者，今据以分列。"
⑦ 齐思和前引文《黄帝之制器故事》，《古史辨》第七册中编，第393页。
⑧ 《太平御览》卷五一八引。

质不同，用火及熟食的方式自然也随之起了极大的变化，可见并非后儒攘燧人之功而归诸黄帝。

黄帝造火食与燧人氏之取火，确应有所不同，所以古代学者才把它分而为二。在农业尚未诞生之前，人类以取火之法，用于熟食方面者，仅不过是"炮生为熟，令人无复腹疾，有异于禽兽"而已①，农业发明以后，用火熟食的对象是谷物，此一经验的改变，骤然难以适应，所以谷物熟食的方法尚极简陋，《古史考》云：

> 神农时，民方食谷释米加烧石上而食之。②

正是此一现象的反映。

本来，农业诞生，制陶术也随之发明，农业与陶器原同为文明初期的重要特征。古史传说发明制陶的人颇多，而以夏代的"昆吾"最有势力，但从考古学上观察农业与陶器出现的时代，则《周书》云"神农耕而作陶"一语③，最能反映出远古史实的真相，所以始作陶的传说人物应该是神农④。但是，神农作陶的传说，所反映的是用于储存的容器，如《物原》称："神农作瓮。"⑤《绀珠》称："瓶缾同神农作。"⑥而有关黄帝作陶的传说，反映的则是用于谷物熟食的炊具或器皿，如《古史考》云："黄帝始造釜甑。"⑦《广韵》："黄帝始造釜"，"黄帝始作甑。"⑧《物原》："轩辕作釜甑、鼎樽、盘

---

① 《绎史》卷二引《礼含文嘉》，广文书局，第 3 页。
② 孙星衍辑本，平津馆丛书，第 9 页。《绎史》卷四引《古史考》作"神农时，民食谷……"少"方"字。广文书局，第 2 页。
③ 《太平御览》卷八三三引。关于陶器的发明传说，《吕氏春秋·君守》《御览》卷八三三引《尸子》及《说文》，都以为是"昆吾"所作；《世本》则称"舜始陶，夏臣昆吾更增加"，《路史·后纪》卷三引《黄帝内传》称"董帝始作陶"，《逸周书·耆德解》称"神农之时……作陶冶斤斧，为耒耜耨"（《太平御览》卷七八、七六三，《绎史》卷四引），《国语》称"昆吾为夏伯矣"，《吕氏春秋》高诱注："昆吾高阳后，吴回黎陆终之子，为夏伯，制作陶冶。"从考古学上观察，陶器出现的时代很早，"昆吾"如为夏伯，则陶器不应为昆吾始作。
④ 宋高承《事物纪原》归纳诸说，认为"陶始于炎帝明矣"，《人人文库》，商务印书馆，第 327 页；《物原》："燧人作火，神农因制陶冶。"《丛书集成本》，商务印书馆，第 31 页。
⑤ 《物原》，第 33 页。"瓮"亦作"甕""甕"，《说文》："甕，汲缾也，从缶，雝声。"《广雅释器》："瓮，瓶也。"《汉书·西域传上》："瓮，汲水瓶也。"
⑥ 徐亮之前引书，第 150 页转引。"瓶"与"缾"同。《说文》："缾，甕也，从缶，并声。"可见瓮、瓶主要用途是汲水的容器。
⑦ 《太平御览》卷七五七引。
⑧ 《太平御览》卷七五七引。

樽、盘盂、椀楪、匙筋。"① 这些都是发明了已十分进步的食器之表示。而釜甑尤为古代炊具的代表，相传"尧世洪水，民登木而栖，悬釜而爨"②，"黄帝尧舜"在《易·系辞传》原属同一时代，传说中的神农氏则未闻有关"釜甑"一类的陶器发明，这必是古代学者的观察所得③。

承接神农时代的黄帝，由于经验的累积和制陶术的进步，谷物熟食的技术也跟着有了极大的进步，因此有关黄帝造火食的传说也就多了起来，除了《管子》《世本》之外，《逸周书》云："黄帝始蒸谷为饭。"④《古史考》云："黄帝始蒸谷为饭，煮谷为粥。"⑤ 这些都必须以发明陶制的器皿为其基本条件。

黄帝传说中所反映的远古制陶术已极进步，除上述者外，《列仙传》称：

宁封子，黄帝时人也，为黄帝陶正。有异人过之，为其掌火，能出五色烟，久则以教封子。封子积火自烧，而随烟气上下，视其烟烬，犹有其骨。时人共葬于宁北山，故谓之宁封子焉。⑥

这种神话式的记载，固不能视为真实，但未尝不反映了彩陶的特色，从考古学上考察，我国新石器时代聚落，陶窑的设置已十分普遍⑦，仰韶文化期的彩陶，已达"磨轮"制作之高级工业技术⑧，考古学家认为彩陶已非新石器时代陶器的原始形式。新石器时代初期，农业尚在萌芽，器物较为粗陋，

---

①《物原》，第33页。
②《太平御览》卷七五七引《物理论》。
③《孟子·滕文公上》："许子以釜甑爨乎。"《说文》："爨，齐谓之炊，𦥔象持甑，冂为竈口，𣂪推林内火。凡爨之属皆从爨。"《论衡·量知》："谷之始熟曰粟，舂之于臼，簸其糠，蒸之于甑，爨之以火，成熟为饭，乃甘可食。可食而食之，味生肌腴成也，粟未为米，米未成饭，气腥未熟，食之伤人。"釜甑盖为炊具之通称，其发明的传说集中于黄帝而不集中于神农，自亦古代学者考察所得之结论。
④张澍：《世本粹集补注》，《世本》引，《世本八种》，第13页。
⑤《绎史》卷五引，广文书局，第6页。
⑥《太平御览》卷八三三引，粹文堂本，第4213页。
⑦新石器时代遗址，"在聚落布局方面……一般可分为居住区、烧陶窑场和公共墓地等部分，并各有一定的区划"，烧陶窑场是构成聚落布局的一部分，可见其分布的普遍。见《新中国的考古收获》，《考古学专刊甲种第六号》，1962年，第9页。
⑧安特生：《中华远古之文化》，第16页。

"绳箅篮纹陶器"可能是较早的陶器，彩陶乃是后来的发展①。这些考古学上的发现，对照从神农作陶到黄帝作陶的传说，其意义是多么的不寻常。

五、关于"衣"的传说

衣服为人类文明的重要表征，穆勒莱尔（F. Müller Lyer）论衣服的进化史，认为"衣服最初所用的材料，都是直接从自然界得到的，最先不过就是简单地将皮覆在肩膀上或围在臀部，以后用草叶树皮织成制物"，而"纺织的影响是一直在人类达到古代文明的阶段的时候才发现的"②。

我国古代学者也有同样的观察，《礼记·礼运》云："昔先王……未有麻丝，衣其羽皮，后圣有作，然后……治其麻丝，以为布帛。"《韩非子》《淮南子》等也有类似的记载③，这指出了我国古代衣服演进史上由野蛮进于文明的重要过程。

衣服的发明，须具备缝纫能力及纺织的技术，从考古学上考察，人类缝纫能力的获得起源甚早，我国旧石器时代末期的山顶洞文化曾发现骨针④，但这可能仅只把兽皮粗略地连在一起而已，还谈不上是"衣服"的制作。自农业发明，开始分工，才有衣服的制作⑤，我国新石器时代地下遗物中，曾发现有

---

① 张光直前引文称："美国哈佛大学故瓦德教授（Laurison Ward）根据绳箅篮纹在东亚分布的普遍，曾主张华北新石器时代初期的陶业以此为代表，而彩陶乃是后来的发展。本章的作者，据此而作中原新石器时代在彩陶文化以前有绳纹陶文化层一层的推断。最近几年在渭水下游、汉水上游，以及河南西北端新发现的所谓李家村文化，在层位上出现于彩陶文化以前，其陶器以绳纹为主要特征，也许有代表彩陶文化的前身的可能……"《"中央研究院"历史语言研究所集刊》第四十二本第一分，第125页。

② 穆勒莱尔（F. Müller Lyer，商务译米勒利尔）：《社会进化史》，沈怡中译本，《人人文库》，商务印书馆，第129页。

③ 见《韩非子·五蠹》《淮南子·氾论训》。

④ 裴文中：《中国史前时期之研究》，商务印书馆1948年版，第112页。

⑤ 照柏来乌德（Robert J. Braidwood）及瑞德（Charles A. Reed）的估计，在旧石器时代的晚期，每一百平方里的面积内所能支持的人口仅有12.5个的人，但是到了农业村落生活确立后，同样面积的土地可以维持的人口突增到2500个人，所以新石器时代只要少数人用较少时间从事耕作，便可维持全体的全年生活，闲出来的人与时间既多，便可从事其他文物的制作。见张光直前引文《华北农业村落的确立与中国文化的黎明》，第121~122页。又，穆勒莱尔《社会进化史》云："人工的生产食物更加多，因此于生产食物之外，更有余力从事其他事业。"第79~80页。所以说人类发明农业之后才开始制作衣服，应是合理的推测。

人工割裂的蚕茧①、陶制纺轮、有孔骨针，陶器上并留有布纹的痕迹②，证明纺织技术当时确已诞生，纺织材料除了植物纤维之外，又有蚕丝，更是我国远古文明独有的特色，人类学家早已承认，我国中原是世界裁缝衣服的中心之一③。

农业的发明与衣服的制作既属同一时代出现，则传说中的神农氏也应有与纺织有关的传说，《商君书·画策》篇称"神农之世，男耕而食，妇织而衣"，《吕氏春秋》也有类似的记载④。这虽然不能与有史时代农业社会的"男耕女织"相提并论，但古代学者已看出"耕织"两事发生时间的悠久与关系的密切。

原始纺织初起时，技术必极简陋，后世逐渐改进，才有较为进步的技术，《淮南子·汜论训》称：

> 伯余之作衣也，緂麻索缕，手经指挂，其成犹网，后世为之机杼复胜，以便其用，而民得以掩形御寒。

"伯余"就被《淮南子》与《世本》指为衣服的发明人了⑤。而《吕氏春秋》与《世本》又称"胡曹作衣"⑥，据高诱注《吕氏春秋》《淮南子》、宋衷注《世本》，都说"胡曹""伯余"是"黄帝臣"，也有以"伯余"即黄帝者⑦，后世学者之推测"胡曹""伯余"为"黄帝臣"，无非出于对文明演进过程之观察，衣服在黄帝时出现，《物原》称：

> 伏羲作裘，轩辕臣胡曹作衣，伯余为裳，因染彩以表贵贱，舜始制衮及黻深衣，禹作襦袴。⑧

这显然是以传说中的远古帝王为标记，说明衣服演进的阶段，可惜忽略

---

① 李济之先生在山西省夏县西阴村曾发现新石器时代人工割裂的蚕茧，见《西阴村的史前遗存》，清华大学研究院，1928年。
② 安特生：《中华远古之文化》，第17页；又，《新中国的考古收获》，第8页。
③ 李济之先生指出，蚕丝文化是在中国本土独立发明及发展的东西，未曾受外来文化的影响。见《中国上古史之重建工作及其问题》，《民主评论》1954年2月五卷四期，第5页；我国中原是世界裁缝衣服（tailored garment）最早的中心之一，见张光直前引文《华北农业村落的确立与中原文化的黎明》，第29页。
④《吕氏春秋·爱类》。
⑤《淮南子·汜论训》；《世本·作》，茆泮林辑本，《世本八种》，第112页。
⑥《世本》一称"伯余作衣裳"，又称"胡曹作衣"，不知何以一书而有两说。
⑦ 张澍：《世本粹集补注》，《世本·作》，《世本八种》，第13页。
⑧《物原》，《丛书集成本》，商务印书馆，第27页。

了神农氏。因为在传说中的时代，伏羲之后为神农，神农之后为黄帝，原始的纺织在神农之时当已萌芽，因此承接神农之后的黄帝，衣服的制作，早已脱离御寒蔽体的阶段，所以有关其制作衣服的传说较多，内容也不同。

黄帝名"轩辕"①，汉代学者刘歆、张晏都以为"轩辕"之名与衣冠有关②，而相传发明"教民育蚕"的嫘祖，为黄帝之元妃③。传说中的黄帝时代，不仅有衣服的发明，更有与衣裳有关的"冠冕"和"扉屦"，《世本》称"黄帝作旒冕""黄帝作冕旒""于则作扉屦"。④

衣服为文明与野蛮的重要分野，《礼记·王制》："东方曰夷，被发纹身，南方曰蛮，雕题交趾，西方曰戎，被发衣皮，北方曰狄，衣羽毛穴居。"这是以衣服的有无作为区别夷夏的重要标准，所谓"中国有礼仪之大，故称夏，有服章之美，故称华"⑤，《易·系辞传》称：

黄帝尧舜垂衣裳而天下治，盖取诸乾坤。

孔颖达疏云：

黄帝制其初，尧舜成其末。垂衣裳者，以前衣皮，其制短小，今衣丝麻布帛，所制衣裳其制长大，故云垂衣裳也；取诸乾坤者，衣裳辨贵贱，乾坤上下殊体，故云取诸乾坤也。

《大戴礼记·五帝德》云：

黄帝黼黻衣大带黻裳。

人类学家指出，现代原始土著，即知以衣服来表示身份或地位（indicate status）⑥，这与以"衣裳辨贵贱"的意义殊无二致。《易传》孔疏、《大戴礼

① 罗泌《路史》称："轩辕氏古封禅之帝也，在黄帝氏之前。"系据《庄子·胠箧》以轩辕与黄帝为二人。见《前纪》卷七，中华书局《四部备要》本。清梁玉绳不以《路史》之说为然，《汉书人表考》云："轩辕是古帝，黄帝惟名轩也，罗氏谓黄帝不名轩辕，前纪七辨之，然颇难信。古有轩辕氏，何妨黄帝亦号之，如神农号大庭，而古别有大庭氏矣。"见《国学基本丛书》卷一，商务印书馆，第19页。
② 《史记·五帝本纪》："黄帝居轩辕之丘"，《集解》引张晏曰："作轩冕之服，故谓之轩辕。"《汉书·律历志》引刘歆《世经》曰："黄帝……始垂衣裳，有轩冕之服，故天下号曰轩辕氏。"
③ 刘恕《通鉴外纪》；胡宏《皇王大纪》卷二，第15页。《事物纪原》，《人人文库》，商务印书馆，第326页。
④ 茆泮林辑本，《世本·作》，《世本八种》，第113页。
⑤ 《左传·定公十年疏》。
⑥ F. Keesing, *Cutural Anthropology*, P. 202~203.

记》等正是反映了黄帝时代的"衣裳",已有文采,区别尊卑,建立了社会秩序。此后,衣冠文明成为汉式文化的基调①,不仅是我国传统文明的重要特色,对亚洲日、韩、越各国都发生过深远的影响②。

六、关于"住"的传说

远古人民的居住形态,最初是"穴居野处"或"暮栖枝上",待"有巢氏"构木为巢,仅略微有些改善,而后才有地上的建筑物出现,即后人所称的"宫室",《淮南子》称"宫室"的发明说:

> 古者民泽复穴,冬日则不胜霜雪雾露,夏日乃不胜暑蛰蚊虻,圣人乃作,为之筑土构木以为宫室,上栋下宇,以蔽风雨,以避寒暑,而百姓安之。③

《易·系辞传》称:

> 上古穴居而野处,后世圣人易之以宫室,上栋下宇,以待风雨,盖取诸大壮。

《易·系辞传》这一段文字,为"黄帝尧舜垂衣裳"以后的九事之一,所以这"后世圣人",自应指黄帝而言。汉代以后的学者,都已肯定地认为黄帝是宫室的制作人,陆贾《新语》:"天下人民野居穴处未有室屋,则与鸟兽同域,于是黄帝乃伐木构材筑作宫室,上栋下宇以避风雨。"《白虎通》:"黄帝作宫室以避寒暑,此宫室之始也。"④ 其后晋皇甫谧《帝王世纪》、罗泌《路史》、胡宏《皇王大纪》、高承《事物纪原》,莫不以"宫室"的发明归之于黄帝⑤。

----

① 朱云影师:《中国上古史讲义》第五章《中国文明的曙光》。
② 中国衣冠文明给予日韩越各国的影响可概括为两点:(1)使各国脱去了裸袒文身的蛮俗,进为衣冠楚楚的礼仪之邦。(2)使各国随着衣冠制度的输入,逐渐建立了国家的规模。见朱云影师:《中国衣冠文明对于日韩越的影响》,《第二届亚洲历史学家会议论文集》,1962年,第140页。
③《淮南子·氾论训》。
④《绎史》卷五引,第7页。
⑤《帝王世纪》:"自黄帝以上,穴居而野处……及至黄帝为筑宫室。"钱熙祚辑校本,《指海》第六集,第6页。罗泌《路史后纪》卷五,中华《四部备要》本,第8页。胡宏《皇王大纪》卷二,《四库珍本》,第12页。高承《事物纪原》卷八,《人人文库》,商务印书馆,第311页。

但在古史传说里，宫室的发明者不止一人，古代载籍中如《孟子》《庄子》《韩非子》《山海经》等皆无宫室制作之记载，《吕氏春秋·勿躬》称"高元作室"，《管子》称"夏人"作宫室①，《淮南子》称"舜作室"②。《世本》则称："尧使禹作宫室。"③ 高元或以为是黄帝臣④，或以为是禹⑤，尧舜禹的时代，在传说中早已文明大盛，"宫室"的出现，自应较早。

从考古学的观点考察，农业发明之后，人类开始定居，聚落才随之出现。柏莱乌德（Robert Braidwood）指出新石器的诞生乃是经过了"城市革命"，所以居住的建筑与农业有密切的关系，它是新石器时代来临，文明诞生后的产物⑥。我国新石器时代遗址发现极多，有关居住建筑的情形已十分清楚，"房屋的构造，有半地穴式和平地建筑两种，复原起来，前者屋顶像一个截尖圆锥体，后者则与圆锥体一样，或者外形与'蒙古包'的式样近似"⑦。这种当时"流行的"建筑，或许即是传说中远古帝王发明的"宫室"，因为黄帝尧舜时的所谓"宫室"，当然不可能如后世帝王宫殿建筑的富丽堂皇。刘熙《释名》云："宫，穷也，屋见垣上穷隆也"，"室，实也，物满实其中也。"颇有些像新石器时代的房屋意味。"宫室"自是后人的观念，传说中远古时代的"宫室"，至多不过是原始建筑的一种罢了。

原始建筑的发生既然与农业俱来，则传说中发明农业的神农氏，才应该是最初发明居住的人物，这在传说史料中也有蛛丝马迹可寻，《越绝书》称："赫胥轩辕神农之时，以石为兵，断树木为宫室。"⑧ 此外，传说"明堂"之制也始于神农氏，《淮南子·主术训》称：

> 昔者，神农之治天下也……秋收冬藏，月省时考，岁终献

---

① 《管子·轻重戊》。
② 《淮南子·修务训》。
③ 张澍：《世本稡集补注》，《世本·作》，第21页；又，《世本》又作"禹作宫室"或"禹作宫"，见茆泮林辑本，《世本八种》，第118页。
④ 张澍：《世本稡集补注》，《世本八种》，第21页。
⑤ 秦嘉谟：《世本辑补》，《世本八种》，第361页。
⑥ 布氏指出："文明即城市化"（Civilization means urbanization），所谓"城市"，盖即聚落之形成而言。见 Robert J. Braidwood, *Prehistoric Men*, P. 106, Chicago Museum of National History, 3rd ed, 1957.
⑦ 《新中国的考古收获》，文物出版社出版1961年版，第9页。
⑧ 袁康：《越绝书》卷十一，《越绝外传记宝剑第十三》，《国学基本丛书》，商务印书馆，第56页。

功，以时尝谷，祀于明堂。明堂之制，有盖而无四方，风雨不能袭，寒暑不能伤。

桓谭《新论》也说：

神农氏祀明堂，有盖而无四方。①

自神农以后，"明堂"之制的名称则因时而异，《周礼·考工记》云：

神农曰天府，黄帝曰合宫，陶唐曰衢室，有虞曰总章，夏曰世室，殷曰阳馆，又曰重屋，周曰明堂。②

所谓"明堂"，后人的解释颇多③，其实，就是原始的建筑，所谓"有盖而无四方"，正透露了原始建筑的简陋形象。《韩非子·五蠹》称："尧之王天下也，茅茨不翦，采椽不斫。"《论语·泰伯》孔子说："禹卑宫室。"前人认为这是先王的美德④，其实这正是反映了原始建筑的简陋。尧禹之时尚且如此，则神农黄帝时的建筑必非富丽堂皇，是可想而知的了。

远古时代，居住的建筑技术，由于经验累积，必然日益进步，所谓"圣人事必师古，礼不忘本"，正是后人承袭前人经验的说明。随着时代的演进，而有不同的工具及技术用之于"宫室"的制作，《越绝书》称：

赫胥轩辕神农之时，以石为兵，断树木为宫室……至黄帝之时，以玉为兵，以伐树木为宫室……禹穴之时，以铜为兵，以凿伊阙，通龙门，决江导河，东注于东海，天下通平，治为宫室。⑤

这说明了"宫室"发生以后的演进过程，经过了神农、黄帝、禹穴

---

① 据王治心《中国宗教思想史》第 37 页引，中华书局 1960 年版。又，孙冯翼辑《桓子新论》，中华《四部备要》本则未收此条。

②《太平御览》卷五三三引《尸子》曰："夫黄帝曰合宫，有虞氏曰总章，殷人曰阳馆，周人明堂……"与《考工记》略同。

③《史记·封禅书》载汉武帝欲封泰山，未晓明堂制度，"济南人公玉带上黄帝时明堂图，明堂图中有一殿，四方无壁，以茅盖，通水，水圜宫垣为复道，上有楼，从西南入，名曰昆仑，天子从之入，以拜祀上帝焉"。《汉书·郊祀志》同。这是汉人对古代明堂的看法。清阮元《明堂论》云："明堂者天子所居之初名也，是故祀上帝则于是，朝诸侯则于是，养老尊教敌国子则于是，飨射献俘馘则于是……"这是就明堂之功用而言的。见《揅经室集》。

④ 例如魏明帝营建许昌宫与洛阳宫殿观阁，杨阜上疏曰："尧尚茅茨而万国安其居，禹卑宫室而天下乐其业……桀作璇室、象廊，纣为倾宫、鹿台，以丧其社稷……"见《三国志·魏书·杨阜传》。

⑤《越绝书》，第 56 页。

（益）等几个重要阶段。

黄帝"以玉为兵"，实反映了新石器时代的技术。新石器时代在工艺技术上发生了重大的变革，英考古学家柴尔德（V. Gordon Childe）所谓的"新石器时代的革命"（Neolithic Revolution）主要"是由工艺技术所引起的社会的变化"①，这种"工艺技术"划时代的变革，使伐木技术大为进步。在我国新石器时代遗址中，伐木与木工器具已普遍、大量出土，仰韶村且曾发现木梁的遗迹②，安特生（J. G. Andersson）在《黄土的儿女》（*Children of the Yellow Earth*）一书里，推测仰韶文明时代，"当时一定已有精巧的木工"③，所以黄帝的"伐树木"为宫室，较神农时的"断树木"为宫室，在技术上显示了进步的意义。因此，有关宫室的发明传说，也以黄帝为多，例如《穆天子传》云："天子升于昆仑之丘，以观黄帝之宫。"《管子》云："黄帝有合宫以听政。"④ 这些资料与黄帝作宫室的传说综合以观，都反映了黄帝时代已有了较为进步的建筑。

与居住建筑有关的传说，除了"宫室"之外，是"城郭"的发明。所谓"城郭"，当然也是后人的观念，传说中远古时代的"城郭"，应该是新石器时代的聚落。

我国新石器时代的遗址，在黄河流域中下游发现者千余处，经过重点发掘者也有十余处⑤，聚落的分布以及聚落的布局，已有比较清楚的了解。大约新石器时代的初期，集中性村落为聚落的基本形态⑥，在西安"半坡遗址"，"居住区的周围，有一条宽深各约5～6米的防御沟围绕着"⑦，新石器晚期，已有"夯土式"的建筑出现，"围绕着村落的夯土墙，指示着战争与防御"⑧，传说中远古时代的"城郭汤池"的真相，至多不过如此而已。

---

① 张光直，前引文《华北农业村落的确立与中原文化的黎明》，第121页。
② 张光直：《中国新石器时代文化断代》，《"中央研究院"历史语言研究所集刊》第三十本，第264页。
③ J. G. Andersson, *Children of the Yellow Earth*, New York, Mac Millan, 1934, P. 331～337；张光直：《华北农业村落的确立与中原文化的黎明》，第125～126页转引。
④《太平御览》卷一，第73页引。
⑤《新中国的考古收获》，第7页。
⑥ 张光直：《中国新石器时代文化断代》，《"中央研究院"历史语言研究所集刊》第三十本，第267页；《新中国的考古收获》，第9页。
⑦《新中国的考古收获》，第9页。
⑧ 张光直：《中国新石器时代文化断代》，第270页。

关于古代"城郭"发明的传说，《吕氏春秋》《淮南子》《世本》《吴越春秋》等都说"作城"的人是鲧①，但鲧在传说中是尧舜禹时的人物。相传神农时已发明了原始的建筑，如上所论，则黄帝时形成聚落，应无问题，所以对于发明筑"城"的传说，与其归诸夏鲧，毋宁归诸黄帝，更符合时代演化的特征。盖黄帝传说既具备了新石器时代的技术特征，又具备了氏族社会的色彩。古代文献中，也不乏黄帝作城的传说，《史记·封禅书》载方士言："黄帝时为五城十二楼。"《轩辕本纪》曰："黄帝筑城邑，造五城。"《黄帝内传》："帝既杀蚩尤，因之筑城阙。"②《轩辕黄帝传》："帝始作屋，筑宫室以避寒暑燥湿……又令筑城邑以居之，始改巢居穴处之弊。"③ 宋代高承的《事物纪原》甚至以为"城池之设，自炎帝始"④，清张澍《世本补注》也认为"炎黄已有城矣"⑤，都不取"夏鲧作城"之说，实属高明的考察。

黄帝传说所反映的氏族社会色彩十分明显，在氏族时代，部落之间的争战为不可避免之事，聚落的安全自然是当时最重要的顾虑，《史记·五帝本纪》称黄帝"以师兵为营卫"，《易·系辞传》言黄帝九事之一是"重门击柝以待暴客"，《皇图纪要》曰"轩辕造门户"，所谓"重门击柝"，实代表着一种防卫与警戒，《九家易》称"柝者，两木相击以行夜也"⑥，从考古发掘与传说史料都可以看出，远古时代建筑的技术，不仅用于居住，更用之于聚落安全的防卫，黄帝制作宫室及筑城的传说，正是这些史实的反映。

七、关于"行"的传说

随着文明的发展，"邻国相望，鸡犬之音相闻，民至老死不相往来"的局面

①《世本·作》："鲧作城"（《玉篇》土部引），"鲧作城郭。"（《礼记·祭法》正义引）《吕氏春秋·君守》："夏鲧作城。"《行论》："鲧……比兽之角能以为城。"《淮南子·原道训》："夏鲧作三仞之城。"《吴越春秋》："鲧筑城以卫君，造郭以守民，此城郭之始也。"
② 高承：《事物纪原》，《人人文库》，商务印书馆，第316页引。
③ 不著撰者：《轩辕黄帝》，嘉庆丁卯孙星衍、顾广圻校刊本（"中央研究院"历史语言研究所藏）。顾氏序云："钱曾读书敏求记，于广黄帝本行记之后，即次以轩辕黄帝传一卷，云阙撰者名氏。注引刘恕外纪，殆是宋人所著欤。"据此，此书大约是宋代学者整理有关黄帝传说的著作。
④ 见《事物纪原》，第316页。
⑤ 张澍：《世本稡集补注》，《世本八种》，第22页。
⑥ 李鼎祚：《周易集解》卷十五引；《皇图纪要》见《事物纪原》第317页引。

终必改变。远古人类，除了食衣住之外，感到迫切的另一需要，便是交通阻碍的克服，舟车的发明，就是基于交通的需要而起，《墨子》论舟车之起源云：

> 车为服重致远，乘之则安，引之则利，安以不伤人，利以速至，此车之利也。古者圣王，为大川广谷之不可济，于是利为舟楫，足以将之则止，虽上者三公诸侯至，舟楫不易，津人不饰，此舟之利也。①

基于交通的需要，远古人类观察自然现象，因而引起了发明舟车的动机，所谓圣人"见窾木浮而知舟""见飞蓬转而知为车"②，正是最好的说明。

我国古代关于舟的发明人，传说纷纭，《吕氏春秋·勿躬》："虞倕作舟。"《墨子》曰："工倕作舟。"《山海经》曰："番禺作舟。"《物理论》曰："化狐作舟。"束皙《发蒙记》："伯益作舟。"③而传说最多的仍是黄帝。《易·系辞传》称："黄帝尧舜氏作……刳木为舟，剡木为楫。"《世本》："共鼓货狄作舟。"宋衷注："共鼓货狄并黄帝臣。"④此外，刘熙《释名》、王嘉《拾遗记》《黄帝内传》《事物纪原》，也都以舟为黄帝所发明⑤，所以黄帝作舟的传说，远较其他各说的势力为大。

不过，我国华北河川缺少航行之利，舟楫在交通上的重要性远不如车，甲骨文的"舟"字作 ⿰ 诸形⑥，颇似结构简单的木筏或竹筏的形象，可见舟在殷商以前自不会更较此发达。但古代所谓"舟"，乃是"行水之器"或"载渡物者"，既是"刳木"为之，大约仅是独木舟之属，这种原始的渡水工

---

① 《墨子·节用中》。又《墨子·辞过》《淮南子·氾论训》，也有类似记载。

② 《淮南子·说山训》。

③ 《事物纪原》第282页引。

④ 茆泮林辑本：《世本·作》，第113页。

⑤ 刘熙《释名》："黄帝造舟车。"《汉书·地理志》："黄帝作舟车以济不通。"《拾遗记》："轩辕变乘桴以造舟楫。"(《绎史》卷五引)《黄帝内传》："帝既斩蚩尤，内剕舟檝。"(《事物纪原》卷八引) 高承《事物纪原》归纳诸说，以为舟的发明"盖以黄帝为是"，见《人人文库》，商务印书馆，第283页。其他如：《帝王世纪》，钱熙祚校本，《指海》第六集，第5页；刘恕《通鉴外纪》卷一，《四部丛刊初编》史部，商务印书馆；胡宏《皇王大纪》卷二，《四库珍本》，都以黄帝作舟车，大约皆据《系辞》而来，兹不备录。

⑥ 采自罗振玉《殷虚书契考释》，艺文印书馆，第46页。

具，谓黄帝时已经发明，并非是不可能的①。

古史相传，发明车的人是"奚仲"，古代"奚仲作车"的传说势力极大，分见《墨子·非儒》《荀子·解蔽》《吕氏春秋·君守》《淮南子·修务训》以及《世本》等书，《山海经》则以为是奚仲的后人吉光，郭璞认为这是"明其父子共创作意，以是互称之续"②，虽非奚仲本人，也与奚仲有关。

关于奚仲的时代，亦有不同的传说，《吕氏春秋》高诱注谓奚仲在黄帝后，但未说明黄帝之后何时③；《左传·定公十年》称"薛之皇祖奚仲，居薛以为夏车正"，则以奚仲为夏时人；《淮南子·齐俗训》称"尧之治天下也……奚仲为工"，则奚仲又似为尧时人了。这些资料似乎都指向较晚的时代。

细考"奚仲作车"与"黄帝作车"，实有所不同。原始的车，最初必然先以人力推挽，及至驯服动物之后，才能以畜力与车结合。一般认为中国人和以兰人发明了车的文化，埃及人发明了舟的文化，中亚游牧民族则发明了马的文化④，车的发明是我国远古文明的重要内涵之一，有其悠久的渊源，不应迟至尧或夏时才出现，原始的车，其发明者应该是黄帝而不是奚仲。

黄帝号"轩辕"，《说文》载"轩，曲辀藩车也"，"辕，辀也"，皆为车具。刘熙《释名》："黄帝造车，故号轩辕氏。"当代学者之中，有人以为"轩辕"如同有巢、燧人、神农，乃是为了纪念发明或发现者之称⑤，谯周《古史考》云：

> 黄帝作车，少昊驾牛，禹时奚仲驾马。⑥

谯周是三国时代的学者，为"考按古书"的"前闻君子"⑦，对于有关

---

① 《左传昭公·二十年》传注："舟是行水之器。"《诗·柏舟》："汎彼柏舟。"笺曰："舟，载渡物者。"《诗·谷风》："就其深矣，方之舟之。"疏引《易》"乘木舟虚"。注云："舟谓集板，如今船，空大木为之，曰虚。即：古又名曰虚，总名皆曰舟。"甲骨文的舟，其形象似已较"空大木为之"者为复杂，可知已非原始的舟。

② 《山海经·海内经》郭璞注。

③ 《吕氏春秋·君守》。

④ 胡秋原：《中国古代社会与古代知识分子》，香港亚洲出版社 1978 年版，第 38 页引。

⑤ 黄文山：《中国古代社会的图腾文化》，《黄文山学术论丛》，中华书局 1959 年版，第 295 页。

⑥ 《绎史》卷五引。章宗源、孙星衍辑校，平津馆丛书本作："黄帝作车引重致远，其后少昊时驾牛，禹时奚仲驾马。"《艺文类聚》作"其后少昊时略加牛。"

⑦ 司马贞《补三皇本纪》语。

"奚仲作车"传说的载籍资料，想必经过一番考察，才做了这样的结论。所以司马彪《续汉书·舆服志》及刘昭注并从谯周之说，以"奚仲驾马，车非其作"①，这当然也是经过考察之后才做的决定。

原始的车，可能早在黄帝时代即已出现，奚仲大约是就以前的发明"更广制度"②，或者是首先发明以马为畜力加于车上，使车之为用从此更为完备，令后人追思不忘，遂成为传说中发明车的人物，以奚仲在传说时代中之晚，以及造之复杂，不应该是始造车的人。

既然原始的车，发明之初必然先是以人力推挽，以及驯服了动物之后，才能以畜力与车结合，则车与畜力的结合必以驯服动物为先决条件，特别是牛马的驯服。关于牛马的驯服，有以下的传说，《世本》："胲作服牛。"《吕氏春秋·勿躬》："王冰作服牛。"《世本》："相土作乘马。"《荀子·解蔽》："乘杜作乘马。"相传发明"乘马"的"相土"，也发明"作驾"，《吕氏春秋》与《世本》又说"乘雅作驾"，《世本》又称"腊作驾"③，其实"腊""乘雅""相土"实为一人，"乘雅"合声即为"腊"，"乘雅"亦即"相土"④。

按宋衷注《世本》，以"胲"与"乘杜"都是"黄帝臣"。王国维以甲骨文对照古籍，比较研究，考定"胲""王冰"即"王亥"，"乘杜"即"相土"，皆为殷代的先公先王⑤，王氏认为车与畜力结合的时代较晚，他说：

> 《山海经》《天问》《吕览》《世本》，皆以王亥为始作服牛之人，盖古之车或尚以人挽之，至相土作乘马，至胲作服牛，而车之用始备。⑥

---

① 孙诒让《墨子闲诂》引，见卷九《非儒下》，《新编诸子集成》（六），世界书局，第181页。

② 《太平御览》卷七七三引《古史考》云："黄帝作车，少皞略加牛，禹时奚仲驾马，仲也造车，更广制度也。"

③ 以上见《世本·作》，张澍稡集补注本，《世本八种》，第19页。

④ 张澍：《世本稡集补注》，《世本八种》，按语，第19页。

⑤ 王国维：《殷卜辞中所见先公先王考》，《观堂集林》卷九，河洛图书出版社影印本，第409~422页。

⑥ 王国维：《古史新证》，《王观堂先生全集》（六），台北文华出版公司，第2085页。

王氏的考证，说明了车的发明在先，与畜力结合的时代在后，正符合文明演化的通则。甲骨文"车"字作 车 等形，象有辕、有箱、两轮、一车可驾两马①，显示了殷代车构造的"复杂性"。殷代的先公先王，在时间上与传说中奚仲的时代甚为接近，当时车的制作，大约承袭了悠久的传统，已开始使用畜力，摆脱了原始的形式。所以"奚仲作车"与"黄帝作车"的传说，原是不相冲突的两回事。

《易·系辞传》称："黄帝尧舜……服牛乘马，以利天下，引重致远，盖取诸随。"从以上的讨论来看，"服牛乘马"虽然出现较晚，但原始的车却发明较早，所以黄帝时代仍然具有"引重致远"的交通能力。"车""服"原为我国文化的重要特色，渊源悠远，故受历代重视②，后世连"指南车"的发明，也托始于黄帝③。

八、结　论

考古学家指出，新石器时代的重要特征，是农业诞生，聚落形成，磨制技术与制陶术（ceramics）的应用，以及分工的开始。因为有了分工，所以各种文物纷纷而作，人类的文明遂以展开，因此新石器时代被称为"文明的开始"④。

我国新石器时代的遗物不仅丰富，而且据安特生指出，某些远古器皿的

---

① 郭沫若《卜辞通纂》云："（甲骨文）二车字一作 车，一作 车，前者象双轮一辕，辕端有衡，亦有作 车 者，于衡之两端更有二轭，所以叉马颈者也，观此可证殷人一车只驾两马，后者象两轮之间有箱，均车之繁文。金文中车字及从车之辇字多如是作者。"引自李孝定先生《甲骨文字集释》第十四，"中央研究院"历史语言研究所专刊之五十，第4114页。

② 《尚书·尧典》："车服以庸。"《左传·成公二年》仲尼曰："唯器与名不可以假人。"杜注："器，车服；名，爵号。"二十五史中，《后汉书》有《舆服志》，其后《旧唐书》《宋史》《明史》因之。

③ 《古今注》："黄帝与蚩尤战涿鹿之野，蚩尤作大雾，兵士皆迷，于是作指南车以示四方，遂擒蚩尤而即帝位，故后常建焉。"《绎史》卷五引，第3页。黄帝作车尚不至于如此复杂，此盖后人托始于黄帝。

④ 李济之先生《中国文明的开始》一书，亦始于新石器时代。万家保先生中译本，商务印书馆1970年版。

形制，有沿袭至今而不变者，"足为近今与远古文化直接之实证"①，这显示了我国远古文明诞生既早，而且制作的经验历久承传不替，在这种情形之下，远古事迹一部分藉传说而流播后世，自亦有其可能。

　　传说中的黄帝时代，所显示的是农业进步、陶器精良、纺织建筑交通工具的制作进步，实具有新石器时代的特征，"制器"，亦即文物发明的传说，也具有不寻常的意义。综合以观，杵臼釜甑的制作传说，反映了谷物加工以及熟食器皿的进步技术；衣冠扉屦的制作与"以衣裳别尊卑"的传说，则不仅反映了原始的纺织与裁缝，而且显示了社会组织的意义；城郭宫室的制作传说，不过是反映了聚落和居室建筑的出现；舟车制作的传说，则表示原始交通工具的使用。这些文物发明，都是由于衣食住行的基本需求而来的。文献载籍中的远古传说，虽然不能据为"实录"，但对照考古学、人类学的新知，综观黄帝制器传说的内容，实可视为我国远古文明的一个重要阶段的反映。

---

① 安特生说："中国民族富保守性，每致远古器皿之形，尚有沿袭至今而不变者。"他发现我国北方割高粱之"铚镰"与磨刀者之"金圭"，是"由新石器时代长方石刀流传至今，可无疑义"，他认为在中国发现的金属器物数种"如铚镰锛戈等，或为近今物，或为铜器时代或铁器初期时物，然重要之点，在其形所自出之石器远祖，皆可于中国北部土中得之，足为近今与远古文化连接之实证"。见《中华远古之文化》，台北文海出版社，第2~6页。从安氏考古学上的论证，可见我国远古文明诞生既早，且能把发明的经验及至制作形式，承传不替，这也是在文明的进展上超越"蛮夷"的原因。

柒　试论当代学者对于黄帝传说的讨论

一、关于研究黄帝传说的史料

黄帝是中国古史传说中的伟大人物之一，先秦两汉文献有关他的记载很多，如《左传》《国语》《易·系辞传》《老子》《庄子》《管子》《韩非子》《商君书》《孙子》《吕氏春秋》《山海经》《竹书纪年》《世本》《大戴礼记》《战国策》等，随处可见①。1972 年山东临沂银雀山汉墓出土的《孙膑兵法》中，亦有"黄帝伐斧遂"之句②，所谓"百家言黄帝"③，正反映了先秦两汉时代有关黄帝传说之盛行。

《史记·封禅书》称，春秋时代秦灵公曾"作吴阳上畤，祭黄帝"。《左传·僖公二十五年》载晋文公欲出师勤王，使狐偃卜吉凶，曰："吉，遇黄帝战于阪泉之兆。"战国时代齐威王铸造的铜器"陈侯因𰁖敦（簋）"，上有"高祖黄帝"之句。可见齐国已自视为黄帝之后，故尊黄帝为高祖，亦即远祖。《大戴礼记·帝系》，列举了黄帝以后的整齐帝系，战国秦汉间许多著作

---

① 其中《左传》《国语》《易·系辞传》所载有关黄帝的传说资料颇为重要，兹摘录如下：《左传·僖公二十五年》载：晋狐偃劝晋侯勤王："使卜偃卜之，曰：'吉，遇黄帝战于阪泉之兆。'"《左传·昭公十七年》："秋，郯子来朝，公与之宴。昭子问焉，曰：'少昊氏鸟名官，何故也？'郯子曰：'吾祖也，我知之。昔者黄帝氏以云纪……'"杜预注："黄帝，姬姓之祖也，黄帝受命有云瑞，故以云纪事也。"《国语·鲁语上》："黄帝能成命百物以明民共财""有虞氏禘黄帝而祖颛顼，郊尧而宗舜；夏后氏禘黄帝而祖颛顼。"《国语·晋语四》载晋大夫司空季子之言："黄帝之子二十五宗，得姓者十四人为十二姓"，"昔少典氏娶于有蟜氏，生黄帝、炎帝，黄帝以姬水成，炎帝以姜水成……"《大戴礼记·帝系》《山海经·海内经》皆列有黄帝的世系，其他各书有关黄帝的记载，兹不俱引。
② 见《银雀山汉墓竹简》第一册，文物出版社 1985 年 9 月第一版。其他有关黄帝的记载甚多，例如《孙子兵法》下篇有"黄帝伐赤帝"；《孙膑兵法·见威王》有"黄帝战蜀禄"等句，兹不多举。
③ 《史记·五帝本纪》，太史公曰。

如《竹书纪年》、邹衍的《五德终始说》①、《世本》等，也都以黄帝为其著作的开端。西汉时代，司马迁采访了各地有关黄帝的传说，与古代文献加以对照，"择其言尤雅者"，作了综合而有系统的记述，列为《史记·五帝本纪》篇首，东汉班固著《汉书·古今人表》，将黄帝列为"上上"之人。我们虽然不能确定秦灵公究竟把黄帝作为"神"或"人"来"专祭"，但从春秋战国以迄秦汉，黄帝在历史上的"圣王"地位，显已逐渐确定而不可动摇。今陕西黄陵县（原中部县）桥山之黄帝陵，遂成为中华民族之精神象征，自明太祖洪武四年（1371年）遣使至黄帝陵致祭，其后祭祀黄陵的典礼迄今不绝②，1950年以后迁台的国民政府，每年清明节仍有"遥祭黄陵"的仪式。海内外的华人，也都习称为"黄帝子孙"。

但是，有关记载黄帝事迹的古代文献，并非黄帝时代直接留下的记录，而多属后人述古之作。例如《左传·僖公廿五年》记载"遇黄帝战于阪泉之兆"，是春秋时代晋国的狐偃对于卜兆的解释；《左传·昭公十七年》记载"黄帝氏以云纪官"，则是郯子在回答鲁昭公问"少昊氏以鸟名官何谓也？"时，列举了许多古帝王时所提到的。其他各书有关黄帝的记载，在性质上也大多与此类似。

有关中国上古史许多问题的解决，近代学者莫不寄望于考古学，尤其是在古史辨运动的时代③。但到目前为止，地下史料能直接印证纸上史料的中国上古史，严格地说仍限于殷商时代。许多学者喜以新石器时代的彩陶文化与传说中的黄帝时代相比附，甚至肯定地认为"就时间空间证明彩陶文化乃黄帝氏陶唐氏夏后氏的文化"④。我国彩陶文化的分布地区颇为广泛，根据调查，截至1988年底，在今陕西黄陵地区，共发现四十处新石器时代遗址，虽

---

① 《史记·孟子荀卿列传》。
② 柏明、李颖科《黄帝与黄帝陵》一书，载有"历代的祭祀与祭文"可参阅，西北大学出版社1990年9月版，第107～206页。自1950年以后。国民政府在台湾地区，每年仍有"中枢遥祭黄陵"的仪式。黎东方先生指出："以一人而繁衍为一大族，自不可能。我们尊黄帝为共主，自称为黄帝子孙，无非是崇敬他的功业，公认为他为远古祖先中之第一人而已。"见《中国上古史八论》，第7页。
③ 李玄伯：《古史问题的唯一解决方法》，《古史辨》第一册下编，台北明伦出版社，第268～270页。（原刊《现代评论》1925年一卷十期。）
④ 徐亮之：《中国史前史话》，台北华正书局1974年版，第207～209页。

然未经正式发掘，但"黄陵县城北桥山之上及其周围，黄帝时代的彩陶文化随手可拾"①。

彩陶文化与传说中的黄帝时代，固然显示了其间的不寻常关系，但目前毕竟还不能把彩陶文化视为研究黄帝的直接史料。所以，关于研究黄帝的史料，实以文献中的传说史料为主，正因为文献中有关黄帝事迹的记载，全系后人述古之作，不是黄帝时代的直接史料，所以我们才称之为"传说"。

传说史料可以相信吗？这也是近代学者讨论的问题之一。过去疑古的学者如顾颉刚先生根据所提"古史层累积成说"的公式，认为传说中的古史都是后人伪造出来的，显然是疑古过甚，不足为据，王国维先生说：

上古之事，传说与史实相混而不分，史实之中固不免有所缘饰与传说无异，而传说之中，亦往往有史实为之素地，二者不易区别。②

梁启超先生甚至说，"凡以文字形诸记录者，盖无一不可于此中得史料也。"③考古学家李济之先生指出："对于传说历史的史料价值，就现代考古学的立场说，是史学界不能完全忽视的一组材料。"④李氏并举出《史记·五帝本纪》所载的《黄帝本纪》中的许多现象，有些"与史前考古的一般结论相符"，有些现象透过史前考古也可以得到合理的解释⑤。

传说史料既为后人述古之作，必然也是真伪掺杂，如何鉴别真伪，原是研究者不可忽视的工作，司马迁认为研究黄帝传说应本着"好学深思、心知其意"的态度仔细推敲⑥，我们除了完全同意太史公所持的态度以外，更应以文献史料，配合社会科学的新知如考古学、民族学的有关资料，就其特征

---

① 柏明、李颖科：《黄帝传》，陕西人民出版社 1990 年 10 月初版，第 26 页。

② 王国维：《古史新证》，《王观堂先生全集》第六册，台北文华出版公司，第 2077 页。

③ 梁启超：《中国历史研究法》，台北中华书局 1961 年 6 月台三版，第 49 页。

④ 李济：《史前文化的鸟瞰》，《中国上古史待定稿》第一册，"中央研究院"历史语言研究所编刊，1972 年，第 479 页。

⑤ 李济指出，《五帝本纪》所载的《黄帝本纪》，有四件事值得我们注意：（1）"迁徙往来无常处，以师兵为营卫……"（2）"与炎帝战于阪泉之野……"（3）"与蚩尤战于涿鹿之野，遂禽杀蚩尤……"（4）"时播百谷草木，淳化鸟兽虫蛾……"

⑥《史记·五帝本纪》，太史公曰。

加以对照，以探索历史的真相。

二、黄帝传说的真实性

先秦两汉时代文献中的黄帝传说，附着许多神话与寓言故事，例如《山海经·大荒北经》记黄帝伐蚩尤、命应龙畜水、旱魃肆旱①；《庄子·大宗师》载"夫道，黄帝得之，以登云天"，以及《史记·封禅书》记黄帝乘龙升天故事之类皆属之。这些神话寓言，固然也有其另外的意义，但却不能作为历史看待。

传说中的黄帝，究竟是历史人物抑或神话中人物，在先秦两汉时代已有人表示疑惑，《大戴礼记》称："宰我问于孔子曰：'予闻荣伊曰黄帝三百年，请问黄帝人耶？何以至三百年？'"《尸子》也记载了子贡与孔子的一段对活：

子贡曰："古者黄帝四面，信乎？"孔子曰："黄帝取合己者四人，使治四方，不计而耦，不约而成，此之谓四面。"②

以上这些"不雅驯"之言，未必就是孔子与子贡之间的真实对话，但却足以反映了黄帝传说纷纭的现象。

虽然如此，但自西汉以后两千余年的史部著作中，并没有影响到黄帝为历史人物的地位。直到民初"古史辨"运动兴起时，才有"疑古派"学者出来完全否定黄帝的人格，认为古代文献记载的黄帝不是历史人物。例如：

顾颉刚在《与钱玄同先生论古史书》一文中，基于"层累地造成中国古史"的概念，认为黄帝是后人假托出来的人物③；童书业根据《墨子·贵义》"帝以甲乙杀青龙于东方……"等句推测，认为黄帝就是五行思想之下的东西

---

① 《山海经·大荒北经》："蚩尤作兵，伐黄帝，黄帝乃令应龙攻之冀州之野，应龙畜水，蚩尤请风伯雨师，纵大风雨，黄帝乃下天女曰魃，雨止，遂杀蚩尤，魃不得复上，所居不雨。"又如《大荒东经》亦记黄帝之神话称："东流中有流波山……其上有兽……其名曰夔，黄帝得之以其皮为鼓。"诸如类似神话记载极多，不胜枚举。
② 《太平御览》卷七九引。
③ 《古史辨》第一册中编，第59~66页。

南北中"五方帝",或青赤白黑黄"五色帝"之一①;杨宽《中国上古史导论》,认为"黄帝"实出于"皇帝"之字变②;陈梦家在《商代的神话与巫术》一文中,甚至怀疑黄帝是由禹神化后分化而来的③。

疑古派学者的基本态度,便是不承认黄帝为历史人物,他们研究的方法,主要是考订文献记载的矛盾、神话传说内容的荒诞,以及以现代人的观点指出许多不合理的情节,如《史记·五帝本纪》的世系便是一例④。这些考证,有时不免有穿凿附会或倒果为因之嫌,自然不能令人信服。相信黄帝为历史人物的学者,或从文献本身考订,或从考古学的立场评估,或从民族学的观点考察,都不同意疑古学者的看法。

丁山氏根据"陈侯因𫂪镈铭"有"高祖黄帝"之句,参照《大戴礼记·帝系》《国语》《世本》《史记·陈杞世家》等文献资料加以考证,指出:陈侯即齐威王,战国田齐原为陈公子完之后,依《大戴礼记·帝系》等记载,陈为舜之后裔,舜为黄帝八世孙,所以齐威王称黄帝为高祖,丁氏肯定黄帝的真实性,认为:

> 晚周诸子可伪托也,《世本·帝系》可伪窜也,《陈史记》《齐春秋》,国之正史,不可以伪乱真也,《齐春秋》始黄帝,《晋魏春秋》(即《竹书纪年》)亦始黄帝,则黄帝为人,更不得疑其子虚乌有,谓非古帝王矣!⑤

黄帝原为"人王",并非"天神",其所以被视为"天神",乃是由于"神化"(deification)的结果,这不仅在史前,即使在历史时期,也是常有的现象⑥。从考古学的立场来看,对于传说中的黄帝等古帝王,也不应加以否

---

① 童书业:《三皇考》附录二案语:"《墨子·贵义》云:'帝以甲乙杀青龙于东方,以丙丁杀赤龙于南方,以庚辛杀白龙于西方,以壬癸杀黑龙于北方'……墨子文中所谓青赤白黑四色之说,疑即青赤白黑四色之帝,而墨子文中所谓帝,疑即黄帝,帝杀四龙,即所谓'黄帝胜四帝'也。此四帝与黄帝即五方帝……"《古史辨》第七册上编,第251~252页引。
② 杨宽:《中国上古史导论》,《古史辨》第七册上编,第195页。
③ 陈梦家:《商代的神话与巫术》,《燕京学报》第二十期,台北东方文化书局影印本,第523~524页。
④ 林干祐:《〈国语〉中之五帝》,《中山大学语史周刊》1928年二卷十六期。
⑤ 丁山:《由陈侯因𫂪镈铭黄帝论五帝》,《"中央研究院"历史语言研究所集刊》第三本第四分,第522页。
⑥ 黎东方:《先秦史》,商务印书馆1944年重庆初版,第3页。

定，李济之先生在《中国民族之始》一文里说：

> 当黄帝尧舜禹汤这些先圣先哲已被认为是神话中人物时，古
> 生物学家的锄头，忽然发掘了比黄帝老过万年以上的"现代人"
> 形的老祖宗来了。这一类的发现，虽不能否定黄帝尧舜禹汤的神
> 话人物的性格，但类似他们这一类人的可能的存在，已不能整个
> 的否定。①

事实上，即使在疑古风气最盛的年代，亦并非所有的学者全视黄帝为子
虚乌有的人物，相反的，透过民族学及演化论的观点，把黄帝定位于古代部
落的领袖，似乎更容易为当时及此后的学者们所接受，蒙文通《古史甄
微》②、徐旭生《中国古史的传说时代》③ 等书，都是具有代表性的著作。董
作宾先生根据黄帝的年代推测，认为黄帝时代已有文字，"已是我国的有史时
代了"④。唐兰先生根据大汶口文化分析，指出"我国历史不只四千多年而是
六千多年了，不是从夏王朝开始而应该从黄帝时代开始"⑤。

黄帝名称的由来，也是学者讨论的问题之一。据唐代的司马贞说，因为
黄帝"有土德之瑞"，土色黄，所以称黄帝⑥，而晋代的皇甫谧认为黄帝"居
轩辕之丘"，所以又称轩辕氏⑦。

近代学者对于此一问题的看法则是见仁见智。姜蕴刚认为黄帝之所以名
为黄帝者，当因沿黄河而来所得名，黄乃由于其水之黄浊的缘故⑧；钱穆先生

---

① 李济：《中国民族之始》，《大陆杂志》1951 年一卷一期。
② 蒙文通：《古史甄微》，《人人文库》，商务印书馆。案此书于 1933 年初版，据蒙氏在自序中
　云："乙卯春间"已把他的看法——古代部族分江汉民族或称炎族、河洛民族或称黄族、海岱
　民族或称泰族等三集团，请教其师廖平，"丁卯岁首稍暇，遂发愤撰集"，丁卯为 1927 年，正
　是疑古之风方炽之时。
③ 徐氏此书第二章《我国古代部落三集团考》，以黄帝、炎帝为华夏集团的领袖。该书于 1944 年
　在重庆初版，北京科学出版社 1962 年修订出版。据徐氏在序言里说，1939 年春开始搜集探讨，
　次年春开始写作，初稿于 1941 年冬完成。
④ 董作宾：《把近二十年研究古史年代的成果献给当世的注意国史者》，《平庐文存》卷一，第
　14 页。
⑤ 唐兰《中国有六千多年的文明史》一文指出："我国历史不只四千多年而是六千多年了，不是
　从夏王朝开始而应该从黄帝时代开始。"《大公报在港复刊三十周年纪念文集》上卷，香港大
　公报 1978 年版，第 26 页。
⑥⑦《史记·五帝本纪》索隐引。
⑧ 姜蕴刚其文见于《东方杂志》第四十二卷第三号，第 40 页。

认为黄帝都于有熊，有熊在河南省新郑县西北，此处有黄水，出于大山之黄泉，大山即自然山，亦即有熊山，黄帝是因居于黄水而得名①。

许进雄先生著有《黄帝命名根由的推测》一文，首先指出：战国时代五行家对于五帝的安排，"是五行家借用既存的炎帝、黄帝名字以配合五行，而非因有五行概念才创黄帝、炎帝等人的名字"。许氏并引《物原》"轩辕始作带"，《大戴礼记·五帝德》"黄帝黼黻衣大带"等文献，又以"黄"与"璜"通，为佩玉之形，"黄既为佩玉之形，佩玉为带上的悬挂物，带为黄帝时代之创制，则黄帝之被命名是因始用佩玉之制，也不是不合情理之事"②。许氏之说还未见到历史界或考古界学者有何意见，但在各种有关黄帝命名的看法之中，无疑是较有新意的一位。另外，唐善纯、刘镜华二氏《释黄帝》一文，更从边疆民族的语言探讨，认为"黄"是兽皮之意，"轩辕"者，突厥语"皇帝"、蒙古语"可汗"（皇帝、合汗、匣罕、哈罕）、通古斯语"国王、汗"之意，本是一极其普通、常见的阿尔泰语称号③。

三、黄帝传说之地望

既然肯定黄帝的真实性，那么黄帝传说中的许多故事，究竟发生在何处，则是近代学者不能不面对的问题。

《国语·晋语》称："昔少典氏娶有蟜氏，生黄帝、炎帝。黄帝以姬水成，炎帝以姜水成。"《史记·五帝本纪》称：黄帝与炎帝战于阪泉之野，与蚩尤战于涿鹿之野，而太史公在《五帝本纪》中认为黄帝曾经到达的地区是：

> 东至于海，登丸山及岱宗；西至于空桐，登鸡头；南至于
>
> 江，登熊湘；北逐荤粥，合符釜山，而邑于涿鹿之阿。

依据《括地志》，"丸山"在青州临朐县界朱虚故县西北二十里，岱宗即泰山，空桐和鸡头山，裴骃《集解》引韦昭曰，及司马贞《索隐》，都认为在今甘肃省西部；熊湘即熊耳山和湘山。《括地志》称："熊耳山在商州上洛

① 钱穆：《黄帝》，台北胜利出版公司1971年版，第6页。初版于1944年，重庆。
② 许进雄：《黄帝命名根由的推测》，《中国文字》第三期，台北艺文印书馆，第180页。
③ 唐善纯、刘镜华：《释黄帝》，《文史知识》1988年第九期，第106～107页。

县西十里……湘山一名艑山，在岳州巴陵县南十八里。"

以上所述，也就成了后人对黄帝时代疆域轮廓的印象了。近代学者所编写的教科书中，有的就采用了《史记》的记载，作为黄帝时代的疆域范围，例如许多中国通史和中学历史教科书也都写着黄帝时代的疆域：

东至于海，南至于江，西至于崆峒（今甘肃平凉县西），北至于釜山（在今察哈尔怀来县）。[1]

这样的写法，大致是以《史记·五帝本纪》为依据的。十余年前，台湾地区出版的中学历史教科书也是如此。

在黄帝传说的许多地名之中，以姬水、姜水、阪泉等地最为重要，近代学者的意见也较多，因为它关系着黄帝时代活动的空间。

有人认为姬水为今之四川大渡河[2]，也有人认为姜水即今之贝加尔湖[3]，这些都近于大胆的推测，而难于求证。徐旭生先生在其名著《中国古史的传说时代》一书中指出，根据陕西宝鸡县一带有关姜城堡、姜氏城等地名推测，"炎帝氏族的发祥地在今陕西境内渭水上游一带"，姬水不知道是现在的哪一条水，但根据有关姬姓的周弃在邰，黄帝所葬的桥山在陕西黄陵县，以及《庄子·在宥》《史记·五帝本纪》《汉书·武帝纪》等，都说黄帝与空桐有关，而《新唐书·地理志》载原州平高县下有崆峒山，在今甘肃镇平县境内，"根据古代姬姓流传的地方，可以推断黄帝氏族发祥的地方，大约在今陕西的北部"[4]。徐氏的主张，对于大陆学者似已产生了相当大的影响，20世纪80年代以后有关黄帝的论著，颇多采纳了徐氏的观点[5]。

阪泉和涿鹿的地望，和黄帝时代的活动空间，关系尤为重大，历代考证的学者也很多，据裴骃《集解》引皇甫谧曰：阪泉"在上谷"，张守节《正义》引《括地志》云：

① 例如杨东莼编：《开明新编高级本国史》上册，上海开明书店1947年版，第30页。
② 陈寄生：《黄帝族地考》，《东方杂志》1944年第四十卷第二十四号，第51~53页。
③ 徐亮之：《中国史前史话》，第179页。
④ 徐旭生：《中国古史的传说时代》，第42~43页。
⑤ 如前引《黄帝传》即其一例。又如任周芳：《姬姜两族关系浅谈》一文，对于姜水的地望主在渭水之北，"可能就是沣水下游的一段"，似亦循着徐旭生氏的考证线索而来。见《文博》1986年第三期，第33页。

阪泉，今名黄帝泉，在妫州怀戎县东五十六里。出五里至涿
鹿东北，与涿水合，又有涿鹿故城，在妫州东南五十里，本黄帝
所都也，晋太康地理志云：涿鹿城东一里有阪泉，上有黄帝祠。

关于涿鹿的地望，自汉魏以后，共有三说：一、涿鹿在上谷郡，《前后汉志》《括地志》及《史记集解》引张晏、皇甫谧主之，赵铁寒先生赞成此说①；二、涿鹿在涿郡，《史记集解》引服虔、《太平御览》卷一六二引《隋图经》主之，徐旭生《中国古史的传说时代》倾向此说；三、涿鹿在彭城，《帝王世纪》《世本》（《御览》卷一五五引）等主之，吕思勉先生持此说，今人仍有主张之者②。

以上三说之中，以第一说的影响似较大，也就是以阪泉涿鹿在今内蒙古境内（察哈尔怀来县），这可以于民国以来的中国通史及中学历史教科书见之③。此说将阪泉、涿鹿的地望，指向华北平原的北部或以北地区，也有人主张黄帝族可能起源于陕西关中平原偏北，后来定居地"涿鹿之阿"，在今河北省内华北大平原北部④，则似是将徐旭生的考证配合旧说加以综合而成的。

但是，如果把阪泉和涿鹿的地望定位在察哈尔省，亦即今内蒙古境内，那么对于黄帝传说中许多事迹的解释，就会出现矛盾，特别是黄帝和蚩尤之间的战争。

《史记·五帝本纪》只称"蚩尤最为暴"，"蚩尤作乱，不用帝命，于是黄帝乃征师诸侯，与蚩尤战于涿鹿之野，遂擒杀蚩尤"，但并未说明蚩尤的族属和他活动的地区。东汉马融《经典释文》，高诱注《战国策·秦策》，都说蚩尤是九黎的君名，《尚书·吕刑·孔安国传》亦认为"九黎之君号曰蚩尤"⑤；近代学者对于蚩尤的考证亦多，例如孙作云氏著《蚩尤考》，认为河

---

① 赵铁寒：《阪泉及涿鹿地理方位考辨》，《古史考述》，台北正中书局1965年版，第22页。
② 吕思勉：《三皇五帝考》，《古史辨》第七册中编，台北明伦书局，第367页；李永先：《黄帝建都彭城考》，《江海学刊》1990年第五期，第108页。
③ 例如王桐龄：《中国全史》上册，台北启明书局1966年版，第174页。
④ 李根蟠、黄崇岳、卢勋：《中国原始社会经济研究》，中国社会科学出版社1987版，第455～456页。
⑤ 《尚书正义·吕刑》卷十九，孔传，又清王鸣盛《尚书后案·吕刑》认为"三苗，九黎之后，盖黎与苗皆南蛮之名，今日犹然"。

南鲁县漷水之地，实为蚩尤之故墟，可断言也①；徐旭生广征博引，特别强调蚩尤属于"东夷集团"②，其活动地区应在黄河下游今山东一带，而黄帝则属华夏集团，在陕西北部，或建国有熊，则在今河南新郑一带，从二者的活动地区来看，他们之间何以在今内蒙古境内发生大战？则又为许多人忽略的现象。

钱穆先生有见及此，著《黄帝故事地望考》，据《梦溪笔谈》《太平寰宇记》《嘉庆一统志》等文献考证，山西安邑县南十八里有蚩尤城，在解州西廿五里有"浊泽"，一名"涿泽"，《括地志》称涿水。"则黄帝与蚩尤战涿鹿之野者，其地望应在此"。钱氏并考证崆峒应在今河南省汝、许、禹、密之间，釜山亦名荆山，宜在潼关附近③。

王恢先生著《黄帝都邑考》，对于阪泉的地望，采程发轫《春秋左氏传地名考》主在今洛水下游之说，认为今洛水下游"古谓之阪泉"，对于涿鹿的地望，认为在河南境。今河南省有浊鹿城，城南有吴泽，疑即涿鹿，当今焦作东南。杨国勇先生主张阪泉当今河南伊洛河滨，郑杰祥先生《夏史初探》一书从之，与王恢先生的考证接近④。邹衡教授认为："黄帝族早期活动的地域也许就在河洛之东北一带，往后才发展到泾渭地区。"⑤

近代学者在对于阪泉、涿鹿地望之考证，虽然未获定论，但钱、王、杨三氏之说，就探索黄帝传说所包含的故事而言，显然可以获得较满意的解释。

四、从考古学民族学看黄帝传说

近代古史辨运动疑古之风盛行时，也正是中国考古学和民族学蓬勃开展

---

① 《中和月刊论文选集》，台北台联国风出版社印行，第12页。（该文原著、时间未注出）
② 徐旭生前引书《中国古史的传说时代》，第51~53页。又，宋兆麟、黎家芳、杜耀西《中国原始社会史》云："黄帝部落原来在北方，后来南下到黄河流域，有了很大发展。"黄帝部落"原来"在"北方"，应指华北大平原才是。见该书第337页，文物出版社。
③ 原刊《禹贡半月刊》三卷一期，收入《古史地理论丛》，台北东大图书公司1982年7月初版，第136页。
④ 王恢：《黄帝故邑考》，原刊《文艺复兴》第五期，文化大学出版部1970年版，收入《中国历史地理》，台北世界书局1975年版，第1~14页；杨国勇：《黄炎华夏考》，《山西大学学报》1982年四期；郑杰祥：《夏史初探》，中州古籍出版社1988版，第9页。
⑤ 见《夏商周考古学论文集》，文物出版社1980版，第339页。

的时期，尤其是考古发掘的丰富文物，使疑古的学者也感到"惊诧"和"神往"①，以考古发掘的地下史料及民族学的通则与古史传说相对照，是许多学者所采取的方法。对于黄帝传说的讨论也是如此。

传说中的黄帝时代，一般大事年表多作公元前2698年。1982年春节，美国总统里根（Ronald Reagan）向全世界的中国人贺第4690个新年，便是依据了这个年代②。董作宾先生考证黄帝元年则为公元前2674年③。这些年代的数据，虽非绝对可靠，但大体可做参考，约与中国新石器时代的仰韶彩陶文化极盛时期相当。而黄帝传说的活动地区，大体上也与仰韶彩陶文化的分布颇多吻合，因此许多学者就以时空对比的方式，把黄帝定位为仰韶彩陶文化期的人物，如徐亮之《中国史前史话》④、张光远先生《有熊氏黄帝》一文⑤，就是如此。

由于近三十年来，新石器时代的仰韶文化遗址，在黄河中游地区发现极多，文化内涵极为丰富，学者更进一步以仰韶文化的内涵与文献记载的黄帝传说对照，以探索其真相。例如《史记·五帝本纪》记载黄帝"蓺五种"。班固《白虎通义》："黄帝作宫室。"《风俗通义》："黄帝始垂衣裳。"《说文·序》："仓颉之初作书，盖依类象形，故谓之文……"有人认为这些都是新石器时代的现象⑥，李绍连先生在《炎帝和黄帝探论》一文指出："古籍对黄帝的历史业绩的记载并不是子虚乌有，从仰韶文化的考古资料看，大部分可以找到物证或线索。"就有关黄帝"蓺五种"的传说而言，特举以下的考古资料作为依据：

> 在仰韶文化时期，不仅在许多遗址发现粟，还在河南淅川下王岗、渑池仰韶村、陕西华县柳子镇等遗址发现稻壳灰痕，郑州大河村遗址发现高粱，陕西西安半坡遗址发现菜籽……⑦

---

① 顾颉刚：《古史辨》第一册自序，第56～58页。
②《"中央"日报》1982年1月25日第二版。
③ 董作宾：《中国上古史年代》，《平庐文存》上册，第4页。
④ 徐亮之前引书《中国史前史话》，第207～211页。
⑤ 张光远：《有熊氏黄帝》，《故宫季刊》1975年第十卷第一期，台北故宫博物院，第31页。
⑥ 柏明、李颖科：《黄帝传》，第26～27页。
⑦ 李绍连：《炎帝和黄帝探论》，《中州学刊》1989年第五期，第100页。

而同意黄帝定居地"涿鹿之阿"位于华北大平原北部的学者，也征引考古资料作为个人论点的支持，指出："这里南有磁山文化遗址，附近有仰韶文化遗址，北面坝上草原有红山文化遗址……涿鹿曾发现新山文化遗址，属山东龙山文化类型。"① 杨亚长先生认为裴李岗文化为黄帝族的考古学文化，而后岗类型为黄帝族战胜蚩尤族以后的考古学文化②。

征引新石器时代考古资料与传说史料对照，以肯定黄帝及其传说事迹，是 20 世纪 80 年代大陆考古与历史界十分普遍的现象。它所反映的意义是考古界和历史界学者已肯定了黄帝为历史人物，并把他定位于新石器时代。

事实上，传说中的黄帝制器故事，与新石器时代考古资料对照，的确有其不寻常之处。过去的疑古家，对于古代文献如《世本·作》中所记众多的黄帝发明，表示怀疑和否定，如齐思和《黄帝的制器故事》一文，认为黄帝的发明很多，系出于"诸子之托古"；杨宽氏则认为黄帝制器故事系由于神话之演变，基本上都是采取全面否定的态度③。

笔者于 20 世纪 70 年代中，曾著《黄帝制器传说试释》一文，认为黄帝制器传说颇具有"新石器革命"的许多特征，考察有关黄帝对食衣住行四类发明内容，大多可以与新石器革命的理论相对照，所以黄帝时代一时出现许多发明，实不足为奇。黄帝制器故事，反映了黄帝时代应为中国远古文明的一个重要阶段④。

民族学上的"图腾制度"（totemism），是原始社会普遍存在的现象，用以解释有关黄帝传说的许多事迹，也是近代学者经常使用的方法。

《史记·五帝本纪》载："黄帝……教熊罴貔貅䝙虎……以与炎帝战于阪泉之野。"《集解》引徐广曰："黄帝……号有熊。"张守节《正义》云："案，黄帝有熊国君，乃少典国君之次子，号有熊氏，又曰缙云氏，又曰帝鸿氏，亦曰帝轩氏。"《列子·杨朱》、贾谊《新书·益让》也有黄帝率熊罴貔貅䝙虎与炎帝作战的记载。

---

① 李根蟠等前引书《中国原始社会经济研究》，第 456 页。
② 杨亚长：《炎帝、黄帝传说的初步分析与考古学观察》，《史前研究》1987 年第四期。
③ 齐思和：《黄帝之制器故事》，原载《史学年报》第二卷第一期，1934 年，收入《古史辨》第七册中编；杨宽：《中国上古史导论》，《古史辨》第七册上编，第 207 页。
④ 王仲孚：《黄帝制器传说试释》，《"国立"台湾师范大学历史学报》1976 年第四期。

《世本·居》：黄帝居有熊；谯周《古史考》：有熊，河南新郑是也。近代学者对于上述传说，多赋予民族学的解释，姜蕴刚《黄帝及其时代》一文，认为《史记》言黄帝"教熊罴貔貅貙虎，以与炎帝战于阪泉之野"，上述的野兽，"其实都是图腾的名称，就是教六个图腾族以战的话。这熊图腾一族，大约是最强，能够统率其余之部族而为一种共主，黄帝正是熊族的首领，故曰有熊氏"①。

孙作云作《蚩尤考》，认为"黄帝之为有熊氏，即以熊为族徽者也"②，孙氏又著《周先祖以熊为图腾考》再重申此义，认为黄帝号"有熊氏"，即黄帝之族以熊为图腾，《史记·五帝本纪》称黄帝"教熊罴貔貅貙虎以与炎帝战于阪泉之野"，孙氏认为：这"六兽"即是以这六种野兽为图腾的氏族。这六个氏族结合成一个部落，黄帝就是这个部落的酋长③。

以古代氏族图腾解释何以黄帝号为"有熊氏"，大都采纳了黄帝为熊图腾之说，如林祥庚《中华民族的象征——黄帝及其传说之试释》④、郑杰祥《夏史初探》⑤、李绍连《炎帝和黄帝探论》⑥诸文，都有类似的看法。至于《国语·晋语》《史记·五帝本纪》称黄帝和炎帝都是"少典氏之子"，而在其他传说史料中，黄帝为熊图腾，炎帝为牛图腾，与民族学上"图腾制度"的通则似不符合，李宗侗认为"这矛盾的现象，恐怕只能发生于图腾社会衰微之时，少典氏之说，恐怕是极晚近的事罢"⑦。也有人认为"黄帝生父是熊氏，生母是蛇（有蟜）氏，炎帝生父是牛氏，生母是蛇氏，准此，黄帝和炎帝应是同母异父的兄弟"，"炎黄已进入父系氏族社会"⑧，这些纠葛，一时恐也无法得到最后的定论。

----

① 姜蕴刚《东方杂志》引文，第41页。
② 《中和月刊史学论文》第二辑，第13页。
③ 孙作云：《诗经与周代社会研究》，中华书局1979年版，第10页。
④ 林祥庚，《中华民族的象征——黄帝及其传说之试释》，《福建师大学报》（哲社版）1983年第四期，第170~171页。
⑤ 郑杰祥：《夏史初探》，河南中州古籍出版社1988年10月初版，第4页。
⑥ 李绍连前引文《炎帝和黄帝探论》，《中州学刊》1989年第五期，第99页。
⑦ 李宗侗：《炎帝与黄帝的新解释》，《"中央研究院"历史语言研究所集刊》第三十九本上，1969年1月。
⑧ 屠武周：《神农、炎帝和黄帝的纠葛》，《南京大学学报》1984年第一期，第59~64页。

五、结　论

近代中国处于剧烈变动的时代，在古代史的认识和批判上，也同样表现了剧烈变动的一面，就黄帝传说的讨论而言，则是一个从批判否定又到肯定的过程，怀疑和否定黄帝传说，是古史辨运动的一部分，它是整个批判中国传统文化、否定中国古史和古代经典的背景下必然的结果。

一个历史悠久的民族，其早期历史多通过神话与传说流传下来，中外皆然。史后传说有史前的史实，原是不足为奇的①。黄帝传说就文献本身的考订而言，已不能予以一笔抹杀，而其传说事迹所显示的现象，大多可以与考古学、民族学的特征相对照，足见这些传说固不免有后人的附会，但也不是完全向壁虚构所能伪造出来的。

运用文献学、考古学、民族学的资料，综合考察黄帝传说的真相，是现代学者普遍使用的方法，并且大多确信黄帝传说具有历史成分。但在学者的历史意识中，所确信的黄帝，已从古代的"圣王"沦为"部落领袖"的地位，但根据演化论的观点，黄帝即使是一位部落领袖，却并未失去现代中国人对这位"人文初祖"的信仰与尊敬。

不过，在学术上对于黄帝的讨论，如无考古学上重大的发现，如文字史料出土，恐怕仍要停留在"传说"的阶段。因为目前的考古资料虽多，但对讨论文献记载的黄帝问题，仍不能作为直接史料运用。

---

① 黎东方：《史后传说中的史前史实》，《史学汇刊》第三期，中国文化大学史学系印行，1970 年 8 月。

捌 尧舜传说试释

一、前 言

在先秦及两汉的载籍之中，有关尧舜的传说极多，而禅让的故事尤为千古美谈。春秋战国以来，学者多认为尧舜是远古的圣王，备极推崇，孔子说："大哉，尧之为君也，唯天为大，惟尧则之，荡荡乎民无能名焉。"① 战国诸子，孟子"言必称尧舜"②，墨子也屡以尧舜为"三代"之圣王③。儒、墨之外，道、法诸家，虽然由于其学说主张不同，偶有菲薄尧舜的议论，但大致仍不否定尧舜是古代的圣王。

春秋战国以后，尧舜在国人心目中，有着极为崇高的地位。西汉司马迁《史记》称尧"其仁如天，其知如神，就之如日，望之如神"④，陆贾《新语》称"尧舜之民，比屋可封"⑤，扬雄《法言》谓"适尧舜文王者为正道，非尧舜文王者为它道"⑥，东汉王充《论衡·儒增》引儒书称："尧舜之德，至优至大，天下太平，一人不刑。"王符《潜夫论》更认为：

> 尧舜之道，譬犹偶烛之施明于幽室也，前烛即尽照之矣，后

----

① 见《论语·泰伯》。《泰伯》又云："舜有臣五人而天下治，武王曰：'予有乱臣十人。'孔子曰：'才难，不其然乎，唐虞之际，于斯为盛……'"
② 《孟子·滕文公上》。又，《公孙丑下》载孟子："我非尧舜之道不敢以陈（齐）王前。"根据哈佛燕京学社《孟子引得》统计，《孟子》一书共提到尧五十八次，放勋二次；舜九十七次，大舜二次。
③ 《墨子·尚贤中》云："昔三代圣王尧舜禹汤文武之所以王天下……"墨子以尧舜禹汤文武为"三代"之圣王，又见卷六《天志中》第二十七、卷十二《贵义》第四十七。
④ 《史记·五帝本纪》。《大戴礼记·五帝德》载宰我曰："请问帝尧。"孔子曰："高辛之子也，曰放勋，其仁如天，其知如神，就之如日，望之如云，富而不骄，贵而不豫。"《大戴礼记》之句，是否为史公所本，不得而知，但至少以"其仁如天"等句以美尧，为史公所同意。
⑤ 陆贾：《新语·无为》，《新编诸子集成》第二册，世界书局，第7页。
⑥ 扬雄：《法言·问道》，《新编诸子集成》第二册，世界书局，第11页。

烛入而益明，此非前烛昧而后烛彰也，乃二者相因而成光大，二圣相德而致太平之功也。①

降及唐代韩愈首以尧舜为中国道统之始②，在国史上，或许由于儒家学说成为中国学术思想的主流，尧舜在人们心目中乃是道德极高、人格完美无缺的先圣先王，其他远古圣王，未有伦比者。即使清代"考而后信"的崔述，对于尧舜也是景仰万分，他认为尧舜是"道统之祖，法治之祖，而亦即文章之祖"，"自有天地以来，其德之崇，功之广，莫过于尧舜"，又说："世道民生所赖，莫不始于尧舜，安居乐业，尧舜之奠之也，礼乐教化，尧舜之开之也，天地万物之宜，尧舜之平成经理之也。"③崔述虽然疑古，但对尧舜却是不许有所怀疑，他说："如以尧舜为不肖，则是丧心病狂而已。"④崔述尚且如此，其他浸润在儒家经典中的学者，也就可想而知了。

但自清末民初以来，疑古的风气大盛，康有为著《孔子改制考》，以为"黄帝尧舜之事，书缺有间，茫昧无稽"，尧舜的事迹系出于百家所托⑤。日人白鸟库吉、桥本增吉等，则认为尧舜禹的事迹，系古代根据天、地、人之三才思想而创作的⑥。古史辨派的学者，又基于"层累造成说"的理论架构，

<hr />

① 《潜夫论·释难》，《新编诸子集成》第二册，世界书局，第136～137页。
② 韩愈：《原道》，《全唐文》卷五五八，台北经纬书局影印本，第13页。
③ 《崔东壁遗书·唐虞考信录》，以上征引各句分见《唐虞考信录·自序》卷二，第30页；卷四，第34～36页，台北河洛图书出版社影印本。
④ 《吕氏春秋》云："舜让其友北人无择，北人无择曰：'异哉后之为人也，居于畎畝之中而游于尧之门，又欲以其辱行漫我。'"崔述以为这是"杨氏之徒为黄老之说者，假设此言，以遂其'非尧舜、薄汤武之私'，而作的按语。见《唐虞考信录》卷二，第30页。
⑤ 康有为：《孔子改制考》卷一，《上古茫昧无稽考》，商务印书馆1968年版，第4页。
⑥ 白鸟库吉于光绪三十四年（明治四十二年，1908）在东洋协会演讲"中国古传说之研究"，谓尧舜禹为中国理想之人格化，其记录载于《东洋时报》第一三一号。两年后，林泰辅著《尧舜禹抹煞论》，反驳白鸟氏之说，载于《汉学》第二编第七号。次年，白鸟氏著《尚书之高等批判》一文，载于《东亚研究》第二卷第四号（明治四十五年，1911），除答辩林泰辅氏之质问外，并重申前说，略谓："《尧典》专叙天文历日之事，《舜典》将关于制度、政治、巡狩、祭祀等，人君治民之一切事业，殆全加于舜之事迹中，且以人道中最大之孝道，为舜之特性。由此可知，《舜典》之事迹为关系人事者。至于禹，则治洪水，定禹域为关于地之事迹，禹之事业之特性，即在关于地之一点。由此点推之，作者乃以天地人三才之思想为背景，而创作者云。"其后，桥本增吉又著《书经之研究》一文，附会白鸟氏之天地人三才说，曰："尧舜禹为中国民族之理想的三人格，假托为有经理规定天地人三道之事，熟读其本文，终难否定此说。故白鸟博士之天地人三才说，有不可变动之卓见。"以上征引见田崎仁义著，王学文译：《中国古代经济思想及制度》，《人人文库》，商务印书馆1972年版，第140～142页。

以为尧舜是春秋时代人"造"出来的①，古史上的尧舜，原是"无是公""乌有先生"②。如此一来，不仅自古以来尧舜崇高的先圣地位受到动摇，即使其历史人物的资格，也几乎被宣布取消。

我国文献载籍中的远古史事，原系后人述古之作，并非当时的"实录"，但古代许多大事，有时靠口耳相传，留传后世，故《说文》称："古，故也，从十口，识前言者也。"传说中的远古人物及其事迹，即使是百家不雅驯之言，通过现代社会科学新知的考察，未尝不能表示事实之一面，如以"层累造成"的公式予以完全抹杀，自然不是正确的态度。用这种观点，怀疑古史，认为春秋以前的文献没有关于尧舜的记载，因而否定春秋以前尧舜的存在，实难免犯了大错，清代的毛奇龄说得好：

> 古书不记事始，今人但以书之所见，便为权舆，此最不通，《易》《书》《诗》无骑字，遂谓古人不骑马，骑是战国以后事。然则六经无髭髯字，将谓汉以后人始生髭髯？③

这则妙喻，在古史传说的考察上，实足以发人深省。

由于"层累造成说"理论本身上的缺点，所以疑古派对于我国古籍以及传说中的古史所做的严厉批判，在疑古之风最盛时，起而驳斥者即已不乏其人④，王国维说：

> 上古之事，传说与史实，相混而不分，史实之中，固不免有所缘饰，与传说无异，而传说之中，亦往往有史实为之素地，二

----

① 见顾颉刚：《古史辨》第一册《自序》。

② 钱玄同：《答顾颉刚先生书》，《读书杂志》1923年6月第十期，收在《古史辨》第一册，1926年，第67页。

③ 毛奇龄：《经问》，《皇清经解》卷一六九，"答姜垚问"条，台北复兴书局印行。

④ 1923年5月6日，顾颉刚在《努力》周刊增刊《读书杂志》第九期发表《与钱玄同先生论古史书》，提出"层累地造成的中国古史"说之后，即有刘掞藜、胡堇人等起而辩难，讨论的重心是"禹"的问题。刘有《读顾颉刚君〈与钱玄同先生论古史书〉的疑问》《讨论古史再质顾先生》二文；胡有《读顾颉刚先生论古史书以后》一文，均收在《古史辨》第一册。至于就史学方法的观点不同意"层累造成说"者，计有：张荫麟《评近人对于中国古史之讨论》，《学衡》第四十期，1925年4月；陆懋德《评顾颉刚古史辨》，《清华学报》第三卷第二期，1926年12月。（以上二文收在《古史辨》第二册。）梁园东《古史辨的史学方法商榷》，《东方杂志》二十七卷二十二、二十四期，1930年；刘兴唐《疑古与释古的申说》，《食货半月刊》三卷五期，1936年。

者不易区别。①

显然认为"疑古之甚，乃并尧舜禹之人物而疑之"的态度是有偏差的。

古代文献载籍，不应因其写定的时代较晚，即指为出于后人的作伪，"因为作伪者不能凭空直做，必须有所蓝本"②，经传诸子的著者，因各有其著作的目的和观想，所以同一史事，取舍不同，解释也不同，这不但不能认定其"伪"，反而见其"真"。法国格拉勒（M. Marce Granet）认为，中国古书并无绝对真假之分，不承认任何古书有完全出于杜撰的，对于古事的考察，应以"内在批判"（critique interne），即所谓"内考证"的方法，在"伪里寻真"，不应因过分注意古书真伪的考订，反而忽略了书中的事实③。

基于此一观点，我们考察文献载籍中的古史传说，也不应只着重书本的真伪，而应着重其材料中所述的现象，因为"必有原始的如此现象，乃有如此之传说"④，如果传说中的远古史事与现代社会科学新知的理论，有足资对照者，我们就不能确定此一材料中的事迹为必无，所以不仅经传诸子中的记载有其不可忽视的价值，即便是谶纬图说及百家不雅驯之言，透过民族学、人类学或民俗学的研究，也常可以发现其新的意义。梁启超说："凡以文字形诸记录者，盖无一不可于此中得史料也。"⑤ 唐司马贞《补三皇本纪》云："图纬所载，不可全弃。"清代的俞正燮和马骕也都持类似的看法⑥，前人的卓识，确有使我们不能不佩服之处。

当代学者，对于古代文献载籍以及古史传说未可一笔抹杀，已有了更为

---

① 王国维：《古史新证》，《王观堂先生全集》第六册，台北文华出版社 1983 年版，第 2077 页。

② 李宗侗：《中国古代社会史》第一册，中华文化出版事业委员会 1954 年版，第 84 页。

③ 李璜：《古中国的舞蹈与神秘故事》，见《法国汉学论集》，《珠海书院丛书》之五，台北九思出版社 1975 年 1 月初版，第 194～196 页。

④ 陈志良：《始祖诞生与图腾主义》，《说文月刊》第二期，第 509 页。

⑤ 梁启超：《中国历史研究法》，台北中华书局 1961 年 6 月第三版，第 49 页。

⑥ 俞正燮：《癸巳类稿》，世界书局印行；马骕在《绎史》卷十云："虽纬谶杂说不足深信，然而足以补迁史之疏，济诸说之穷，似未可尽弃也。"广文书局影印本，卷十，第 16 页，马氏案语。

普遍的体认①，李济之先生指出，由于中国考古学的成就，对于传说中的黄帝尧舜禹等远古圣王之可能的存在，已不能整个地否定②，而中国上古史的重建，文献载籍是不可忽略的重要材料之一③，董作宾先生强调，建设性的古史研究，新材料和旧材料同样的重要④，杨希枚先生在其著作中，对于文献史料和古史传说的考察，也都提出了积极性的意见⑤。

过去国人对尧舜传说的研究，除了疑古派采取否定的态度外，多偏重于对禅让故事的探讨，实则文献载籍中的尧舜传说，禅让以外的事迹极多，而环绕古史传说人物的许多事迹，往往表现了远古时代的某些文明特征，这些特征，正是我们应该考察的重点，傅斯年先生曾指出，"古代史的材料，完全

---

① 1951 年以前之重要著作如徐炳昶（旭生）《中国古史的传说时代》（1962 年有增订本）等，固不待言，兹举 1951 年以后出版之古史著作及著者意见，以见一斑：（1）徐亮之《中国史前史话》，以古史传说与神话为主，配合地下材料，做综合的叙述，1954 年香港亚洲出版社初版。（2）赵铁寒师《古史考述》自序云："经传的书面记载"，"有其不可忽视的价值。" 1965 年 10 月台北正中书局初版，1969 年 6 月再版。此书共收古史论文二十一篇，其中属于古史传说者八篇。（3）郑德坤《中国的传统文化》一书云："近数十年考古学的发掘，使我们对古史增加许多信心，古代传下来的文献，固有些可疑，但是我们对这些材料，已不能一笔抹杀了。" 此书为著者应马来亚大学之约，所做的学术讲演集，1974 年台北地平线出版社印行，第 39 页。（4）印顺法师《中国古代民族神话与文化之研究》，华冈出版有限公司印行，1975 年 10 月，著者在第一章序论中明白地表示不同意疑古派所主张的中国古史系由层累造成分化演变完成的。（5）李伟泰《先秦典籍所述上古史料研究》（屈翼鹏先生指导，"国立"台湾大学中国文学研究所博士论文，1977 年 7 月，油印本）一文，对于层累造成说的批评与传说史料的考察，均十分中肯，尤其对于透过"历史解释"的观点，分析史料的构成成分及来历，极有见地，详见该文第二章《论顾颉刚的层累造成说及历史演进法的大意》、第三章《先秦典籍中的历史解释》。

② 李济之在《中国民族之始》一文里说："当黄帝尧舜禹汤这些先圣先哲已被认为是神话的人物时，古生物学家的锄头，忽然发现了比黄帝老过万年以上的'现代人'形的老祖宗来了。这一类的发现，虽不能否定黄帝尧舜禹汤的神话人物的性格，但类似他们这一类人的可能的存在已不能整个地否定。" 见《大陆杂志史学丛书》第一辑第二册，第 60 页。杨向奎《应当给有虞氏一个应有的历史地位》一文认为，"有虞氏应当是处于氏族公社逐渐解体的时期"，"有虞氏是一个不能忽略的一个历史时代，应当在中国历史上获得应有的地位"。原载《文史哲》1956 年第七期，收入《绎史斋学术文集》，上海人民出版社 1983 年 5 月。

③ 李济之《再谈中国上古史的重建问题》一文，曾列举与中国上古史有关的材料七大类，而认为"历代传下来的秦朝以前的记录……是研究中国上古史最基本的资料"，见《"中央研究院"历史语言研究所集刊》第三十三本，第 358～359 页。

④ 董作宾：《中国古代文化的认识》，《大陆杂志》三卷十二期。

⑤ 杨希枚有《论尧舜禅让传说》（《赵铁寒先生纪念论文集》，台北文海出版社印行）及《再论尧舜禅让传说》（《食货月刊》复刊第七卷第七期、第八期两次刊完，1977 年 10 月及 11 月）二文，曾就"尧舜禅让"问题，广征博引，认为尧舜及其禅让传说，为源远流长之古老传说，纵非全系史实，至少该有若干史实背景。而杨先生肯定古史传说的价值，并指出中国古代史的研究亟待发展，研究的方法亟须讲求，令人深具同感。

是属于文化方面，不比现代材料，多可注意于人事方面"，所以研究的着意点，也应该有所不同①，我们考察尧舜传说，也应该抱持着这样的态度。

由于近代社会科学新知的开展，历史的研究应注重"科际整合"，已是史学界共同的看法，而中国上古史的探讨，特别是传说中的远古史事，尤其需要以"科际整合"的态度来从事，这在早先的学者之中已不乏体认之者②，甚至连疑古最甚的人也领悟到，从几部古书里直接证明尧舜等的真相，是不容易实现的③，所以运用古代文献的材料、过去学者已有的考证及成绩，以及社会科学的新知，做综合的考察，提出合理的解释，实为我们应有的努力方向④。

二、尧舜传说的由来

从文献写定的时代来看，尧舜传说起于春秋时代。《论语》载孔子及其门弟子赞尧舜之处颇多⑤，《尚书·尧典》记载尧舜的事迹则较详细而有系统，《尧典》的成书年代，学界迄无定说，虽然它并非尧舜时代的"信史"，但却是先秦的旧籍，有着宝贵的材料，则似无问题⑥。我国古史，纸上材料得以与

---

① 傅斯年：《考古学的新方法》，《傅斯年选集》第四册，文星书店，第522页。
② 例如陈恭禄在《中国上古史史料之评论》一文云："吾人研究历史者，则据专家之报告及其发表之论文为材料，并参考其他可信之记录，作一比较综合所得之事实，慎重选择，先后贯通，然后叙述古人生活之情状，及文化演进之陈述，庶有满意可读之古史也。"实已具备了"科际整合"的观念。见《武大文哲季刊》六卷一号。台北学生书局影印版，第48页。
③ 顾颉刚在《古史辨》第三册《自序》中云："十余年前，初喊出'整理国故'的口号时，好像这是一件不难的工作，不干则已，一干则就可以干的。我在此种空气之下，踊跃用命，也想一口气把中国古史弄个明白，便开始从几部古书里直接证明尧舜禹等的真相。现在看来，真是太幼稚，太汗漫了！"1931年11月。
④ 杜维运《与西方史家论中国史学》一书中指出，西方史家尝讥中国史学偏重于琐细的考证，而不能达到所谓"综合"（synthesis）的境界，没有发展历史解释的艺术（The art of historical explanation），这固然是他们出于对中国史学的隔阂与偏见，但也未尝不是我们应有的检讨。台北史学出版社，第11页。
⑤ 《论语·泰伯》《雍也》诸篇。《尧曰篇》近人认为有问题，但并未成定论。
⑥ 关于《尧典》的著作年代，当代学者颇多讨论。顾颉刚有《从地理上证今本尧典为汉人作》一文（《禹贡半月刊》二卷五期），但该文发表后，孟森、劳榦、叶国庆等都不赞成顾说，见《尧典著作时代问题之讨论》（《禹贡半月刊》二卷九期）。刘朝阳《从天文历法推测尧典之编成年代》，时当西纪前七二二年，故《尧典》或为春秋前半期或稍前之作品，见《燕京学报》第七期，第1186页。屈翼鹏先生认为："《尧典》之作成，当在孔子殁后，孟子之前，盖战国初年，儒家者流，据传说而笔之于书者也。"见《尚书释义》，华冈书局，第2页。严一萍先生《卜辞四方风新义》一文，根据卜辞的四方风推证《尧典》当成于殷商之世，见《大陆杂志》第十五卷第一期。

地下材料印证者，始于殷商，甲骨文的"尧"（♔）、"虞"（♙）等字，是否与传说中的尧舜有关，还不能够确定①，武丁时代卜辞有"圆圉雨田娥一月"（甲二一二三）之句，论者以为"娥"即古史传说中的"娥皇"，为帝舜之妻②。不过，我们应该认识到，甲骨文中即使有关于尧舜的字，也只不过表示了尧舜传说的古老，仍不能视为尧舜的直接史料。

尧舜的名称，究竟是他们的本名或号，抑或后世传说给予他们的谥号或名称，殊难论定③，《说文》："尧，高也，从垚在兀上，高远也。""虞，驺虞也，白虎黑文，尾长于身，仁兽也，食自死之肉。"《诗·郑风》："有女同车，颜如舜华。"传云"舜"乃是叫作木谨的草名。从文字本身推测尧舜，可见没有多大意义。段玉裁以为，尧舜皆生时臣民所称之号，非谥也④。从文献载籍观察，尧舜的异称颇多，《世本》《史记》《世经》都以尧号陶唐氏⑤，亦曰唐侯、唐帝、伊唐、唐尧、伊尧、后帝、君帝、放勋、神宗、赤帝；舜号"有虞氏"，亦曰帝舜氏、虞帝、虞舜、大舜、重华、都君、仲华⑥，《山海经》帝舜又作帝俊⑦。《史记·五帝本纪》以尧舜为五帝中的末二帝，《集解》引《谥法》云："翼善传圣曰尧。"司马贞《索隐》云："尧，谥也，放勋，名。"舜，《集解》引《谥法》："仁盛圣明曰舜。"《索隐》："舜，谥

---

① 李孝定：《甲骨文字集释》第十三册"尧"字条，第4011页，第十册"虞"字条，第3078页；又，丁山《甲骨文所见氏族及其制度》，以甲文中之"尧"为"侥"之本字，系武丁时代一氏族，地或在滱水流域，似与传说中之尧无关。
② 见郭沫若著《卜辞通纂考释》第360片，胡厚宣：《卜辞中所见之殷代农业》，收入《甲骨学商史论丛续集》，台北大通书局印行，第213页。
③ 屈万里：《尚书释义》，第1页。
④ 段玉裁云："尧本为高，陶唐氏以为号……尧之言至高也，舜，《山海经》作俊，俊之言至大也，皆生时臣民所称之号，非谥也。"见《说文解字段注》，艺文印书馆，第700页。
⑤《世本》见茆泮林辑本，《帝王世本》，第11页，系据《五子之歌》《正义》引，其他各种辑本皆有之，见《世本八种》，西南书局；《史记》见《五帝本纪》《三代世表》，《世经》见《汉书·律历志》引。据童书业《陶唐氏名号溯源》一文考证，谓尧同唐的发生关系原因很复杂，它们结合的时代也较晚，早则战国末，迟或竟在汉代，《浙江省立图书馆馆刊》第四卷第六期；而何光岳《陶唐氏的来源》一文则以为尧在未为部落酋长时，是以烧陶为业的半农半陶的能手，后来因制陶有功，才被选为部落酋长，这个部落便以他的特长命名陶唐氏，《河北学刊》1985年第二期，第78~81页。
⑥ 根据梁玉绳《汉书人表考》上册，《国学基本丛书》，商务印书馆，第23~26页。
⑦《山海经·大荒东经》。

也。"马融、孔颖达等亦皆以为谥号①。从以上的资料来看，尧舜之名起于后世的可能性似乎较大。

《大戴礼记·帝系》《史记·五帝本纪》都以尧为黄帝的四世孙，舜为黄帝的八世孙，《帝系》云：

> 黄帝产玄嚣，玄嚣产蟜极，蟜极产高辛，是为帝喾。帝喾产稷、产契、产放勋，是为帝尧。黄帝产昌意，昌意产高阳，是为帝颛顼。颛顼产穷蝉，穷蝉产敬康，敬康产句芒，句芒产桥牛，桥牛产瞽叟，瞽叟产重华，是为帝舜。②

以上所列整齐的帝系，有许多矛盾，因不免启人疑窦，例如自黄帝至尧禹皆为四世，至舜却为八世，同时却又说尧让位于舜，并妻舜以二女，宋欧阳修《帝王世次图序》，以舜娶尧二女乃是娶其曾祖姑，而让位于禹岂非上传其四世祖③，这些都是囿于时代知识的缘故。

其实，传说中的五帝时代，是我国远古氏族社会的反映，他们的世系并非如西周以后宗法社会的情形，有其血统上的关系，晋郭璞《山海经注》云："诸言生者，多谓其苗裔，未必是亲生。"④事实上连"苗裔"也未必一定是。"五帝"原系后人就古代著名氏族中所选出的重要者，其与尧舜同时的重要人物，如《尚书》所载尧舜"朝廷"的"大臣"和"四凶"，《左传·文公十八年》所称的"八元""八恺"等，可能都是当时的重要氏族或领袖，后人从后代的政治眼光来看，就成了整列的朝代系统和"君臣"的关系，疑古的人更干脆否定了其"人格"。据丁山氏考证，"古帝王世系，必渊源有自，绝非晚周诸子所得凭空虚构"，所以古帝王如尧舜者，皆为"人帝"而非"神帝"，实为不可摇撼之说⑤。

尧舜应是远古的重要氏族领袖，他们的"族系"，直至殷周以后，似仍断

---

① 孔颖达：《尚书正义》，十三经注疏，新文丰出版公司印行，第19页。
② 《大戴礼记》卷七，《四部丛刊》，商务印书馆，第36页。
③ 《崔东壁遗书》，《补上古考信录》卷之下，第19~21页。
④ 《山海经·大荒东经》，"帝俊生黑齿"句下。
⑤ 丁山：《由陈侯因𫱃镈铭黄帝论五帝》，《"中央研究院"历史语言研究所集刊》第三本，第520页云："凡《帝系》《国语》所载古帝王世系，亦必渊源有自，绝非晚周诸子、驺衍之徒所得凭空虚构矣。"又云："因其传说不同，而疑其传说之人，亦为子虚乌有，未免因噎而废食矣。"徐中舒氏在丁文之末作附记，谓丁氏之论为不可摇撼之说，见第536页。

续可寻，《吕氏春秋》称："武王伐纣，未及下车，即追封帝尧之后于蓟，封帝舜之后于陈。"①《史记·陈世家》以陈胡公满者，即为虞帝舜之后。《国语·鲁语》载展禽之言曰：

> 有虞氏禘黄帝而祖颛顼，郊尧而宗舜，夏后氏禘黄帝，商人禘舜而祖契，郊冥而宗汤，周人禘喾而郊稷，祖文王而宗武王②。

其中所列黄帝、颛顼、帝喾、尧、舜，在当时大约都是强大氏族的领袖，或为部落的盟主，其后氏族或部落相互兼并融合，子孙绵衍，所以虞夏商周的后裔，措庙配祖，都以他们作为禘祭的对象③，尧舜的由来，可说渊源有自了。

同时，古代的重要氏族或领袖，必然是曾有大功烈于民，所以才使后人追念不忘，传说中的"五帝"及其同时的许多人物皆然，尧舜也是如此，《国语·郑语》称："夫能成天地之大功者，其子孙未尝不章，虞夏商周是也。"《国语·鲁语》载展禽论臧文仲祀典，列举自烈山氏、共工氏以下至于尧舜禹契等古帝王的重要事功，其中谓"黄帝能成命百物，以明民共财，颛顼能修之，帝喾能序三辰以固民，尧能单均刑法以仪民，舜勤民事而野死……"所以他们能够留名后世，这应是另一个重要的原因，而尧舜不过是其中之一二人而已。

战国诸子的言论中，多喜引述古代先圣先王之德行事功，尤其儒墨议论纷纷，对于传说中的尧舜，并无一致的看法和记载，《韩非子·显学》说：

> 孔子墨子俱道尧舜，而取舍不同，皆自谓真尧舜，尧舜不复生，将谁使定儒墨之诚乎。殷周七百余岁，虞夏二千余岁，而不能定儒墨之真，今乃欲审尧舜之道于三千岁之前，意者其不可必乎……

其实，不仅儒墨论尧舜不同，法家的韩非，道家的庄子，所论的尧舜也

---

① 《吕氏春秋·慎大览》。又见《史记·周本纪》《礼记·乐记》《韩诗外传》。《礼记·乐记》《韩诗外传》作"封黄帝之后于蓟，帝尧之后于祝"，应以《吕览》《周本纪》为是。
② 《国语》韦昭注云："有虞氏出自黄帝颛顼之后，故禘黄帝而祖颛顼，舜受禅于尧，故郊尧……虞夏俱黄帝颛顼之后，故禘祖之礼同，虞以上尚德，夏以下亲亲，故郊鲧也。"四部备要本卷四，中华书局，第7页。
③ 丁山氏认为，《帝系》《国语》所述古帝王世系，皆本于列国史记，渊源有自，绝非晚周诸子、邹衍之徒所得凭空虚构。见丁山前引文《由陈侯因𬣞镈铭黄帝论五帝》，第520页。

都不同，这并不是因为他们各自创造了假的尧舜，而是由于他们的学说与思想不同，著作的目的不同，对于尧舜的"史事"，也就提出了不同的解释，也可以说由于其"史观"不同的缘故，才有了不同的尧舜①。我们可以说，儒家的尧舜渗入了儒家的思想，墨家的尧舜渗入了墨家的思想，法家与道家亦然。这不是他们有意要造伪，他们谈到尧舜，原非为了记载尧舜史事，而是为了援引古史，证成己说。所以何者是真尧舜，就要看我们如何去考察了。再者，我们从不同的尧舜传说中，还可以发现，战国诸子虽然对尧舜的议论不同，但有一点则是一致的，那就是他们都认为尧舜是"历史人物"，不像近代疑古学者，根本否定了尧舜的"人格"和事迹。

战国诸子中的尧舜传说虽多，但并没有系统的记载。对于尧舜传说有着比较详细记载的，除了《尚书·尧典》所述者以外，首推西汉司马迁的《史记·五帝本纪》。尧舜事迹在《五帝本纪》中，记载之多且详，远超过了黄帝、颛顼或帝喾，我们可以说《五帝本纪》实为西汉时代的第一次古史大整理，也是尧舜事迹的一次大整理，太史公除了根据古文并诸子百家论次，还亲自"西至空桐，北过涿鹿，东渐于海，南浮江淮"② 去考察当时有关黄帝尧舜的传说，然后与"文献资料"加以综合成篇。

《史记》为二十五史的第一部，尧舜的事迹，遂在司马迁的整理下，被列入了我国的正史之中。《史记》而外，汉代学者对于古史加以系统整理者，有刘歆的《世经》③ 和王符的《潜夫论·五德志》。刘歆《世经》以"五德相生"的理论，自伏羲氏以下排列历史的演变过程，他认为太昊帝庖牺氏首德始于木，炎帝神农氏以火承木，火生土，故黄帝土德，继神农有天下，以下依次是：少昊帝金德，颛顼帝水德，帝喾木德，帝尧火德，帝舜土德……其中所述尧舜之事迹颇为简略，所注重者，在以"五德相生"的观点，阐述历史发展系统及其演变之因果。《潜夫论·五德志》除了接受"五德相生"的古史系统外，并将传说纷纭、迄未解决的远古帝王名号，如太昊与伏羲、

---

① 例如关于尧、舜、禹的禅让问题，《墨子·尚贤中》《孟子·万章》《韩非子·五蠹》均曾加以解释，但彼此说法却大不相同，就是由于他们的思想与史观不同之故。李伟泰前引文第三章，《先秦典籍中的历史解释》，第二节探讨史事原因的历史解释诸篇，已有论析。

② 见《史记·五帝本纪》太史公曰。

③《汉书·律历志》引。

炎帝与神农、高阳与颛顼、高辛与帝喾、唐与帝尧、有虞与帝舜等的关系，做了一番调和。他以太昊、神农、高阳、高辛、陶唐、有虞为世号，伏羲、炎帝、颛顼、帝喾、帝尧、帝舜为身号①。

两汉以后，对于古史做有系统之整理工作者仍多，如皇甫谧《帝王世纪》、刘恕《通鉴外纪》、罗泌《路史》、胡宏《皇王大纪》等皆是②，他们对于尧舜的事迹也都做了系统的介绍，《路史》搜罗的资料尤为丰富。汉魏与宋人对于古史的整理，自然不免渗入了汉魏与宋人的思想和史观，即现代人对于古史的著作，又何尝不然！

语云："孔子删书，断自唐虞"，"仲尼祖述尧舜"。孟子"言必称尧舜"。由于孔孟特别推崇尧舜，所以在儒家思想成为中国学术思想主流、儒家著述成为重要经典以后，尧舜在国人心目中的地位，也就特别崇高，不是其他远古帝王可以相提并论的了。

三、尧舜传说的时代

战国秦汉学者，以"三皇五帝"为公认的古史系统，传说中的远古帝王，往往即是时代前后的标记，《易·系辞传》称："包牺氏没，神农氏作……神农氏没，黄帝尧舜氏作。"《战国策·赵策》："宓牺神农教而不诛，黄帝尧舜诛而不怒。"这显然是以"黄帝尧舜"为继庖牺氏、神农氏之后的时代，《史记》以黄帝、颛顼、帝喾、尧、舜同列《五帝本纪》，未尝不是以他们同属于一个"大时代"之意。汉袁康《越绝书》载风胡子对楚王之言曰："神农之时，以石为兵，黄帝之时，以玉为兵，禹穴（益?）之时，以铜为兵。"③ 袁

---

① 王符《潜夫论·五德志》，《新编诸子集成》第二册，第 161～168 页。《五德志》可视为王符以"五德相生"的古史观，对古史所做的系统整理。顾颉刚《潜夫论中的五德系统》一文，认为这是汉人以"五德终始"的公式来臆造历史，所论显有偏差，如果说这是王符心目中的古代，则无不可。此文原刊《国立北平研究院史学集刊》第三期，收在《古史辨》第七册中编，1941 年。

②《帝王世纪》有清代顾尚之、钱熙祚辑校本，尧舜事见第 12～18 页，《指海》第六集；刘恕《通鉴外纪》见卷一"帝尧""帝舜"项，四部丛刊，商务印书馆，第 11～20 页；罗泌《路史》见后纪第十卷《陶唐氏》、第十一卷《有虞氏》，四部备要本，中华书局；胡宏《皇王大纪》卷三，《五帝纪·帝尧陶唐氏》，卷四，《五帝纪·帝舜有虞氏》，《四库全书》二集，商务印书馆。

③ 袁康：《越绝书》卷十一，《越绝外传记宝剑第十三》，《国学基本丛书》，商务印书馆，第 56 页。

康不可能不知道尧舜，他似乎是将禹之前的尧舜，包含在"黄帝之时"以内，因为他们同属于"以玉为兵"的时代。黄帝尧舜的时代，有时似乎仅以"虞"作代表，《史记·伯夷列传》："神农虞夏忽然没兮。"以"虞夏"与神农连称，"虞"似乎即包含了黄帝尧舜，所以有人以为五帝同属于"虞"代①。

黄帝有时也被列为"三皇"②，有时与神农同列一个时代，但尧舜却一直都是同属一个时代，庄子以"退化史观"述时代的演变称：

> 及燧人伏羲始为天下，是故顺而不一，德又下衰，及神农黄帝始为天下，是故安而不顺，德又下衰，及唐虞始为天下，兴治化之流，澆淳散朴。③

所谓"德又下衰"，显然是因着时代的不同，而产生的变化，所谓"唐虞"，当然指的是尧舜时代。

我国古史，向以夏商周为"三代"，禹汤文武为"三王"④，但墨子言"三代"之圣王，常常是"尧舜禹汤文武"并举⑤，春秋以来的学者，援古论事，有时"虞夏商周"四代并提⑥，例如《左传·庄公三十二年》内史过说："故有得神以兴，亦有以亡，虞夏商周皆有之。"《墨子·非命下》所说的"子胡不考之乎商周虞夏之记"，显系虞夏商周次序的颠倒。《吕氏春秋·审应览》："国久则固，固则难亡，今虞夏商周无存者，皆不知反诸己也。"《礼记》述古制，也多遵照虞夏商周的次序⑦。这为首的"虞"代，至少应包括

---

① 刘节《中国古代宗族移植史论》第三章《世与代》特别指出，"从春秋以后，学者相传古史应当分虞夏商周四代"，而"虞代"是很长的一代，正中书局印行，第33～35页；童书业《帝尧陶唐氏名号溯源》一文，有"五帝同属虞代说"，《古史辨》第七册下编，第12～16页。
② 皇甫谧《帝王世纪》，即以伏牺、神农、黄帝为"三皇"。
③《庄子·缮性》。
④ 例子很多，如《论语·卫灵公》："斯民也，三代之所以直道而行也。"何晏《集解》："马曰：三代，夏殷周。"《孟子·告子上》："五霸者，三王之罪人也。""三王"，赵岐注："夏禹商汤周文武也。"朱熹注："夏禹商汤周文武也。"
⑤《墨子·尚贤中》云："昔三代圣王尧舜禹汤文武之所以王天下……"墨子以尧舜禹汤文武为"三代"之圣王，又见卷六《天志中》第二十七、卷十二《贵义》第四十七。
⑥ 刘节前引书《中国古代宗族移植史论》，第33页。
⑦ 例如《王制》："凡养老：有虞氏以燕礼，夏后氏以飨礼，殷人以食礼，周人修而兼用之"，"有虞氏养国老于上庠，养庶老于下庠；夏后氏养国老于东序，养庶老于西序；殷人养国老于右学，养庶老于左学；周人养国老于东胶，养庶老于虞庠。"

了尧舜二人。总之，传说中的尧舜时代，亦即唐虞之世，在黄帝之后，夏禹之前，则为先秦诸子以及两汉学者心目中十分肯定的观念。

由于孔子及孔门弟子推崇尧舜，而战国诸子又多以尧舜为古代的圣王，后儒不察，遂以"唐虞之世"为古史上的黄金时代，所谓"唐虞之世麟凤游"①。尧即帝位后，"德政清平，比隆伏羲，凤凰巢于阿阁，灌林景星出翼轸，朱草生郊，嘉禾滋连，甘露润液，醴泉出山"②；舜即帝位，"萱荚生于阶，凤凰巢于庭，击三石附石，百兽率舞，景星出房，地出乘黄之马，西王母献白环玉玦"③。《尚书·大传》称"尧舜之王天下，一人不刑而四海治"④，而舜更是"弹五弦之琴，咏南风之诗，不下庙堂而天下治"⑤，这些形容，多半出诸后儒的想象，与尧舜时代的真相，恐怕有着相当距离。

从传说史料中观察，尧舜时代不仅不是升平盛世，反而是遭遇着艰苦的岁月，天灾与祸乱频仍⑥，《尚书·尧典》称尧时"汤汤洪水方割，荡荡怀山襄陵，浩浩滔天，下民其咨"，孟子对于当时的情形，有着更深刻的描述，《滕文公·上》云：

> 当尧之时，天下犹未平，洪水横流，泛滥于天下，草木畅茂，禽兽繁殖，五谷不登，禽兽逼人，兽蹄鸟迹之道，交于中国。

《滕文公·下》又云：

> 当尧之时，水逆行，泛滥于中国，蛇龙居之，民无所定，下者为巢，上者为营窟。

孟子的话，道出了当时的自然环境是何等的恶劣。尧舜时代，除了洪水

----

① 《太平御览》卷八九八引《孔丛子》。
② 《绎史》卷九引《尚书》中条，《太平御览》卷八十略同。
③ 《宋书·符瑞志》。
④ 《太平御览》卷八十引。
⑤ 罗泌：《路史》余论卷八，南风之诗条引步骘云；《绎史》引琴清英云："舜弹五弦之琴而天下治。"见卷十，第7页。《礼记·乐记》："昔者舜作五弦之琴以歌南风。"郑注："南风，长养之风也，言父母之长养己，其辞未闻。"疏云："案：《圣证论》引《尸子》及《家语》难郑云：'昔者舜弹五弦之琴。'其辞曰：'南风之薰兮，可以解吾民之愠兮；南风之时兮，可以阜吾民之财兮'……"南风之诗的歌辞，系后人所作，自不待言。
⑥ 卫惠林《中国古代图腾制度的范畴》一文有云："唐虞盛世所面临的世代，是一个巨变多难的乱世，一方面有洪水、旱灾；另一方面是群落分立，部族互相侵伐的水深火热的时代。"见《"中央研究院"民族学研究所集刊》1968年第二十五期，第20页。

之外，似也遭遇到旱灾，《吕氏春秋·求人》记载尧让天下于许由时说："十日出而焦火不息，不亦劳乎，夫子为天子，而天下已定矣。"①《淮南子·本经训》称：

> 逮至尧之时，十日竝出，焦禾稼，杀草木，而民无所食，猰貐、凿齿、九婴、大风、封豨、修蛇，皆为民害……舜之时，共工振滔洪水，以薄空桑，龙门未开，吕梁未发，江淮通流，四海溟涬，民皆上邱陵，赴树木……

《淮南子》的作者认为，由于尧使羿上射十日②，又消灭了为民害的猰貐、凿齿、九婴、大风、封豨、修蛇③，"万民皆喜，置尧以为天子"，舜由于能使禹治平水患，"鸿水漏，九州干，万民皆宁其性"，这是"称尧舜以为圣"的原因，所论极是。先秦两汉的文献中，纷言尧曾伐驩兜④，舜则屡征三苗，儒者甚至传言："舜征三苗，道死苍梧。"⑤ 可见尧舜的时代，为着万民的安定，与天灾外患不断搏斗，这才是他们真正的"圣德"，如果尧舜都"垂拱而治"，做着太平"天子"，享着清福，也就没有什么"德"值得后人歌颂的了。

---

① 《吕氏春秋·慎行论》，又见《庄子·逍遥游》。
② 后羿善射，古史传说由来已久。羿之时代，《左传》襄公四年、哀公元年记载少康中兴事，以其为夏初有穷氏之君。《说文》："羿，羽之羿风，亦有诸侯也，一曰射师，从羽开声。"羿古文又作"羿"，《说文》："羿，帝喾射官，夏少康灭之，从弓开声。"《论语》曰："羿善射。"《山海经·海内经》云："帝俊赐羿彤弓素矰，以扶下国，羿是始去恤下地之百艰。"《论语·宪问》："南宫适问于孔子曰：'羿善射，奡荡舟，俱不得其死焉。'"《论语》邢昺疏引贾逵曰："羿之先祖先为先王射官，故帝喾赐羿弓矢，使司射……帝喾时有羿，尧时亦有羿，则羿是善射之号，非人之名字。"这是前人对于帝喾时有羿、尧时有羿、夏初亦有羿的解释。据孙作云《后羿传说丛考》一文认为：羿为东夷之大君，羿射九日即灭九夷，其说颇有可取者。见《中国学报》一卷三期，第27～29页，一卷四期，第67～70页。学生书局重印，1970年重印。
③ 《淮南子》高诱注：猰貐，兽名也，状若龙首，或曰似狸善走而食人，在西方也；凿齿，兽名，齿长三尺，其状如凿，下彻颔下，而持戈盾；九婴，水火之怪，为人害；大风，风伯也，能坏人屋舍；封豨，大豕，楚人谓豕为豨也；修蛇，大蛇，吞象三年而出其骨之类。孙作云前引文，以猰貐、凿齿等皆为古黄河流域一带之图腾名或国名，为羿所灭。《中国学报》一卷四期，第76～80页。
④ 例如《荀子·议兵》："尧伐驩兜，舜伐有苗。"又如《战国策·秦策一》，苏秦说秦惠王，以尧伐驩兜与神农伐补遂、黄帝伐涿鹿、舜伐三苗、禹伐共工、汤伐有夏等并举。
⑤ 见《淮南子·修务训》。除《孟子·离娄下》谓舜"卒于鸣条"之外，古籍有关舜崩或葬于苍梧的传说极多，如《山海经·海内南经》："苍梧之山，帝舜葬于阳。"《国语·鲁语》："舜勤民事而野死。"韦昭注："野死谓征有苗，死于苍梧之野。"《礼记·檀弓》："舜葬于苍梧之野。"《史记·五帝本纪》："舜南巡狩，崩于苍梧之野，葬于江南九疑，是谓零陵。"等等，不胜列举。

　　相传尧在位七十年，舜在位五十年，对于尧舜的年代，有许多不同的推测，宋邵雍《皇极经世》一书中的尧元年换算成公元，应为公元前2357年，总计各家对于尧的元年共有五种异说，据董作宾氏考证，尧元年应为公元前2333年，在位一百年，舜元年为公元前2233年，在位五十年①。我国"共和"以前的古史年代，虽无定说，但以上的数字，不失为一种参考。

　　据文献史料推测的尧舜年代，如与考古学的年代对照，约相当于仰韶文化的极盛期，乃至黑陶文化期。我国仰韶文化的绝对年代，根据放射性碳素的测量，自公元前四千年至两千年不等②，与传说中的尧舜年代对照，约略相当，而传说中的尧舜事迹，具有新石器时代特征者亦多。

　　我国新石器时代，黄河流域下游，主要分布着彩陶文化与黑陶文化，彩陶文化的中心在晋陕豫三省交界处③，黑陶文化则以山东半岛为中心，它们二者的关系，考古学上尚未有最后的定论④，与古史传说对照，有人以为彩陶文化乃黄帝氏、陶唐氏、夏后氏之文化，尧舜禅让的年代与陶唐氏活动的空间，都与彩陶文化"吻合"⑤，虞舜乃黑陶文化的创造者⑥，《韩非子·十过》云："尧禅天下，虞舜受之，作为食器，斩山木而财之，削锯修其迹，流漆墨其上，输之于宫，以为食器。"正是此种情形的反映。这些自然都仅止于一种推测而已。

　　尧号陶唐氏，似与擅长制作陶器有关，德国穆勒莱耶（Müller Lyer）

① 董作宾：《中国上古年代》，《把近二十年研究古史年代的成果献给当世的注意国史者》，《中国上古史年代之考定新证》诸文，见《平庐文存》上册卷一，艺文印书馆印行。
② Kwang-Chin Chang, *The Archaeology of Ancient China*, Appendix 1: Radio carbon Dates in Cbinese Archaeology up to January 1976, P. 485, Taipei reprinted, 1978。
③ 张光直：《华北农业村落生活的确立与中原文化的黎明》，《"中央研究院"历史语言研究所集刊》第四二本第一分，1970年，第124~125页。
④ 张光直《中国新石器时代文化断代》一文，认为彩陶在西黑陶在东的旧说，已为今日的材料打破，过去学者以彩陶与黑陶文化对立的观念，应加以重新检讨，见《"中央研究院"历史语言研究所集刊》第三十本。又过去"城子崖"黑陶文化，学者与文献传说参照，多认为殷民族起于东方，以山东半岛为中心的黑陶文化，为殷商早期文明遗存，由于近年晋南豫西有早商文明的发现，学者对于殷商文明起源问题，引起重新检讨的兴趣，但传统的旧说仍占着极大的势力，未能根本动摇。参张光直：《殷商文明起源研究上的一个关键问题》，《沈刚伯先生八秩荣庆论文集》，联经出版社1976年版，第151~169页。
⑤ 徐亮之：《中国史前史话》，香港亚洲出版社1954年初版，台北华正书局1974年台一版，第207~208页，第212~213页。
⑥ 徐亮之前引书《中国史前史话》，第304页做如此主张。

称，古代部落，常负责某一专门工作，久之职业名称遂变为部落之名称①，舜的传说与陶器有关者更多，如《韩非子·难一》称："东夷之陶器苦窳，舜往陶焉，期年而器牢。"《考工记》云："有虞氏尚陶。"可见舜也擅长陶器的制作，陶器正是新石器时代的重要特征之一，所以对照古史传说与考古学的资料，我们以传说中的尧舜时代，相当于新石器时代的晚期，似乎并不为过②。

四、尧舜传说所反映的远古氏族社会

根据上一节的分析，对照考古学资料，尧舜时代应相当于新石器时代的晚期。我国新石器时代，从出土的文物观察，文明已呈高度发展，黄河流域中下游，已是氏族社会活动频繁的地区了③。

从民族学观点考察，具有氏族社会特征者更多。据民族学家研究，许多文明民族，似乎都曾经过氏族的阶段。氏族在原始民族中散布很广，但各地的大小数量不一，北美的摩鹤部落（Mohauk）及奥尼达部落（Oneida）各只有三个氏族，非洲的巴干达族（Baganda）却有三十个氏族④，氏族社会的形成，当在新石器时代，人类能够生产粮食，并开始简单的分工，出现聚落以后，才由氏族合并为部落⑤，由部落演进到国家。据摩勒（A. Moret）的研究，古代埃及的社会组织，初为许多图腾氏族（Totemic clans），后来发展成

---

① 穆勒莱耶（Müller Lyer）：《社会进化史》，《人人文库》中译本，商务印书馆 1970 年 8 月版，第 164 页。
② 李民《尧舜时代与陶寺遗址》（《史前研究》1985 年第四期，第 34~38 页），许宏、安也致《陶寺类型为有虞氏遗存论》（《考古与文物》1991 年第六期，第 34~39 页），二文均认为陶寺类型龙山文化应为有虞氏或其一支的文化遗存。
③ 例如新石器时代重要遗址之一的西安半坡，其家屋排列形态，都是"氏族社会"象征，见张光直：《华北农业村落生活的确立与中原文化的黎明》，第 133 页；而黄河中下游新石器时代的仰韶文化遗址，"已经发现的约有一千余处"，见《新中国的考古收获》，第 7 页。我们可以说，每一处遗址，当然都是当时氏族活动的地区。
④ 林惠祥：《文化人类学》，台湾商务印书馆，1979 年版，第 223 页。
⑤ 氏族与部落发生的先后，有两种假定，一是先合并有关系的家族为氏族，然后再结合氏族为部落，一是先有一个包含多数家族的混杂团体，成为多少有点固定的部落单位，后来才分裂成为几个氏族。见林惠祥前引书第 223 页。林氏以为以上两种次序，或说是以部落先于氏族说为近真，但质诸人类社会的演化系由简而繁，即系由进化而来，我们应该相信前一说为是。

无数的部落，再由图腾部落变为上部埃及下部埃及二王国，最后上部埃及又吞并下部埃及，达到君主专制的大帝国阶段①。

我国古代氏族社会时期，必然散布着许多部落，《五帝本纪》："黄帝监于万国，万国和。"《吕氏春秋》说："当禹之时，天下万国。"② 所谓"国"，亦即部落，万国当然是概数，禹时尚且"万国"，禹以前的尧舜时代，部落之多，可以想见。

部落与部落间的演进，即成部落联盟。我国远古时期，部落联盟的初现，似在黄帝时代，自黄帝战胜蚩尤之后，遂成为各部落的盟主③。《史记·五帝本纪》载黄帝率"熊罴貔貅䝙虎以与炎帝战于阪泉之野""征师诸侯与蚩尤战于涿鹿之野"以及"诸侯咸尊轩辕天子"，便是由部落联盟到盟主出现的反映。"熊罴貔貅䝙虎"当然是部落的名称或氏族的标志，而不会是真正的动物。

尧舜时代，氏族及部落之多，反映在传说史料中者，更为明显。《尚书》中尧舜"朝廷"的"九官""四岳""十二牧"，显然都是部落联盟的重要组成分子，"九官"之禹、弃、契、皋陶、垂、益、伯夷、夔、龙，"四罪"之鲧、共工、驩兜、三苗④，以及彭祖、夋斨、伯与、朱虎与熊罴⑤；《左传·文公十八年》鲁太史克对鲁宣公所说的"八元"——伯奋、仲堪、叔献、季仲、伯虎、仲熊、叔豹、季狸，"八恺"——仓舒、隤皑、梼戢、大临、龙

---

① 法人 A. Moret 与 Davy 著有 *Des Clans anx empires*（Paris，1923）一书，商务印书馆有陈健民中译本，名《近东古代史》，系根据英人 V. Gordon Childe 之英译本 *From Tribe to the Empire*，翻译而成，编入商务印书馆汉译世界名著甲编，1966 年 8 月台一版。

② 《吕氏春秋·离俗览·上德》，《新编诸子集成》第七册，世界书局，第 244 页。

③ 梁启超：《太古及三代载记》，《国史研究六篇》，中华书局，1971 年版，第 26 页。其他如胡秋原《古代中国文化与中国知识分子》（第 40 页，香港亚洲出版社印行）、黎东方《先秦史》第三章（《人人文库》，商务印书馆 1967 年版）大都做如是主张。

④ 《尚书·尧典》（伪古文舜典）谓舜受禅后，"流共工于幽州，放驩兜于崇山，窜三苗于三危，殛鲧于羽山，四罪而天下咸服"，《孟子·万章上》作"杀三苗于三危"，余句与《尚书》同。共工、驩兜、三苗、鲧等有关之传说极多，吕思勉称："四族当时之强国。"应是合理的推测。见《先秦史》，开明书店，第 84 页。

⑤ 朱虎熊罴或以为二人，或以为四人，无定说。对本文而言，"二人"或"四人"并不重要。

降、庭坚、仲容、叔达，"四凶族"——浑沌、穷奇、梼杌、饕餮①；《淮南子·本经训》谓尧时为害的猰㺄、凿齿、九婴、大风、封豨、修蛇等，都可说是当时著名的部落或氏族领袖。

《尚书》载尧舜朝廷的整齐官名，自不免引起后人的怀疑。诚然，这些名称是后起的，但也不能因此而否定其时的人与事的存在②，考古学家指出，新石器时代初期，农业诞生，人类定居后，即开始了分工，文明愈进步，分工愈细。而尧舜朝廷的"九官"，一方面表示了部落联盟的组织，一方面则表示了当时事物的分工，就"九官"所负责的工作内容来看，不外抵抗天灾（治水）外患，以保障群落的安定；管理农业草木鸟兽，以维持部落之经济生活；负责祭祀及"礼乐"教化，以维系部落之精神生活③，如谓这些事情发生在新石器时代后期，即传说中夏以前的尧舜时代，我们又如何能断然予以否定。

《尚书·尧典》载舜摄政后，"流共工于幽州，放驩兜于崇山，窜三苗于三危，殛鲧于羽山"；《左传·文公十八年》言舜即位后，举"八元""八恺"，流放"四凶"。我们从传说史料中，不难发现驩兜、共工、三苗与中原部族间，有着长时期的纷争。《五帝本纪》载"驩兜进言共工，尧曰不可，而试之工程，共工果淫辟，四岳举鲧治洪水，尧以为不可，岳强请试之，试之而无功"，已可看出这些部族与尧的不和谐。《尧典》说舜"流共工于幽州，放驩兜于崇山，窜三苗于三危"，其实，传说在尧时即已与这些部落不断发生

----

① 《左传·文公十八年》之"四凶"，学者多认为即是《尚书》《孟子》所称之"四罪"，如《尚书》疏引郑玄、《释文》引马融王肃、《史记·五帝本纪》集解引贾逵服虔、《左传》杜预注等，皆以浑沌当驩兜、穷奇当共工、梼杌当鲧、饕餮当三苗，可见"四凶"即"四罪"，似为东汉以来诸儒之通说。唯《淮南子·修务训》称尧"放驩兜于崇山，窜三苗于三危"，高诱注云："三苗盖谓帝鸿氏之裔子浑沌，少昊氏之裔子穷奇，缙云氏之裔子饕餮，三族之苗裔，故谓之三苗。"说法与以上不同。

② 例如《说苑》称："当尧之时，舜为司徒，契为司马，禹为司空，后稷为田畴，夔为乐正，倕为工师，伯夷为秩宗，皋陶为大理，益掌驱禽……""尧知九职之事，使九者各受其事，皆胜其任，以成九功，尧遂成厥功，以王天下……"所谓司徒、司马、司空、大理，显然都不是当时的名词，但此并不能否定其时已有各种职责的分工。田崎仁义：《中国古代经济思想及制度》第三编第三章《尚书中尧舜时代之统治机关及其行政》，第二节《尧舜朝廷之组织》，将《尚书》九官及其职责加以表列，谓系"组织内阁"，禹兼"总理大臣""治水总裁"，"四岳"谓"出则为地方诸侯之监督官，入则为帝之最高咨问机关"，更使用了现代的名词。《人人文库》中译本，商务印书馆，1972 年版，第 148～149 页。

③ 如伯夷作秩宗，司祭祀鬼神，夔作典乐，司诗歌音乐，显然都与精神生活有关，就氏族社会而言，这是颇为重要的一部分。

战争，《荀子·议兵》称"尧伐驩兜"，《战国策》也屡言"尧伐驩兜"，《庄子》说放驩兜于崇山的是尧①，陆贾《新语》以尧放驩兜与仲尼诛少正卯并举②，近人有主张驩兜与丹朱系同一传说之分化③，而丹朱、驩兜之传说又出于朱明、昭明、祝融之神话④，其说未成定论。总之，在尧的时代，已有惨烈的部落兼并战争，则应无可疑，《庄子·人间世》称："昔者尧攻丛枝胥敖，禹攻有扈，国为虚厉。"正是此一状况的真实反映。

考察古代传说，共工氏在帝喾与颛顼时代即已为乱。《史记·楚世家》："共工氏作乱，帝喾使重黎诛之而不尽。"《淮南子·天文训》："昔者共工与颛顼争为帝，怒触不周之山，天柱坼，地维绝。"这则近乎神话的记载，反映了尧舜之前即曾与共工氏有过一场惊天动地的斗争。《淮南子·本经训》说"舜之时，共工氏振滔洪水，以薄空桑"，造成了中原的水患，而尧时亦有流共工之说，《大戴礼记·五帝德》称"帝尧……流共工于幽州，以变北狄"，可见共工氏实为五帝时代一强大氏族，本与中原民族有过长期对抗，尧时一度参加过联盟，终又退出，舜时才把它彻底打败。至于三苗，更是南方的强族，三苗的地区据《战国策》云："左有彭蠡之波，右有洞庭之水，汶山在其南，而衡山在其北。"⑤《史记·五帝本纪》亦说"三苗在江淮荆州间"，近人对于古三苗疆域虽有考证，似未能动摇《战国策》《史记》之旧说⑥。

三苗与中原氏族也曾经有过长久而激烈的斗争，梁启超说："华苗二族之

---

① 《庄子·在宥》："尧于是放驩兜于崇山，投三苗于三峗，流共工于幽都，此不胜天下也。"
② 陆贾：《新语·辅政第三》，《新编诸子集成》第二册，世界书局，第6页。
③ 童书业：《丹朱与驩兜》，《浙江图书馆刊》1935年10月四卷五期。
④ 杨宽：《中国上古史导论》，《古史辨》第七册上编，1941年，第307~311页。
⑤ 《战国策·魏策》吴起对魏武侯之言，见"魏武侯与诸大夫浮于西河"条，《史记·吴起列传》载吴起对魏武侯曰："昔三苗氏左洞庭，右彭蠡。"
⑥ 钱穆《古三苗疆域考》，以衡山即《汉书·地理志》南阳郡雉县之衡山，汶山即《国语·齐语》称"齐桓公伐楚，济汝踰方城望汶山"之汶山；又以彭蠡为水湍回之称，洞庭为水潜行通达之意，说虽清新，尚难成为定论。《燕京学报》1932年12月第十二期，台北东方文化书局影印。芮逸夫《苗人考》称："历史上的三苗，又称苗、苗民或有苗，是四千余年前分布在长江中游，北到岐山，南到衡山，东西介鄱阳洞庭两湖的一种部落。"显然依据典籍所载的旧说。见《中国民族及其文化论稿》上册，台北艺文印书馆印行，1972年版，第175页。赵铁寒师《舜禹征伐三苗考》，亦不从钱氏之说，谓"三苗为古史上著名民族之一，历经虞夏征伐分北，始告就范，其所居当不致偏狭局促，以至于此"《古史考述》，第37页。

消长，为古代史第一大事。"① 《尚书》《虞夏书》《吕刑》诸篇多次提及三苗，战国诸子及汉代著作言舜禹征三苗之事者极多②，大约直至禹时才告一段落③。其实，与三苗的斗争尧时应即已开始。《吕氏春秋·知分》："尧战于丹水之浦，以服南蛮。"《论衡·儒增》亦云："尧伐丹水。"论者或以系指伐驩兜而言，但皇甫谧《帝王世纪》说："诸侯有苗氏处南蛮而不服，尧征之于丹水之浦。"④ 胡宏《皇王大纪》亦以"尧战于丹水之浦"指征伐有苗⑤，则尧伐丹水显然是指对三苗之战了。以三苗为"诸侯"，当然是后人的观念。

尧舜时代，努力整治水患以减少天然灾害，与其他敌对氏族或部落之间的对抗，屡占优势或胜利，保障了中原部族的安全；发展农业开发山林，制作陶器百工，使各部落都过着安定的生活。他们有着具体的功业，才受到当时人的拥戴及后人的景仰，尧舜的"德"固在此而不在彼。

传说中尧舜时代常出现的凤凰麒麟，以及"百兽率舞"等记载，我们通过氏族社会的背景加以考察，也可以得到许多新的认识。

初民社会，基于原始的图腾信仰，表现在化装舞蹈上的最值得注意，他们认为模仿自己图腾的形状或声音，才能发生伟大的效力⑥，所以他们在举行仪式或集会的时候，所有跳舞的装扮，多直接模仿图腾的外形，也完全模仿动物的动作。例如北美达科太人（Dacatahs）野牛舞（Buffalo dance）的跳舞者，服饰与动作，都作野牛的模拟。非洲的土人，同样有装扮为鳄鱼及鸟兽形象而跳舞的⑦。又如南威尔斯土人的入社式，即模仿动物动作跳舞，祈求图腾祖先赐予新成员以神秘的狩猎技能，北美印第安人的入社式的跳舞，模仿

---

① 梁启超：《太古及三代载记》，《国史研究六篇》，中华书局，第 14 页。
② 王鸣盛《尚书后案》谓《伪古文尚书·大禹谟》禹征三苗事，系晋人掇拾群书所记，以己意润饰之而成。其列举古书所载舜禹征三苗事甚多，计有《战国策》卷二二、二三《魏策》，《墨子》卷四《兼爱下》、卷五《非攻下》，《韩非子》卷十九《五蠹》，《荀子》卷十《议兵》、卷十八《成相》，《贾子新书》卷四《匈奴》，《淮南子》卷十《缪称训》、卷十一《齐俗训》，桓宽《盐铁论》卷九《论功》，刘向《说苑》卷一《君道》，《古文苑》卷十五，扬雄《博士箴》等。
③ 《墨子·非攻下》云："禹把天之瑞令，以征有苗……苗师大乱，后乃遂几（衰微）。"
④ 顾尚之、钱熙祚辑校本，《指海》第六集，第 12 页。
⑤ 胡宏：《皇王大纪》卷三，《四库珍本》第二集，商务印书馆，第 3 页。
⑥ 李宗侗前引书《中国古代社会史》，第 114 页。
⑦ 岑家梧：《图腾艺术史》，上海商务印书馆印行 1937 年版，第 56 页。

熊及大野牛等的动作，他们相信新成员参加跳舞以后，便可得到特殊的魔力①。初民社会，模仿动物动作和形状的舞蹈，殆为一种普遍的现象，在我国古史传说里，亦极易发现这一类的事实，《尚书·皋陶谟》记载舜"廷"的大臣夔曰：

于，予击石附石，百兽率舞。

《今本竹书纪年》帝舜元年：

即帝位……击石附石，百兽率舞。②

所谓"百兽率舞"，当然不会是"百兽"真正在跳舞，而是做野兽的装扮，模仿野兽的动作。《尚书·皋陶谟》说"笙镛以间，鸟兽跄跄……凤凰来仪"，郑玄注云"鸟兽化德，相率而舞"③，乃是不明了原始社会的真相而强作解释。

除了模仿兽类动作外，也有模仿鸟类的舞蹈，《竹书纪年》"帝喾高辛氏"条载：

……代高阳氏王天下，使瞽人拊鞞鼓，击钟磬，凤凰鼓翼而舞。④

这些模仿鸟兽动作或装扮成鸟兽模样的舞蹈，在部落聚会、祭祀、狩猎、收获，乃至作战出征时，经常举行，是可以想见的。传说舜"舞干羽而三苗服"⑤，以及"唐虞之世麟凤游"，也都不外是此一现象的反映。初民模仿动物形状、声音的舞蹈，起初当然是图腾舞蹈，后来逐渐失去了图腾舞蹈的意义，转为娱乐性质的舞蹈，但仍然化装成鸟兽或模仿其动作，如周代的鹤舞或象舞便是⑥。

社会学家与民族学家都曾指出，人类在远古时代曾经过一段母系制的时

---

① 岑家梧：《图腾艺术史》，第 104 页。
② 王国维：《今本竹书纪年疏证》，《王观堂先生全集》第十三册，文华出版公司 1983 年版，第 5570 页。
③《尚书注疏》，十三经注疏，第 72 页。
④ 王国维前引书《今本竹书纪年疏证》，第 5565 页。
⑤《伪古文尚书·大禹谟》《韩非子·五蠹》《淮南子·氾论训》《齐家训》、贾谊《新书·匈奴》等。
⑥ 例如《穆天子传》卷五："天子射鹿于林中，乃饮于孟氏，爰舞白鹤二八。"《今本竹书纪年》成王八年："春正月，初莅祚亲政，命鲁侯禽父齐侯伋迁庶殷于鲁，作象舞。"

期，直至近代的初民社会里，仍不乏母系制可寻。

我国古代也曾有过母系制的阶段，先秦文献中常有远古时代"民知其母，不知其父"的记载①，而远古帝王自伏羲神农以下，都有着"感天而生"的故事②，尧的诞生是由于其母庆都与赤龙合婚③，传说舜之父为瞽叟，但"母曰握登，见大虹，意感而生舜于姚墟"④。梁启超认为"无父感天"说之由来，是由于"当婚姻制度未兴以前，只能知母为谁氏，不知父为谁氏，此则母系时代自然之数也"⑤。李宗侗氏也认为："吾人须重视古帝王感生的传说，不论其真伪若何，多半只提及其母，提及父者只有少数……由现在的真伪传说，吾人可以结论，真传说中必系知'有母而不知有父'，更为母系社会较早增加佐证。"⑥ 所以远古帝王感生的神话，实包含了母系社会的许多成分。

我们考察母系社会的基本特征，也可以作为中国远古有无母系社会的根据。据哈特兰（E. S. Hartland）的研究，在母系社会中，嗣统藉母系以传，谓之"母系的嗣统"（Matrilineal Descent），男子须从妻姓，子女则从母姓，男子结婚后，须住居妻家受妻族的支配，称"从妻居婚姻"（Matrilocal marriage），也就是男子出嫁到别的氏族去⑦。

母系社会因从母得姓，所以我国"姓"字也从女从生，《说文》："姓，人所生也，古之神圣人母感天而生子，故称天子，因生以为姓，从女生。"《通志·氏族略·氏族序》也说：

> 三代之前，姓氏分而为二，男子称氏，妇人称姓，氏所以别贵贱者……姓所以别婚姻……氏同姓不同者，婚姻可通，姓同氏不同者，婚姻不可通。

这些都是中国古代曾经有过母系社会从母得姓的痕迹。古史传说中的黄

---

① 例如《吕氏春秋·恃君览》："昔者太古尝无君矣，其民聚生群处，知母不知父……"《庄子·盗跖》："神农之世，卧则居居，起则于于，民知其母，不知其父……"
② 陈志良：《始祖诞生与图腾主义》，《说文月刊》第二期。
③《绎史》卷九引《春秋合诚图》。
④《宋书·符瑞志》。
⑤ 梁启超：《中国文化史社会组织篇》，中华书局，第2页。
⑥ 李宗侗先生前引书《中国古代社会史》，第84页。
⑦ 李宗侗先生前引书《中国古代社会史》，第68页；又，何联奎著《民族文化研究》，1951年台北自印本，第71页。

帝时代，即有此母系社会从母得姓的现象，尧舜时代更是如此，《国语·晋语》称：

> 黄帝之子二十五宗，其得姓者十四人，为十二姓：姬、酉、祈、己、滕、蔚、任、荀、嬉、姞、儇、依是也。

刘歆《世经》称：

> 帝陶之后，有陶唐氏、刘氏、御龙氏、唐杜氏、隰氏、土氏、季氏、司空氏、隋氏、范氏、邹氏、栎氏、麑氏、冀氏、谷氏、蔷氏、狸氏、溥氏。

《世经》又称：

> 舜之子分为十二姓：胡氏、陈袁氏、咸氏、召氏、庆氏、夏氏、宗氏、来氏、仪氏、司徒氏、司城氏，皆为姓也。

以上所列，父子不同姓，兄弟不同姓，其原因或是因为在母系社会中，男子幼时从母姓，成年后出嫁到妻的氏族，改从妻姓，所生子女又从母姓，所发生的现象。皇甫谧《帝王世纪》云："尧初生时，其母在三阿之南，寄于伊长孺之家，故从母所居为姓也。"[1] 《史记·五帝本纪》中正义称舜姓的由来是"瞽叟姓妫，妻曰握登，见大虹意感，而生舜于姚墟，故姓姚"[2]。

《史记·五帝本纪》称："尧之子丹朱，舜之子商均，皆有疆土，以奉先祀，服其服，礼乐如之，以客见天子，天子弗臣，示不敢专也。"论者以为，此乃尧舜之子，依母系氏族的婚姻体制，必须出嫁他族，出嫁之后，仍享有其原氏族之共有土地，其所以"皆有疆土"，是出于母系氏族的规律，与舜禹之"封"或"不封"无关。又因通婚诸氏族，彼此关系平等，所以丹朱、商均出嫁后，对于母方氏族之地位仍然平等，此即"以客见天子"与"天子弗臣"的内容[3]。再者，尧禅位于舜的故事，尧且以二女妻舜，李宗侗氏认为此亦属于母系社会的一种现象[4]。中国古代曾有母系社会应无可疑，然尧舜时

---

[1] 前引《帝王世纪》，《指海》第六集，第12页；又《史记·五帝本纪》索隐引同。
[2] 《史记·五帝本纪》，"虞舜者，名曰重华"句下。
[3] 翦伯赞：《中国的母系氏族社会》，《现代妇女》创刊号。
[4] 李宗侗先生前引书《中国古代社会史》第一册，第82页。

代是否为母系时代，似还不能成为定论。

五、从氏族社会看禅让的传说

尧舜禅让传说，是国史上的美谈，从战国以来，学者虽不乏怀疑之者，如《荀子·正论》谓尧舜禅让是"言虚"①，《韩非子·说疑》则谓"舜逼尧，禹逼舜"，《竹书纪年》谓"昔尧德衰，为舜所囚"②，唐刘知几《史通·疑古》则谓"舜放尧于平阳"③，但国人对于尧舜禅让的传说，仍有着极大的信仰，例如司马迁《史记》即把它列在《五帝本纪》，并未视做"不雅驯"之言，战国时代燕王哙让国子之的故事，未尝不是对尧舜禅让说用于实际政治之表示④。《竹书纪年》与《汲冢琐语》出土于太康初年，《晋书·束皙传》谓"琐语十一篇，诸国卜梦妖怪相书也"，《史通》引《汲冢书》谓舜放尧于平阳等事，"语异不经，世人多不之信"⑤，可见"世人"还是相信传统的旧说。至于后儒著述对于尧舜禅让深信不疑者，可以说不胜列举。

当代学者对于尧舜传说的讨论，可分成两大派，疑古的学者，认为本无其事，而系出诸后人的假托，顾颉刚曾指尧舜禅让为战国时代墨家在尚贤思

---

①《荀子·正论》称尧舜禅让是"言虚"，但《成相》却说："请成相，道圣王，尧舜尚贤身辞让……尧授能，舜过时，尚贤推德天下治……舜授禹以天下，尚德推贤不失序……"且《荀子》其他各篇中，推崇尧舜之处者极多，在现存《荀子》三十二篇中竟有二十一篇共计四十节论及尧舜，甚至多为称美之词，《正论》何以论事如此矛盾，不得而知，但就全书综合以观，荀子正如孔孟一样推崇先王之道，从而也推崇尧舜之道和禅让传说。参杨希枚先生前引文，《食货半月刊》1977 年 10 月，第七卷第七期，第 11 页。
②《史记·五帝本纪》正义引，在"尧崩，三年之丧毕，舜让辟丹朱于南河之南"句下。正义又引《竹书》云："舜囚尧，复偃塞丹朱，使不与父相见也。"
③《史通·疑古》引《汲冢书》云。
④《战国策·燕策一》，鹿毛寿谓燕王曰："不如以国让子之，人谓尧贤者，以其让天下于许由，由不受，有让天下之名，实不失天下，今王以国让相子之，子之必不敢受，是王与尧同行也。"董说《七国考》载薛氏《孟子章句》："燕哙作禅台，让于子之后，昭王后登禅台，让于乐毅，毅以死自誓，不敢受，其禅台一名尧舜台。"陈登原《国史旧闻》第51页引，大通书局影印本陶希圣先生《中国社会史》云："尧舜禅让的故事，在战国时代，遍播于士人之间，这表示士人对贵族奉致政权的要请，这个要请不独明示于学说，亦且实现于政治。"见第59页，文风书局1944年重庆初版。笔者认为，尧舜禅让故事即使战国时代已被作为一种"学说"，用于现实政治，但此一"学说"的成立，乃系以古老传说的"史实素地"为依据，才能博得普遍的信仰。
⑤《晋书·束皙传》以《琐语》为"诸国卜梦妖怪相书"，《史通·疑古》引《汲冢书》谓舜放尧平阳"世人多不之信"，可见当时的人仍相信传统旧说。刘知几所以疑其事乃由于"观近古有奸雄奋发，自动勤王，或废父而立其子，或黜兄而奉其弟，始则示相载，终亦成其篡夺"。见《外篇》卷十三《疑古》第三。

想之下，所造出来的故事①。而相信尧舜禅让传说在古代曾经发生过的学者，又有不同的解释，如夏曾佑《中国古代史》、钱穆氏《唐虞禅让说释疑》，以及郭沫若《中国古代社会研究》与李宗侗氏《中国古代社会史》等，都主张是古代的"王位"选举制度②；蒙文通则以为出于争夺③；黎东方先生认为是古代部落领袖的"二头制"④；也有人根据初民社会"波尔打吃"（Poltach）或称"争霸"或"争豪"的方式，决定领导权的办法⑤。以上所述各家对于禅让说的看法，都能言之成理，或者由于各人观察的角度不同，因而有不同的论断。至于将此说一笔抹杀，显然过于武断，所以也曾有人初持怀疑态度，后又自动改变了看法⑥。

关于尧舜禅让的解释，各家虽有不同，但在许多不同之中，却显示了共同之点，那就是承认当时属于部落同盟的氏族社会，禅让乃是产生盟主的一种方式，这是从部落到国家演进过程中的一个阶段，当时王权尚未集中，原始国家亦未建立，所以梁启超说："唐虞之前，仅能谓之有民族史，夏以后始可谓之有国史矣。"⑦ 因此，以"选举说"来解释尧舜的禅让，似乎更能符合

---

① 顾颉刚：《禅让传说起于墨家考》，原刊《史学集刊》第一期，收入《古史辨》第七册下编，1941年。
② 夏曾佑《中国古代史》第一篇第一章第十八节《尧舜之政教》云："（尧舜禅让）求其近似，大约天子必选择于一族之中，（必黄帝之后）而选举之权，则操之岳牧（四岳十二牧），是为贵族政体，近世欧洲诸国多有行之者，而中国则不行已久，故疑之也。"商务印书馆印行，第21～22页。此书原名《中国历史教科书》，初版于光绪三十年（1904年）。钱穆氏《唐虞禅让说释疑》云："唐虞禅让，为中国人艳传之古史，自今观之，或殆为古代一种王位选举之粉饰的记载也。"原刊《史学》第一期，收入《古史辨》第七册下编。郭沫若《中国古代社会研究》第二篇谓唐虞时代是一种母系中心的社会，父子不能相承，酋长的产生，是由一族的评议会选举出来的，评议会的代表，便是一族中各姓各氏的宗长。李宗侗氏《中国古代社会史》（一）云："尧舜禹之登帝位由部落内诸团所互选……并且尧舜禹益皆非同姓，足知他们系由若干团所公选。"第126页。
③ 蒙文通《古史甄微》云："盖丹朱与舜并争而帝，而诸侯归舜，伯益与启争而为天子，而诸侯归启，此虞夏间揖让之实。"《人人文库》，商务印书馆1933年初版，第78页。
④ 黎东方：《中国上古史八论》，中华文化出版事业委员会，1957年版，第23页。
⑤ 姜蕴刚：《尧舜的禅让问题》，《学艺杂志》1948年4月，第十八卷第五号，第23～29页；"波尔打吃"见李璜前引书第156页。
⑥ 吕思勉《唐虞夏史考》云："尧舜禅让之说，予昔极疑之，尝因《史通》作《广疑古》之篇。由今思之，其说亦未必然也。"又云："今之论者举凡古人之说一切疑为意造作，则非予之所敢知矣。"《古史辨》第七册下编，第268～270页。
⑦ 梁启超：《纪夏殷王业》，《国史研究六篇》，第2页。

远古社会的真相，"选举首领时代"，原是我国自初民社会以来，政权变化中曾经经过的一个重要阶段①。

在以氏族社会为基础的部落联盟时代，盟主系由各部落推举产生，所以帝喾高辛氏是黄帝之"曾孙"，帝喾之父是蟜极，蟜极之父是玄嚣，玄嚣之父是黄帝，黄帝而后"自玄嚣与蟜极皆不得在位"②，其不得在位的原因，便是当时还没有王权的系统，只有由部落间推选来产生领袖。《尚书》里的"元后"，实即部落联盟的领袖，"群后"就是各部落之长，"四岳"乃是四方群后的代表③，盟主的产生大约出自会议的选举，至尧舜时代，这种"制度"已经成熟，因此古史的传说较多，后人追记的资料也就较为详细。《尚书·尧典》记载尧时选举领袖的事有两次，其详细的情形我们虽不可视为实录，但却可以从这些资料里，看出当时情况的一斑。《史记·五帝本纪》述尧时举行的两次选举会议尤为生动，兹录于后。

第一次的经过：

尧曰：谁可顺此事？（《正义》：言将登用之嗣位也。）

放齐曰：嗣子丹朱开明。

尧曰：吁！顽凶，不用。

尧又曰：谁可者？

---

① 李宗侗前引书《中国古代社会史》，第 125 页。学者对"选举首领时"的运作方式，则有不同看法："屈武周认为当时首领有决定继任者的任命权，氏族成员具有选举和罢免权。因此继承者需经过第二次选举才能成为领袖……由舜、禹、益均有避位之举可推测，当时选举有两位候选人，即前任首领之子及继任人，在'第二次正式选举'中，继任人须避前任之子。"《古代典籍中所见尧舜时代军事民主选举制的若干规定》，《南京大学学报》1981 年第二期，第 71 ~ 78 页。王玉哲则认为"尧、舜、禹时代，大概正处于由民主选举到王权世袭的过程。……民主选举的旧传统'禅让制'虽然在实行，但这些酋长都已经视其职位为私有，想传子……'禅让'和'篡夺'两种截然相反的传说，正是部落酋长由'传贤制'转变为'传子制'过渡阶段的真实反映"。《尧、舜、禹"禅让"与"篡夺"两种传说并存的理解》，《历史教学》1986 年第一期，第 21 ~ 23 页。
② 《史记·五帝本纪》，其记舜之世系，亦谓"从穷蝉以至帝舜，皆微为庶人"，所谓"皆不得在位""微为庶人"，自然都是后世的观念。
③ 梁启超《太古及三代载记》如此说，《国史研究六篇》，第 26 页。又，宋兆麟、黎家芳、杜耀西《中国原始社会史》云："尧舜禹在我国传说中是原始社会末期的部落或部落联盟的首领，后者通过选举继承首长职位。"文物出版社 1986 年版，第 338 页。王汉昌："尧舜禹时代存在一个由部落联盟首长和'四岳'组成的联盟议事会作为'最高权力机构'。"《禅让制研究——兼论原始政治的一些问题》，《北京大学学报》1987 年第六期，第 119 ~ 124 页。

　　　　驩兜曰：共工旁聚布功，可用。

　　　　尧曰：共工善言，其用僻，似恭漫天，不可。

　　这次会议，未有结果。所推选的人，因尧不同意而未见用。可见当时的盟主，或由于个人的声望，似已具有相当的影响力。

　　第二次会议更为详尽，其经过如下：

　　　　尧曰：嗟！四岳，朕在位七十载，汝能庸命，践朕位？

　　　　岳应曰：鄙德忝帝位。

　　　　尧曰：悉举贵戚及疏远隐匿者。

　　　　众皆言于尧曰：有矜在民间，曰虞舜。

　　　　尧曰：然，朕闻之，其何如？

　　　　岳曰：盲者子，父顽，母嚚，弟傲，能和以孝，烝烝治，不
　　　　至奸。

　　　　尧曰：吾其试哉。

　　经过各部落推荐，并经一段试用期，然后才正式授予舜以盟主的地位，可见如何的慎重。

　　部落时代，各部落原有其自己的传统，有时未能加入部落联盟，有时虽已加入联盟，却因故而离去，《左传》太史克对鲁宣公说的"八恺""八元"等十六族，"世济其美，不损其名，以至于尧，尧不能举"，但到舜时，终获举用，而浑沌、穷奇、梼杌、饕餮等四凶族，尧不能去，而舜去之[1]，这些都反映了部落联盟的成员，因时而有增减。盟主的推选，有时似乎也会引起部落间的冲突，《韩非子·外储说右》云：

　　　　尧欲传天下于舜，鲧谏曰："不祥哉，孰以天下而传之匹夫
　　　　乎？"尧不听，又举兵而诛共工于幽州之都，是天下莫敢言无传
　　　　天下于舜。

　　《吕氏春秋》也记载，尧以天下让舜，鲧以尧为失，"怒甚，欲为乱，召之不来，仿佯于野以患帝，舜于是殛之于羽山"[2]。王充《论衡》亦有类似的

---

[1]《左传·文公十八年》。

[2]《吕氏春秋·恃君览·行论》，《新编诸子集成》第七册，世界书局，第267页。

说法①。又相传："尧以天下让舜，三苗之君非之，帝杀之，有苗之民，叛入南海，为三苗国。"② 这些传说里，有两件事值得我们注意，一是盟主对于继承人选具有影响力，这与《五帝本纪》记的第一次部落会议时，尧不同意丹朱等继任，可以互相印证；第二，中国古代东西两大民族进一步融合的痕迹，不无可见。鲧与共工反对传天下于舜，正是西方部族敌视东方部族的自然流露③，尧以盟主的地位，断然不顾少数部落领袖的反对，把领导权让给"东夷之人"的舜，反映了东西两系民族进一步融合的史影④，这可能是为了抵抗三苗所采取的措施。因当时三苗对中原必已构成某种程度的威胁，所以古书里才一再提到舜禹征伐三苗之事⑤。

在氏族社会里，部落领袖并无后世帝王的尊贵，也没有特殊的物质享受和权利，《韩非子》说："尧之王天下也，茅茨不翦，采椽不斫，粝粢之食，藜藿之羹……禹之王天下也，身执耒臿以为民先，股无胈，胫不生毛……"⑥《孟子》说："舜之居深山之中，与木石居，与鹿豕游，其所以异于深山之野人者几稀。"⑦ 可见在物质生活方面领袖与氏族成员之间，不会有很大的差距，甚至较氏族成员为苦。《尚书·尧典》记载，四岳推荐鲧治水，尧虽不同意，由于四岳的坚持，仍予以试用九年；《虞夏书》记载舜分派公职，亦得先征求部众的意见，可见在"选举领袖时代"的尧舜，虽有某种程度的影响力，但其权威远不如秦汉以后的皇帝。

在尧舜禅让传说中，还有许多其他让天下的故事，《吕氏春秋·求人》

---

① 王充：《论衡·率性》，《新编诸子集成》第七册，世界书局，第17页。
②《山海经·海外南经》郭璞注，在"三苗国，赤水东其为人相随"句下，《四部备要本》，中华书局。
③ 徐炳昶《中国古史的传说时代》，以共工氏属于华夏集团的炎帝氏族，见该书第47页；徐亮之《中国史前史话》认为"舜父瞽叟及弟象，都是狭隘的图腾主义者，他们一直服膺鸟图腾至上，东方为上，死硬的不满舜的东西联盟以东就西的主张"，见该书第262页。如此看来，东方部族之中，一部分亦不满于舜与西方联合。
④ 朱云影师：《中国上古史讲义》，第六章《原始国家的建立》，第二节《尧舜与禅让》，台湾师范大学出版组油印。
⑤ 梁启超：《中国历史上民族之研究》，《国史研究六篇》，第14页；又，赵铁寒师：《舜禹征伐三苗考》，《古史考述》，第30～33页。
⑥《韩非子·五蠹》。
⑦《孟子·尽心》。

《庄子·逍遥游》都说尧曾让天下于许由，许由不受①，《庄子·让王》谓舜曾先后让天下于子州支伯、善卷、石户之农、北人无择，他们都不肯接受。我们如了解前述氏族社会的背景，则这些让王的故事不见得就完全是庄子为了菲薄尧舜而虚构出来的。《孟子·尽心上》答桃应之言，谓"舜之视弃天下，犹弃敝蹝也"，未尝不是有所据而发。即使尧舜以后，仍有着让王的故事，相传汤得天下，让于卞随、务光②，又让于三千诸侯③，崔述《考信录》论泰伯虞仲之让国有云："古人让国常事耳，不足异也，宋襄公尝让子鱼矣，韩无忌尝让起矣，即吴诸樊亦尝让季札矣，春秋时犹有以兄弟为贤而让之者，况商周之际，淳朴之世哉。"④ 所以我们不能用后世的眼光，以尧舜让天下的故事，异乎常情或近乎不可思议，便认定其事必无。

从我国历史上的边疆民族来看，乌桓、鲜卑、契丹的"大人"，蒙古初期的"大汗"，都是由推选产生⑤，这种由推选产生领袖的方式，从初民社会政权演化的过程中观察，已经是十分进步的办法了。这种进步的办法，显示我国远古文明优越的一面，无怪乎赢得后人的称赞。

六、尧舜传说与原始的农业⑥

我国农业起源既早，自然环境又宜于农业的发展，由于先民长期的经验累积，到了新石器时代晚期，农业已十分发达。传说神农氏为农业的发明人，而继承神农时代的黄帝尧舜时代，农业已十分进步了。

----

① 尧让天下于许由的传说，又见《御览》卷四二四引《慎子》、谯周《古史考》（孙星衍辑本，平津馆丛书）、皇甫谧《高士传》（《史记·伯夷列传》《正义》引）。
② 见《庄子·让王》，《北堂书钞》卷一六〇引《列仙传》。《韩非子·说林》云："汤伐桀而恐天下以己为贪，乃让天下于务光，又恐光之受之也，乃使人说光曰：'汤杀桀而欲传恶声于子，故让天下于子。'务光乃自投于河。"这恐是韩非子以后世眼光所做的解释。
③《逸周书·殷祝解》。
④《崔东壁遗书》，《丰镐考信录》卷八，河洛图书出版社，第2页。
⑤ 参《后汉书》卷九十《乌桓鲜卑列传》《旧五代史》《外国传》、王溥《五代史会要》。
⑥ 本节系根据拙作《从传说史料看我国原始的农业》第三节，加以删增而成，《台湾师范大学历史学报》1977年4月第五期。

相传黄帝时代已发明了历法①，历法的发明，自然促进了农业的进步，所以在黄帝的许多传说中，与农业有关者颇多②，《史记·五帝本纪》称黄帝"艺五种""时播百谷草木"，《易·系辞传》《世本·作》都说黄帝时已发明了谷物加工用的杵臼③，以上的传说，固然是后人述古之作，不能据为信史，但透过考古学及民族学的观察，却是原始农业进步的表示。《五帝本纪》谓黄帝"迁徙往来无常处"，实为原始农业"游耕性"的一种反映④。

古代文献有关尧舜传说的资料中，符合原始农业特征者尤多。大约远古农业到了唐尧时代，乃进入了一个划时代的阶段⑤，《尚书·尧典》记载尧在位时，曾命羲仲、羲叔、和仲、和叔分别至四境实地观察星象，以"日中，星鸟，以殷仲春……日永，星火，以正仲夏……宵中，星虚，以殷仲秋……日短，星昴，以正仲冬"，由于对四季的变迁与农业耕作都有了实地的了解，所以播种收获，皆有定时。《尧典》载尧即位后，"乃命羲和，钦若昊天，历象日月星辰，敬授人时"，疏引《大传》：

> 主春者，鸟昏中，可以种稷；主夏者，火昏中，可以种黍；
>
> 主秋者，虚昏中，可以种麦；主冬者，昴昏中，可以收敛。

同时，尧时不仅耕种的季节，已因历法的进步而有明确的划分，并且也设置了负责农业的专官，传说中的后稷，即为尧时的"农师"，《史记·周本纪》述周人的先世，以后稷名弃，为周的始祖，自幼长于稼穑，帝尧闻之，举为农师。《吕氏春秋》《管子》《淮南子》等都说尧以后稷为大田师，"大田师"即"大农师"⑥，《吴越春秋》称："尧遭洪水，人民泛滥，逐高而居，尧聘弃，使民山居，随地造区"，《韩非子》《尸子》《淮南子》《伪六韬》等都

---

① 《史记·历书》太史公曰："黄帝考定星历"；《汉书·律历志》载有汉初五家历，而以黄帝调历居首；朱云影师：《中国上古史讲义》，第五章《中国文明的曙光》，以历法、衣冠文明、车的文化为可断言与黄帝有密切关系者的三事。

② 参拙作：《黄帝制器传说试释》，第四节关于"食"的传说，《"国立"台湾师范大学历史学报》第四期，第77~80页。

③ 《易·系辞传》："（黄帝）断木为杵，掘地为臼，杵臼之利，万民以济。"《世本·本》："雍父作杵臼。"宋衷注："雍父，黄帝臣也。"《世本八种》，茆泮林辑本，第113页。

④ 李济之先生《华北新石器时代文化的类别、分布与编年》云："最初游移性的农业，也与司马迁所传黄帝时代可以相比。"《大陆杂志史学丛书》第三辑第一册，1970年9月，第6页。

⑤ 徐亮之《中国史前史话》第221页，即如此主张。

⑥ 杨慎《丹铅录》以"田"与"农"通。

以"粝粢之食，藜藿之羹"来形容尧的美德①，《墨子·节用中》以尧治天下"黍稷不二，美臿不重，饭于土塯，啜于土形，斗以酌"，来形容尧的节俭。其实，这正是反映了农业初期，民食的粗糙及农获物简陋的真相。虽然传说中的唐尧时代，原始农业已有了新的开展，但仍不能与有史时代的农业相提并论，是可以断言的。

舜的传说具有原始农业特征者，亦极明显，《尚书》记载虞廷的组织，其分工亦以后稷负责农事，《尧典》云：

> 帝（舜）曰："弃，黎民阻饥，汝后稷播时百谷。"

《史记·周本纪》亦称：

> 后稷之兴，在陶唐虞夏之际皆有令德。

在古代文献中，莫不以后稷为擅长"辟土殖谷"的人②，而将其时代置于尧舜之时。其实，舜不仅能指使"辟土殖谷"的后稷，他本身即擅长农事，先秦两汉的载籍中，一再提到舜在未被举为"天子"之前，曾"耕于历山"③，孟子强调舜是"发于畎亩之中"④，《荀子·成相》云："尧有德……举舜甽亩，任之天下。"儒家之外，道、墨也有类似传说，如《庄子·徐无鬼》："尧闻舜之贤，举之童土之地。"《墨子·尚贤上》："古者，尧举舜于服泽之阳。"

从以上的传说来看，舜在未被举为"天子"之前，即已是一位擅长农事的人了，他不仅仅是从事耕作而已，更能领导氏族社会人们，斩荆披棘，开辟农田，建筑聚落，走上更安定的农业生活，因而受到无比的拥护，《管子》称：

> 有虞之王，烧曾薮，斩群害，以为民利，封土为社，置木为
> 闾，民始知礼也，当是其时，民无愠恶不服，而天下化之。⑤

---

① 《韩非子·五蠹》《淮南子·精神训》《尸子》《伪六韬》《绎史》卷九，第 2 引，广文书局影印本。
② 如陆贾《新语》："后稷乃列封疆画畔界，以分土地之所宜，辟土殖谷以用养民……"《韩诗外传》："辟土殖谷者后稷也。"《绎史》卷九引。
③ 舜耕历山的传说，见于《吕氏春秋·慎人》《墨子·尚贤中》《尚贤下》《韩非子·难一》《淮南子·原道训》《史记·五帝本纪》《越绝书》《尚书大传》《鲁连子》《搜神记》等。
④ 《孟子》中的《万章上》《万章下》《告子下》。
⑤ 《管子》卷二十四《轻重戊》。

《吕氏春秋·慎人》：

> 舜之耕渔，其贤不肖与天子同其未遇时也，以其徒属掘地财（高诱注：地财，五谷），取水利，编蒲苇，结罗网，手足胼胝不居，然后免于冻馁之患。

《淮南子·修务训》称：

> 舜作室，筑墙茨屋，辟地树谷，令民皆知去严穴，各有家室。①

聚落的形成与"游耕性"的迁移，实为早期农业的普遍现象，这些现象反映在有关舜的传说之中，随处可见，如《吕氏春秋·慎人》云：

> 舜耕于历山，陶于河滨，钓于雷泽，天下说之，秀士从之。

《庄子·徐无鬼》云：

> 舜……三徙成都，至邓之虚，而十有万家。

《帝王世纪》云：

> 舜……家本冀州，每徙则百姓归之。②

《吕氏春秋》与《尸子》都说："舜一徙成邑，再徙成都，三徙成国。"③《五帝本纪》则称舜所居"一年成聚，二年成邑，三年成都"。所谓成"聚"、成"邑"、成"都"、成"国"，无非是因农业进步，粮食充足，人口增加而聚落逐渐成长扩大的表示。

由于环绕舜的传说与农业有关者极多，外国学者之中，有人认为舜的传说具有"农神性"④，但我们如仔细检查传说中有关舜的事迹，实具备了许多早期农业领袖的特征，《韩非子·难一》称：

> 历山之农者侵畔，舜往耕焉，期年畎亩正。⑤

《越绝书》称：

---

① 《淮南子·修务训》。张澍稡集补注本《世本》作："令人皆知去岩穴。"《路史》引无"室"字，见《世本八种》，第22页。

② 顾尚之辑本，钱熙祚序：《指海》第六集，第15页。

③ 《吕氏春秋·贵因》《太平御览》卷八十一引《尸子》。

④ 森安太郎著，王孝廉译：《中国古代神话研究》第五章，地平线出版社印行，1974年版，第83～86页。

⑤ 《韩非子·难一》，《新编诸子集成》，世界书局，第256页，《艺文类聚》卷十一引作"朞年而耕者让畔"。

舜……去耕历山，三年大熟。①

《尸子》云：

舜兼爱百姓，务利天下，其田也，荷彼耒耜，耕彼南亩，与四海俱有其利，雷泽也，旱则为耕者凿渎，俭则为猎者表虎，故有光若日月，天下归之若父母。②

这正描述出，舜因具备农业技术，造福生民，因而受到人民竭诚的拥护，舜之被举为"天子"，似乎是因为具备了新石器时代优越的农业技术，而且具有作为领袖的气质及领导力，因此才被举为氏族社会的领袖。我们如从这种角度来观察，非但原始农业的情状，可从纸上材料中窥见，而且对于尧舜禅让的问题，也不难得到进一步的认识。

七、结　论

我国文献载籍中的古史传说，由于未得地下直接史料的证明，既不能据为信史，亦不能因此即予一笔抹杀，几已是当代学者共同的信念。我们对于传说中的古史，已不能仅从古书的本身去求印证，必须借助社会科学的新知、发掘与调查报告以及专家研究的结论等，做综合的考察，才能探求真相。

先秦文献中有关尧舜的传说极多，由于诸子著作目的不同、思想与"史观"不同，所以对于尧舜事迹的解释，也就不一样。诸子百家言尧舜，乃是引述古史以支持其学说与理论，这是他们对于尧舜事迹"取舍不同"的原因，并非各自创造了假的尧舜。两汉以后的著述，如《史记·五帝本纪》《世经》《潜夫论·五德志》等，则是学者对于古史所做系统的整理，他们在这样的著作中言尧舜，自然免不了要受时代的影响，参与了著者的观念或思想，我们要探求"真尧舜"的面貌，自然应该把这些材料加以"过滤"，并配合考古学、民族学、人类学的知识，观察其是否合乎古代文明的特征，以判断其真伪。

----

① 《绎史》卷十，第1页引。
② 《太平御览》卷八十一引。

尧舜传说，尤其是禅让的故事，在国史上曾有过极大的影响。由于自春秋战国以来，尧舜已是人们心目中的远古圣王，所以后儒不察，遂附会以尧舜为我国古史上的黄金时代，尧舜不仅是德行高不可及的圣人，为后世道德人格的最高境界，而且使"禽兽化德，相率而舞"，但仔细考察起来，似未必然。我们可以看出，尧舜时代既有着洪水横流、禽兽逼人的天灾，又有着氏族与部落间不断纷争而来的"外患"①，尧舜以部落联盟领袖的地位，领导各氏族与部落，实行分工，整治水患，征伐不肯合作而又"为患"的驩兜、共工、三苗等"异族"，驱逐于"中原"之外，以保障群落的安定；又躬亲艰苦，胼手胝足，开展原始农业，解除"黎民阻饥"之苦，管理山泽资源，建筑聚落，制作陶器百工，以维持群落之经济生活；注重祭祀鬼神与音乐教化，以维系氏族社会人们的精神生活。凡此才是尧舜真正的大"德"，而这样的文明程度与氏族社会生活，如谓曾发生在黄河流域中下游的新石器时代，对照考古学的资料，应无问题。

尧舜禅让故事，为千古之美谈，当代学者讨论尧舜传说，亦多以禅让问题为重心，依据民族学的观点，对照初民社会情形和历史上边疆民族推选领袖制度，尧舜之禅让仍以推选部落领袖之可能性为大，这种传递古代政权的方式，实为高明的办法，此亦反映了我国古文明进步与优越的一面，相信此一传说应有其远古的史实为素地，决非后人所能凭空臆造。

---

① 《庄子·人间世》称："昔者，尧攻丛枝胥敖，禹攻有扈，国为虚厉。"王先谦集释："宣云地为丘墟，人为厉鬼。"可见其时部落之间战争的惨烈。

玖 大禹与夏初传说试释

一、前 言

我国古史，向来以夏为"三代"之始，禹为"三王"之首①，尤其是大禹的事功和崇高的德行，自春秋战国以来，即为各家学者所称道，与尧舜成汤文武俱为先圣先王，在国人的信仰中，有不可抹杀的地位②。

但是，降及近代，疑古的风气大盛，康有为著《孔子改制考》，指出上古茫昧，尧舜三代文明实皆渺茫而不可知③，日人白鸟库吉则认为，《尚书》中的尧舜禹事迹，系作者以天地人三才之思想为背景而创作者④，继而"疑古

---

① 例如《论语·卫灵公》："斯民也，三代之所以直道而行也。"何晏《集解》："马曰：'三代，夏殷周。'"《孟子·告子上》："五霸者，三王之罪人也。"赵岐注："三王，夏禹商汤周文武也。"朱熹注亦同。王应麟《小学绀珠》卷五："三代：夏商（殷）周；三王：夏禹、商汤、周文王。"商务《人人文库》，第 164 页。但亦有以"夏殷周"为"三王"者，如《白虎通·号》云："三王者何谓也，夏殷周也。"《战国策·齐策》："古之五帝三王五霸之伐也。"高诱注："三王，夏殷周也。"

② 例如唐代韩愈在《原道》一文中，以尧舜禹汤文武周公孔孟为中国一贯的道统的传递人物，见《全唐文》卷五五八，台北经纬书局印行，第 13 页。又，章太炎《禹庙碑》云："民国建元以来，诸祀渐替，唯孔林与夏后大禹之庙系在人心……庙自周建越国，迄今不斩，清世官为致祭，以姒姓子孙为奉祠生。"见《太炎文录续编》卷五上，《章太炎文录》下册，台北西南书局印行，第 1 页。相传大禹诞生于 6 月 6 日，中国至今犹以是日为工程师节，足见国人对大禹信仰之深。

③ 康有为：《孔子改制考》卷一，"上古茫昧无稽考"云："合比考之，三代文明皆藉孔子发扬之，实则茫昧也。"商务印书馆 1970 年影印本，第 5 页。

④ 白鸟库吉于明治四十二年（1908 年）在东洋协会演讲《中国古传说之研究》，谓尧舜禹为中国人理想之人格化，发表于《东洋时报》第百三十一号，林泰辅氏曾著《尧舜禹之抹煞论》加以质问，白鸟氏又于《东亚研究》第二卷第四号（1911 年）发表《尚书之高等批判》，重申前说，略谓：《尧典》专叙天文历日之事，《舜典》之事迹为关系人事者，"至于禹，则治洪水，定禹域，为关于地之事迹，禹之事业之特性，即在于地之一点。由此点推之，作者仍以天地人三才之思想为背景，而创作者云"，见田崎仁义著，王学文译：《中国古代经济思想及制度》，《人人文库》，商务印书馆 1972 年 1 月版，第 140～141 页。

派"的学者，更以"层累地造成中国古史"说，对古代文献与传说中的远古帝王，施以严厉批判，一律视之为"伪书"与"伪史"①，"疑古之过，乃并尧舜禹之人物而亦疑之"②，甚至连周公、屈原也都失去了"历史人物"的资格③，在这种情形之下，夏代及其以前的古史，几全被抹杀，禹的"人格"亦遭否定，其间争辩，颇为激烈。

　　大禹与夏史之所以受到怀疑，主要是夏代没有直接的史料留传于世，特别是有关夏代文字方面的资料④。文献载籍中的大禹事迹及夏史，既得不到地下史料的印证，疑古的人便直截了当地加以否定，所有争论的关键也就在此。

　　然而，自从甲骨文发现与殷墟发掘成功以后，文献上记载的殷先公先王及成汤至帝辛的殷王世系，已得到了甲骨文的印证，那么《史记·夏本纪》载夏代帝王的世系，自禹至履癸（桀）共十四世十七王，我们应可推测，太史公亦必有所根据，何至于凭空杜撰。同时，文明是逐渐演化而来的，绝无突然降临之理，从殷墟出土文物水准之高，甲骨文字"六书具备"的进步情形，殷商之前必然已有相当阶段的文明⑤，故孔子说："殷因于夏礼。"⑥ 基于上述的认识，我们对于古史相传商代之前有夏代存在的说法，如何能加以断

----

① 顾颉刚：《古史辨》第一册自序、《战国秦汉间人的造伪与辨伪》诸文，后者原刊《燕京大学史学年报》第二卷第二期，收在《古史辨》第七册上编，1941 年。

② 王国维语，见所著《古史新证》第一章，《王观堂先生全集》第六册，台北文华出版公司 1968 年版，第 2077 页。

③ 例如胡适之先生认为，黄帝周公甚至屈原，都是一种"箭垛式"人物。见《读楚辞》，《胡适文存》第二集卷一，远东图书公司 1961 年版，第 93 页。

④ 过去被认为帝禹刻的"夏禹王岣嵝碑"以及"夏禹书"等（收在清冯云鹏撰，《金石索》石索卷一，台北台联国风出版社 1974 年影印本），现已证明都是出于后人伪造，不足凭信。

⑤ 当然，文明也可能从域外传播而来，唯据李济之《中国上古史之重建工作及其问题》一文指出，从考古学观察，骨卜、丝蚕和殷代的装饰艺术（Decorative Art）三者，都是中国独立发明及发展的东西，未受外来影响。见《民主评论》1954 年 2 月第五卷第四期，第 5 页。董作宾氏在《中国文字的起源》一文认为，殷代的金文铭刻，是殷代的"古文"，是原始图画文字，甲骨文字是殷代的"今文"，已脱离图画演进到符号。原始图画文字是远古传下来的，它可能是甲骨文字的前身。见《大陆杂志》1952 年 9 月五卷十期。所以殷商的文明应不是全部突然从域外搬移而来的。

⑥《论语·为政》：子张问十世可知也，子曰："殷因于夏礼，所损益，可知也；周因于殷礼，所损益。可知也。"

然否定！所以过去讨论古史的结果，已是"认为实有禹和夏代的，占绝大多数"①，甚至有人从文字诞生的过程推测，夏初应该已经有了历史的记载②。

虽然如此，过去的对于禹与夏史的争辩，不管是信是疑，毕竟都是以纸上的材料作为讨论的主要依据，所以当时对考古学的寄望特别殷切，有人以为"古史问题唯一的解决方法是考古学"③。诚然，如果考古学能从地下发掘出夏代的文物，将古籍记载的夏代史事加以印证或否定，当然是最好不过了。但是，近二十年来的夏代考古，从"夏墟"的调查到"二里头类型文化"的发现和讨论，严格地说，并没有突破性的发现，考古工作者所认为的"夏文化"也仅是根据地下材料的一种推测而已④，根本不能像殷墟甲骨文印证殷商历史一般确凿。虽然"夏代的考古目前还

----

① 屈万里先生：《我国传统古史说之破坏和古代信史的重建》，《书佣论学集》，台湾开明书店印行，1969 年 3 月版，第 376 页。（原载《第二届亚洲历史学家会议论文集》，1962 年 10 月出版。）

② 例如唐兰在 1935 年著《古文字学导论》一书云："我们的上古史，目前虽尚模糊不明，可以说从孔诞前一千五百年左右——即夏初起已有了历史的记载。"其所述之理由有七："甲骨刻辞里所载的商汤以前的先公先王，正当夏世，是第一个理由。彝器刻辞和古书里记载禹的功绩，是第二个理由。《古本山海经》所讲故事，止于夏时，是第三个理由。神话止于后羿而最详细的记载却起自后羿，是第四个理由。《古本纪年》和《世本》《史记》有夏的世系、年数、史事是第五个理由。孔子称述尧舜和禹，孟子追述尧舜到孔子的年数，是第六个理由。虞夏书虽具人编集，但也有些根据，是第七个理由。"台北乐天书局影印本，第 78 页。

③ 李玄伯在《古史问题的唯一解决方法》一文云："（对于古代的文献载籍）何者绝对可用作史料，何者绝对的不能用，真是个难极的问题了……所以要想解决古史，唯一的方法就是考古学。"见《古史辨》第一册下编，1926 年，第 268 页。

④ 夏墟的调查始于 1959 年，当时根据文献提供的资料，注意两个区域，一是河南省的洛阳平原及其附近，尤其是颍水的上游，登封、禹县等地，另一个是山西省西南部。见徐旭生《1959 年夏豫西调查"夏墟"的初步报告》，《考古》1959 年第十一期，第 592~600页；《略谈研究夏文化的问题》，《新建设》1960 年第三期，第 62~67 页。自豫西地区的"夏墟"调查以后，遂有偃师县二里头的发掘，陆续发现这一类型的文化遗址颇多，大部分布在上述地区，但对于所谓"二里头类型文化"的时代和性质，讨论的意见颇不一致，归纳起来有下列几种看法：（1）河南龙山文化晚期和二里头文化是夏代文化；（2）河南龙山文化晚期和二里头一二期文化是夏代文化；（3）二里头文化一二三四期都是夏文化，河南龙山文化则不是；（4）二里头文化是先商文化，时代上相当于夏代，但不是夏文化。见殷玮璋：《二里头文化探讨》，《考古》1978 年第一期，第 1~4 页；吴汝祚：《关于夏文化及其来源的初步探索》，《文物》，1978 年第九期。"二里头文化"是否为"夏文化"，讨论的意见之所以分歧，关键在于没有夏代文字出土，使所有的讨论，在实质上仍属于推测而已。

只是开了个头"①，但是我们实不敢过分乐观，能在不久的将来，一举从地下发掘出夏代的文字，来印证文献上记载的夏史，一如过去甲骨文的发现和殷墟的发掘，印证了文献上的殷商史者然。当然这种可能性也不能说完全没有，不过，目前讨论禹与夏史，我们仍应以古代文献载籍为基本的史料，再辅以考古资料及其他社会科学。

我国古代文献上的远古史事，虽皆出于后人述古之作，然多系自古相传的旧说。在文字尚未发明或既发明而使用尚不普遍，书写工具不发达之时，古代大事实凭口耳相传，故《说文》称："古，故也，从十口，识前言者也。"但传说时间既久，不免亦有附会失真之处，所以古史传说既不能据为"信史"，亦不可一笔抹杀，王国维说：

> 上古之事，传说与史实相混而不分，史实之中固不免有所缘饰，与传说无异，而传说之中，亦往往有史实为之素地，二者不易区别。②

法人格拉勒（M. Marce Granet）也指出，中国古书并无绝对的真伪之分，对于古史的考察，应通过"内考证"的方法（Critique interne），在"伪里寻真"，不应因过分注意古书真伪的考订，反而忽略了书中的事实③。当代学者，对于古代文献与古史传说的未可抹杀，可谓已有普遍的体认④，李济之先生在《再谈中国上古史的重建问题》一文中，列举与中国上古史有关的材料

---

① 张光直先生语，见《从夏商周三代考古论三代关系与中国古代国家的形成》，《屈万里先生七秩荣庆论文集》，联经出版事业公司1978年版，第296页。
② 王国维：《古史新证》，《王观堂先生全集》第六册，文华出版公司1968年版，第2077页。
③ M. Marce Granet 著，李璜译，《古中国的舞蹈与神秘故事》，第194～196页，收在《法国汉学论集》附录一，香港珠海书院丛书，台北九思出版社1975年版。
④ 重视文献中的传说史料之重要著作，1951年以前出版者有徐炳昶（旭生）：《中国古史的传说时代》，初版于1943年，1962年有增订本（台北地平线出版社1978年5月影印者为初版本）。1951年以后出版者计有：（1）徐亮之：《中国史前史话》，香港亚洲出版社，1954年初版，台北华正书局，1954年重印台一版；（2）赵铁寒师：《古史考述》，正中书局1965年10月初版，1969年6月再版，该书共收论文二十一篇，其中属于古史传说者八篇；（3）印顺法师：《中国古代民族神话与文化之研究》，华冈出版有限公司1975年10月初版。其他如郑德坤氏在《中国的传统文化》一书云："近数十年考古学的发掘，使我们对古史增加许多信心，古代传下来的文献，固有些可疑，但是我们对这些材料，已不能一笔抹杀了。"见该书第39页，台北地平线出版社1954年版。而最近出版的有关史学方法的著作，著者也都表示了对于传说史料应该加以重视，见王尔敏师：《史学方法》，东华书局1977年版，第81～98页；杜维运先生：《史学方法论》，台北华世出版社，1979年2月初版，第132～134页。

七大类，而认为"历代传下来的秦朝以前的记录……是研究中国上古史最基本的资料"①，他以一个考古学家的立场，一再强调纸上史料的不可忽视②，更特别提示对于大禹一类的人物，要特别注意研究③。

纸上的史料，不仅经传诸子有其不可忽视的价值④，"即百家不雅驯之言，亦不无表示一面之事实"⑤，唐人司马贞说"图纬所载，不可全弃"⑥，清人俞正燮和马骕也都有类似的看法⑦，梁启超说"凡以文字形诸记录者，盖无一而不可于此中得史料也"⑧，这些可说都是卓越的见解。

当然，古史的研究，新材料的重要性是不能忽视的，但不可因为有了新材料如地下出土的文物，即可以不要旧材料如文献载籍。董作宾氏强调，建设性的古史研究，新材料和旧材料同样的重要⑨，周法高氏认为"新材料也要和书本上的材料互相配合，互相补充，才能发挥它的效力的，单靠新材料是不够的"⑩。即以夏代的考古而言，"夏墟"的调查与"二里头类型文化"的探讨，主要还是根据《逸周书》《国语》《竹书纪年》《战国策》《史记》等书所指示的地望和年代，作为讨论的基础。"二里头类型文化"所以被认为有"夏文化"的可能性，是因为它分布的范围，恰恰是文献上所记载的夏族活动的地区——伊洛河济之间，在时间上，经碳十四鉴定的标本，所显示的

① 李济之：《再谈中国上古史的重建问题》，《"中央研究院"历史语言研究所集刊》1962年1月第三十三本，第358～359页。
② 李济之在《史前文化的鸟瞰》一文中云："对于传说历史的史料价值，就现代考古学的立场说，是史学界不能完全忽视的一组材料。"并特别举黄帝和大禹两位传说人物为例，认为值得我们注意。见《中国上古史待定稿》第一本，"中央研究院"历史语言研究所中国上古史编辑委员会编刊，1972年12月版，第479页。
③ 李济之前引文指出："至于大禹治水的传说，更有实质的背景……史学家可以继续地对于大禹这位人物的真相予以不断地努力求证；这类人物的存在的可能性，显然是很大的。"《中国上古史待定稿》第一本，第479页。
④ 赵铁寒师《古史考述》自序云："若钻研我国古史，不能不承认经传的书面记载，仍不失为史料的重要根源，有其不可忽视的价值。"正中书局1965年台初版。
⑤ 王国维：《古史新证》第一章，《王观堂先生全集》第六册，1968年，第2078页。
⑥ 司马贞补：《三皇本纪》，《史记》，台北艺文印书馆影印殿版本，第1366页。
⑦ 俞正燮：《癸巳类稿》，世界书局；马骕：《绎史》卷十，马氏案语。广文书局影印本。
⑧ 梁启超：《中国历史研究法》，台北中华书局，1961年6月台三版，第49页。
⑨ 董作宾：《中国古代文化的认识》，《大陆杂志》1951年12月，三卷十二期。
⑩ 周法高：《地下资料与书本资料的参互研究》，《联合书院学报》1970～1971年度第八期，第3页，香港。

年代，与文献记载的夏朝年代也颇符合①，假设完全舍弃纸上材料，势将失去了讨论夏文化的依据，所以纸上材料的不可忽视，是应该特别强调的。

其实，除了纸上材料和地下材料以外，民族学、人类学的材料，也必须加以利用，例如我国传说中远古时代的许多现象或"荒诞怪异"的事迹，如透过民族学的考察，与初民社会所表现的文明特征加以对照，往往可以发现新的意义，像知母不知父和始祖感生一类的传说，从文献本身或地下发掘是无法获得解释的，但民族学却提供了我们合理的答案。

由于近代社会科学新知的开展，历史研究应以"科际整合"的方法从事，几为史学界所公认，而中国上古史的研究，最为需要"科际整合"，过去连疑古最甚的人也领悟到，从几部古书里实无法证明尧舜禹的真相②，根据文献载籍，参照考古学、人类学、民族学以及有关探讨上古史的专题结论，从事"综合"的研究，仍是我们应有的努力方向③。

二、大禹与夏史研究的回顾

大禹与夏史，曾经是中国上古史中讨论最多、争辩最热烈的部分，著名

----

① 参张光直前引文《从夏商周三代考古论三代关系与中国古代国家的形成》，第 294～295 页；佟柱臣：《从二里头类型文化试谈中国的国家起源问题》，《文物》1975 年第六期，第 29～33 页；吴汝祚：《关于夏文化及其来源的初步探索》，《文物》1978 年第九期，第 71～73 页注文。

② 顾颉刚：《古史辨》第三册自序云："十余年前，初喊出'整理国故'的口号时，好像这是一件不难的工作，不干则已，一干就可以干了的。我在此种空气之下，踊跃用命，也想一口气把中国古史弄个明白，便开始从几部古书里直接证明尧舜禹等的真相。现在看来，真是太幼稚、太汗漫了！"1931 年 11 月。

③ 例如陈恭禄在《中国上古史料之评论》一文云："吾人研究历史者，则据专家之报告及其发表之论文为材料，并参考其他可信之记录，作一比较综合所得之事实，慎重选择，先后贯通，然后叙述古人生活之情状，及文化演进之陈迹，庶有满意可读之古史也。"《武大文哲季刊》六卷一号，第 48 页。周予同，《五十年来中国之史学》云："'七七事变'以来，中国史学因中国社会的急变而亦起反应……但史学发展的几兆，大概不出于撷取疑古、考古、释古三派的优点，加以批判的综合……"《学林》1941 年 2 月第四期，第 34 页。可见四十年前，已有人看出古史的研究，应该以"综合"和"科际整合"的态度为之。杜维运先生《与西方史家论中国史学》指出，西方史家尝讥中国史学偏重于琐细的考证，而不能达到所谓"综合"（Synthesis）的境界，没有发展历史解释的艺术（The art of historical explanation），乃是其"不真知中国史学"，台北史学出版社，1974 年 3 月重印本，第 7～19 页。综合上述，我们不管西方部分史家对中国史学的隔阂与偏见为如何，从事"综合"的研究，仍是应有的态度。

的"古史辨"可说就是因了这个问题而引发的，半个多世纪以来，有关讨论的文字数十分可观①，影响极大，颇值得我们做一回顾。

1923 年 5 月 6 日，顾颉刚在《努力周报》增刊《读书杂志》第九期，发表《与钱玄同先生论古史书》②，主张所谓"层累地造成中国古史"说，根据这种理论，提出了他对大禹的看法：

> 至于禹从何来？……我以为都是从九鼎上来的。禹，《说文》云，"虫也，从内，象形。"内，兽足蹂地下也，以虫而有足蹂地，大约是蜥蜴之类。我以为禹或是九鼎上铸的一种动物，当时铸鼎象物，奇怪的形状一定很多，禹是鼎上动物的最有力者，或者有敷土的样子，所以就算他是开天辟地的人，流传到后来，就成了真的人王了。

顾氏这种"道前人之所未道"的主张，特别是把向来被认为"三王"之首的禹，看作"大约是蜥蜴之类"或"以为禹或为九鼎上铸的一种动物"，对当时的史学界无疑是一种"震撼"，所以此文刊布之后，即有刘掞藜、胡堇人等起而辩难，争论的重点，在禹是否具有"天神性"③，自此以后，古史与古书真伪等问题的讨论，遂热烈地展开，其中对于大禹与夏史的讨论，主要集中在下列三个论题：

> 一、禹的"人格"与"神格"，即禹究竟是一位历史人物，还是古人心目中的天神？
>
> 二、禹和夏代有没有关系？
>
> 三、文献上记载的夏代，是否确实存在过？

这三个论题讨论的文字颇多，综结"疑古派"的观点是：根据《诗》《书》上说到禹的话，"依旧以为禹是一个神"，特别是《诗·信南山》："信彼南山，维禹甸之"，《文王有声》："丰水东注，维禹之绩"，《长发》："洪水茫茫，禹敷下土方"等句，被认为是禹最具有天神性的地方，因此说：

> 若禹确是人而非神，则我们看了他的事业，真不免要骇昏

---

① 到 1941 年为止，辩论古史和古书真伪的文章，光是收在《古史辨》七大册之内者，大约已有二百七十五万言，其他在当时或稍后发表的论文，未收进《古史辨》者，一时尚无法估计。

② 收在《古史辨》第一册，中编，台北明伦出版社 1970 年 3 月根据朴社初版重印，第 59 ~ 66 页。

③ 刘掞藜有《读顾颉刚君〈与钱玄同先生论古史书〉的疑问》《讨论古史再质顾先生》二文；胡堇人有《读顾颉刚先生论古史书以后》一文，皆收在《古史辨》第一册中编。

了，人的力量怎能铺土陈山？①

顾氏后虽又遭到刘掞藜等的"痛驳"，认为其说不能成立②，但并没有动摇其禹是"天神"的信念，对于禹的来源，他后来虽然一再声明放弃"禹是爬虫"的主张③，而禹究竟是怎样的"天神"，却提不出一贯肯定的答案来，初谓"西周中期，禹为山川之神，后来有了社祭，又为社神（后土）"④，继又根据《楚辞》《史记·越世家》等，以为"禹是南方民族中的神话中的人物"⑤，后又认为"大概是起于西方的戎族"⑥、"九州戎之宗神"⑦。其所以如此，是由于先确定了禹是"天神"的假设，而后进行探讨的缘故。

关于第二个论题，"疑古派"认为禹与夏是无关的，其理由是："在《诗》《书》中，言禹者有九条，无连及夏字者；《诗》《书》中言夏者六篇，则全没提起夏与禹的关系。"因而认为："禹与夏的关系，《诗》《书》上没说，《论语》上也没说，直至战国中期方始大盛。"⑧ 所以他们得到的结论是：

> 在《诗》《书》中，禹的地位是独立的，事迹是神化的，禹是禹，夏是夏，两者间毫无交涉。⑨

顾颉刚虽然强调禹的天神性，以及禹与夏代无关，但他似乎尚不否定夏代的存在，曾指出：

> 《周书·召诰》等篇屡称"有夏"，或古代确有夏之一族，与周人同居西土，故周人自称有夏乎？吾人虽无确据以证夏代之必有，似乎未易断言其必无也。⑩

---

① 顾颉刚：《讨论古史答刘胡二先生》，《古史辨》第一册中编，第 106 ~ 111 页。
② 见刘掞藜，前引二文。因辩难文字太长，兹不征引，见《古史辨》第一册中编，第 82 ~ 92 页，第 151 ~ 186 页。
③ 顾颉刚《夏史三论》云："这数年来，人家还只记得我在第一篇文字中所说的禹为虫，我屡次声明，这是我早已放弃了的假设，至于所以放弃的理由，乃为材料的不足，我不该用了战国以下的记载来决定商周以前的史实。"见《古史辨》第七册下编，第 195 页。
④ 顾颉刚：《讨论古史答刘胡二先生》，《古史辨》第一册，第 114 页。
⑤ 顾颉刚：《讨论古史答刘胡二先生》，《古史辨》第一册，第 121 页。
⑥ 顾颉刚、童书业：《鲧禹的传说》，《古史辨》第七册下编，第 173 页。
⑦ 顾颉刚：《九州之戎与戎禹》，《古史辨》第七册下编，第 117 ~ 138 页。
⑧ 顾颉刚：《讨论古史答刘胡二先生》，《古史辨》第一册，第 115 ~ 117 页。
⑨ 顾颉刚、童书业：《鲧禹的传说》，《古史辨》第七册下编，第 143 页。
⑩ 杨宽：《中国上古史导论》附顾颉刚案语，《古史辨》第七册上编，第 292 页。

　　顾氏被认为是"疑古派"的代表人物，但在他的论著里，似看不出有否定夏代存在的意思①，但是后来的疑古者，有的就明白地说出，夏代是不存在的，或以传说中之"夏国"，乃由于神话中之"下国"所演成，传说中之"夏后"，实由于神话中之"下后"所演成②，或则以夏世即商世，夏史实即商史的一部分，夏之十四世，即商的先公先王十四世，"而汤桀之革命，不过亲间之争夺而已"③。

　　以上的许多讨论，虽然"疑古派"的声势一度很大，但始终得不到史学界的公认，而仍以"认为实有禹和夏代的，占绝大多数"④。不过，相信实有禹与夏代的人之间，许多解释和看法也不一致，即以夏民族的起源而言，有认为起于四川或"西方"的⑤，也有认为起于"东方"的⑥，其他如大禹有

---

① 例如顾氏在《与钱玄同先生论古史书》中说："九鼎是夏铸的，商灭了夏搬到商，周灭了商搬到周……他们追溯禹出于夏鼎，就以为禹是最古的人，应做夏的始祖了。"可见其虽怀疑"禹"，但并未否定"夏"。见《古史辨》第一册中编，第63页。

② 杨宽：《说夏》，原刊《禹贡半月刊》七卷六、七合期，收入《中国上古史导论第十篇》，《古史辨》第七册上编，第277~292页。

③ 陈梦家：《商代的神话与巫术》，《燕京学报》1936年第二十期，台北东方文化书局1972年影印版，第491~494页。

④ 屈万里先生前引文《我国传统古史说之破坏和古代信史的重建》，《书佣论学集》，台湾开明书店1969年3月版，第376页。案：其时不同意"疑古派"以"中国古史层累造成说"来否定禹与夏代的学者颇多，除本文所述刘掞藜、胡堇人等的辩难外，其他如王国维（《古史新证》，清华学校研究院讲义，收在《古史辨》第一册下编）、张荫麟（《评近人对于中国古史之讨论》，《学衡》1925年4月第四十期）、陆懋德（《评顾颉刚古史辨》，《清华学报》第三卷第二期，以上二文收在《古史辨》第二册）、梁园东（《古史辨的史学方法商榷》，《东方杂志》1930年二十七卷二十二、二十四期）、刘兴唐（《疑古与释古的申说》，《食货半月刊》1936年2月三卷五期）等，皆有中肯的批评。1934年，黎东方先生在翻译茅莱与达微合著《从氏族到帝国》（Moret et Davy, Des Clans aux Empires, Parils, 1923）一书时，对于疑古派学者"正在否认自己民族的过去，说尧舜并无其人，说禹，只是一条蜥蜴"，甚不以为然，而发表《被否认的中国古代》一文，曾透过民族学的观点，对古史加以考察。认为："至于禹，这一个字写起来，也许就像蜥蜴，后世果然也崇奉他如同龙王一样，犹之今日的人礼敬关公，然而禹在未为天神之前，的确是先做过人王。夏后氏霸天下的雄主，创立了中华民族的第一个朝代。"见《"国立"中山大学文史学研究所月刊》1934年1月第三卷第二期。

⑤ 例如罗香林《夏民族发祥于岷江流域说》、陈志良《禹与四川的关系》、卫聚贤《石纽采访记》，三文皆刊于《说文月刊》三卷九期，大致根据《三国志·蜀志·秦宓传》、谯周《蜀本纪》、张守节《史记·夏本纪》《正义》引扬雄《蜀王本纪》等书，谓禹本汶山郡广柔县人，生于石纽等语，加以推测，主张夏民族起于岷江流域。陈志良《禹生石纽考》一文又云："羌民既是禹的后裔，而羌民目前的分布地域，在岷江流域之旁，汶川茂县理番一带。"见《禹贡半月刊》1936年第六卷第六期，第48页。程憬《夏民族考》一文主张："今陕西的南部，自泾渭至于镐丰，西南则达襄地一带，盖为夏之先世的故域。"《大陆杂志》1932年10月，第一卷第五期，第37页。以上是主张夏民族起源于"西方"中的最"西"者。

⑥ 杨向奎：《夏民族起于东方考》，《禹贡半月刊》1937年6月第七卷第六、七合期，第61~79页。

无治水及治水的范围、夏人活动的地区、夏代的图腾、夏文化与夏代社会的性质等讨论，都是众说纷纭，莫衷一是。

回顾过去有关大禹与夏史的研究，经过了"疑古派"的矫枉过正和长期热烈的讨论，虽然许多问题并没有获致彻底解决，但在大的原则上至今大致已有了共同的体认，以上述三个争论而言，禹应是远古的"人帝"而非"神帝"，他是夏民族的氏族领袖①，治水的传说并不是无中生有的虚构故事，这样的看法，即使考古学家也充满着信心。李济之说：

> 至于大禹治水的传说，更有其实质的背景。……史学家可以继续地对于大禹这个人物的真相，予以不断地努力求证，这类人物的存在的可能性，显然是很大的。②

关于夏代的存在，当然是肯定的，但其疆域及活动范围并无禹贡九州之广，也为大家所接受，依照文献记载的指示，它应该在中原地区的伊洛河济一带，考古学家正朝着这一方向探寻中，目前虽无突破性的发现，却也提供了不少研究的资料，除了上述"二里头类型文化"已被认为是夏文化外，早于二里头文化的河南龙山文化，证明已进入父系社会③，这与《史记·夏本纪》所载夏代帝王世系为父子相继的情形，实具有强烈的启示。至于禹与夏是否有关的一类问题，学者似乎已无讨论的兴趣，不再讨论的原因，当然不是"疑古派"的说法成了定论，而是视二者之间有关系乃属显然的事。

综观过去对于有关大禹与夏史的研究，"疑古派"的破坏，反而唤醒我们对于纸上材料鉴别的注意；考古学、民族学、人类学等，则扩大了古史材料的领域和研究的视野；史学方法的进步，指示了我们正确的研究态度，这些既有的成绩，都是我们继续探讨的基础。

----

① 例如徐旭生前引文云："夏代的政治组织并不像从前人所想象，为一个大一统的国家。它当时处于氏族社会的末期，鲧禹启等不过为夏氏族或部落的首领，在夏氏族之外，还有很多氏族。"《新建设》1960年第三期，第63页。
②《中国上古史待定稿》第一本，第479页。
③ 张光直前引文《从夏商周三代考古论三代关系与中国古代国家的形成》，《屈万里先生七秩荣庆论文集》，第293页。

三、从传说史料推测大禹与夏朝

春秋时代，孔子曾感叹夏殷之礼能言，而文献不足征[①]，但自甲骨文出土，不仅殷礼足征，成汤和殷的先公先王也不再被视为神话中的人物了。

夏墟的调查和夏代的考古，虽早已开始，地下出土的"夏文化"也在继续讨论之中，但至今并无夏代文字以资印证，我们自然乐于看到将来大量的夏代文字出土，使夏礼足征，唯目前讨论大禹与夏初的传说，似仍应以文献记载为依据，加以推测。

就文献记载而言，自西周以至春秋战国，人们心目中的禹，是一位伟大的古帝王，夏是尧舜之后殷商之前的一个"朝代"。

在《诗经》的时代，大禹的功绩已受着歌颂，除了"甸山""治水"以外，《鲁颂·閟宫》说后稷"俾民稼穑"是"缵禹之绪"，《商颂·殷武》称成汤是"设都于禹之迹"[②]，《尚书·吕刑》以禹为"三后"之一[③]，春秋时代，在人们的信念中，禹的"人格"更为确定，孔子不语怪力乱神，在他的心目中，大禹是一位人格完美无缺的先王[④]，《左传·昭公元年》载：

> 天王使刘定公劳赵孟于颖，馆于洛汭，刘子曰："美哉禹功，明德远矣，微禹，吾其鱼乎。"

刘定公住于"洛汭"，大约地近伊阙，想到大禹开凿的功绩，而发出感叹[⑤]。从以上的谈话中，丝毫看不出有怀疑禹为天神的迹象，如果禹是古代的天神，孔子和刘定公的谈话，应该不是这般肯定的口气。

[①]《论语·八佾》："子曰：夏礼吾能言之，杞不足征也，殷礼吾能言之，宋不足征也，文献不足故也，足，则吾能征之矣。"

[②]过去为了解释这些诗句中，禹是否具有"天神性"，顾颉刚与刘掞藜、胡堇人等之间，曾有过很激烈的争论（见《古史辨》第一册中编所收诸文）。其实，古代凡有大功德于民的伟人，后人崇德报功，多少都会加上"神化"的色彩，关云长、文天祥尚且附有许多神话传说，何况远古时代的大禹。所以即使具有"天神性"，亦不能作为否定其"人格"的依据。

[③]《尚书·吕刑》："乃命三后，恤功于民：伯夷降典，折民惟刑；禹平水土，主名山川；稷降播种，农殖嘉谷。三后成功，惟殷于民。"

[④]《论语·泰伯》："子曰：禹，吾无闲然矣，菲饮食，而致孝乎鬼神，恶衣服，而致美乎黻冕，卑宫室，而尽力乎沟洫，禹，吾无闲然矣。"

[⑤]徐旭生：《中国古史的传说时代》，1962 年增订本，第 158 页。

从地下遗物来看，春秋时代的铜器，秦公敦有"䀇禹之贲"，齐侯缚钟有"𣄰𣄰成唐……处禹之堵"，所以历来以禹为夏民族祖先之说，在金文上已可以得到证明①。

战国时代诸子，儒道墨法的著述中，无不以大禹为"三代"圣王的第一人，对于他们的人格和事功更是称赞不已，例如《孟子·滕文公上》称"禹抑鸿水而天下平"，《荀子·成相》云"禹有功，抑下鸿，避除水患逐共工"，《庄子》谓禹为"大圣"②，《墨子》则屡称禹为"三代之圣王"③，韩非子也以禹为躬亲耕稼劳苦的古帝王④，儒道墨法四家的学说主张不同，但他们认为禹是古代伟大的先王而深致推崇，则并无不同。此外，屈原的《楚辞》，也多次提到大禹，只是对于禹的诞生和治水等传说，表示疑惑而已，这本是屈原对于远古相传的许多现象，无法以当时的知识来做合理的解释所致⑤。

汉人对于大禹的记载和推崇，不胜列举，以禹为古帝王更为确定，《史记》《汉书》皆言"禹封泰山、禅会稽"⑥，《史记·夏本纪》称"禹为人敏给克勤，其德不违，其仁可亲，其言可信"，《淮南子·修务训》以禹与尧舜汤周文王为"五圣"，又以禹为"千岁为一出"的"九贤"之一⑦，《汉书·古今人表》将古"今"人物分为九等，而列帝禹夏后氏为"上上"的人物。

依照《世本》《大戴礼记》及《史记》等书，五帝三王咸祖黄帝，禹是夏的始祖，出于黄帝子孙颛顼的一支，《大戴礼记·帝系》云：

① 王国维《古史新证》第二章《禹》云："故举此二器，知春秋之世东西二大国无不言禹为古之帝王，且先汤而有天下也。"郭沫若《评古史辨》云："由上（齐侯镈、秦公敦的考察）可知在春秋时代一般人之信念中，确承认商之前有夏，而禹为夏之先祖……"见《古史辨》第七册下编，第364页。
② 《庄子·天下》云："禹大圣也，而形劳天下也如此。"
③ 《墨子·尚贤中》《天志中》《贵义》等篇，皆以尧舜禹汤文武为"三代"之圣王。
④ 《韩非子·五蠹》："禹之王天下也，身执耒臿以为民先。"
⑤ 从《楚辞·天问》下引各句中可以看出："鸱龟曳衔，鲧何听焉？……伯禹愎鲧，夫何以变化……洪泉极深，何以窴之？地方九则，何以坟之？应龙何画，河海何历？鲧何所营。禹何所成？"
⑥ 见《史记·封禅书》《汉书·郊祀志》。
⑦ 《淮南子·修务训》以尧、舜、禹、文王、皋陶、契、史皇、羿等为"九贤"，而仅述八人，唯其中两称"禹"，而缺汤，是否有讹误，不得而知。《修务训》云："今无五圣之天奉。"高诱注："尧舜禹汤周文王。"

黄帝产玄嚣，玄嚣产蟜极，蟜极产高辛，是为帝喾。帝喾产稷、产契、产放勋，是为帝尧。帝尧产昌意，昌意产高阳，是为帝颛顼。颛顼产穷蝉，穷蝉产敬康，敬康产句芒，句芒产蟜牛，蟜牛产瞽叟，瞽叟产重华，是为帝舜。帝舜产鲧，鲧产文命，是为禹。①

这些整齐的帝系，其间颇多矛盾，自宋欧阳修以来即不乏怀疑的人②。其实，我国民族的成长，经过了长期不断的融合，三代以上，民族当然不是出于一元的，经过了五帝三王时代的融合，才有逐渐为一的趋向，及至战国时代，以虞夏商周为时代先后的次序，已成为普遍的观念③，学者进而以远古帝王为中心来整理古史，自然就写出了《世本》《帝系》一类的系统来了。所谓某帝生某帝者，并非亲生④，而传说中的古帝王应皆是"人帝"而非"神帝"⑤。只是像"禹"一类的名字，也许是后人所加的⑥。

先秦诸子中所述远古帝王的事迹，乃是诸子引述远古史事来发挥自己的学说，亦可说是他们通过自己的"史观"，对古史所做的解释，并非记载古史的专著，所以同一古代人物，各家的评价不同，所记事迹也有出入。至于战

---

① 《大戴礼记》卷七，《四部丛刊》本，商务印书馆，第36页。

② 上述帝系，自黄帝至尧禹皆为四世，至舜却为八世，而又说尧让位于舜，并妻舜以二女，舜较禹晚四世，反禅位于禹，所以宋欧阳修《帝王世次图序》，以舜娶尧二女乃是娶其曾祖姑，而让位于禹岂非上传其四世祖。见《崔东壁遗书》，《补上古考信录》卷之下，台北河洛图书出版社，第19～21页。

③ 例如《左传·庄公三十二年》内史过说："故有得神以兴，亦有以亡，虞夏商周皆有之。"《吕氏春秋·审应览》："国久则固，固则难亡，今虞夏商周无存者，皆不知反诸己也。"

④ 《山海经·大荒东经》："帝俊生黑齿。"郭璞注："诸言生者，多谓其苗裔，未必是亲所生。"

⑤ 丁山《由陈侯因㭎镈铭黄帝论五帝》一文云："凡帝系国语所载古帝王世系，亦必渊源有自，绝非晚周诸子，骋衍之徒所得凭空构矣。"见《"中央研究院"历史语言研究所集刊》第三本，第520页，徐中舒在丁文之末作附记，谓丁氏之论为"不可摇撼之说"，见第536页。

⑥ 《史记·夏本纪·集解》引《谥法》曰："受禅成功曰禹。"司马贞《索隐》以"古帝王之号皆以名"，认为"其实禹是名"。案禹见于《舜典》，帝禹始见《史记·五帝本纪》《史记·夏本纪》《三代世表》《竹书纪年》，《汉书·艺文志》作命（师古曰：古禹字）；《路史》后纪十三注作墨；《伪大禹谟》《列子·汤问》作大禹；《史记·夏本纪》亦曰夏禹；《舜典》《史记》《正义》引《帝王世纪》亦曰伯禹；《华阳国志·巴志》亦曰圣禹；《庄子·齐物论》亦曰神禹；《潜夫论·五德志》亦曰戎禹；《太平御览》卷八十二引书帝命验亦曰似戎文禹；《伪大禹谟》《大戴礼记·五帝德》《帝系姓》《史记·夏本纪》亦曰文命；《潜夫论·五德志》亦曰白帝；《世本》《吴越春秋·越王无余外传》亦曰高密。以上参梁玉绳：《汉书人表考》上册，《国学基本丛书》，商务印书馆，第27页。

国秦汉间著作中的古史系统，也是如此。《世本》《帝系》《史记·五帝本纪》《夏本纪》《世经》《潜夫论·五德志》等所列的古史系统，显然是以自古相传的旧说为根据，再加上了著者的时代思想整理而成，不应视为假造的"伪史"。

我们考察大禹以及其他传说中的远古人物，不应着重其"身世"的考辨，而应考察环绕着这些古史人物的传说中，是否合乎民族学上初民社会的特征，过去疑古的人看到文献史料中有"禹是一个耕稼的国王"的现象，觉得不可思议，便把它作为禹是"天神"的理由之一[1]，这完全"病在于以唐宋之事例三代"[2]，我们如通过民族学的知识，对照初民社会的现象，反而觉得这是一种质朴和真实的反映，因为在氏族社会里，领袖并无后世帝王的权势，也没有物质生活上的特殊享受，辛劳的程度，有时超过了氏族成员，《韩非子·五蠹》云：

> 尧之王天下也，茅茨不翦，采椽不斫，粝粢之食，藜藿之羹，冬日麑裘，夏日葛衣，虽监门之服养，不亏于此矣；禹之王天下也，身执耒臿以为民先，股无胈，胫不生毛，虽臣虏之劳，不苦于此矣。

这可说是氏族社会领袖生活的写照，与后世的国王或皇帝比较，遂成为先王的美德。传说中的舜，也是一位勤劳节俭、躬亲耕稼、擅长农事制陶的领袖。在大禹的传说中，类似的现象撷拾皆是，例如《论语·泰伯》记孔子说：

> 禹，吾无间言矣，菲饮食，而致孝乎鬼神，恶衣服，而致美乎黻冕，卑宫室，而尽力乎沟洫……

《宪问》载南宫适言曰：

> 禹稷躬稼而有天下。

墨子也称道大禹说：

---

[1] 顾颉刚：《讨论古史答刘胡二先生》，《古史辨》第一册中编，第106～107页。
[2] 崔述在《补上古考信录》中说："后世之儒所以论古之多谬者无他，病在于以唐宋之事例三代，以三代之事例上古……妄以己意揣度，以致异说纷然，而失圣人之真。"见《崔东壁遗书》第一册卷之上，第17页。

禹亲自操橐耜而九杂天下之川，股无胈、胫无毛、沐甚雨、栉疾风。①

《荀子·成相》云：

禹搏土，平天下，躬亲为民行劳苦。

其他如《淮南子》和《史记》等书，有关的记载不胜列举②，梁启超指出，欧人对于古代明王大哲，诵其功德，常于名字上冠以"大"（The Great）或"神圣"（Saint），禹之称"大禹"或"神禹"，实与彼不谋而合，所以他称赞大禹说：

大禹之事功，为物质上统一之基础，大禹之德性，为中国精神统一之基础也，故其德合帝，唯禹与舜称大，其功迈皇，唯禹与农称神，有以也夫。③

夏代的存在，亦可于传说史料中推测知之。在先秦旧籍中，最早谈到夏的是《尚书》。《周书》《召诰》《立政》《康诰》《君奭》诸篇，屡言"有夏"，如《召诰》云：

相古先民有夏，天迪从子保。

有夏服天命，唯有历年。

我受天命，丕若有夏历年。

可见在西周初年，周人的记忆里"相古"的确有过夏代。从《诗》《书》及《周本纪》，更可看出周民族与夏有密切的关系，例如《周诗》的本题为"雅"，"雅"即是"夏"④，《周诗》所以称"雅"的原因，"盖所以明周地乃夏之旧，或周之霸业乃继承夏之旧统而已"⑤，或"周民族的兴起和发展经

---

① 《庄子·天下》引。
② 例如《淮南子·要略训》称："禹之时，天下大水，禹身执累垂以为民先。"《史记·夏本纪》述禹治水时"劳身焦思，居外十三年，过家门不敢入，薄衣食，致孝乎鬼神，卑宫室，致费于沟淢"。
③ 梁启超：《纪夏殷王业》，《国史研究六编》，台湾中华书局 1971 年版，第 6 页。
④ 《墨子·天志下》："于先王之书，大夏之道之然。"清俞樾《诸子平议》卷十释曰："大雅即大夏也。雅夏古字通。《荀子·荣辱》曰：越人安越，越人安楚，君子安雅，《儒效》曰：居楚而楚，居越而越，居夏而夏，是夏与雅通也。下文所引帝谓文王六句，正《大雅·皇矣》文。"《新编诸子集成》第八册，世界书局，第 12 页。
⑤ 程憬：《夏民族考》，《大陆杂志》1950 年 9 月一卷六期，第 86 页。又傅斯年氏《殷墟新获卜辞写本后记跋》，引《周颂》之两称时夏，及大雅小雅之为大夏小夏，乃系标举夏以抗殷。《傅孟真先生集》（四），第 234 页。李宗侗氏认为："周人之与夏实有深长关系，不只强拉上夏以自豪而抑殷也。"见《中国古代社会史》（一），1954 年，第 27 页。

过，似是沿着夏之先民的故迹，在夏之废墟上建立新国的"①。

春秋战国时代学者，常常是夏商周三代并称，或虞夏商周四代相连，例如《论语·为政》记孔子答子张问十世可知时说：

> 殷因于夏礼，所损益可知也，周因于殷礼，所损益可知也。

《八佾》记哀公问社于宰我，宰我对曰：

> 夏后氏以松、殷人以柏、周人以栗。

《卫灵公》记颜渊问为邦，孔子曰：

> 行夏之时，乘殷之辂，服周之冕。

《左传·庄公三十二年》内史过说："故有得神以兴，亦有以亡，虞夏商周皆有之。"《吕氏春秋·审应览》："国久则固，固则难亡，今虞夏商周无存者，皆不知反诸己也。"其他如墨子、韩非子亦皆有"虞夏商周"四代的观念②。尤其是"好古敏求"的孔子，对于夏代文化显然知道很多，只是在春秋时代流传的夏代文物已经不多，甚或没有了，无法加以印证，所以他说："夏礼吾能言之，杞不足征也，殷礼吾能言之，宋不足征也，文献不足固也，足则吾能征之矣。"可见孔子确认夏代的存在，只是当时为"夏余"的杞国，文献不足征罢了③。

夏民族活动的地区，应以《逸周书》《国语》《史记》等书的记载，最值得注意，《逸周书·度邑解》称：

> 自洛汭延于伊汭，居易无固，其有夏之居。

《国语·周语》：

> 伊洛竭而夏亡。

《史记·吴起列传》载吴起对魏武侯之言：

---

① 程憬前引文《夏民族考》，第85页。

② 《墨子·非命下》："子胡不考之乎商周虞夏之记。"《韩非子·显学》："殷周七百余岁，虞夏二千余岁。"实为虞夏商周次第的颠倒，参刘节：《中国古代宗族移植史论》，正中书局，第33~34页。

③ 据《竹书纪年》，夏代立国共471年。《吕氏春秋·慎大览》《史记·周本纪》《礼记·乐记》《韩诗外传》等皆言，武王伐纣之后，追思先圣王，乃褒封大禹之后于杞。直到春秋时代杞国仍在，所以《国语·周语》称："有夏虽衰，杞鄫犹在。"《左传·襄公三十年》："杞为夏余。"

夏桀之居，左河济，右太华，伊阙在其南，羊肠在其北。①

当代学者推测夏人活动区域者颇多，如丁山《由三代都邑论其民族文化》一文云：

夏后氏起自今山西省西南隅，渡河而南，始居新郑密县间，继居洛阳，辗转迁徙，东至于河南陈留、山东观城，北至于河南濮阳，西至于陕西东部，踪迹所至，不越黄河两岸。②

傅斯年氏《夷夏东西说》，根据古籍所记有关夏地，推测夏之区域为：

夏之区域，包括今山西省南半，即汾水流域，今河南省之西部中部，即伊洛嵩高一带，东不过平汉线，西有陕西一部分，即渭水下流。③

各家的推测，要以能重视上引文献所述之伊洛地区以及传说中的"夏墟"或"夏都"为能得之④，二十年来的夏代考古也是在这一地区从事的。所以对于过去以"华夏起于雍梁"⑤ 或夏民族起源于四川的一些考证，似都应暂时排除⑥。

总之，《禹贡》成书于春秋晚年⑦，并不是大禹时代"任土作贡"的实录，可

---

① 又见《战国策·魏策一》，"魏武侯与诸大夫浮于西河"条云："夏桀之国，左天门之阴，而右天谿之阳，庐睪在其北，伊洛出其南。"与《史记》文略有不同，而不如《史记》之确实。

② 《中央研究院历史语言研究所集刊》1935 年 10 月第五本第一分，第 114 页。

③ 《"中央研究院"历史语言研究所集刊外编》，《庆祝蔡元培先生六十五岁论文集》下册，第 1111～1112 页，收在《傅孟真先生集》（四），1952 年，第 60～61 页。

④ 徐亮之以仰韶一带之彩陶区，为夏部族之重要根据地，禹桀所都，皆以伊洛为中心，见《中国史前史话》，台北华正书局，第 213～217 页；赵铁寒师《夏代诸帝所居考》，考证夏后氏九个都邑的地望，大致亦分布在丁山、傅斯年二氏所指的夏民族活动地区内，见《古史考述》，正中书局，第 63～72 页。

⑤ 章太炎《中华民国解》云："质以史书，夏之为名，实因夏水而得……地在雍梁之际，因水以为族名……"见《太炎文录别录》卷一，西南书局。

⑥ 禹生四川不可信，梁玉绳《汉书人表考》已辨之，其言曰："案禹之生卒，莫详其地……而所生之处，《史记》《正义》引《蜀王本纪》。《三国蜀志·秦宓传》《水经·沫水注》《华阳国志》《吴越春秋》并言禹生石纽乡，为蜀之汶山广柔人。嗣后志地理者仍之。夫古帝王多起冀方，其时蜀又不与中国通，即或禹曾生其地，亦必导江涉历，据得指为生处乎，且鲧娶有莘氏女，莘在陈留，其封于崇，为今鄠县，相去不甚远，何缘家居蜀土……"今人徐旭生曰："我们认为这一区域（四川）同夏后氏族或部落没有直接的关联……蜀地高于扬州（长江下游一带）很多，如果蜀地有滔天的洪水，那么扬州区域即将变为大海，所以不可能；或说由于同时大霖雨，可是中国广大，东西方的雨季也不会在同时，这样也不可能。当时中国交通阻塞，也没有生于四川，跑到东方治水的道理，所以这一说暂时可以不谈。"见前引文《中国古史的传说时代》，第 63 页。

⑦ 《禹贡》成书的时代，论者意见颇多，此据屈万里先生《论禹贡著成的时代》，《书佣论学集》，第 116～160 页。

成定论。因此以禹贡九州作为夏代疆域的观念，应予放弃，是无可置疑的了。"九州"乃系别有所指，早在安特生（J. G. Andersson）发现"仰韶文化"之后，徐中舒即据《左传》《国语》诸书记载之"九州"，以推测夏代的地区云：

> 此诸九州，皆指北至太行，南至三涂，东至阳城大室，西至荆山终南的九州，其地为夏人所居……①

"九州"本系指伊洛一带的中原地区，原是夏人活动的主要范围，后来随着中国疆域的扩大，"九州"也逐渐跟着扩大了起来②。

以上述地区作为夏人活动的范围，则与大禹和夏初传说有关的"涂山"与"会稽"的地望，都应重新加以检讨。《左传·哀公七年》称：

> 禹会诸侯于涂山，执玉帛者万国。

《韩非子·饰邪》称：

> 禹朝诸侯之君会稽之上，防风之君后至，而禹斩之。③

"涂山"与"会稽"地望的探讨，应有助于夏史的了解。"涂山"据杜预注云："在寿春东北。"由于杜注《左传》的影响，此说颇有势力④，但考察夏人活动的地区，则禹远至安徽一带去会合"诸侯"，似有悖情理，综合近人的考证，"涂山"应为河南陆浑县之"三涂山"⑤，其地近伊洛嵩山，在古九州区域之内，宜乎大禹在此会合"诸侯"。至于"会稽"，如指今浙江绍兴之"会稽山"而言，虽自两汉以来影响很大⑥，显然也是不合理的，近人考证的

---

① 徐中舒：《再论小屯与仰韶》，《安阳发掘报告》第三册，1931 年 6 月。

② 顾颉刚：《九州之戎与戎禹》，原刊《禹贡半月刊》六卷六、七合期，收在《古史辨》第七册下编，第 117～138 页。

③ 《国语·鲁语下》载仲尼答弟子问骨谓："丘闻之，昔禹致群神于会稽之山，防风氏后至，禹杀而戮之。"《墨子·节葬下》："禹东教乎九夷，道死，葬会稽之山……"《吕氏春秋·安死》："禹葬会稽不烦人徙。"《史记·夏本纪》："帝禹东巡狩，至于会稽而崩。"会稽与禹的关系可见。

④ 例如顾颉刚在《论禹治水故事书》中，认为"涂山在淮河旁"，显然是依《左传》杜注为说。《古史辨》第一册下编，第 209～210 页。

⑤ 钱穆：《周初地理考》，《燕京学报》1931 年 12 月第十期，第 1971 页；傅斯年：《夷夏东西说》，《傅孟真先生集》（四），第 57 页；李宗侗：《中国古代社会史》，第 107～109 页。

⑥ 《史记·太史公自序》云："上会稽，探禹穴。"《集解》引张晏曰："禹巡狩至会稽而崩，因葬焉。上有孔穴，民间云禹入此穴。"《史记·秦始皇本纪》云：始皇三十七年"临浙江……上会稽，祭大禹"，《正义》云："越州会稽山上有夏禹穴及庙。"《汉书·地理志》谓会稽山在山阴县南，山有禹塚禹井。又林华东《绍兴会稽与禹无涉——兼论于越源流》一文认为"早期的会稽应在山东泰山附近，绍兴会稽是由山东的会稽乔迁而来"。《浙江学刊》1985 年第二期，第 75 页。

意见颇不一致，有谓"涂山"即"会稽山"者①，也有主张会稽即泰山"在山东无疑"者②，而钱穆氏考证云：

会稽山本称茅山，以地望推之，其相当于河东大阳之山乎？③

钱氏之说，虽然目前还不能成为定论，但其地望实在夏人活动范围之内，其说远胜于今浙江之会稽山，自不待言。此外，《国语·周语》云："昔夏之兴也，融降于崇山。""崇山"即"嵩山"④，可成定说，亦在伊洛一带。

根据以上的讨论，不难看出夏民族活动的大致轮廓。所以《孟子·公孙丑上》说："夏后殷周之盛，地未有过千里者。"《史记·封禅书》称："三代之居，皆在河洛之间。"都是很值得重视的话。

夏代的文化，由于书缺有间，文献不足，见于记载的只是一鳞半爪。司马迁写《史记》时尚见到《禹本纪》⑤，今已不传。今人虽然推测，夏代应已有文字，且已记载历史⑥，但至今未有夏代文字出土。新石器时代的陶文，虽有发现⑦，由于数目有限，距离与文献对照的阶段，尚属遥远，至多对推测夏朝已有文字，提供一个有力的支持而已。

从传说史料观察，夏代文物已有著录，而且也有了学校一类的机构。《吕氏春秋·先识》说夏有"太史"，《左传》引《虞书》皆称"夏书"，论者以《虞书》亦为夏史官所记。⑧ 郑玄《易论》称："夏曰连山，殷曰归藏，周曰

---

① 顾颉刚、童书业：《鲧禹的传说》，《古史辨》第七册下编，第 1520 页；金经天《大禹与绍兴会稽》一文认为"禹时绍兴会稽已属夏的势力范围，禹是巡狩葬于绍兴会稽"。《浙江学刊》1988 年第五期，第 105～108 页。
② 杨向奎：《夏代地理小记》，《禹贡半月刊》1935 年 8 月第三卷第十二期，第 15 页。
③ 钱穆：《周初地理考》，第 1969 页。此外，吕调阳《吕氏春秋释地》，以为"会稽山"为《吕氏春秋·有始览》所称的"九山"之一，其地在"阳翟东京水"。参张公量：《古会稽考》，《禹贡半月刊》1934 年 6 月第一卷第七期，第 29～34 页。
④ 《国语》韦昭注："崇，崇高山也，夏居阳城，崇高所近。"王念孙《读书杂志》，章炳麟《神权时代天子居山说》《辨乐》等，都以崇山即嵩山，章氏云："周语称鲧为崇伯，禹嗣其位，故曰崇禹，崇即崇高，今字作嵩……"见《检论》卷二，《章氏丛书》上册，世界书局，第 16 页。
⑤ 《史记·大宛列传》太史公曰："禹本纪言：'河出昆仑……'至禹本纪，山海经所有怪物，余不敢言之也。"
⑥ 见唐兰前引书《古文字学导论》，第 78 页。
⑦ 例如西安半坡出土的陶片上，发现二十二个不同字体的陶文，其时代可追溯到公元前五千年左右的仰韶时代，这些陶文能够确认的，是一、二、五、七、八等数字。参李孝定：《从几种史前和有史早期陶文的观察蠡测中国文字的起源》，《南洋大学学报》1969 年第三期，第 1～28 页；*Ping-ti Ho*, *The cradle of the East*, PP. 223～224. The Chinese University of Hong Kong press, 1975.
⑧ 赵翼：《陔余丛考》卷一，"虞夏商周书目孔子所分"条，世界书局影印本，第 8 页。

周易。"孟子论三代之学校谓："夏曰校，殷曰序，周曰庠，学则三代共之。"①《礼记·明堂位》所记的礼器，常常是三代或虞夏商周并列②，夏人也可能已有了十日为名的习俗和昭穆制度③。新石器时代的"仰韶文化"期，聚落即已形成，而古史相传"鲧作城郭"④，城郭的建造是三代共有的特征⑤，而夏与城郭的关系尤为密切，柏莱乌德（Robert Braidwood）尝谓"文明即是城市化"（Civilization means urbanization），"城郭"的建造，实为早期文明发展的重要特征⑥。

夏代已有历法，文献记载颇多，《左传·昭公十七年》引"夏书曰"述日食现象，董作宾氏据之以定夏年，以其合乎古代天文现象，认为是可信的资料⑦。自西周以来"夏正"流传颇久⑧，《论语·卫灵公》孔子曰"行夏之时"，《竹书纪年》为战国时代魏史官所作，亦使用"夏正"⑨，《汉书·律历志》载"夏历"为汉初流行的"六家历"之一⑩。我国古代历法起源甚早，

----

① 《孟子·滕文公》。又，《礼记·王制》："夏后氏养国老于东序，养庶老于西序。"郑注："东序"是大学，"西序"是"小学"，皆设于国都。

② 例如《礼记·明堂位》：鸾车，有虞氏之路也；钩车，夏后氏之路也；大路，殷路也；乘路，周路也。有虞氏之旗；夏后氏之绥；殷之大白；周之大赤。爵，夏后氏以琖；殷以斝；周以爵。豆，夏后氏以楬豆；殷玉豆；周献豆。

③ 杨君实：《康庚与夏讳》，《大陆杂志》1951年二卷三期，第83～88页。

④ 《世本·作》："鲧作城。"（《玉篇·土部引》）"鲧作城郭。"（《礼记·祭法》正义引）《吕氏春秋·君守》亦说："夏鲧作城。"《行论》："鲧……比兽之角能以为城。"《淮南子·原道训》："夏鲧作三仞之城。"《吴越春秋》："鲧城以卫君，造郭以守民，此城郭之始也。"

⑤ 张光直前引文《从夏商周三代考古论三代关系与中国古代国家的形成》，第291页。

⑥ Robert J. Braidwood, *Prehistoric Men*, P. 106, Chicago Museum of National History Press, 3rd, ed. 1957。

⑦ 董作宾《中康日食》一文考证，《夏书》"辰不集于房，瞽奏鼓，啬夫驰，庶人走"，乃在夏都安邑见日全食在房星之度，而惊骇营救之现象。此《夏书》出于《真古文胤征篇》，乃夏中康时代之残逸史实。《夏书》所载之日食可决定为公元前2137年10月22日之日全食，即中康元年甲申，九月壬申朔之日食。上推太康二九年，启十年，禹七年，则禹元年为公元前2183年，夏年则采《世经》之说，定为432年即自公元前2183～1752年。该文收在徐炳昶《中国古史的传说时代》第四章，1943年初版。此外可参董氏《中国历史上三正问题之科学证明》，《平庐文存》上册，卷一，台北艺文印书馆1963年10月版，第90～106页。

⑧ 《诗·豳风·七月》所记之历法为夏正，夏正者乃夏人所用之历法。周诗用夏正，见王应《困学纪闻》卷三。又，《论语·卫灵公》孔子曰："行夏之时。"《史记·夏本纪》："孔子正夏时，学者多传夏小正。"

⑨ 见《隋书·经籍志》。

⑩ 《汉书·律历志》所载之"六家历"是：黄帝历、颛顼历、夏历、殷历、周历及鲁历。

《世本·作》称黄帝时容成造历①，《史记·历书》称"黄帝考定星历"，《尚书·尧典》以尧时已"期三百有六旬有六日，以闰月定四时成岁"，又派羲仲等观察鸟火虚昂四中星的位置，历法起源于黄帝，应是可信的传说②，夏代的历法，原是先民长期经验累积的结果，所以较为进步，因而流传较久。

铜器的出现，是人类文明演化过程中的重要标记，而黄铜出现的年代又较青铜出现的年代为早，我国殷代出土的铜器，已为技术水准极高的青铜。夏代的铜器，尚有待于考古工作的继续探求。但在文献史料里，夏代已经用铜的记载是十分确定的，《越绝书》载风湖子对楚王之言曰：

> 轩辕赫胥神农之时，以石为兵……至黄帝之时，以玉为兵……禹穴之时，以铜为兵……当此之时，作铁兵……③

这种以石、铜、铁作为时代演化的顺序，与19世纪丹麦考古学家汤姆生（C. J. Thomsen）的分期方法是暗合的。相传夏初已开始以铜铸"九鼎"④，尤其春秋战国学者，更是言之凿凿⑤，"九鼎"成为三代有天下的象征，楚庄王时曾观兵周疆，问鼎之轻重，直至东周之亡，"九鼎"的下落，才随之成谜⑥。虽然在考古学上，还没有得到夏代确已用铜的地下证据，但当代学者早有主张夏代已是用铜的"全盛期"者⑦，甚至从甲骨文的推测，夏初铸鼎之

---

① 又见《吕氏春秋·勿躬》《淮南子·修务训》。
② 朱云影师：《中国上古史讲义》第五章《中国文明的曙光》，以历法、衣冠文明与车的文化为可断言与黄帝有密切关系的三事。
③ 袁康：《越绝书》卷十一，《越绝外传记宝剑》第十三，国学基本丛书，商务印书馆，第56页。
④《史记·封禅书》称："禹收九牧之金，铸九鼎，象九州。"《说文》："鼎，三足两耳，和五味之宝器也……昔禹收九牧之金，铸鼎荆山之下……"
⑤《左传·宣公三年》载王孙满之言："昔有夏之方有德也，远方图物，贡金九牧，铸鼎象物……桀有昏德，鼎迁于商。"《墨子·耕柱》："昔者，夏后开使蜚廉折金于三川，而陶铸于昆吾……九鼎既成，迁于三国，夏后氏失之，殷人受之。"
⑥《史记·封禅书》称："周德衰，宋之社亡，鼎乃沦没，伏而不见。"《秦始皇本纪》载：始皇二十八年巡游天下时，曾于泗水"千人没水求之，弗得"。赵铁寒师《说九鼎》引沈钦韩说："九鼎之亡，周自亡之……销毁为货，谬云鼎亡耳"，作为九鼎亡失的"临时结论"，见《古史考述》，第139~140页。
⑦ 章鸿钊《石雅》附录《中国铜器铁器时代沿革考》，以"五帝之初"为始用铜器时代，以"夏商周三代"为铜器全盛时代，见《地质学报》乙种第二号，第429页；黎东方先生《中国上古史八论》一书认为"赤铜，无论如何，在夏代必定已有"，中华文化出版事业委员会出版，1957年版，第51页。

说也是可信的①。

文献记载的夏文化，虽然并非详尽，但颇能提供我们推测夏代存在的重要参考。

四、禹与夏初传说中的图腾迹象

图腾制度（Totemism）与氏族社会，是世界各民族早期文明共同经过的阶段，我国也不例外。

古史传说中的远古帝王，自伏羲神农黄帝以下，都有"感生"的故事②，这些古帝王的"感生"传说，一则反映了我国古代曾有过母系社会的阶段，一则显示了我国远古时代，确曾存在过"图腾制度"的事实。

舜禹时代，大约已开始由母系进入父系，故在舜禹传说中已有了父亲的名字。虽然如此，他们诞生的传说，却仍然依着"感天而生"的故事发展，例如舜之父为瞽叟，但其诞生却是其母握登"见大虹，意感而生舜于姚墟"③；约与禹同时的殷契，相传其父为帝喾，契之诞生，乃有娀氏之女简狄吞玄鸟卵，因孕生契④；禹父为鲧，禹的诞生有以下许多传说，王充《论衡·奇怪》云：

> 禹母吞薏苡而生禹。

《帝王世纪》云：

> 禹父鲧，妻修己，见流星贯昴，梦接意感，又吞神珠薏苡，

---

① 严一萍先生《夏商周文化异同考》，根据曾得"侑鼎"、卜辞三版，谓殷受九鼎之说殆为信史，见《大陆杂志》特刊第一辑下册，1952年7月；赵铁寒师《说九鼎》亦相信夏初确有铸作九鼎的事实，见前引书《古史考述》，第114页。

② 例如《绎史》卷三引《诗含神雾》："华胥履巨人迹于雷泽而生伏羲。"卷四引《春秋元命苞》称："少典妃安登游于华阳，有神龙首感之于常羊，生神农。"卷五引《帝王世纪》称："附宝感大电绕北斗生黄帝。"卷九引《春秋合诚图》称："庆都与赤龙合婚而生尧……"广文书局印行。其他散见各书的资料极伙，兹不赘述。

③ 《宋书·符瑞志》。案：古籍记载的感生传说具有图腾信仰的现象，也有古代社会演进的特征。但也有后人对领袖人物的神化，以增加其神圣性的可能。例如《史记·高祖本纪》载汉高祖母梦与神遇而生高祖，应属"领袖神化"的现象，而非图腾信仰或母系往父系社会之过渡。

④ 《诗商颂》："天命玄鸟，降而生商。"郑笺："汤之先为契，无父而生，契母与姊妹浴于玄丘水，有燕卵坠之，契母得，故含之，误吞之，即生契。"《史记·殷本纪》称："殷契母曰简狄，有娀氏之女，为帝喾次妃，三人行浴，见玄鸟坠其卵，简狄取吞之，因孕生契。"

胸坼而生禹。①

《今本竹书纪年》云：

> 帝禹夏后氏，母曰修己，出行见流星贯昴，梦接意感，既而吞神珠，修己背剖，而生禹于石纽。②

扬雄《蜀本纪》云：

> 禹本没（汶）山广柔县人，生于石纽，其地名刳儿畔，禹母吞珠孕禹，坼福而生于县涂山，娶妻生子启。③

此外，《白虎通·姓名》则谓"禹姓姒氏，祖昌意以薏苡生"，《帝王世纪》《今本竹书纪年》《蜀本纪》等书，虽晚出不可尽信，但观《论衡》等书的提及，则禹母吞薏苡而生禹之说，至少在东汉时代已十分流行，似属自古相传的旧说。因为禹与昌意皆生自薏苡，所以有人以薏苡或苤苡为姒姓的图腾。④

禹的诞生传说除了与薏苡有关之外，要以"禹生于石"的说法为最多。《随巢子》称："禹产于混土，启生于石。"⑤《淮南子·修务训》称："禹生于石。"高诱注："禹母修己，感石而生禹，坼胸而出。"《孟子》⑥、扬雄《蜀本纪》等，皆有类似的说法。此外，尚有启母化石之说⑦。禹的传说既与"薏苡"和"石"有不可分的关系，所以也有认为薏苡和石皆为夏后氏的图腾⑧。

当代学者从民族学的观点，讨论夏民族属于何种图腾，尚无一致的意见，

---

① 《史记·夏本纪·正义》引；李衡梅《禹的两种出生说试释》一文认为："传说中，禹的出生有两种说法，一是其母修己无夫而生，一是其父鲧剖腹而生。这两种怪诞的传说，表面上看来似乎矛盾，实际上恰恰反映了由母权制向父权制过渡时期的真实情况。修己的'吞神珠薏苡，胸坼而生禹'不正是'自夸没有男人的协作也能怀孕'吗？而'伯禹腹鲧'不又恰是'宣称正是男人在种族繁殖的行为中担负着主要的职务'吗？如果说前者是对母性的崇敬和留恋，那么后者便是对男性的歌颂和膜拜了。'伯禹腹鲧'传说的产生恰是父权制战胜母权在中国原始社会史中的反映。"《齐鲁学刊》1985 年 4 月，第 70～71 页。

② 采自王国维：《今本竹书纪年疏证》，艺文印书馆印行。

③ 《太平御览》卷八十二引。

④ 李宗侗氏说："苢最初以指苤苢而非薏苢……汉人或常见薏苢，少见苤苢，或汉时苤苢的名称已改，遂以苢为薏苢。其实姒之图腾当系苤苢，因为他系图腾，姒姓皆出自他，所以说他令之宜子。"见前引书，第 26 页。

⑤ 《太平御览》卷五十一引。

⑥ 《史记·六国年表》："禹兴于西羌。"《集解》引皇甫谧曰："孟子称：禹生石纽，西夷人也。"案今本《孟子》无。

⑦ 见《山海经·中山经》郭璞注、《汉书·武帝纪》应劭注、《艺文类聚》卷六引《随巢子》。

⑧ 于省吾：《略论图腾与宗教起源和夏商图腾》，《历史研究》59：11，第 63～65 页。

除了上述以"薏苡"与"石"为夏后氏图腾外，许多人认为"禹"即是夏民族的图腾①，或以"夏"字小篆作""，即是图腾的形象，"龙、蛇"是夏民族的图腾②。

考察古史传说并综观当代学者的讨论，夏民族的图腾迹象，似应以"龙""蛇"的可能性为最大。《国语·周语》云：禹平治洪水，"皇天嘉之，祚以天下，赐姓曰姒，氏曰有夏"，《史记·夏本纪》云：

> 禹于是遂即天子位，南面朝天下，国号曰夏后，姓姒氏。

所谓"即天子位，南面朝天下"，自是汉人的观念。汉人去图腾信仰的时代已远，自不能了解这种传说的真意，所以王充《论衡·奇怪》斥"禹母吞薏苡而生禹"之说为"虚妄之言"。案：所谓"姓"即图腾③，夏为姒姓，应是自古相传的旧说，"姒"与"以""似""巳""己"等字相通，《说文》"巳"字作，"它（蛇）象形"，甲骨文"巳"字有诸形亦象蛇形④，禹母名"修己"，意谓禹是长蛇部族的后裔⑤。

又案"薏苡"之"苡"，从以声，形符加女旁，即"姒"字，其主要的部分"以"，古文又作""，"以"与"台"古同字，金文"姒"或以"始"为之⑥。""字甲文金文作，为耜之象形字。但如以上所述，实象蛇形，所

---

① 陈志良：《禹与四川之关系》，《说文》三卷九期，第33页；何天行：《夏代诸帝考》，《学林》1941年3月第五期，第117页；黄文山：《中国古代社会的图腾文化》，《黄文山学术论丛》，台湾中华书局1959年版，第267页。

② 赵铁寒师：《夏民族的图腾演变》，《古史考述》，第74~87页；王克林《龙图腾与夏族的起源》一文认为"夏民族起源于晋南，陶寺文化应是先夏——夏早期文化。陶寺文化中的陶盘内的盘龙图象，是以蛇为主体，综合了鳄、羊、鸟等动物的部分特征所组成的复合图腾，它反映了夏族或其先世的图腾原是蛇。"《文物》1986年6月，第56页。

③ 李宗侗前引书，第7~8页。

④ 甲骨文"巳"字，用为十二支多作"子"等形，各家的解释，异说颇多，罗振玉曰："卜辞中凡十二枝之巳皆作子，与古金文同，宋以来说古器中乙巳癸子诸文者，异说甚多，殆无一当，今得干支诸表，乃决是疑，然观卜辞中非无字，又汜祀改诸字并从，而所书甲子则皆作，唯母巳作仅一见，此疑终不能明也。"叶玉森认为："许君谓巳为蛇形为可信一。"参李孝定先生：《甲骨文字集释》第十四，第4359~4366页。

⑤ 赵铁寒师前引文《夏民族的图腾演变》，第77~83页。

⑥ 吴大澂：《说文古籀补》"始"字注云："始，妇之长者，尔雅女子同出谓先生为姒。凡经典姒字皆当做始，古文台以为一字。"艺文印书馆。

231

以"禹母吞薏苡生禹"之说，实告诉了我们初民"感孕图腾"（Conceptional totemism）的真相，汉晋之人不察，误以为禹母所吞者为"神珠薏苡"①。

初民图腾信仰的重要特征之一，是他们相信自己的部族出于图腾，始祖是由图腾所生，"禹母吞薏苡生禹"的传说，与其他的始祖诞生传说一脉相承，这些传说的"荒诞怪异"，反而说明了它的质朴，不是后人凭空捏造的。

就"禹"字的结构而言，《说文》称禹是"兽足蹂地"的虫，顾颉刚据此以禹为爬虫，受到的指责最多，其实"虫"与"蛇"颇有关联，至今北方人犹有称蛇为"大虫"的。禹字金文作 禹（秦公簋）、禹（叔向簋）、禹（盂鼎）、禹（克鼎）、禹（曾伯簠）等，正是龙蛇的形状②。

至于以"夏"字为图腾的形象，是颇值得商榷的，《说文》："夏，中国之人也。从夊、从页、从臼。臼、两手，夊两足也。"

"夏"字像一个人的形象，自无问题，但许慎说"夏"是"中国之人"的理由，似乎是以其有首，有两手、两足，难道夷狄之人均皆无之？其说显有未妥，朱骏声《说文通训定声》云：

> 从页、臼、夊，象人当暑燕居、手足表露之形。

此说已较许慎为胜，但仍感未能中肯。其实"夏"字应该是一种"文明人"的形象，因"中国之人"文明程度较高，与文明落后的"夷狄之人"的形象，已有显著不同。春秋时代，"诸夏"每为中原各国之合称，其义与"中国"同，常为与"夷狄"之对文，《论语·八佾》：

> 夷狄之有君，不如诸夏之亡也。

《左传·闵公元年》：

> 戎狄豺狼不可厌也，诸夏亲暱，不可弃也。

《左传·定公十年》：

> 裔不谋夏，夷不乱华。

---

① 李宗侗前引书，第 138 页。

② 容庚《金文编》只收"禹"字三器：叔向簋（禹）、禹鼎（禹）、秦公簋（禹）。见第 745 页，台北联贯出版社印行，1977 年。"簋"旧多作"敦"。甲文尚无发现"禹"字，其 字、字、字、字、字诸字，叶玉森《殷契钩况》、董作宾《卜辞中所见之殷历》释夏；唐兰、李孝定先生释秋，似非夏代的图腾。

孔颖达疏云："中国有礼仪之大，故称夏，有服章之美，谓之华。"因此中国之称"夏"，文明程度高于当时的蛮夷戎狄，应是重要的原因。所以"夏"字不应作为图腾的形象，以之视为"禹有天下之号"，则较妥当①。

"禹"字的象蛇或象龙，因为它是因着夏族图腾而生的始祖，故以图腾的形象为其名字的结构，不能说"禹"字本身即是图腾。"禹"字究竟是后人的谥号或是古帝王之名，亦无定说。谥法称："受禅成功曰禹。"② 司马迁《夏本纪》以禹的名字为"文命"，唐司马贞《索隐》不以太史公之说为然，而谓"其实禹是名"，观禹的异称之多③，禹名为后人所加的可能性较大，只是时代悠远，无意中保留了图腾的痕迹。

综合以上所述，大致可做如下的观察："夏"字不是图腾，"禹"字本身也不是图腾，禹乃是因着夏代图腾而生的夏代始祖。夏代的图腾应是蛇或龙，事实上"龙"是古人想象中的动物，不存在于生物界，古代龙蛇不分，后世则以"龙"为有天下的象征，传说中的夏后氏或夏初人物，多与龙有密切的关系，《山海经·海内经》云：

> 洪水滔天，鲧窃帝之息壤，以堙洪水，不待帝命，帝令祝融杀鲧于羽郊，鲧复生禹，帝乃命禹卒布土，以定九州。

郭璞注引《开筮》云：

> 鲧死三岁不腐，剖之以吴刀，化为黄龙也。

据《左传》《国语》称，鲧之死化为"黄熊"，入于"羽渊"④，"黄熊"为兽类，鲧化"黄熊"入于羽渊，颇与情理不合，过去学者早已注意及之，《史记·夏本纪》张守节《正义》云：

> 鲧之羽山，化为黄熊，入于羽渊，熊，音乃来反，下三点三足也。束皙发蒙记云：鳖三足曰熊。

---

① 《史记·夏本纪·正义》："夏者，帝禹封国号也。"《说文疑义》："夏者，禹有天下之号，从曰，手有所持也，从文，足有所躧也，象神禹之八年治水也。"

② 《史记·夏本纪·集解》引。

③ 梁玉绳：《汉书人表考》上册，第27页，《国学基本丛书》，商务印书馆。

④ 例如《左传·昭公七年》："昔尧殛鲧于明山，其神化为黄熊，以入于羽渊。"《国语·晋语八》："昔者鲧违帝命，殛之于羽山，化为黄熊，入于羽渊，实为夏郊，三代举之。"

任昉《述异记》、郑樵《通志》都认为"黄熊"应是"黄能"之讹，谓"今江淮中兽名能，能，蛇之精，冬化为雉，春复为蛇"[1]。据今人的考证，"黄熊"或"黄能"，实为"龙"字之误，鲧化为龙，正说明了夏民族的图腾应该属于何者了[2]。

在有关夏代的传说中，时时透露了与龙有密切的关系，例如《左传·襄公二十四年》：

> 昔匄之祖，自虞以上为陶唐氏，在夏为御龙氏。

《山海经·海外西经》：

> 大乐之野，夏后启于此舞九代，乘两龙……

《大荒西经》：

> 有人珥两青蛇，乘两龙，名曰夏后开……

《汉书·郊祀志》云：

> ……禹遵之，后十三世，至帝孔甲……二龙去之。

应劭曰：

> 夏帝孔甲，天赐之乘龙，河汉各二。

夏代与龙的关系，有时更透过神话的形式，反映出来，战国以来，相传大禹治水时，有"应龙"以尾划地相助[3]，《吕氏春秋》又有以下的记载：

> 禹南济乎江，黄龙负舟，舟中之人恐惧，禹仰而笑曰：受命于天，竭力以济，生人受命，天也，奈何忧于龙焉。龙弭耳低尾而逃。

这些传说显然已有后人的附会。

五、大禹事功的探讨

大禹的功业，主要是治平洪水和征伐三苗。特别是大禹治水，在有关禹与夏初的传说资料中，占了极大的部分，当代学者对其的讨论也十分热烈。

中外各民族都有古代发生洪水的传说，例如《旧约·创世纪》里的诺亚

---

[1] 郑樵《通志》卷二，《五帝纪》。
[2] 赵铁寒师前引书《夏民族的图腾演变》，第87页。
[3]《楚辞·天问》，王逸注。

（Noah）方舟（Ark）故事，印度古代的摩奴造舟故事，以及我国西南各省苗族流传的洪水故事①，都是明显的例子。

我国古代文献载籍中，有关远古时代发生洪水的传说极多，而在大禹之前已有洪水为患。《尸子》称"燧人氏时，天下多水"②，《淮南子》称女娲氏之时"水浩洋而不息"③，《尚书·尧典》称尧时"洪水滔天"，孟子亦两称当尧之时，洪水泛滥④，而禹之时似逢雨量特多，所以一向为患的洪水，更为严重，《庄子·秋水》云：

> 禹之时十年九潦。

《管子·山度数》云：

> 禹五年水。

《荀子·富国》云：

> 禹十年水。

《淮南子·齐俗训》：

> 禹之时，天下大雨。

《要略训》：

> 禹之时，天下大水。

可见远古时代，确有洪水为患的事实，所以才长留在民族的记忆里。

传说中的古代治水人物，也不限于大禹一人，大禹之前，至少有女娲氏、共工氏⑤、杜宇⑥以及鲧等人，可见我国远古时代，先民与洪水之搏斗曾经过悠久的历程，至大禹时代才大致告一段落。大禹正是获得了前人的经验与失败的教训，治水才告成功。

----

① 芮逸夫先生：《苗族的洪水故事与伏羲女娲的传说》，搜集西南苗族传说的洪水故事以及中外古代的洪水传说，资料极丰，见《中国民族及其文化论稿》下册，台北艺文印书馆1972年版，第1029~1077页。
② 《北堂书钞》卷十引。
③ 《淮南子·览冥训》。
④ 《孟子·滕文公上》："当尧之时，天下犹未平，洪水横流，泛滥于天下……"《滕文公下》称："泛滥于中国。"
⑤ 《淮南子·览冥训》："女娲氏……积芦灰以止淫水。"《国语·周语》下："昔共工……欲壅防百川，堕高堙庳以害天下。"《今本竹书纪年》："帝尧十九年命共工治河。"
⑥ 见《太平御览》卷八八八引《蜀王本纪》。杜宇又名望帝，《风俗通》云："时巫山拥江，蜀洪水，望帝令凿之，蜀始陆处。"

禹的治水方法，也值得再做考察。相传尧时洪水为患，四岳荐鲧治水，鲧专用筑堤，结果"九载绩用弗成"①，禹改用疏导，经十三年终获成功②，此说虽深入人心，事实恐非尽然。《尚书·洪范》载箕子对周武王说："我闻在昔……鲧堙洪水。"《山海经·海内经》云：

> 洪水滔天，鲧窃帝之息壤以堙洪水。③

《国语·鲁语》：

> 鲧障洪水而殛死。

所谓"堙"与"障"，亦即填土与筑堤，这种方法禹亦用之，《汉书·沟洫志》引《夏书》曰：

> 禹堙水十三年。

《淮南子·坠形训》云：

> 禹乃以息土填洪水。

由此可见，禹的治水虽以疏导为主，但却能因时因地而制宜④，既不墨守成规，也不拘泥一格，这正是他治水成功的原因。

大禹治水的地区，《尚书·禹贡》记载禹导九河，太史公全部录入《史记·夏本纪》中。根据《禹贡》，禹所导的九河是：弱水、黑水、河水、漾水、江水、沇水、淮水、渭水、洛水等，其范围之广，几乎包括了整个黄河

---

① 《尚书·尧典》。
② 禹治水的时间，有八年与十三年两种不同记载，《孟子·滕文公上》："禹八年于外，三过其门而不入。"《史记·夏本纪》："禹伤先人父鲧功之不成受诛，乃劳身焦思，居外十三年，过家门不敢入。"《史记·河渠书》引夏书曰："禹抑鸿水，十三年，过家不入门。"（《汉书·沟洫志》略同）
③ 郭璞注云："息壤者，言土自长，故可堙水也。"《淮南子·坠形训》："禹乃以息土填洪水。"高诱注："息土不耗减，掘之益多，故以填洪水也。"
④ 朱云影师《中国上古史讲义》第六章《原始国家的建立》论禹之治水云："传禹之治水方法，用疏导，故成功，其父鲧，用堙（填土）障（筑堤），故失败，事实却未必然……禹之成功，实由于能'因地制宜'的缘故。"顾自力《鲧禹治水传说新解》一文认为："传说中鲧因治水方法不当而被杀，禹改用疏导方法而治水成功。作者以为鲧治水是很有功绩的，古史传说中鲧被杀是与'人祭巫术'有关。鲧被视为水神，在他年迈时，作为'人祭'牺牲品，被杀死而将神性传禹，此即杀死旧神创造新神，鲧剖腹生禹即水神之再生。"《华中师范大学学报》1991年第四期，第78～82页。

流域和长江流域①，以当时人类具备的知识、工具与交通等条件，像黄河、长江等大水，似非人力所能开辟或整治，所以《禹贡》之说，已令人难以置信②。

禹导九河之说，固不可信，但也不能据此认定大禹治水的传说，纯属子虚。近人舍《禹贡》而推测大禹治水之范围，较重要者有以下数说：

1. 钱穆氏《周初地理考》认为，大禹治水之说，大约始于蒲、解之间，因为其地"东西北三面俱高，唯南最下，河水环带，自蒲潼以下，迄于陕津、砥柱，上有迅湍，下有阔流"，最容易发生水患，传说中的唐虞故乡，正在这一地区，"依实而论，上不及龙门，下不至碣石，当在伊阙、砥柱之间耳"③。

2. 吕思勉《唐虞夏史考》指出，《尚书·皋陶谟》载禹之言曰："予决九川、距四海、濬畎浍，距川"，"九者数之极，九川但言其多，四海谓中国之外，云濬畎浍距川，则但开通沟渎耳，初未有疏江导河之事也，此盖禹治水实迹。"④

3. 徐炳昶《中国古史的传说时代》一书则谓，"洪水发生及大禹所施工的地域，主要的是兖州。豫州的东部及徐州的一部分也可能有些小施工。……兖州当今日山东西部及河北东部的大平原，豫徐平原当今日河南东部、山东南部及江苏、安徽的淮北部分，换句话说，洪水所指主要地是黄河下游及它的流域，淮水流域的一部分也可能包括在内，此外全无关系"⑤。

4. 赵铁寒师《禹与洪水》一文，以禹导九河，并非《禹贡》之"九河"，

----

① 其中的弱水、黑水是现在的哪二水，古今学者意见甚不一致。《禹贡》云："导弱水至于合黎，余波入于流沙。"《汉书·地理志》师古云："合黎山在酒泉，流沙在敦煌西"；"黑水出张掖鸡山，南流至敦煌过三危山……"孔颖达《正义》以为在蜀郡西南三千余里故滇王国，显见范围太广。

② 地理学家丁文江，以为江、河皆天然水道，看不出有人工疏导的痕迹，并引扬子江水道委员会 Palmer 氏之言云："就是要用现代的技术来疏导长江，都是不可能的，石器时代的禹，如何能有这种能力?"见丁文江《致顾颉刚书》，《古史辨》第一册下编，第 208 页，英人 James Legge 英译《尚书》，谓《禹贡》所载之地，以最科学之方法恐于十数年内难以成功。见 Shu-King Prolegomena P. 59. 冯家升，《洪水传说之推测》，《禹贡》一：二。

③ 钱穆：《周初地理考》，《燕京学报》1931 年 12 月第十期，第 19 页。

④《古史辨》第七册下编，第 275 页，该文作于 1939 年 3 月。

⑤ 见修订本第三章《洪水解》，1960 年，第 139～140 页。该书初版于 1943 年，作者自谓 1941 年即写成。台北地平线出版社有初版影印本。

实系《尔雅》一书所指之"九河","大河东流,自大伾以下,入于黄土平原,自此而东北,一望无垠,至海千里,无培塿拳石之积。无论大陆诸泽,以及所流之九河,莫不在此黄土冲积层区域,工具窳陋,亦不碍施工,以夏为铜器初期时代论之,治水于此,亦较为可信"①。

综观各家所论,禹的治水地区,自潼关以东的黄河下游地区,皆有可能,因为伊阙、砥柱之间,正是夏人活动的主要地区,徐兖及《尔雅》"九河"的一部分地区,则为东夷集团活动的范围,根据文献传说推测,禹的治水曾得东夷集团合作②,则东方的水患,自亦在乎治之内。由于民族的成长和疆域的扩大,《春秋》以后的文献,遂把大禹治水的历史,加以扩大,遍及九州,而各种附会、夸大乃至怪诞的记载,也随之出现③。

禹的另一件伟大事迹,是平定三苗。考察古史传说,三苗是古代南方的强族,它的地区,据《战国策》载吴起对魏武侯之言曰:

> 昔者三苗之居,左彭蠡之波,右有洞庭之水,文山在其南,而衡山在其北。④

《史记·五帝本纪》亦称:

> 三苗在江淮荆州间。

近人对于古三苗疆域的考察,虽或有不同意《国策》《史记》之文者,似乎还不能推翻旧说⑤,芮逸夫先生《苗人考》云:

---

① 《古史考述》,第56页。
② 徐旭生(炳昶):《中国古史的传说时代》,科学出版社1962年修订本,第147页。
③ 例如《墨子·兼爱中》云:"古者禹治天下,西为西河鱼窦,以泄渠孙皇之水,北为防原泒,注后之邸,呼池之窦,洒为底柱,凿为龙门,以利燕代胡貉与西河之民,东方漏之陆,防孟诸之泽,洒为九浍,以楗东土之水,以利冀州之民。南为江汉淮汝,东流之注五湖,以利荆楚干越与南夷之民。"显然是夸大其词。
④ 《史记·吴起列传》略同,唯作"左洞庭,右彭蠡"。
⑤ 钱穆《古三苗疆域考》一文,认为衡山即《汉书·地理志》南阳郡雉县之衡山,汶山即《国语·齐语》称,齐桓公伐楚,济汝蹽方城望汶山之汶山,又以彭蠡为水湍回之称,洞庭为水潜行通达之意。见《燕京学报》1936年第十二期。饶宗颐《魏策吴起论三苗之居辨误》以魏策"左彭蠡,右洞庭"为左右颠倒。《禹贡》1937年6月第七卷六、七合期。唯钱穆氏之说,并未被学者普遍接受。赵铁寒师《舜禹征伐三苗考》云:"三苗为古史上著名民族之一,历经虞夏征伐分北,始告就范,其所居当不致偏狭局促,一致于此。"《古史考述》,第37页。芮逸夫先生《苗人考》,《中国民族及其文化论稿》上册,第175页;徐松石《粤江流域人民史》,第29页,其论古三苗疆域,多系根据《国策》《史记》之旧说。

　　历史上的三苗，又称苗、苗民，或有苗，是四千余年前，分布在长江中游、北到岐山、南到衡山，东西介鄱阳洞庭两湖的一种部落。①

　　三苗与中原部落之间，自尧舜以来即不断发生激烈的斗争，梁启超说："华苗二族之消长，为古代史第一大事。"②《尚书·虞夏书》《吕刑》诸篇，屡言三苗，战国以后文献言舜禹征伐三苗者尤多③，皇甫谧《帝王世纪》称：

　　　　诸侯有苗氏处南蛮而不服，尧征之于丹水之浦。④

　　是尧时与三苗的斗争已经开始，而舜时更为剧烈，《尚书·尧典》以三苗为"四罪"之一，为舜所逐⑤。《左传·文公十八年》，鲁太史克所说的"四凶"：浑沌、穷奇、梼杌、饕餮，被舜流放，其中的"浑沌""穷奇""饕餮"或云即是"三苗"⑥，或云"饕餮"乃是三苗的图腾⑦，从舜流放"四罪"或

---

① 《中国民族及其文化论稿》上册，第 175 页。

② 梁启超：《太古及三代载记》，《国史研究六篇》，中华书局 1971 年版，第 14 页。

③ 王鸣盛《尚书后案》谓伪古文尚书大禹谟禹征三苗事，系晋人掇拾群书所记，以己意润饰之而成。其列举古书所载禹征三苗事甚多，计有：《战国策》卷二二、二三《魏策》；《墨子》卷四《兼爱下》、卷五《非攻下》；《韩非子》卷十九《五蠹》；《荀子》卷十《议兵》、卷十八《成相》；《贾子新书》卷四《匈奴》；《淮南子》卷十《缪称训》、卷十一《齐俗训》；桓宽《盐铁论》卷九《论功》；刘向《说苑一·君道》；《古文苑》卷十五；扬雄《博士箴》等。王氏的着意点，在证明"大禹谟"之伪，然吾人从群书记载之纷纷，足见从战国以来，此事流传之广。

④ 见顾尚之、钱熙祚辑校本，《指海》第六集，第 12 页。

⑤ 《尚书·尧典》："流共工于幽洲，放驩兜于崇山，窜三苗于三危，殛鲧于羽山，四罪而天下咸服。"《孟子·万章上》，亦以"四罪"为共工、驩兜、三苗与鲧。

⑥ 《淮南子·修务训》高诱注云："帝鸿氏之裔子浑沌，少昊氏之裔子穷奇，缙云氏之裔子饕餮，三族之苗裔，故谓之三苗。"

⑦ 芮逸夫先生说："三苗和饕餮结成不解之缘，可能是因为后者乃是前者的图腾标帜。"见《三苗与饕餮》，《中国民族及其文化论稿》上册，第 189 页。关于"饕餮"，古今学者解释者颇多。《吕氏春秋·恃君览》称："雁门之北，鹰隼所鸷，须窥之国，饕餮穷奇之地，叔逆之所，儋耳之居，多无君。"则以"饕餮"为种族部落之称。郑师许《饕餮考》云："疑此'饕餮'一语，与浑敦、穷奇、梼杌、驩兜、共工、崇鲧、有苗诸字，同为族名之异译。"《东方杂志》1931 年第二十八卷第七号，第 80 页。杨希枚先生《古饕餮民族考》一文结论则认为："饕餮民族似与匈奴、西戎及西史所谓 Scythians 互有密切关系；纵非即同一族群，或可能是同一种系因其另一种系不同程度的混血而衍分的几个族群。"《民族学研究所集刊》1968 年第二十四期。德人夏德（Friedrich Hirth）认为商周铜器上所铸"饕餮"，或为西藏之"獒"（mastiff，一种长尾长毛之猛犬），*The Ancient History of China*, *To the End of Chou dynasty*, P. 87. Originally published by Columbia University press, New York, 1908. 台北成文出版社重印，1970 年版。

"四凶"的传说中，显示"三苗"在舜的时代，与中原部落之间的冲突转剧，战国以来说"舜征三苗"的记载亦较多，如《荀子·议兵》以"舜伐有苗"与"尧伐驩兜、禹伐共工"并举，《吕氏春秋·召类》称"舜却苗民，更易其俗"，《淮南子·兵略训》称"舜伐有苗"，高诱注曰"有苗，三苗也"，《淮南子》更说舜"南征三苗，道死苍梧"①，反映了与三苗斗争的激烈。这种激烈的斗争，直到禹时才得到彻底的胜利，《墨子·非攻下》云：

> 昔者三苗大乱，天命殛之……高阳乃命禹于玄宫，禹把天之瑞令，以征有苗……苗师大乱，后乃遂几。

《随巢子》称：

> 昔三苗大乱，天命殛之，夏后受于玄宫……禹乃克三苗，而神民不违，辟土以王。②

《战国策》亦称，三苗居险要之区，但"为政不善，而禹放逐之"③，《墨子·兼爱下》还记载了禹征三苗时的"禹誓"④，这些都可以反映出禹时对三苗之战的认真并获得决定性的胜利。

根据古史传说推测，禹的治水曾得东夷集团的合作，禹的征伐三苗，似亦得到东夷集团的协助，《墨子》记载禹征三苗时"有神，人面鸟身奉圭以侍"⑤，《随巢子》称禹征三苗"有大神，人面鸟身降而福之"⑥，孙诒让《墨子闲诂》以"人面鸟身之神，即明鬼下篇秦穆公所见之句芒"⑦，近人考证，句芒即益⑧，东夷集团属于古代鸟图腾部族分布的地区，益为东方鸟图腾部落

---

① 《淮南子·修务训》。《孟子·离娄下》："舜生于诸冯，迁于负夏，卒于鸣条，东夷之人也。"说与《淮南子》异。
② 《太平御览》卷八八二引。
③ 《战国策·魏策一》，"魏武侯与诸大夫浮于西河"条。
④ 《墨子·兼爱下》："……虽禹誓，即亦犹是也。禹曰：济济有众，咸听朕言，非唯小子，敢行称乱，蠢兹有苗，用天之罚，若予既率尔群对诸群，以征有苗。"孙诒让云："案今大禹谟出伪古文即采此书为之。"见《墨子闲诂》卷四，《新编诸子集成》第六册，世界书局，第76页。
⑤ 《墨子·非攻下》。
⑥ 《太平御览》卷八八二引。
⑦ 孙诒让：《墨子闲诂》，第92页。
⑧ 杨宽：《中国上古史导论》，《古史辨》第七册上编，第364页。

的领袖，已为近代许多学者所考定①，如此看来，益在治水与征伐三苗方面都有功劳，禹后来之所以要传位给他，是不无原因的。而禹被尊为"三王"之首，不仅是由于第一个建立王权的人，更基于其征伐三苗的大功②。

由于战国时代，舜禹在人们心目中已成古代圣王，而圣王乃系以德服人，何至对蛮夷大动干戈？所以战国、西汉的著作中，有些认为三苗是被舜禹"修德教、舞干戚"所感化的，并非出于征伐，如《荀子·成相》：

> 禹劳心力，尧有德，干戈不用三苗服。

《韩非子·五蠹》：

> 当舜之时，有苗不服，禹将伐之，舜曰：不可，上德不厚而行武，非道也。乃修教三年，执干戚舞，有苗乃服。

其他诸书类似的记载颇多③，这种说法，论者以为出于儒家"怀柔远人"及"远人不服，则修文德以来之"的观念形成以后才有的，有苗之服，系基于征伐，而非由于行德教，舞干戚④，固然不错，但中原"炎黄集团"与"东夷集团"，自黄帝尧舜以来，文明发展的程度，已较"四裔"为高，文明往往会随着战争而传播，对于三苗的长期战争，中原文明自亦随之传播过去，待三苗征服之后，必不免接受了中原文明，后人看来，遂认为是舜禹"舞干戚，而有苗格"的了。

六、从部落到国家——夏朝的建立与少康中兴

人类的文明社会，原是由蒙昧的阶段逐渐演化而来，莫尔根（L. H. Margan）

---

① 徐亮之：《中国史前史话》，第 247 页；孙作云，《中国古代鸟氏族诸酋长考》，《中国学报》，1945 年 3 月三卷三期，第 25～26 页。
②《墨子·非攻下》称："昔者，禹征三苗，汤放桀，武王伐纣，此皆立为圣王。"牛庸懋《关于大禹的功绩与夏代文学问题的我见》一文认为"大禹有三大功绩：（1）疏通九河，（2）平定三苗，（3）废除禅让旧制，开王位世及之局"，《河南师大学报》1980 年 1 月，第 69～71 页。
③ 例如：《吕氏春秋·上德》："三苗不服，禹请攻之，舜曰：以德可也。行德三年，而三苗服。"《淮南子·氾论训》："舜执干戚而服有苗。"《齐俗训》："当舜之时，有苗不服，于是舜修偃兵，执干戚而舞之。"其他如贾谊《新书·匈奴》、桓宽《盐铁论·殹役》《韩诗外传》《伪古文尚书·大禹谟》等皆有类似的记载。
④ 赵铁寒师：《舜禹征伐三苗考》，《古史考述》，第 33 页。

将人类文明演化的过程，分为蒙昧（Savagery）、半开化（Barbarism）和文明（Civilization）三个阶段，孙中山先生也提出了"人同兽争、人同天争、人同人争"等几个时期。蒙昧时期的人类社会组织，不过是与动物类似的原始"游群"（horde）而已，虽然在这种"游群"的时期，人类可能已经有了某种形式的"首领"（Leader）或"头目"（Chief）[1]，但还不能说是已经有了政治组织，"国家"或"朝代"的出现，还必须经过氏族及部落的阶段。

氏族社会的形成，大约在新石器时代的初期，人类发明农业、生产粮食，并开始定居，出现分工合作。此后遂由氏族逐渐合并为部落[2]，再由部落演进到国家。据法人摩勒（A. Moret）的研究，古代埃及的社会组织，初为许多图腾氏族（Totemic Clans），后来又发展成无数部落，再由图腾部落变为上部埃及和下部埃及二王国，最后上部埃及吞并下部埃及，达到君主专制的大帝国阶段[3]。

从考古学观察，我国新石器时代，黄河流域近千的遗址，先民确已经营着氏族社会生活[4]，从传说史料也可看出远古时代黄河流域散布着许多氏族，《庄子·胠箧》列举"古帝王"，自容成氏至神农氏凡十二氏[5]，《汉书·古今人表》自伏羲氏以下至神农氏共列二十氏，司马贞补《三皇本纪》，自人皇至无怀氏共列十八氏，《史记·封禅书》引管子之言曰：

> 古者封泰山禅梁父者七十二家，而夷吾所记者十有二焉。[6]

《韩诗外传》称：

---

[1] Robert J. Braidwood, *Prehistoric Men*, P. 59.

[2] 氏族与部落发生的先后，有两种假设，一是先合并有关系的家族为氏族，然后再结合氏族为部落，一是先有一个包含多数家族的混杂团体，成为多少有点固定的部落单位，后来分裂成为几个氏族。见林惠祥《文化人类学》，商务印书馆，第 223 页。林氏以为以上两种次序，或说是以部落先于氏族为近真。但质诸人类社会的演化系由简而繁，则我们宁肯相信前一说。

[3] 法人 A. Moret 与 Davy 著：*Des Clans anx Empires*（Parils, 1923），商务印书馆有陈健民中译本，名《近东古代史》，系根据英人 V. Gordon Childe 之英译本 *From tribe to the Empire* 翻译而成，编入商务汉译世界名著甲编，1966 年 8 月台一版。又，黎东方先生之《中国上古史八论》第二论《从氏族到帝国》，即以该书之书名为标题。

[4]《新中国考古的收获》，第 7 页。

[5]《庄子·胠箧》王先谦集解云："司马云：此十二氏皆古帝王。"见《庄子集解》，《新编诸子集成》第四册，世界书局，第 61 页。

[6] 案：今本管子无。

孔子升泰山，观异姓之王，可得而数者七十余人，不可得而
数者万数。①

其他如《左传·文公十八年》之"八元""八恺"及"四凶"，昭公十七
年郯子所言之太皞氏、炎帝氏、黄帝氏、颛顼氏、共工氏，与少皞氏之"五
鸟""五鸠"②，都是明显的例子。

从古史传说观察，大约在"五帝"时代，已经进入了部落联盟的阶段，
《史记·五帝本纪》载，黄帝率"熊罴貔貅貙虎以与炎帝战于阪泉之野""征
师诸侯与蚩尤战于涿鹿之野"，以及"诸侯咸尊轩辕为天子"等，都可以看
出。当然，所谓"诸侯""天子"都是汉人的观念，《五帝本纪》又说黄帝
"监于万国，万国和"，《尚书·尧典》称尧"协和万邦"，"万国""万邦"
乃是形容部落之多，这正是部落联盟现象的反映。在部落联盟的时代，盟主
的产生系出于各部落的推选，所以《五帝本纪》说"诸侯咸尊轩辕为天子"，
尧舜时代，这种制度已趋于成熟，所以才有禅让的故事盛传，究其实质，无
非都是部落会议推举领袖罢了。

部落林立的情形，直至禹时仍然可见，《吕氏春秋·上德》称"当禹之
时，天下万国"，不过到了禹的时代，盟主的权力较从前更为集中，部落林立
的局面似已开始结束，《左传·哀公七年》称：

禹会诸侯于涂山，执玉帛者万国。

《韩非子·饰邪》：

禹朝诸侯之君会稽之上，防风氏后至，而禹斩之。

这表示禹的权力已超越了其他部落之上，所以各部落才向他"执玉帛"③，

---

① 《史记·封禅书》《正义》引。
② 赵铁寒师：《少昊氏与凤鸟图腾》，《古史考述》，第1~17页。
③ 《左传·哀公七年》孔颖达《正义》曰："《周礼大宗伯》云：以玉做六瑞，以等邦国，公执桓
圭，侯执信圭……是诸侯执玉也。《典命》云：诸侯之适子，未誓于天子以皮帛继子男，是世
子执帛也。知附庸执帛者，以世子既继子男，附庸君亦继子男……诸侯世子各称朝，附庸君亦
称朝，是与世子相似，故知执帛也。……禹会诸侯，诸国尽至，附庸从其所附之国，共见天
子，故有执帛者，言万国者举盈数耳。"这一段话，系就杜注"诸侯执玉，附庸执帛"加以申
述而来。其实，《左传》的作者，杜注或孔疏，都是后人以西周封建的观念，解释禹时的现象，
"诸侯"一词，及"执玉帛"的礼制，禹时未必即有，所以《左传·哀公七年》与《韩非子·
饰邪》记禹之事，可视为禹时权力加大，不能从字面上考究。

243

而对于迟到的"防风氏"竟有权处死，禹于此时显然已形成了"王权"，这种"王权"，实为原始国家建立的基础，所以梁启超说：

> 唐虞以前，仅能谓之有民族史，夏以后始可谓之有国史矣。①

大禹时代，王权的形成，实由于他完成了两件空前的大业，即治平洪水之患和征服了三苗。洪水与三苗，实即当时的天灾与外患，并非某一部落所能单独抵御，各部落因此有迫切感到联合的需要，公推盟主领导，赋予更多的权力，因此盟主的权力才较前更为增加。权力的集中与原始国家的形成，实有密切的关系，所以洪水与三苗，对于夏代的肇建与王权的形成，实有促成之功②。

大禹时代，除了王权的形成之外，其时的氏族社会也有了划时代的转变。由母系社会过渡到父系社会，可能在舜禹之际便已开始。远古帝王自尧以上，多系"无父感天"而生，舜禹两人则除了有"感孕而生"的神话之外，更有关于他们父亲的传说，《史记·夏本纪》记载夏代帝王十七王，其中除二世外，其余都是父子相继，可见父系社会确已出现③，在父系社会里，父子相继"传子"而不"传贤"是极其自然的事，由于战国时代的人不察，才会有"人有言，至于禹而德衰"的传说④。

其实，大禹虽然形成了王权，但对于政权的传授，依然遵循着氏族社会的传统，他先推荐皋陶，因皋陶早死，又荐益⑤自代，这显示了氏族社会的传统，仍具有极大的势力，真正的变化，实发生在禹死之后。

禹死之后，王位由启所得，古代有两种不同的传说，据《孟子·万章》称，由于"益之相禹也历年少，施泽于民未久"，所以禹崩，"朝觐诉讼者不之益而之启"，"讴歌者不讴歌益而讴歌启"，而"启贤，能敬承继禹之道"，又受"诸侯"的拥护，因此启才践了天子之位⑥。但《竹书纪年》

---

① 梁启超：《纪夏殷王业》，《国史研究六篇》，第2页。
② 梁启超：《太古及三代载记》，《国史研究六篇》，第27页。
③ 例如曾謇指出："在中国古代许多民族中，夏民族的文化是万不可忽视的。这个民族在家族方面似乎很早发展到了父系。"见《中国古代社会史》，食货出版社，1934年11月初版，1978年12月台湾再版，第7页。
④《孟子·万章上》。
⑤《史记·夏本纪》。
⑥《孟子·万章上》。

《战国策》《韩非子》等书，与孟子的说法却截然相反。《古本竹书纪年》说：

> 益干启位，启杀之。

《战国策·燕策》称：

> 禹授益，而以启为吏，及老，而以启为不足任天下，传之益也。启与支党攻益而夺之天下……①

根据以上的记载，似乎禹死后，益与启之间经过了一番斗争，王位才被启所得，而这种传说在战国时代也是十分流行的。

益就是《尚书·尧典》中的伯益，乃虞夏之交，东夷部族里的重要领袖②，曾佐禹治水有功，征伐三苗，似乎也曾尽力，本应代禹而为部族联盟的盟主，结果为启所夺，益既失位，与启互攻，终为启所灭。《楚辞·天问》："何后益作革，而禹播降？"便是先述益启互争的经过，而后问"何以益之国祚槷绝不长，而禹之统绪独继继绳绳流播于后"③？朱子《楚辞辨证》也指出：

> 史记燕人说：禹崩，益行天子事，而启率其徒攻益，夺之。……益既失位，而后有阴谋，为启之蠥，启能忧之，而遂杀益。④

由此看来，《竹书》《国策》的说法，似乎更接近真相。

启的继位，对氏族社会而言，是一件划时代的改变，自然会遭到氏族保守势力的反对，《史记·夏本纪》称：启即天子位后，"有扈氏不服，启伐之，大战于甘……遂灭有扈氏，天下咸朝"。《尚书·甘誓》旧说即夏启与有扈氏作战时之誓词，而实为战国人述古之作⑤，其言"有扈氏威侮五行"，"意谓轻蔑侮慢应五行之运而兴之帝王"⑥，虽然掺杂了阴阳家五德终

---

① 《战国策·燕策》，"燕王哙既立"条，《韩非子·外储说》略同。
② 徐亮之：《中国史前史话》第247页；孙作云：《中国古代鸟氏族谱酋长考》，《中国学报》三卷三期，1945年3月，第25～26页。
③ 台静农：《楚辞天问新笺》引游国恩《读骚论微初集中天问古史语二事》，艺文印书馆1972年5月版，第51页。
④ 同上，第50页引。
⑤ 屈万里先生：《尚书甘誓篇著成的时代》，《书佣论学集》，第105～115页。
⑥ 屈万里先生：《尚书今注今释》，商务印书馆1969年版，第48页。

始的观念，但仍以有扈氏反对夏启称王为传说的核心。有扈氏之国据马融说大约在今陕西鄠县，"甘"，为有扈氏南郊地名，依王国维说则地当周郑间①。有扈氏实为保守的氏族势力之领袖，也是当时主张维持氏族社会传统的重要部落，才起而反对废弃"传贤"而行"传子"，但时势的演变是无法挽回的，所以《淮南子》说他是"为义而亡，知义而不知谊"②。汉代的学者又说，有扈氏是夏启的庶兄，因为尧舜传贤，禹独传子，所以伐启，结果为启所灭③。

夏启对益与有扈氏之争的胜利，使传子而不再传贤之局大致确定，这是王权初步扩张的成功，所以傅斯年先生认为启才是真正开创夏朝的始祖④。

夏朝的建立，实为我国远古时代，从部落到国家的一个形成阶段，"原始国家"的形态至此才告粗具⑤，但夏民族的发展，仍有着许多挫折，王权的基础也未臻稳固。史称夏启以后，太康继立，东方有穷之君后羿"因夏民以

----

① 王国维以为：卜辞地名有甘有扈，甘，疑即春秋甘召公所封之邑；扈，疑即诸侯会于扈之扈，地当周郑间。屈万里先生认为"王说较旧说为胜"，见《尚书释义》，华冈出版部，第39页。
② 见《淮南子·齐俗训》。
③《淮南子·齐俗训》高诱注云："有扈，夏启之庶兄也，以尧舜举贤，禹独与子，故伐启，启亡之。"
④ 傅斯年《夷夏东西说》第二章《夏迹》云："启之一字，盖有始祖之意，汉避景帝讳改为开，足征启字之诂……我们现在排比夏迹，对于关涉禹者应一律除去，以后启以下为限……"《傅孟真先生集》（四），第53页。
⑤ 所谓"原始国家"系指已脱离部落形态，尚未达到后世"朝代"的规模。所谓"夏代"，与"汉代""唐代"自不能相提并论。张光直先生前引文，介绍 Elman Service, Primative Social Organization: *An Evolutionary Perspective*(1962年), Origins of the State and civilization: *The process of cultural Evolution*(1975年), William T. Sander & Barbara J. Price, Mesoamerica: *The Evolution of a civilization*(1968年)诸书，将社会进化分为四个阶段：游团（bands），部落（tribes），酋邦（chiefdoms）与国家（States）。张氏指出：夏商周三代（尤其是夏商与西周前期）究竟应分入"酋邦"或"国家"，是一个很大的问题，特别是"酋邦和国家在概念上的区分，在两极端上比较容易，在相接触的区域则比较困难"，见《屈万里先生七秩荣庆论文集》，第301～304页。案：就既有的文献资料而言，将夏代与酋邦或国家做比附，似尚不足，但就文献资料中所表现的现象观察，夏代已脱离了部落的阶段，应无问题，因鉴于夏初王权与国家的形态逐渐形成之中，故用"原始国家"一词表示。

代夏政",夺取太康的王位①。不久,寒浞又夺取后羿的王位,寒浞的儿子浇,还灭了流亡到斟灌的夏后相,直到夏后相的儿子少康,才光复夏土,"复禹之绩"②。

"少康中兴"的故事,过去被誉为"历代中兴之冠"③,由于《史记·夏本纪》未载其事,学者或讥其疏失,或怀疑它的真相④,近代的"疑古派"更认为这是东汉"光武以后的人,影射了光武中兴故事而杜造的"⑤,此未免因疑古太甚而矫枉过正。事实上,从太康失国到少康中兴,夏朝的国祚不绝如缕,夏民族对"东夷"的斗争,至少康时代似乎尚未完全结束,直到少康之子后杼灭浇之子有戈氏豷,才真正告一段落⑥。《国语·鲁语》说:

> 杼能帅禹者也,夏后氏报焉,上甲微能帅契者也,商人报焉。⑦

---

① 见《左传·襄公四年》。案:后羿之传说颇多,羿之时代,《左传·襄公四年》《哀公元年》记载少康中兴事,以其为夏初有穷氏之君。《山海经·海内经》云:帝俊赐羿彤引素矰,以扶下国,羿是始去恤下地之百艰,《说文》:"羿、羽之羿风,亦有诸侯也,一曰射师,从羽开声。"羿,古文又作"羿",《说文》:"羿,帝喾射官,夏少康灭之,从弓开声。论语曰:羿善射。"《论语·宪问》:"南宫适问于孔子曰:羿善射,奡荡舟,俱不得其死焉。"《论语》邢昺疏引贾逵曰:"羿之先祖,世为先王射官,故帝喾赐羿弓矢,使司射……帝喾时有羿,尧时亦有羿,则羿是善射之号,非人之名字。"今人考证,羿为东夷之大君,羿灭夏乃是中原蛇部族和东方鸟部族斗争的最高峰。见孙作云,《后羿传说丛考》,《中国学报》1944年一卷三期,第27~29页,1944年一卷五期,第58~60页。
② 少康中兴事《史记·夏本纪》不载,见于《左传·襄公四年》《哀公元年》《史记·吴太伯世家》。
③ 胡宏:《皇王大纪》卷六,《四库珍本》二集,商务印书馆,第3~4页。
④ 《史记·夏本纪》司马贞《索隐》云:"……帝相自被篡杀,中间经羿、浞二氏,盖三数十年。而此纪总不言之,直云帝相崩,子少康立,疏略之甚。"郑樵《通志·三王纪》亦有类似的批评。近代康有为于《新学伪经考》云:"《夏本纪》无夏中亡而少康中兴事,此何事也?而史公于述本纪若不知,而于吴世家乃叙之耶?其谬不待言;盖战国多杂说,史迁所谓'言不雅驯者',歆入之于《左传》,并窜之于《史记》耳。"见卷二,商务印书馆,《人人文库》第33页;崔适,《史记探源》云:"案浞代夏之事,太史公录其文于吴世家,而此纪无之,犹韩非传载郑武公伐胡事,而郑世家亦无之,此寓言,非实事故也……"见卷二,广文书局影印,第11页。
⑤ 顾颉刚,童书业:《夏史三论》,《古史辨》第七册下编,第247页。
⑥ 《左传·襄公四年》记魏绛对晋悼公之言:"浞因羿室,生浇及豷……使浇灭斟灌及斟鄩氏,处浇于过,处豷于戈,靡自有鬲氏收二国之烬以灭浞,而立少康。少康灭浇于过,后杼灭豷于戈,有穷由是遂亡。"《哀公元年》记伍员对夫差之言:"(少康)有田一成,有众一旅,能布其德而兆其谋,以收夏众,抚其官职,使女艾谍浇,使季杼诱豷,遂灭过戈,复禹之绩。"
⑦ 见《国语·鲁语》。《墨子·非儒》云:"杼作甲。"则杼亦古代制作之圣王。

以杼与上甲微并举，乃是因为杼中兴了夏代，如同上甲微中兴了商族一般。上甲微为殷的先公先王之一，其中兴商族的事迹，已由王国维以甲骨文对照文献载籍加以印证①，而杼为夏代的中兴之主和"后杼灭豷于戈"等记载，更增强了我们对"少康中兴"相信的理由。

"少康中兴"实为我国上古史的大事，它一方面表示了夏民族建立国家后，向东方发展，与黄河下游诸民族接触时，所遭遇之挫折②，而其间错综曲折的经过，正反映了从氏族社会到原始国家形成的初期，王权如断如续地发展的过程③。

七、结　论

大禹与夏初传说的讨论，过去曾经有过激烈的争辩，由于直接史料的阙如，"疑古派"曾基于"古史层累造成"的公式，将夏代的存在和禹的"人格"，予以整个否定，影响颇为深远，现在检讨起来，显然是不正确的。

春秋时代，孔子谓夏殷之礼能言，文献不足征，但是近代殷商文物的大量出土，已使殷礼足征，而观察殷商文明程度之高，则其以前必定已存在了文明的阶段，因此所谓"殷因于夏礼"、商代之前有夏代的先秦旧说，更值得我们特别重视。

最近二十多年，夏代考古的开展，以及所谓"夏文化"的讨论，基本上仍是以文献记载中的夏人活动地区和推算所得到的夏史年代为基础的，由于夏代文字并未出土，所以如舍弃纸上的材料，则考古学上的"夏文化"之讨论，势将失其依据，故就目前而言，讨论禹与夏史，传说史料应是不可忽视的一部分资料。

但是，由于文献载籍多属后人述古之作，不免掺杂神话或后代的观念，以致有时真伪混淆，所以我们固应珍视文献材料，但却不能无条件地全盘接受，必须透过考古学、民族学、人类学等新知，以及过去学者的专题研究结

---

① 王国维：《殷卜辞中所见先公先王考》，《观堂集林》卷九，史林一，河洛出版社，第409~437页。
② 钱穆：《国史大纲》，商务印书馆，1958年台七版，第11页。
③ 朱云影师：《中国上古史讲义》第六章第四节《夏朝的建立与瓦解》。

论，加以综合考察，以探讨历史的真相。

考察大禹与夏初的传说，对照地下发掘，使我们认识到夏代的"疆域"，决无《禹贡》九州之广，夏人活动的范围，应以伊洛河济一带为主，禹的治水也应在这一地区内探求。禹与夏初，氏族社会已由母系过渡至父系，在传说史料中，禹的诞生，虽仍依着远古圣王"感天而生"的故事发展，但其父子世系的明确，已异于神农黄帝的传说，而禹会诸侯所显示的权威，更与尧舜时代有着显著的不同，当时实已处于氏族社会的末期，在上古史中，正是一个变动的时代。

禹的治平洪水和征服三苗获得胜利，克服了尧舜以来的天灾与外患，自然受到各部落的一致拥护，因此他的权力，也逐渐超过一般部落之上，所谓"禹会诸侯于涂山，执玉帛者万国""禹朝诸侯之君会稽之上，防风氏后至而禹斩之"，都是尧舜以前所没有的现象，这表示禹已具备了"王权"，原始国家已开始肇建。

虽然如此，禹仍依照氏族社会的传统，先后让位皋陶与益，及至禹死，启与益之争获胜，又灭了维护氏族传统的有扈氏，夏朝便告正式开创，至于夏初传说中的后羿代夏，与少康中兴的故事，则显示夏代初建，王权基础极其脆弱，氏族之中仍有着极大的势力，也反映了从部落到国家形成的过程中，夏民族所遭遇的挫折。总之，禹与夏初的传说，在国史形成的初期，实居有极重要的地位。

拾　最近三十年夏代考古与夏文化探索的检讨
（1959～1993 年）

一

　　根据古代文献的记载，商朝之前有一个夏朝，在传统史学的古史系统里，夏商周称为"三代"，它们是三个一脉相承的朝代①。孔子说："夏礼吾能言之，杞不足征也；殷礼吾能言之，宋不足征也。"又说："殷因于夏礼，所损益可知也；周因于殷礼，所损益可知也。"② 可见孔子确认三代的存在，而且在文化上有因袭的关系。

　　商周的历史，不仅文献史料较为丰富，地下出土的新史料如甲骨文、金文，也可以与文献记载的商周史事相印证，考古发掘的遗迹如殷墟、周原，也都可以与文献资料结合，商周为中国古代的信史，早已无可怀疑③。但是，作为三代之始的夏代，不仅传世的号称为夏代的遗迹遗物，如岣嵝碑文、夏蜩戈、夏带钩④，已经不起科学的考验，即使文献记载有关的夏代史事，在先秦经传诸子中，多系一些零散的材料，在性质上又是属于后人的追述。有关夏代较有系统的文献史料，如《尚书·虞夏书》《竹书纪年》《史记·夏本纪》等，其著作时代和内容，都有很大的争议。所以在"三代"之中，比较

----

① 三代不是纵的系统，见张光直：《从夏商周三代考古论三代关系与中国古代国家的形成》，《屈万里先生七秩荣庆论文集》，联经出版事业公司 1978 年版，第 296 页。
② 见《论语·八佾》及《论语·为政》记孔子答子张问十世时。
③ 在"古史辨运动"的初期，顾颉刚曾认为"东周以上只好说无史"，见顾著《自述整理中国历史意见书》，《古史辨》第一册上编，台北明伦出版社，第 34～35 页。
④ 冯云鹏：《金石索》，台北大通书局影印；薛尚功：《历代钟鼎彝器款识》，台北广文书局影印。

而言有关夏代的史料不论文献及考古，都最为贫乏。虽然如此，自先秦以迄民国初年，二三千年来学者对夏代的存在，似乎没有过怀疑或加以根本地否定。但是这种情形，到了五四新文化运动以后，就发生了变化。

1923 年，顾颉刚发表《与钱玄同先生论古史书》一文，根据《说文》，"禹，虫也，从内，象形""内，兽足蹂地也"，因而认为禹"大约是蜥蜴之类""或是九鼎上铸的一种动物"①，此文刊布后，掀起了一场古史大论战，著名的"古史辨运动"可以说是由此而开始的。

在古史论战的过程中，顾氏发表了著名的"古史层累积成说"，认为我国传统古史系统，盘古、三皇、伏羲、神农、黄帝、尧、舜、禹等远古帝王，都是后人一层一层地加上去伪造起来的，"时代愈后，知道的古史愈前；文籍愈无征，知道的古史愈多"②，这些理论，使传统古史的系统，为之根本动摇，也使考查古史的人为之四顾茫然，影响颇为深远③。

在古史论战的过程中，顾氏后来声明放弃"禹是爬虫"的主张④，但仍坚持禹是"天神"⑤，并且强调在诗书中"禹是禹，夏是夏，两者间毫无交涉"⑥。对于文献记载中的夏代，他的看法是"虽无确据以证夏代之必有，似乎未易断言其必无也"⑦。顾氏并未否定夏代，但希望能有坚强的证据，以证明夏代的存在。

在"古史辨运动"如火如荼进行之时，科学的考古学也几乎同时（甚或略早）在华北地区展开。1921 年安特生在河南省渑池县仰韶村发现新石器时代的"彩陶文化"⑧，1928 年安阳殷墟的发掘，1929 年"周口店文化"和"北京人"的出土，1930 年山东历城县龙山镇城子崖"龙山文化"的发现，

---

①② 顾颉刚：《与钱玄同先生论古史书》，《古史辨》第一册中编，第 59～66 页。

③ 董作宾先生语见《中国古代文化的认识》，《大陆杂志》1951 年 12 月三卷十二期；又参屈万里：《我国传统古史说之破坏与古代信史的重建》，《第二届亚洲历史学家会议论文集》，1962年，台北。

④ 顾颉刚：《答柳翼谋先生》，《古史辨》第一册下编，第 227 页；《古史辨》第二册自序，第 3页；顾颉刚、童书业：《夏史三论》，《古史辨》第七册下编，第 195 页。

⑤ 顾颉刚：《讨论古史答刘、胡二先生》，《古史辨》第一册中编，第 1～4 页。

⑥ 顾颉刚、童书业：《鲧禹的传说》，《古史辨》第七册下编，第 143 页。

⑦ 杨宽：《中国上古史导论》附顾颉刚案语，《古史辨》第七册上编，第 292 页。顾颉刚先生否定了大禹为历史人物，但并未否定夏代的存在，这是许多人所不察的。

⑧ 东北辽宁沙锅屯新石器的发现，与河南渑池县仰韶村同年且略早。

都是名闻中外学术界的重大发现。西方考古学新知的输入以及地下发掘的成绩，使学者之中已有人觉悟到"解决古史唯一的方法就是考古学"①，诸如古史论战所辩论的中心问题——尧舜禹等人物之有无，"终当付诸考古学家用地下之发掘，以作最后之结论也"②。由此不难看出当时对于考古发掘期待之殷切。

在20世纪30年代之中，一方面部分疑古的学者进一步明确地怀疑夏代的存在，例如杨宽《说夏》一文，认为传说中之"夏后"，实由神话中之"下国"所演成③，陈梦家著《商代的神话与巫术》，认为夏史实即商史的一部分，《史记·夏本纪》所列夏代之十四世，即商的先公先王十四世④，这些意见，都是发扬着疑古的精神，根本不认为历史上曾经有过一个夏朝。但在另一方面，有的学者则尝试从新石器时代的考古资料与文献记载的夏代结合。徐中舒《再论小屯与仰韶》一文，认为"仰韶似为虞、夏民族遗址"，并畅论"仰韶遗物与夏代传说"，更进而"由传说推论夏代文化"⑤。翦伯赞认为考古学上的鼎鬲文化，为诸夏民族的遗存⑥。此外，傅斯年《夷夏东西说》⑦、丁山《由三代都邑论其民族文化》⑧，则完全依据文献史料排比夏迹，考证夏代史事，显然对于文献记载中的夏史采取了肯定的态度。

傅、丁二氏的大文，从文献中整辑出夏代的许多都邑，并考证了它们的地望，勾勒出夏人活动地域的轮廓，在学术上至今仍有其贡献。但是诚如顾颉刚所说："好在夏代都邑在传说中不在少数，奉劝诸君，还是到这些遗址中做些发掘的工作，检出真实的证据给我们瞧吧！"⑨ 所以，要解决夏史的问题，通过考古发掘似乎是必然的趋向。也是当时学术界的一大期望，可惜抗

----

① 李玄伯：《古史问题的唯一解决方法》，《古史辨》第一册下编，第268～270页。
② 陆懋德：《评顾颉刚古史辨》，《古史辨》第二册下编，第369～388页。
③ 杨宽：《说夏》，原刊《禹贡半月刊》1937年七卷六、七合期，收入《中国上古史导论第十篇》，《古史辨》第七册上编，1941年，第277～292页。
④ 陈梦家：《商代的神话与巫术》，《燕京学报》1936年第二十期，第491～494页。台北东方文化书局，1972年影印。
⑤《安阳发掘报告》第三期第五篇，1931年。
⑥ 翦伯赞：《诸夏的分布与鼎鬲文化》，《中国史论集》，文风书局1947年版。
⑦《庆祝蔡元培先生六十五岁论文集》，中央研究院历史语言研究所1935年版。
⑧《中央研究院历史语言研究所集刊》1935年第五本第一分。
⑨ 顾颉刚、童书业：《夏史三论》，《古史辨》第七册下编，第196页。

战爆发后，中原地区的考古工作陷于停顿状态。战后时局动荡，使考古工作也一时无法恢复正常。夏史的学术研究因此也就没有重大的进展。

二

夏代考古与夏文化的探索工作，是在 20 世纪 50 年代末期正式开始的。

20 世纪 50 年代初期，在河南省发现两种新型的"考古学文化"，对于推展夏文化探索的工作，具有重大的意义，一是 1950 年发现的郑州二里冈文化，该文化属于早商文化，其下层遗存中所发现周长近十四里的城址，被认为是商代前期的一座都邑所在①。二里冈文化的发现，填补了商代前期文化在考古学上的空白。另一是 1956 年郑州洛达庙文化的发现，据发掘报告认为，"初步判定洛达庙商代文化是早于郑州二里冈文化下层"②。

"洛达庙类型文化"的发现，因其地层介于河南龙山文化与郑州二里冈早商文化之间，因此有人认为应该作为探索夏文化的对象③。

1959 年夏季，徐旭生先生正式以田野考古的方式，专程至豫西调查夏代遗迹，并发表了著名的"夏墟"调查报告④。徐氏根据文献记载，指出"有两个地区应该特别注意，第一是河南中部的洛阳平原及其附近，尤其是颍水的上游登封、禹县地带；第二是山西南部汾水下游（大约自霍山以南）一带"⑤。并认为"夏氏族或部落早期活动的中心当在河南中部，不在山西西南部"，而河南省登封县的告成镇，可能就是传说中的禹都阳城。河南偃师二里头村"这一遗址的遗物与郑州洛达庙、洛阳东干沟的遗物性质相似，大约属

---

① 河南省文化局文物工作队：《郑州二里冈》，科学出版社 1959 年 8 月版，第 42～43 页。

② 河南省文化局文物工作队第一队：《郑州洛达庙商代遗址试掘简报》，《文物参考资料》1957 年第十期，第 48～51 页。

③ 石兴邦：《黄河流域原始社会考古研究上的若干问题》，《考古》1959 年第十期，第 566～570 页；安志敏：《试论黄河流域新石器时代文化》，《考古》1959 年第十期，收在《中国新石器时代论集》，文物出版社出版 1982 年版，第 67 页。

④ 徐旭生：《一九五九年夏豫西调查"夏墟"的初步报告》，原载《考古》1959 年第十一期。收在郑杰祥主编《夏文化论文选集》，中州古籍出版社 1985 年 3 月第一版，第 147～148 页。

⑤ 徐旭生：《一九五九年夏豫西调查"夏墟"的初步报告》，原载《考古》1959 年第十一期。收在郑杰祥主编《夏文化论文选集》，中州古籍出版社 1985 年 3 月第一版，第 136 页。

于商代早期"，而偃师"为商汤都城的可能性很不小"①。徐氏的调查范围，包括了颍水谷上游和洛阳平原地区曾发现的属于仰韶文化、河南龙山文化和洛达庙文化的许多遗存，虽然没有确定哪一种属于夏文化，但对于二里头遗址的看法，为此后探索"夏文化"立下了基点，所以 1959 年徐旭生的豫西"夏墟"调查，为夏代考古与夏文化的探索揭开了序幕。

20 世纪 60 年代对于二里头遗址进行了大规模的发掘，据发掘《简报》说："二里头遗址是商汤都城西亳的可能性是很大的：遗址中有早中晚期之分，其早期的堆积，推测当早于商汤的建都时期。"② 20 世纪 70 年代考古工作者对二里头遗址继续进行发掘，在晚期地层里清理出一座大型宫殿基址，在这一宫殿基址上面发现了一个新的文化层，出土的陶器"比之于二里头遗址三期（即晚期，以下简称三期）的陶器有较大的变化，和郑州二里冈期的陶器，也有显著的区别。因此，我们把它定为二里头遗址四期（以下简称四期）"③。从此，二里头遗址发现了完整四期文化，这二里头类型的四期文化，成为探索夏文化的重要考古资料及依据。

20 世纪 70 年代及 80 年代，夏代考古进行得更为积极，重要发掘的遗址，如河南登封县王城岗④、河南淮阳平粮台⑤、偃师二里头三期商城⑥、山西夏

① 徐旭生：《一九五九年夏豫西调查"夏墟"的初步报告》，原载《考古》1959 年十一期。收在郑杰祥主编《夏文化论文选集》，中州古籍出版社 1985 年 3 月第一版，第 147～148 页。
② 中国科学院考古研究所洛阳发掘队：《河南偃师二里头遗址发掘简报》，《考古》1965 年第五期，第 215～224 页。
③ 中国科学院考古研究所二里头工作队：《河南偃师二里头早商宫殿遗址发掘简报》，《考古》1974 年第四期，第 234～248 页。
④ 河南省文物研究所、中国历史博物馆考古部：《登封王城岗遗址的发掘》，《文物》1983 年第三期，第 8～20 页。
⑤ 河南省文物研究所、周口地区文化局文物科：《河南淮阳平粮台龙山文化城址试掘简报》，《文物》1983 年第三期，第 21～36 页。
⑥ 中国社会科学院考古研究所河南第二工作队：《1983 年秋季河南偃师商城发掘简报》，《考古》1984 年第十期，第 87～89 页。

县东下冯①、山西襄汾陶寺②等的发掘，都受到极大的重视，而引起热烈的讨论。所有讨论的问题，主要有两个中心：一是夏都和夏人活动区域的探讨；一是二里头类型文化性质的分析。这两大中心问题所引起的争议极多，可谓众说纷纭，莫衷一是，至今没有定论。

关于夏代都邑和夏人活动区域的问题，考古工作者曾作过若干的推测，王城岗发掘简报似有意将河南登封县告成镇的王城岗与禹都阳城联结，而部分学者即认为王城岗是文献记载的禹都阳城③，但是也有学者表示不能同意④，也有学者认为二里头遗址为夏代晚期的都邑⑤，传说中的夏都很多，哪一处考古发掘的遗址是夏都，可以说还不能确定。至于夏人活动的区域，根据文献记载的两大中心地区，一是河南西部的伊、洛流域，一是山西南部的汾水流域，都发现了"二里头类型文化"，因此这两个地区是夏人活动的区域，并没有很大的争议，但是这两个地区，在发展的过程中，本来就是连成

----

① 东下冯考古队：《山西夏县东下冯遗址东区、中区发掘简报》，认为"山西夏县东下冯遗址的发掘，为在晋南地区探索夏文化增添了一批可喜的实物资料"，《考古》1980 年第二期，第 107 页；东下冯考古队（中国社会科学院考古研究所、中国历史博物馆、山西省文物工作委员会）：《山西夏县东下冯龙山文化遗址》一文认为"晋南古有'夏墟'之称，东下冯龙山文化晚期经碳十四测定年代为公元前两千年左右，正在夏纪年之内。因此，它可能为探索夏文化提供一些实物资料"，《考古学报》1983 年第一期，第 91 页。

② 中国社会科学院考古研究所山西工作队、临汾地区文化局：《1978～1980 年山西襄汾陶寺墓地发掘简报》认为"陶寺正处于晋西南'夏墟'的范围内，从地望和出土材料联系起来看，陶寺墓地的发掘为探索夏文化提供了重要资料"，《考古》，1983 年第一期，第 42 页；高炜、张岱海、高天麟：《陶寺遗址的发掘与夏文化的探索》，《中国考古学会第四次年会论文集》，文物出版社 1983 年版，第 25～33 页。

③ 河南省文物研究所、中国历史博物馆考古部：《登封王城岗遗址的发掘》认为"王城冈遗址的发掘和夏都阳城的探索，对于充实我国历史的最早篇章具有不可忽视的意义"，《文物》1983 年第三期。至下列二文，则已认为王城岗"可能是禹都阳城"，见安金槐：《试论登封王城岗龙山文化城址与夏代阳城》，《中国考古学会第四次年会论文集》，文物出版社 1983 年版，第 116 页；李先登：《登封告成王城岗遗址的初步分析》，同上，第 7～12 页。方酉生：《登封告成王城岗城址与禹居阳城》一文认为："结合文献记载和碳十四测定的年代，我们初步可以认为，王城岗城址就是'禹都阳城'的城址"，"退一步说，王城岗发现的这两座城址，即使不是'禹居阳城'的阳城，也是目前发现的两座十分重要的属于夏代初期的城堡遗址。"见《历史教学问题》1991 年第三期，第 61、16 页。

④ 董琦：《王城岗城堡毁因初探》，《考古与文物》1988 年第一期，第 32～35 页；又第 68 页。

⑤ 赵芝荃：《论二里头遗址为夏代晚期都邑》，《华夏考古》1991 年第一期。赵先生归纳了六项理论，推断二里头遗址为夏代晚期的一座都邑故址。又，孙淼《夏商史稿》一书，亦以二里头遗址为夏代都邑，文物出版社 1987 年版，第 108 页。

一片的，抑或两个中心分别发展，后来才连成一片的？也就是说，夏王朝的形成，本起源于晋南，然后往西发展，抑或起源于豫西，然后往晋南发展，这就有两种不同的意见。有些人认为夏族起源于山西南部，随着夏王朝势力的扩大，逐步发展到豫西中原地区①。但也有人根据《逸周书·度邑解》《国语·周语》《竹书纪年》《战国策·魏策》《史记·吴起列传》等文献资料中有关夏人活动的传说②，结合考古资料，而主张夏族本来即起源在河南西部的伊洛嵩高一带③，这两种主张都能言之成理，目前夏代考古的资料，似乎还不能有力地支持哪一方是绝对正确的。

就"二里头类型文化"的性质而言，在四期之中，哪些是"夏文化"，哪些不是"夏文化"有着不同意见。1977 年 11 月在河南登封告成镇遗址举行的夏文化讨论会上，夏鼐先生把与会者对于"夏文化"的意见，归纳为四种：

1. 认为河南龙山文化晚期和二里头文化的四期都是夏文化遗存；

2. 河南龙山晚期与二里头一二期遗存为夏文化遗存；

3. 二里头一二期遗存是夏文化，三四期是商文化；

4. 二里头一至四期是夏文化，河南龙山文化不是④。

----

① 如丁山前引文；严耕望：《夏代都居与二里头文化》，《大陆杂志》1980 年 11 月 15 日第六十一卷第五期，第 1～17 页；刘起釪：《由夏族原居地纵论夏族始于晋南》，《华夏文明》，北京大学出版社 1987 年版，第 18～53 页；王克林：《略论夏文化的源流及其有关问题》，《夏史论丛》，齐鲁书社 1985 年版，第 63～67 页。

② 例如：《国语·周语上》："昔夏之兴也，融降于崇山。"韦昭注："崇，崇高山也，夏居阳城，崇高所近。"《太平御览卷四》引韦注云："崇、嵩字古通。夏都阳城，嵩高在焉。"《逸周书·度邑解》："自洛汭延于伊汭，居易无固，其有夏之居。"《史记·吴起列传》："夏桀之居，左河济，右泰华，伊阙在其南，羊肠在其北。"从以上的资料显示，河南西部的伊、洛流域，为夏人早期的活动地域。

③ 如李民：《〈禹贡〉"豫州"与夏文化探索》，《夏商史探索》，第 44～49 页，河南大学出版社 1984 年版；李先登：《夏代夏族地域初论》，《夏史论丛》，第 296～307 页；陈显泗：《关于夏王朝在河南统治和活动的地域》，《夏史论丛》，第 308～320 页；郑杰祥：《夏史初探》，中州古籍出版社 1988 年版，第 73～86 页。徐旭生《一九五九年夏豫西调查"夏墟"的初步报告》一文亦主张："夏氏族或部落早期活动的中心当在河南中部，不在山西西南部。"见《夏文化论文选集》，第 141 页。

④ 夏鼐：《谈谈探讨夏文化的几个问题——在登封告成遗址发掘现场会闭幕式上的讲话》，原载《河南文博通讯》1978 年第一期。收在郑杰祥主编《夏文化论文选集》，中州古籍出版社 1985 年 3 月第一版，第 160～163 页。虽然对于考古学上的"夏文化"有许多不同的意见，但学者仍以为"二里头文化"与夏代有密切的关系。《郭沫若全集》所收《奴隶制时代》在夏代"还没有得到任何地下发掘的物证"句下加注说："在河南偃师二里头等地发现的'二里头文化'为探讨夏文化提供了重要线索。"《郭沫若全集》历史编二，人民出版社 1982 年版，第 3173 页。

还有"认为二里头文化是先商文化，时间上相当于夏代，但不是夏文化"①。对于"二里头类型文化"性质认识的分歧，难以确定究竟哪一期文化是夏文化，对于夏代考古与夏文化的探索，自然是令人困扰的问题。自 20 世纪 30 年代以来，推测某一种考古资料为"夏文化"，至少已达十一种之多②，有些说法虽然已经过时，但是仅就"二里头类型文化"四期性质认定的讨论意见的分歧而言，如不能获致圆满解决，那么夏史研究的考古学基础便无从依据，欲求夏史的真相大白于世，恐怕只有等待考古工作者的继续努力了。

1962 年夏鼐先生主编《新中国的考古收获》一书时，夏文化的探索虽然还没有多少成果，但对于此一问题却充满着信心和乐观地说：

> 商文化的起源和夏文化的探索虽然还没有取得肯定的结果，还需要做很多的工作，积累更多的资料和进行深入的研究，并利用一切现代科学技术的成就，例如放射性碳素，测定有关各种文化的绝对年代，但是，可以预期不久的将来，一定能够得出科学的结论。③

但是 1984 年文物出版社出版，仍由夏鼐主编的《新中国的考古发现和研究》一书在编写的体例上，仍然没有为夏代专列一章或一节，与 1962 年出版的《新中国的考古收获》一书比较，二者的体例完全不同④，但是对夏代考古的处理，方式却是一样的，就是把它列在《殷商》一节之内，加以附带的

---

① 吴汝祚：《关于夏文化及其来源的初步探索》，原载《文物》1978 年第九期，收在郑杰祥主编《夏文化论文选集》，中州古籍出版社，1985 年 3 月版，第 173～181 页；殷玮璋：《二里头文化探讨》，《考古》1978 年一期，《夏文化论文选集》，第 164 页。

② 叶达雄：《夏文化之谜》，《庆祝王任光教授七秩嵩庆，中西历史与文化研讨会论文集》，文史哲出版社 1988 年 4 月版，第 74 页；郑杰祥：《夏史初探》，第 143 页。这十一种考古资料为：（1）仰韶文化为夏文化说；（2）龙山文化为夏文化说；（3）灰陶文化为夏文化说；（4）河南龙山文化为夏文化说；（5）齐家文化为夏文化说；（6）河南龙山文化晚期与二里头一期文化为夏文化说；（7）河南龙山文化晚期、东下冯类型文化与二里头文化一、二期为夏文化说；（8）二里头文化一、二、三期为夏文化说；（9）二里头文化一至四期为夏文化说；（10）河南龙山文化晚期某个类型与二里头文化一至四期为夏文化说；（11）陶寺类型文化为夏文化说。又据李伯谦《二里头类型的文化性质与族属问题》一文认为，二里头类型"既不是夏代晚期的文化，也不是整个夏代的文化，而很有可能是'太康失国''后羿代夏'以后的夏代文化"。《文物》1986 年第六期，第 44 页。

③《新中国的考古收获》，第 45 页。

④《新中国的考古收获》一书是依"一、原始社会，二、奴隶社会，三、封建社会"的体例而编辑；《新中国的考古发现和研究》一书则是依"一、旧石器时代，二、新石器时代，三、商周时代，四、秦汉时代，五、魏晋南北朝时代，六、隋唐至明代"的体例而编辑。

说明。这一现象所显示的意义，似乎对于夏代考古的成就，采取了保留的态度。因为从 1962 年到 1984 年，经过了二十多年，有关夏代的资料，无论地下发掘或研究的论著，都已累积了可观的数量。上举二书都是综合性的考古论著，可见编者对于夏代考古成果，持何等审慎的态度了。

20 世纪 60 年代，在台湾地区的学者，感觉到"五十余年来，地下发掘出来的考古资料已经累积到了一个颇为可观的数量"，"如何把这批史前的史料与中国文明的黎明期衔接起来，实为治中国上古史的同志们当前面临的一个紧要课题"。为了编辑一部比较可信的中国上古史，由蒋廷黻先生及当时"中央研究院"院长王雪艇先生（世杰）发起，历史语言研究所负担编辑工作，提出将近一百个"拟题"，约请海内外专门名家撰稿，这就是后来出版的《中国上古史待定稿》的由来①。《待定稿》共四册，内容分属史前、殷商和两周，在"拟题"之时，可能就没有"夏代"，其后十余年，似乎也没有随着大陆地区夏代考古的展开，而考虑增加。证诸 1984 年出版的《新中国的考古发现和研究》一书，夏代考古仍不列专章，《待定稿》中，没有一篇属于讨论"夏史"的论文，或许也是出于一种谨慎的态度②。因此，我们对于三十多年来夏代考古与夏文化探索的成果，究竟应该如何看待呢？

三

三十年来，夏代考古和夏文化的探索，虽然还是千头万绪，许多问题犹待解决，但毕竟累积了丰富的考古资料，可与文献资料比较研究。初步"证明"文献记载的夏人活动地区、夏王朝的年代，与考古资料都不无暗合之处，许多蛛丝马迹的现象，似乎说明了文献记载的夏史，并不是如以往疑古派人士所说的那样，完全出于后人虚构。

----

① 《中国上古史待定稿》第一本《史前部分》1972 年出版；第二本《殷商编》、第三本《两周编之一：史实与演变》、第四本《两周篇之二：思想与文化》，皆于 1985 年出版。
② 《中国上古史待定稿》第一本，共收旧石器时代及新石器时代论文共十四篇；第二本即为《殷商编》，所收论文十四篇，除了《中国文字的原始与演变（中）、（下）》二篇以外，其余都是讨论与殷商有关的论文。《新中国的考古发现和研究》一书，在第三章《商周时代》第一部分《殷商时期》内，作了一段"关于夏代文化的探索"的叙述。见该书第 211～215 页。

　　如今，由于夏代考古的资料已多，经由这些资料讨论的结果，有几个重要的观念，已为考古界与史学界所普遍接受。一是文献记载商代之前存在一个夏代，已经不再受到怀疑或否定，也就是说今日考察夏史的态度，研究的重点已不是考证历史上有没有夏代，而是在肯定历史上确有夏代的前提下，结合考古资料和文献资料，探索历史上究竟有怎样的夏代。目前的考古发掘，固然还没有提出夏代的确实证物，但过去疑古的乌云，显然已被逐渐地挥去①，在大陆地区出版的中国古代史、中国通史，或一般讨论中国上古史的论文，几乎千篇一律地以肯定的态度认为"夏代是中国第一个王朝"或"夏代是中国第一个奴隶制国家"。而在讨论这两个"命题"时，所运用的资料，除了文献资料以外，就是夏代考古资料，主要是"二里头类型文化"的资料。

　　在台湾地区，1951 年，受到 20 世纪 30 年代疑古风气影响仍然很大，虽然也有学者运用文献资料考证夏史，如严一萍先生《夏商周三代文化异同考》②、赵铁寒先生有关夏民族起源及夏图腾的考证诸文③，但一般历史教科书仍把夏代列入"传说时代"，轻描几笔而已，如果以"信史"或肯定的态度看待夏史，较为"严肃"的学者便会不以为然。1951 年董作宾先生发表《中国古代文化的认识》一文，用中康时代的日食作为标点，推测"夏代的终始"，罗家伦先生看了以后，曾"警告"他说："彦堂，以你的'中央研究院'历史语言研究所所长的地位，不可以随便就讲夏代。"④ 如今，以肯定夏代的态度，讨论夏史，应该不会再遇到上述的情形才是。相反地，如果仍持"古史辨派"的一套，以文献资料的考订，怀疑或否定夏史，反而"不可随便就讲"。

----

① 英国伦敦大学考古教授艾兰女士（Sarah Allan）恐是目前唯一仍持七十年前疑古派学者观点的学者。1990 年 5 月在美国洛杉矶加州大学（UCLA）举办的"夏文化国际学术讨论会"（International Symposium on Xia Culture）发表的论文题为：*Was There a Xia: Problems in Historical Methodology*，认为夏代是后人假造的神话，在历史上没有存在过。1991 年 9 月在河南省洛阳市举办的"中国夏商文化国际研讨会"上，艾兰教授旧调重弹，似颇坚持。
② 《大陆杂志特刊》第一辑下册，1952 年出版。
③ 赵铁寒：《夏民族与巴蜀的关系》，《古史考述》，第 88～103 页；《夏民族的图腾演变》，原载 1960 年 7 月《董作宾先生六十五岁纪念论文集》上册，收在赵铁寒著《古史考述》，正中书局 1965 年版，第 74～87 页。
④ 董作宾：《中国古史年代学在今天》，《平庐文存》卷一，艺文印书馆印行，第 5 页（原文末注该文于"1956 年 7 月 25 日写讫于香港大学东方文化研究所"）。

在三十年来夏代考古与夏文化探索的过程中，对于"夏文化"的含义，有了较清晰的概念，关于"夏文化"一词，考古学家夏鼐先生曾经做了这样的说明：

> "夏文化"应该是指夏王朝时期夏民族的文化。有人以为仰韶文化也是夏民族的文化。纵使能证明仰韶文化是夏王朝的祖先的文化，那只能算是"先夏文化"，不能算是"夏文化"。夏王朝时代的其他民族的文化，也不能称为"夏文化"。不仅内蒙（古）、新疆等边区的夏王朝时代的少数民族的文化不能称为"夏文化"，如果商、周民族在夏王朝时代与夏民族不是一个民族，那只能称为"先商文化"，而不能称为夏文化。①

这样的界定，使得对于夏文化的探索和根据考古资料讨论夏史，不会落入漫无边际的情形之中。

其次，大量运用文献资料与考古资料配合，是三十年来夏文化探索的重要特色。文献记载的夏代史事，多属后人述古之作，具有传说的性质，而文献的著者和著作时代，不论经传诸子及汉魏史家的著作，都一直存在许多争议，如今以之与考古资料配合运用，无疑的是以肯定文献史料的可信为前提。以往"古史辨派"对于文献中的古史传说，大多视为"伪书中的伪史"，过去不同意"疑古派"主张的学者，虽然不否定夏代及其以前的古史，但也只能以这类文献资料，作为"传说史料"加以研究②。如今，以肯定的态度与考古资料配合，来探索夏文化，则是提升了传说史料的可信程度。对于文献史料价值的肯定，是三十年来进行的夏代考古结果所赋予的。

事实上，夏代考古与夏文化的探索是依据文献记载的线索而展开的，如果没有文献资料作为基础，则所谓"夏代"考古和"夏文化"探索，则无从说起。因为从"夏墟"的调查，和其后一连串的发掘、研究与讨论，都是根据文献中显示的线索而进行的，也可以说，夏代考古和夏文化的探索的目标，

---

① 夏鼐：《谈谈探讨夏文化的几个问题——在登封告成遗址发掘现场会闭幕式上的讲话》，原刊《河南文博通讯》1978 年第一期，收入郑杰祥编《夏文化论文选集》，第 161 页。
② 徐炳昶、苏秉琦：《试论传说材料的整理与传说时代的研究》，《史学集刊》第五期，国立北平研究院印行，1947 年，台北学生书局影印；《中国古史的传说时代》，中国文化服务社 1943 年初版，科学出版社 1960 年增订本。

就是在为了解文献记载中夏代的真相、印证文献的记载，所以只有以文献资料与考古资料密切配合，才能够实现这个目标。

<h1 style="text-align:center">四</h1>

夏代考古与夏文化的探索，是以考古发掘配合文献资料而进行的，但是三十年来的发掘，至今仍不能确指哪一处是夏代的遗址，因此，十几年前夏鼐先生很坦率地指出："中国第一个王朝夏朝（相传它的年代是公元前21至前16世纪）在考古学上还是不能证实。……有人认为我们已经找到夏代遗址，包括两处夏代都城遗址。就考古学的证据而言，这结论未免下得过早。"①

十几年后的今天，这种情形仍然没有改变。所以，要使夏史的真相水落石出，有几个关键问题必须要克服。第一个关键的问题就是夏代文字的出土。如果没有文字史料出土，与文献记载互相对照，有关夏代考古与夏文化探索的问题，恐怕很难得到彻底的解决。目前以二里头文化直接称之为"夏文化"，或其他某些发掘遗址称为"夏文化"，严格地说是颇值得商榷的。夏鼐先生认为，关于考古学上对于原始社会的"文化"命名，大多以第一次发现的典型遗迹的小地名为名，这种以小地名命名的办法，中外都十分普遍地采用。例如我国考古学上的"周口店文化""丁村文化""仰韶文化""龙山文化"等。夏氏更进一步指出：

> 至于时代较晚的原始社会，因为它们毗邻的各个社会中已有文字记录，所以这些文化有时便用文字记录上的族名来命名，例如我国的"巴蜀文化"、苏联的"斯基泰文化"、西欧的"克勒特文化"和"高卢文化"。以族名来命名的办法，只能适用于较晚的一些文化，并且需要精确的考据；否则乱扣帽子，产生许多谬论，反而引起历史研究的混乱。除非考据得确实无疑，否则最好仍以小地名命名而另行指出这文化可能属于某一族。②

以上这些原则，对于我们检讨夏代考古与夏文化的探索，颇有一些参考的价值。

---

① 夏鼐：《三十年来的中国考古学》，《考古》1979年第五期，第385～392页。
② 夏鼐：《关于考古学上文化的定名问题》，《考古》1959年第四期，第169～172页。

众所周知，"二里头类型文化"，系以河南偃师二里头遗址而得名，在其分布的范围内，其他类似的遗址颇多，著名者如郑州洛达庙、临如煤山；山西夏县东下冯、襄汾陶寺等等，我们如分别称之为"二里头文化""龙山文化""煤山型""东下冯文化""陶寺文化"，应该是没有任何问题的，但如果肯定地称之为"夏文化"，是否有"乱扣帽子"的危险呢？因为"二里头类型文化"四期，有人认为全部是"夏文化"①，也有人认为三四期为"早商文化"②，考古界本身都没有一致的结论。又如山西襄汾的"陶寺文化"，有人认为是"夏文化"，但也有人认为是"尧舜时代的文化"③。这种见仁见智的意见很多，主要由于没有夏代文字出土，仅能以考古资料和文献资料对照加以"推测"而已。而这样的"推测"，如何判定孰是孰非也将是一件不易处理的问题。

应该特别指出的一点，"夏墟"调查与被视为夏文化的"二里头类型"文化的探索，主要是依据文献资料如《逸周书》《国语》《竹书纪年》《战国策》及《史记》等书所指示的地望和年代，再与考古资料相对照。因为没有夏代文字出土，所以它与殷商史得到考古资料证明的情形，完全不同。殷商之所以得到证实，是由于甲骨文的出土及安阳发掘，使文献记载中的许多殷商史事，得到了地下史料的直接印证，而其关键在于殷商的地下史料，可以与文献资料彼此印证，诸如甲骨文的解读、殷王世系的考订、殷墟地望的确定，都是两者互相配合运用，才显出来它的意义。而夏代考古却是一种"推测"的性质。其根本问题就是没发现有关夏代的文字史料。

所以，如果没有夏代文字出土，夏代考古与夏文化的探索，势必将继续停留在这种"推测"的阶段，考古资料与文献资料如不能得到真正的结合，夏史真相也就难有水落石出的一天。

① 邹衡：《试论夏文化》，《夏商周考古学论文集》上册，第104页。
② 杨育彬：《从考古发现探索夏文化的上限与下限》，《华夏文明》第一集。杨氏认为："二里头早期（一二期）文化是夏文化的下限"，二里头三四期文化与二里岗期文化所出的陶器、青铜器、卜骨、灰坑形制、墓葬等皆相同。"郑州二里岗文化和二里头三期、四期文化是属一种文化范畴"。北京大学出版社1987年版，第229~230页。
③ 李民：《尧舜时代与陶寺遗址》，《夏商史探索》，1984年，第1~19页。原文转载于《史前研究》1985年第四期，第34~38及第5页；王文清：《陶寺遗存可能是陶唐氏文化遗存》，《华夏文明》第一集，第106~123页；而黄石林：《再论夏文化问题——关于陶寺龙山文化的探讨》，《华夏文明》第一集，第77~96页，认为陶寺文化"应是夏族文化"。

夏代会不会有文字呢？20世纪三十年代唐兰在《古文字学导论》一书里，推测夏代初年即已有了完备的文字①。

陈梦家《卜辞综述》一书，推测"卜辞以前至少有五百年发展的历史，大约公元前20世纪已经开始或已经有了文字"，"考之文献，约当传说中之黄帝时代"②。1959年山东莒县陵阳河出土的大汶口文化陶文，唐兰认为是"少昊氏时代文化"③。1959年《河南偃师二里头遗址发掘简报》说：在二里头遗址的陶器上，"刻划记号共发现二十四种，皆属晚期……这些记号的用意，我们现在还不知道，或许是一种原始的文字"④。邹衡先生主张二里头文化四期都是"夏文化"，他在《夏商周考古学论文集》里比较"夏文化"与"商文化"特征时，在"刻划符号与文字"一节里说了以下一段话：

> 在夏文化二里头型的陶器上往往发现多种形式的刻划符号，有的就是文字（《考古》一九六五：五，第222页）。在先商文化漳河型下七垣三层的陶器上也发现类似的符号，有的也像文字。据此可以判定，先商时期可能已有文字。在周人早期的文献中，明明说"惟殷先人有册有典"（《书·多士》），恐怕也不会完全没有根据的吧！⑤

邹氏所指"夏文化二里头类型"陶器上的刻划符号"就是文字"，似乎倾向"夏代已经有了文字"，虽然许多人根据甲骨文已是成熟的文字，上溯夏代"也应该"使用文字⑥，但是也有人持悲观态度，"倾向于夏族在当时可能还未行用文字这一看法"⑦，甚至直截了当地说："夏代没有文字，当时记事

---

① 唐兰：《古文字学导论》，第78～79页，1935年初版，台北乐天出版社1970年影印版。

② 陈梦家：《卜辞综述》，台北大通书局1971年影印本，第644页。（初版于1956年）

③ 唐兰：《从大汶口文化的陶器文字看我国最早文化的年代》，原载《光明日报》1977年7月14日，收在山东大学历史系考古教研室编《大汶口文化讨论文集》，齐鲁书社1981年版，第79～84页。

④ 中国科学院考古研究所洛阳发掘队：《河南偃师二里头遗址发掘简报》，《考古》1965年第五期，第222页。

⑤ 邹衡：《夏商周考古学论文集》上册，第143页。

⑥ 王克林：《略论夏文化的源流及其关联问题》，《夏史论丛》，齐鲁书社1985年版，第56～82页。杨育彬：《河南考古》，中州古籍出版社1985版，第72页。又，李先登：《对夏文化探索若干问题的看法》一文，根据王城岗出土的陶文推测"夏代已经有了文字，并且已经发展成熟了"，《华夏文明》，第243页。

⑦ 王玉哲：《夏文化研究中的几个问题》，《夏史论丛》，齐鲁书社1985年版，第1～18页。

和帮助记忆的方法，大体上，除结绳刻木而外，还流行图像符号。"①

不过，如果根据文献资料，夏代以前早已有了文字，从考古资料而言，史前陶文的出土，应该带给我们信心和希望，李孝定先生从几种陶文的记数字，和甲骨文比较研究，认为汉字的起源，在系统上是单元的②。三十多年来，从新石器至秦汉，陶文出土的数量，已累积可观的数量，各家研究的论文越来越多，对于陶器上的"刻划记号"是否已是文字，虽略有见仁见智的争议，但大体而言，"学者所主张的'史前陶文中有一部分是汉字成熟前的形态'这一观点是可以成立的"③。那么，陶文中存在着夏代文字，并非是不可能的。总之，夏代文字出现，夏文化的探索之谜才会真正解开。

夏代考古与夏文化探索的另一关键，就是寻找夏都及鉴定遗址中文化遗存是否确属夏代的遗物。文献记载的夏代都邑颇多，据傅斯年《夷夏东西说》、丁山《由三代都邑论其民族文化》、赵铁寒《夏代诸帝所居考》④、邹衡《夏文化分布区域内有关夏人传说的地望考》⑤，都从文献记载中做出了考证，总计夏代都邑有：阳城、平阳、晋阳、安邑、斟鄩、帝丘、斟灌、原、老丘、西河诸地，这些"夏都"的地望，究竟今日何地，考古发掘的遗址哪一处属之，应该是考古工作者及历史工作者共同努力的对象，不仅从文献学上加以考证，从田野考古加紧发掘，更须将考古成果与文献记载结合起来，如果"夏都"能确定其一，那将是夏代考古与夏文化探索迈进了新的里程。《孟子·万章上》《古本竹书纪年》《世本·居》《史记·夏本纪》都记载禹都阳城，徐旭生先生先认为其地望应在河南省登封县之告成镇，考古工作者一度认为"王城岗"可能是禹都之阳城，如今此一推断之可能性恐已不存在，从正式发掘报告中可以看出⑥。又据《史记·夏本纪》《正义》引《汲冢古书》

① 徐中舒、唐嘉弘：《关于夏代文字的问题》，《夏史论丛》，齐鲁书社1985年版，第128页。
② 李孝定：《中国文字的原始与演变》，原载《"中央研究院"历史语言研究所集刊》第四十五本第二分、第三分，1974年。又载《中国上古史待定稿》，"中央研究院"历史语言研究所中国上古史编辑委员会刊印，1974年。收在李孝定著《汉字的起源与演变论丛》，联经出版事业公司1986年6月初版，第91~184页。
③ 陈昭容：《从陶文探索汉字起源问题的总检讨》，《"中央研究院"历史语言研究所集刊》第五十七本第四分，1986年，第713页。
④ 赵铁寒：《古史考述》，正中书局1954年版。
⑤ 《夏商周考古学论文集》上册，文物出版社1980年版。
⑥ 河南省文物研究所、中国历史博物馆考古部：《登封王城岗与阳城》，文物出版社1992年版。

称："太康居斟䣞，羿亦居之，桀又居之。"有的学者认为二里头遗址即为夏代晚期都邑①，或即斟䣞②，但亦仅止于推测，仍乏突破性的证据加以确定。

其次，就文化遗存的性质加以鉴别而言，也必须与文献的记载结合，才能使夏史的研究顺利开展。也可以说夏文化的探索，只有把文献资料和考古资料结合，才是深入探索的途径。例如：《礼记·明堂位》记载：

灌尊：夏后氏以鸡夷（彝），殷以斝，周以黄目。

据邹衡考证："鸡夷（彝）"确是封口盉（参附图），"黄（横）目"应该就是周代的壶形盉③，像这样的推测可说是很好的尝试。也是突破夏史研究瓶颈的重要途径，应该加以扩大探讨才是。

总之，三十年来夏代考古与夏文化探索的考古成果是应予肯定的，如何与文献记载对照或印证，以求夏史真相大白于世，是今后考古学界与历史学界共同努力的目标。

后　记

本文初稿系于 1988 年 8 月至 1989 年 7 月在台北"中央研究院"历史语言研究所访问时完成，写作期间曾使用傅斯年图书馆特藏室资料，谨志感谢。1989 年 8 月参加"国立"台湾大学举办之"民国以来国史研究的回顾与展望研讨会"，曾将其中一部分发表在《民国以来夏史研究的回顾与展望》一文中。1990 年 5 月，著者受邀参加美国洛杉矶大学加州分校（UCLA）举办之"夏文化国际学术研讨会"（International Symposium on Xia Culture），以本文作为宣读论文，但该会至今未出版论文集。此稿放置三年以来，有关夏代考古与夏文化的探索，虽有 1992 年 10 月 18 日《中国文物报》"二里头遗址勘探发掘取得新进展，二里头文化早期建筑基址出土具有突破性价值"的报道，

---

① 赵芝荃前引文《论二里头遗址为夏代晚期都邑》。
② 同上。又，李绍连《夏文化研究的轨迹》一文也指出："应在前人的基础上，进一步加强对历史文献的研究，尤其要对有关夏都问题进行研究。如对'禹都阳城''太康居斟䣞''胤甲居西河''帝宁（杼）居原'等有关地望的研究，考证其确实所在。"《社会科学评论》1980 年第四期，第 28 页。
③ 邹衡：《试论夏文化》，《夏商周考古学论文集》上册，第 147～157 页。（参附图）

但基本上对本文的基本观点，并无影响。兹谨择要补充，加以发表。

		觚体细	觚体粗	爵	盉斝彝鸡
西周中期	陕西长安普渡村长白墓				
早商文化晚期	河南郑州白家庄M3				
夏文化晚期	河南偃师二里头M8				
大汶口文化中期	山东滕县冈上M1				

　　前为夏、商、周礼器（酒器）基本组合比较图。（二里头 M8 材料为河南省文化局文物工作队在 1959 年所发掘)

　　采自邹衡：《夏商周考古学论文集》，第 148 页。

拾壹　殷先公先王与成汤传说试释

一、殷商史料的认识

自从甲骨文出土及安阳殷墟发掘成功，使文献记载中的许多殷商史事，特别是《史记·殷本纪》记载的商王谱系，得到了地下史料的直接印证，所以史家公认殷商时代为我国的信史。

虽然如此，但是并非文献中一切有关殷商的记载，全部得到了地下史料的印证。事实上，大部分文献记载的殷商史事，属于先秦及两汉间人的述古之作，这些"述古之作"尚未得到地下史料证明的部分，严格地说仍属于传说性质，有待于我们运用考古学、民族学及人类学等资料的配合，加以考察，以探索其真相。

殷商时代，由于已发现了直接史料，所以在史学工作者的心目中，与此前的"传说时代"，已显有不同。就史料而言，殷商史料应可分为两大类：一是纸上材料，即古代的文献载籍，虽为后人述古之作，然多系先秦旧说；二是地下材料，亦即殷商时代的直接史料，又可别为两类，一是有文字的史料，即甲骨文与金文，一是考古发掘的殷代遗存，如遗迹遗物等。

甲骨文的出土，是我国近代重大学术发现之一①，由于学者们的辛勤研究，从文字的解读，王室谱系的考订，以至于历法、礼制、疆域、气象、物产、社会文化等的探讨与了解，都有了相当丰硕的收获，如今，甲骨原始资

----

① 王国维认为：殷墟甲骨文字，敦煌塞上及西域各处之汉晋木简，敦煌千佛洞之六朝及唐人写本书卷，内阁大库之元明以来书籍档册，此四者之一，足以当孔壁汲冢所出。见《近二三十年中国发现之学问》，《学衡》1925 年 9 月第四十五期。

料与学者研究的成果，累积的数量已颇为可观①。

甲骨文曾使文献载籍中一些重要的殷商史事，得以印证，其中如印证了《史记·殷本纪》的先公先王世系，并纠正了《殷本纪》中的错误②，又如殷高宗（武丁）伐鬼方③、殷纣（帝辛）之征东夷等记载，不仅得到了甲骨文的印证，更得到了许多前人所不知的新资料④。

然而，甲骨文字主要是盘庚迁殷至帝辛273年（公元前1384~1111年，依董作宾氏说）间的文化遗存，其性质以占卜的记录为多，估计甲骨文所能代表的殷商文化，不过百分之一，殷商文化史的写作，实不能完全依赖于它⑤。

殷墟的发掘，前后共十五次⑥，除了出土大批的甲骨材料之外，建筑遗址和墓葬以及丰富的骨、蚌、石、铜、玉等遗物的发现，使上古史材料的范围更为扩大，在这许多材料中，有的已为古籍所道及，有的根本为前人所不知，

----

① 据统计，甲骨文自1899年被发现以后，迄今已累积了十五万片左右的资料。参阅胡厚宣：《八十五年来的甲骨文材料之再统计》，《文史月刊》1984年第五期。至于著录与研究之书籍文章，九十年来已近三千种。请见黄竞新：《九十年来甲骨学的发展》，收入《甲骨学与资讯科技学术研究会论文集》，"国立"成功大学1992年版，第154~339页。

② 屈万里：《史记殷本纪及其他记录中所载殷商时代的史事》，《台大文史哲学报》1965年1月第十四期，第93~96页。有关殷先公先王的考证，详见本文第三节。

③《易·既济·爻辞》："高宗伐鬼方，三年克之。"又见《今本竹书纪年》高宗三十二至三十四年、《后汉书·西羌传》等。王国维《鬼方昆夷猃狁考》一文，认为"鬼方"为分布我国西北的一种强梁之外族（见《观堂集林》卷十三、史林五，台北河洛图书出版社，1983年）。今经甲骨学者证明，"鬼方"即甲骨文中的𢀛方。武丁时代的卜辞，不仅记载了这一战争的时间，而且增加了许多新的认识，诸如战争起因、告庙次数、"登人"数目、战后安抚以及使用之兵器、运输工具等，都是前人所不知的资料，详见董作宾：《殷历谱》下篇卷九《武丁日谱》，台北艺文印书馆1967年版。

④《左传·昭公四年》："商纣为黎之蒐、而东夷叛之。"《左传·昭公十一年》："纣……克东夷而殒其身。"甲骨文不仅证明其确有其事，而且还可以根据甲骨资料排列出征人方（夷方）的详细历程及往返时日，并绘出往返的路线图。见董作宾：《殷历谱·帝辛日谱》。陈梦家据以作《征人方历程》，对董氏略有修正，见《卜辞综述》，台北大通书局1954年版，第301~310页。

⑤ 董作宾：《中国古代文化的认识》，《大陆杂志》1951年12月三卷十二期，收在《平庐文存》卷三，艺文印书馆1963年版，第4~5页。

⑥ 安阳殷墟发掘，由中央研究院历史语言研究所主持，自1928年至1937年共发掘十五次，收获极丰，先后出版《安阳发掘报告》共四本（自1929年至1933年）。董作宾《甲骨学六十年》有简要的介绍，艺文印书馆1965年版，又李济之有英文本《安阳发掘》（Anyang Excavation），此英文本国内尚未见发行。参陈仲玉：《李济之教授和他的新著〈安阳发掘〉》，《出版与研究》第九期及十期。20世纪以来有关殷墟发掘与研究的报告、专著很多，兹不逐一列举。

其贡献可说是空前的①。

殷墟为盘庚迁殷以后的殷代都城，其遗址遗物和甲骨文，都属于"晚商"的文化遗存，近三十年来，殷商考古的资料，续有增加，其属于"中商"文化者，有河南郑州商城，湖北黄陂盘龙城；属于"早商"文化者，则有偃师二里头类型晚期文化，这些发现，对于殷商文化来源与发展的探讨，提供了更进一步的资料②。过去疑古的学者，疑古之甚，认为"东周以上只好说无史""殷商犹是新石器时代晚期"的看法③，也就不需要一辩了。

殷商考古发掘所累积的资料，其数量亦是相当可观，我们应该认识到，地下史料不仅是有字者值得重视，即使一砖一瓦、一版一器，莫不是宝贵的古代史资料，但这些资料，如能和文献记载的纸上材料配合运用，相互印证或对照，才更能显示出它的意义和价值。试假设完全没有文献记载的先秦传说，则甲骨文和殷商其他遗址遗物，呈现于我们面前者，其价值无疑地要大为降低，或将与新石器时代的资料性质，等量齐观，亦未可知。李济之先生即曾以考古学家的立场，特别强调纸上史料的重要④；董作宾先生指出，建设性的古史研究，新材料和旧材料同样重要⑤；周法高先生认为，"新材料也要和书本上的材料互相配合，互相补充，才能发挥它的效力，单靠新材料是不

① 石璋如：《殷墟发掘对中国古代文化的贡献》，《学术季刊》1954 年 6 月二卷四期；李济之：《安阳发掘与中国古史问题》，"中央研究院"历史语言研究所集刊第四十本，收在《李济之考古学论文集》，台北联经出版事业公司 1977 年版。
② 有关这些发掘的详细报告未曾得见，主要参考张光直先生下列著作：（1）《殷商文明起源研究上的一个关键问题》，《沈刚伯先生八秩荣庆论文集》，台北联经出版事业公司 1976 年版；（2）《从夏商周三代考古论三代关系与中国古代国家的形成》，《屈万里先生七秩荣庆论文集》，台北联经出版事业公司 1978 年版；（3）*The Archaeology of Ancient China*，Yale University Press，Third Edition 1977，（台北南天书局印行）。
③ 顾颉刚：《自述整理中国意见书》，《古史辨》第一册上编，第 34～35 页，谓："东周以上只好说无史。"胡适《论帝天及九鼎书》称："发现渑池的石器时代的安特森（J. G. Andersson）近疑商代犹是石器时代晚期，我想他的假定颇近是……"《古史辨》第一册下编，台北明伦出版社，第 200 页。
④ 李济：《再谈中国上古史的重建问题》，"中央研究院"历史语言研究所集刊 1962 年 1 月第三十三本，第 358～359 页。李氏又在《史前文化的鸟瞰》一文中云："对于传说历史的史料价值，就现代考古学的立场说，是史学界不能完全忽视的一组材料。"见《中国上古史待定稿》第一本，"中央研究院"历史语言研究所中国上古史编辑委员会 1972 年版，第 479 页。
⑤ 董作宾：《中国古代文化的认识》，《大陆杂志》三卷十二期，《平庐文存》卷三。

够的"①，都是极为正确的见解。以殷商史的研究而言，如今能有如此重大的开展，固然得力于地下史料的大批出土，实亦由于纸上史料的配合，才收到了相得益彰的功效。例如甲骨文的解读、先公先王世系的考订，乃是由于有文献旧说得以征引对照；殷墟的地望，也是根据文献记载的线索加以确定的②。

对于地下史料和纸上史料，我们还要有一些应有的体认。1925 年，王国维著《古史新证》，提倡"二重证据"法，主张以地下之材料，补正纸上之材料，以证明古史之某一部分全为实录③。此固为不易之理，但在今日看来，王氏所指之地下材料，仅指甲骨文、金文二种，范围显然太狭，即所指之纸上材料，亦仅列《尚书》《诗》《易》《五帝德》《帝系姓》《春秋》《左氏传》《国语》《世本》《竹书纪年》《战国策》及周秦诸子、《史记》等十类，也不过仅是纸上材料的一部分而已。就殷商地下史料而言，先民的任何一项遗留，莫不弥足珍贵，李济之先生称："凡是经过人工的、埋在地下的资料，不管它是否有文字，都可以作研究人类历史的资料。"④ 纸上史料当然也不应限于王氏所列举的十类，唐人司马贞说："图纬所载，不可全弃。"⑤ 梁启超说："凡以文字形诸记录者，盖无一而不可于此中得史料也。"⑥ 所以一切古代流传下来的载籍，连同所谓"伪书"，也都有重视的必要。法人格拉勒（M. Marce Granet）指出，中国古书并无绝对真伪之分，对于古史的考察，应通过内考证（Critique interne）在"伪里寻真"，不应因过分注意古书真伪的考订，反而忽略了书中的事实⑦。

----

① 周法高：《地下资料与书本资料的参互研究》，《香港联合书院学报》1970 年第八期。
②《史记·项羽本纪》载，秦将章邯使人约降项羽，"项羽乃与期于洹水南，殷虚上"。有关历代对殷虚的记载，参董作宾：《殷虚沿革》，《中央研究院历史语言研究所集刊》1930 年 8 月第二本第二分，第 224～240 页，收在《董作宾学术论著》上册，世界书局 1967 年版。
③ 王国维：《古史新证》，《国学月报》第二卷第八、九、十号合刊，收在《王观堂先生全集》第六册，台北文华出版公司 1968 年版。
④ 李济：《安阳发掘与中国古史问题》，《"中央研究院"历史语言研究所集刊》第四十本，收在《李济考古学论文集》，台北联经出版事业公司；又见：《殷虚器物甲编、陶器》，《中国考古报告集》之二，小屯第三本序，1959 年，第 2 页。
⑤ 司马贞：《补三皇本纪》，台北艺文版二十五史，第 1366 页。
⑥ 梁启超：《中国历史研究法》，台湾中华书局 1961 年台三版，第 49 页。
⑦ M. Marce Granet 著，李璜译：《古中国的舞蹈与神秘故事》，《法国汉学论集》附录一，香港珠海书院丛书，台北九思出版社 1976 年版，第 194～196 页。

我国古代文献载籍中的远古史事，多为后人述古之作，其中有些部分，因年代久远，不免真伪掺杂，有些部分则由于著者的思想和著作目的不同，所以同一史事的解释也不同，以致形成传说纷纭的现象，过去"疑古派"学者以"层累造成说"的公式，将文献写定的时代，视为史事发生的时代，因而将文献载籍视为伪书，古史传说视为伪史，这种一笔抹杀的态度，未免矫枉过正，显然是不正确的①。

文献载籍中的传说史料，还另有其特殊的价值，为地下遗物其他任何资料所无法取代。李济之先生认为，人类内心的生活，如喜怒哀乐等情绪的变动，是人类历史最重要的一面，但却不是任何实物所能表示出来的，也是考古学及其他若干有关的科学所不能找出的直接材料之部分②，但这些在实物里找不到直接材料的部分，传说史料却正可以弥补它的缺陷。有人认为，如果把古史比作一出戏剧，考古材料提供我们的仅是残余的舞台布景和衣冠道具，传说史料提供我们的却是舞台上的人物个性和活动情节③。

总之，纸上材料中的古史传说，既非都可以得到甲骨文或其他考古材料的印证，则我们不能对凡是得不到地下史料直接印证的文献记载，即认为不足采信而予以舍弃，相反地，还应借助其他社会科学的新知，进而与考古资料以及文献载籍配合，来透视这些古老传说的真正意义，例如"玄鸟生商""汤祷桑林"的故事，都可以从民族学的初民图腾制度中，获得比较满意的解释。所以文献载籍及有关的考古学、民族学、人类学等资料，实亦都是殷商史料的重要部分，我们如要一窥殷商史的全貌，尤需借重专家研究的成果，做综合地运用，不宜有所偏废，也唯有如此，才能使古史传说中的历史成分，呈现出来。

----

① 当代学者对于过去"疑古派"学者的错误和传说史料的价值，已有普遍的体认，著者在下列各文的"前言"中，曾分别提及，兹不赘述：（1）《黄帝制器传说试释》，《"国立"台湾师范大学历史学报》1976 年 4 月第四期；（2）《神农氏传说试释》，《赵铁寒先生纪念论文集》，台北文海出版社 1978 年版，第 201～226 页；（3）《尧舜传说试释》，《"国立"台湾师范大学历史学报》1979 年 5 月第七期；（4）《大禹与夏初传说试释》，《"国立"台湾师范大学历史学报》1980 年 5 月第八期。

② 李济：《再谈中国上古史的重建问题》，《"中央研究院"历史语言研究所集刊》1962 年 1 月第三十三本，第 368 页。

③ 徐炳昶、苏秉琦合著：《试论传说材料的整理与传说时代的研究》，《史学集刊》1947 年 12 月第五期，台北学生书局，第 9 页。

二、鸟生传说与殷商的起源

古史相传，殷商出于玄鸟。《诗经·商颂·玄鸟》篇说："天命玄鸟，降而生商。"《长发》篇说："有娀方将，帝立子生商。"《商颂》旧说为春秋初年宋大夫正考夫美宋襄公之诗，宋为殷后裔之国，相信其中必保留着殷商的旧说。

玄鸟如何生商呢？《玄鸟》篇郑玄笺云："天使鳦下而生商者，谓鳦遗卵，有娀氏之女简狄吞之而生契。"《长发》篇郑笺云："禹敷下土之时，有娀氏之国亦始广大，有女简狄，吞燕卵而生契。"

战国时代也保留了两则有关的传说，《吕氏春秋·音初》篇称："有娀氏有二佚女，为之九成之台，饮食必以鼓，帝令燕往视之，鸣若谥隘……燕遗二卵北飞，遂不反。"东汉高诱注："帝，天也，天令燕降卵于有娀氏之女，吞之生契。"《楚辞·天问》："简狄在台，喾何宜？玄鸟致贻，女何嘉？"王逸注："简狄侍帝喾于台上，有飞燕坠遗其卵，喜而吞之，因生契也。"

玄鸟生商，相传是由于有娀氏之女简狄，为帝喾妃，吞玄鸟卵因孕生契，契即商的始祖。汉代以来的学者，大都本着这样的故事发展为说，《史记》的叙述最有系统，《殷本纪》称：

> 殷契，母曰简狄，有娀氏之女，为帝喾次妃，三人行浴，见玄鸟坠其卵，简狄取吞之，因孕生契。

东汉以后的学者，如上引《商颂》郑笺、《吕氏春秋》高诱注、《楚辞》王逸注，以及《尚书·中侯》《诗传》《列女传》等①，莫不以这种传说为中心，来讲殷商的起源。

我国远古帝王，自伏羲、神农、黄帝、少昊、颛顼、尧、舜、禹、周弃

---

① 《尚书·中侯》称："玄鸟翔水，遗卵于流，娀简拾吞之，生契封商。"见《太平御览》卷八十三引；《诗传》："契母与姊妹浴于玄丘水，有燕衔卵坠之，契母得，故含之，误吞之，即生契。"见《史记·三代世表》褚少孙补引；《列女传》："契母简狄者，有娀氏之长女也，当尧之时，与其姊妹浴于玄丘之水，有玄鸟衔卵过而坠之，五色甚好，简狄取而含之，误而吞之，遂生契焉。"《释史》卷十四引。

（后稷）等，其诞生的传说，皆有母而无父①，殷契无父而生的故事，正是承袭这一系列传说发展而来，这原是远古时代图腾制度的正常现象。在图腾制度下，相信自己部族或始祖出自图腾，乃是初民普遍的信仰，李维士（W. H. R. Rivers）认为，初民各部族均以自身为其图腾变化而来的后代②。玄鸟生商的传说，为商族初期图腾制的遗留，已无可疑。由此可见我国远古帝王"无父而生"的传说，保留着古代质朴可贵的资料。

殷商早期的图腾多玄鸟，甲骨文、金文都有迹象可寻，卜辞中殷王贞问高祖王亥时，亥字多附以鸟形，作 𗊾、𗊿、𗋀 等形，与《山海经·大荒东经》"有人曰王亥，两手操鸟"之说相合。王亥之亥字加一鸟旁的原因，或以为就是早期商族以鸟为图腾的遗迹③，商代青铜器"玄鸟妇壶"有"玄鸟妇"三字合书的铭文，作𗋁，其含义显然作壶者系以玄鸟为图腾的后裔，这是商族鸟图腾的另一有力证据④。过去学者对玄鸟生契的传说，或以怀疑态度加以驳斥⑤，或"妄以己意度之"（崔述语），如所谓"圣人皆无父，感天而生"⑥，这些都是限于时代的知识，无法提出合理解释的缘故。

殷的始祖契，在早期的传说里，本是"无父而生"的⑦，后来才有了父亲为帝喾的传说。三国时代著《古史考》的谯周，认为史不载契的父亲为谁，乃是"以其父微，故不著名"⑧，其实，这种传说乃是母系制度发展至父系制度的现象。李宗侗先生指出，从传说史料中，观察图腾、始祖、生祖出现的

---

① 有关上述远古帝王诞生传说的资料，《太平御览》卷七十六至八十三、马骕《绎史》卷三至十四、卷十八，辑录颇多，兹不征引。又参陈志良：《始祖诞生与图腾主义》，《说文月刊》第二卷。

② 岑家梧：《图腾艺术史》，上海商务印书馆 1937 年版，第 28 页。

③ 胡厚宣：《甲骨文商族鸟图腾的遗迹》，《历史论丛》第一辑，1980 年，第 137～151 页。

④ 于省吾：《略论图腾与宗教起源和夏商图腾》，《历史研究》1959 年第十一期，第 66～67 页；又，孙作云：《中国古代鸟氏族诸酋长考》，《中国学报》1945 年 3 月三卷三期，台北学生书局，第 26～27 页。

⑤ 王充《论衡·奇怪》，以"高（契）母吞燕卵而生"为虚妄之言，见《新编诸子集成》第七册，世界书局，第 33 页；顾炎武《日知录》卷三，"玄鸟"条；崔述《考信录·商考信录》卷一，引苏洵之文辨契母吞卵之说，《崔东壁遗书》二，河洛图书出版社。

⑥《诗》《正义》引许慎《五经正义》云："诗齐鲁韩，春秋公羊说，圣人皆无父，感天而生。"

⑦《史记·三代世表》褚少孙补引《诗传》云："汤之先为契，无父而生。"《索隐》："所引出诗纬。"

⑧《史记·殷本纪》《索隐》引；又《绎史》卷十四，广文书局，第 1 页引。

次序，当可推知母系与父系的演变。由《商颂·玄鸟》《长发》二篇与《史记·殷本纪》等加以考察殷商民族诞生的传说，可以看出《玄鸟》"天命玄鸟，降而生商"、《长发》"有娀方将，帝立子生商"两诗，仅指出生商的图腾和始祖，并未言契，《史记·殷本纪》则专指生契，而且是专指一个男子，同时还出现帝喾，所以建立了父系，前一阶段泛指生商，仅有图腾和生祖，系代表母系时代，后一阶段始祖与生祖皆出现，则代表父系时代了①。因此，我们不能以契本"无父而生"，而后来又有了父亲帝喾，即遽指这是后儒"层累地造成"的伪书和伪史。

契为殷的始祖，但在若干古代文献中，其与尧舜同时。《尚书·尧典》以契为舜时"敬敷五教"的司徒，与禹、皋陶、垂、益、伯夷、夔、龙等为"舜廷"的九官之一；汉代学者认为契是古代的圣贤人物②；当代学者或疑契为殷代之社神③，或疑商契即商均④；也有人考证契即"以鸟名官"的少皞氏⑤，皆未成定说。而古代文献中，契又称"玄王"⑥，如《诗·商颂·长发》："玄王桓发。"《毛传》："玄王，契也。"《国语·周语》下："玄王勤商。"《鲁语》上："自玄王以及主癸莫若汤。"韦昭注："玄王，契也。"《荀子·成相》："契玄王，生昭明。"契之所以又称玄王，实由于相传他是玄鸟所生的缘故⑦。

契在《史记·三代世表》《汉书·古今人表》中作"禼"，甲骨文中的

---

① 李宗侗：《中国古代社会史》一，第29~31页。
② 《淮南子·修务训》以契与尧、舜、禹、文王、皋陶、史皇、羿等为"九贤"之一（其中两称禹，实为八人）。《汉书·董仲舒传》云："臣闻尧受命，以天下为忧……务求贤圣，是以得舜、禹、稷、禼（契）、咎繇众圣辅德，贤能佐职，教化大行。"
③ 杨宽：《中国上古史导论》，《古史辨》第七册上编，1941年，第369页。
④ 陈梦家：《商代的神话与巫术》，《燕京学报》1936年第二十期，台北东方文化书局，第480页。
⑤ 郭沫若：《中国古代社会研究》，1930年，第251页；孙作云前引文《中国古代鸟氏族诸酋长考》，第26页；胡厚宣前引文《甲骨文商族鸟图腾的遗迹》，第137页。
⑥ 唯亦有例外，如《汉书·礼乐志》以契、玄王为二人，《白虎通·瑞赞》引诗，以玄王为汤。
⑦ 丁山《新殷本纪》注五："余谓玄王得名于玄鸟，谓其本为玄鸟之子矣。"《史董》第一册，教育部第五服务团研究部编，1940年；又胡厚宣前引文，第133页。

[图]、[图]等字，董作宾等认为即是殷的始祖契①，而[图]、[图]、[图]、[图]诸字，也有人认为即"禼"字②，虽皆未得确证，但契为一位人王则应无可疑才是。

从玄鸟生商的传说推测，殷商实起源于东方。我国古代，黄河下游的东方沿海，以山东半岛为中心，实为鸟图腾分布的地区。传说中的太皞氏风姓，"风"与"凤"字通作[图]或[图]，似是最早的图腾团之一③，直至春秋时代，仍有风姓之国留在今山东省境内④，李宗侗认为"有济即有齐，乃风姓支图腾团之一，以齐为图腾者"⑤，太皞都陈，亦出山东不远，且陈字从东从邑⑥，傅斯年先生指出："太皞族姓之国之分配，西至陈，东括鲁，北临济水，大致当今河南东隅，山东西南部之平原，兼包蒙峄山境。"⑦

少皞氏更是东方鸟图腾的一大部族，"穷桑"则是当时的重要活动中心。《左传·昭公二十九年》："少皞氏有四叔……世不失职，遂济穷桑。"杜预注："穷桑地在鲁北。"《帝王世纪》云："少昊氏邑于穷桑以登帝位，都曲

----

① 董作宾：《甲骨文断代研究例》云："卜辞祭禼用[图]，同于[图]、土、王亥诸先租，疑即是契。"见《董作宾学术论著》上册，世界书局印行，第381页。[图]字杨树达释"禼"，为古文楔；于省吾释"夒"，以为相当于契；高鸿缙释"褁"，契与褁古音同，故以之为殷之始祖契。董作宾氏放弃前此以[图]（禼）为契之说，而认为"杨、于、高三氏之结论，大可信从"，见《五十年来考订殷代世系的检讨》，《平庐文存》卷三，第30页。

② 王襄：《簠室殷契征文考释》谓："[图]，禼之异文。"王氏又以[图]为禼字，谓即《史记·殷本纪》"封于商"、《正义》"帝喾之子禼所封也"之禼。见李孝定先生《甲骨文字集释》第五册，第1905页。甲骨文[图]、[图]诸字，孙诒让《契文举例》下四二叶云："常释禽，此做[图]而上增[图]形，疑当为禼。"李孝定先生《甲骨文字集释》第十四册，第4444页转引。

③ 李宗侗前引书《中国古代社会史》一，第10页。

④ 《左传·僖公二十一年》："任、宿、须句、颛臾，风姓也，实司太皞与有济之祀。"杜预注云："四国伏羲之后……任，今任城县，颛臾在泰山南武阳县东北，须句在东平须昌县西北，四国封近于济，故世祀之。"案：任在今山东济宁，宿和须句在今东平，颛臾在今费县。

⑤ 李宗侗前引书《中国古代社会史》一，第11页。

⑥ 芮逸夫先生：《苗族的洪水故事与伏羲女娲的传说》第五节余论，《中国民族及其文化论稿》下册，艺文印书馆，第1061页；李宗侗：《中国古代社会史》二，第11页；丁骕：《中国地理、民族、文物与传说史》，《"中央研究院"民族学研究所集刊》1958年第二十九期，第47页。

⑦ 傅斯年：《夷夏东西说》，《傅孟真先生集》第四册中编下，第73页。

阜。"《尸子》云:"少昊金天氏邑于穷桑。"① 田俅子云:"少昊都于曲阜。"②《史记·周本纪》正义以"穷桑在鲁北,或云穷桑即曲阜",《鲁周公世家》以曲阜为"少昊之虚",《左传·昭公十七年》自称少皥氏之后的郯子,更详细地描述了该部族的鸟图腾组织,在凤鸟部落之下,又分为凤部、鸠部、雉部、扈部等四部,凤部又分凤鸟团、玄鸟团、伯赵(伯劳)团、青鸟团、丹鸟团等五团,鸠部又分祝鸠、睢鸠、鸤鸠、爽鸠、鹘鸠等五团,雉部也分为五团,扈部则分为九团③。这是保留我国古代图腾制度的一篇宝贵的资料。发现黑陶文化的"城子崖",原是古谭国之地,"谭"为殷商故国④,《左传·昭公二十年》晏子述齐之沿革,谓"昔爽鸠氏始居此地"⑤,不难看出少昊氏之世其族分布的地区以及与殷商民族的关系了。太皥、少皥被认为即是帝喾与契⑥,虽未成定说,但少皥氏为东夷鸟图腾部族之领袖,与传说中简狄吞玄鸟卵而生的殷人实有着密切的关系,其中心在今山东境内,则是没有疑问的⑦。而古代鸟图腾分布极广,除黄河下游山东半岛外,辽东半岛与朝鲜半岛亦为其散布的地区⑧,其中凤部的玄鸟团最发达,其后子姓的商契系、偃姓的皋陶系、嬴姓的伯益系,皆其后裔,直到西周以迄春秋时代,分布于冀鲁豫皖鄂陕六省的鸟图腾诸国,有二十多个,可见其势力之广大⑨。

----

①《太平御览》卷三引,《绎史》卷六引。

②《绎史》卷六引。

③ 赵铁寒师:《少皥氏与凤鸟图腾》,《古史考述》,正中书局,第14~17页。

④ 董作宾:《城子崖与龙山镇》,"中央研究院"历史语言研究所中国考古报告集之一,《城子崖》附录。《董作宾学术论著》下,第623页。

⑤《汉书·地理志》称:"齐地,虚、危之分墅也。东有菑川、东莱、琅邪、高密、胶东;南有泰山、城阳;北有千乘、清河以南、勃海之高乐、高城、重合、阳信;西有济南、平原,皆齐分也。少昊之世,有爽鸠氏,虞夏时有季萴、汤时有逢公柏陵;殷末有薄姑氏,皆为诸侯,国此地。"

⑥ 胡厚宣前引文《甲骨文商族鸟图腾的遗迹》,第134~137页。

⑦ 赵铁寒师:《少皥氏与凤鸟图腾》,《古史考述》,第3页;徐亮之据《山海经·大荒东经》"东海之外大壑,少昊之国",认为少昊之族原在今辽东半岛一带,由辽东半岛入居山东,见《中国史前史话》,台北华正书局1979年版,第245页;文崇一《濊貊民族文化及其史料》一文,主张少昊之族的根据地本来即在山东,《"中央研究院"民族学研究所集刊》1958年第五期,第123页。

⑧ 文崇一先生前引文《濊貊民族文化及其史料》,《"中央研究院"民族学研究所集刊》第五期,第131~132页;又《亚洲东北与北美西北及太平洋的鸟生传说》,《"中央研究院"民族学研究所集刊》1961年第十二期。

⑨ 赵铁寒师前引文《少皥氏与凤鸟图腾》,《古史考述》,第9~10页。

西周初年分封予伯禽的曲阜，原是"少皞氏之虚"，也是"商奄之地"，居住"商奄之民"①，所以"三监之乱"时，散布在奄一带的殷人，反抗周人最力，乃是因为殷人居于这一地区，已有悠久历史传统的缘故。

此外，我国东北及渤海沿岸，自古普遍流行卵生的传说。《满洲源流考·部族》谓满族祖先爱新觉罗·布库里雍顺，系天女吞神鹊所衔朱果所生；王充《论衡·吉验》与《后汉书·扶余传》记载，橐离国侍婢孕鸡子（即鸡卵）而生扶余王东明；《魏书·高丽传》记载高句丽王朱蒙，亦出于卵生；高丽史家金富轼的《三国史记》记载新罗王室朴、昔、金三姓之祖，亦皆卵生，"新罗人自以少昊金天氏后"②，这些传说实与殷商的卵生传说出于同一模型，反映着古代民族分布上的关系，其分布的地区实可作为殷商起源方位的一项佐证。

就近代殷商考古资料而言，因代表"中商"文化的郑州商城，有人认为即为汤都之亳③，代表"早商"文化的偃师商城（二里头晚期文化），也被认为是汤都之西亳④，所以使殷商文明起源的地区，暗示着有在豫西晋南一带的可能性⑤。其实，这种估计，尚未足以动摇旧说，张光直先生指出："真正的'早商'文化，恐怕还埋在豫东与鲁西地区的地下，尚待将来的发现。"⑥ 殷商文明中的一些很重要的成分，绝大部是与统治阶级的宗教、仪式生活和艺术有关的，很清楚地起源于东方⑦，这告诉了我们"殷商的传统者，亦即子姓的王朝，是来自东方的一个政治集团"，"换言之，殷商的先公先王时代，至少有一部分是和东海岸史前文化相重叠的"⑧。

----

① 《左传·定公四年》《史记·周本纪》《正义》。

② 朱云影师：《中国文化对日韩越开国传说的影响》引，《中国文化对日韩越的影响》下册，黎明文化事业公司1981年，第333页。关于鸟生传说之分布又参文崇一先生：《亚洲东北与北美西北及太平洋的鸟生传说》一文。

③ 邹衡：《郑州商城即汤都亳说》，《文物》1978年第二期，第69～71页。

④ 张光直：《殷商文明起源研究上的一个关键问题》，第156页所引诸文。

⑤ 张光直上引文，第154页。

⑥ 张光直上引文，第165页。

⑦ 其中（1）厚葬；（2）木椁和二层台；（3）龟甲；（4）若干陶器形制与白陶；（5）骨匕、骨雕、绿松石嵌镶及装饰艺术中的纹样等项，与大汶口文化共有，而大汶口文化和山东龙山文化有拔齿习俗的证据，安阳出土的商人头骨也有一例，见张光直先生上引文，第165页；又，《屈万里先生七秩荣庆论文集》，第298页。

⑧ 张光直上引文，《屈万里先生七秩荣庆论文集》，第298～299页。

过去学者从考古学认为龙山黑陶文化与殷商有密切关系①，而从文献推测，殷之先世于建业蒙亳之先，已在河济之间的古兖州之地，"宅此殷土"②等说法，仍然是十分坚强的。

三、殷先公先王及其时代与事迹

《史记·殷本纪》叙述殷的先世，自帝喾至主癸共十四世十四王，他们是：

帝喾—契—昭明—相土—昌若—曹圉—冥—振—微—报丁—报乙—报丙—主壬—主癸—天乙（汤）

这个世系乃是采自《世本》的《帝系》、加上"振"（即核、亥）与上甲至主癸六世而成，这与《国语·周语》下"玄王勤商，十四世而兴"，《荀子·成相》"契玄王生昭明，十有四世乃有天乙是成汤"之说是相合的③。

董作宾先生将这十四世分为"先公远祖"及"先公近祖"，先公远祖是：帝喾—契—昭明—相土—昌若—曹圉—冥—振；先公近祖是：微—报丁—报乙—报丙—主壬—主癸。④ 在"先公远祖"八人之中，经王国维氏以卜辞考证者四人，以 𡴀 为"夋"或"夒"，即帝喾；以 ⋂ 为"土"即相土；以 𡴀 为"季"即冥；以 𡴀 为"王亥"或作"亥"，《世本》作"核"，《楚辞·天问》作"该"，《汉书·古今人表》作"垓"，《史记·殷本纪》误为"振"，王氏

---

① 徐中舒：《再论小屯与仰韶》，《安阳发掘报告》1931 年 6 月第三期，第 523～557 页。又，胡厚宣云："当殷以前之黑陶时期，虽已普知占卜，然皆用牛骨，绝不用龟，及殷人袭东方之黑陶文化，仍行占卜，并大加革新，因与南方已有繁盛之交通，乃广取龟甲而用之。"见《殷代卜龟之来源》，《甲骨文商史论丛》初集下，台北大通书局 1944 年版，第 642 页。
② 傅斯年：《夷夏东西说》，《傅孟真先生集》四，台大文学院 1952 年版，第 42 页。
③ 陈梦家据《世本》《国语》《荀子》等探讨《殷本纪》资料来源，推定"《殷本纪》契至汤十四世的数目，当成立于公元前四世纪前后"，《世本》之帝系为：契、昭明、相土、昌若、曹圉、根国、冥（其多出"根国"一世，乃是由于将注文误入正文的缘故），《殷本纪》采用《世本》帝系，将"核"排入世系内，另加上上甲至主癸六世而形成，见《卜辞综述》，大通书局，第 377 页。
④ 董作宾：《五十年来考订殷代世系的检讨》，《平庐文存》卷三，第 25 页。

于王亥以外，又考定"王恒"一人（_王），为王亥之兄弟，皆殷之先公称号称王者，而不见于《殷本纪》。"先公近祖"六人，王氏发现"卜辞数十见之田，即上甲也"，上甲即"微"，《殷本纪》所载上甲以下的先公先王世次，在卜辞中表现得颇为清楚，可以之订正《殷本纪》世次及文字的错误，根据卜辞，上甲以后之世次及名称应为：上甲（田）—报乙（匚）—报丙（匚）—报丁（匚）—示壬（示I）—示癸（示）①，所以自上甲以后，已被视为"有史时代"②。

上甲以上的"先公远祖"中，王国维氏考证"冥"为"季""振"为"核"即王亥，已为不刊之论，其余契（见第二节）是否为 𤔲、𤔲，相土是否为"土"③，昭明是否为王吴（𡗕）、𡗕，或 𤔲、𤔲④，昌若是否为"止若"或 𤔲，曹圉是否为"根司"⑤，迄今尚无定论，或认为根本不存在于卜辞⑥，唯"先公远祖"为旧派祀典所及，对象较复杂，同时卜辞出土有限，我们不能以卜辞不见，即可作为他们不存在的证据⑦，所以《殷本纪》的世系，供我们参考的价值仍然是很高的。

从殷代先公先王世系的考订，成汤以前的殷商先世，显然是与夏代同时的，过去学者以《史记·夏本纪》载夏代帝系由禹至履癸（桀）共十四

---

① 王国维：《殷卜辞中所见先公先王考》，《观堂集林》卷九，史林一，第 409～435 页；又《续考》，第 438 页，河洛图书出版社。王氏初考 𤔲 为夒，谓即帝喾，又释为 夋，仍以为喾。唯学者对商人先公先王之划分当有争议，参陈梦家《殷墟卜辞综述》，台北大通书局影印本，第 334～336 页。
② 张光直：《谈王亥与伊尹的祭日并再论殷商王制》，《"中央研究院"民族学研究所集刊》1973 年第三十五期，第 126 页。
③ 陈梦家前引书《殷墟卜辞综述》，以甲骨文之"土"为"社"，见第 340 页。
④ 丁山《新殷本纪》注六，以王吴（𡗕）为昭明，《史董》第一册，𡗕，金同祖曰："此昭明二字合文。"𤔲、𤔲，叶玉森曰："疑即殷先公昭明。"李孝定《甲骨文字集释》第九册，第 2920 页引。
⑤ 吴其昌以"止若"、容庚以 𤔲 比附昌若，于省吾以"根司"当曹圉。《平庐文存》卷三，第 31 页引。
⑥ 陈梦家前引书《殷墟卜辞综述》，第 345 页。
⑦ 赵铁寒师：《汤前八迁的新考证》，《古史考述》，第 143 页。

世十七王，与殷的先公自帝喾至主癸十四世重叠，疑"夏世即商世"①，显然是不当的。董作宾以为"契在唐虞、相土至王亥，上甲至示癸在夏代"②，所以商的先世与夏处在同一时代，其关系为平行③，是可以确定的。《竹书纪年》将成汤以前先公先王事迹，系于夏帝某年内，而称"商侯"，或许原因在此。

殷在先公先王初期，从保留在文献载籍中的片断记载来看，似乎势力十分强大，《诗·商颂·长发》："相土烈烈，海外有截。"又云："玄王桓发，受小国是达，受大国是达。"而夏初启与伯益的斗争、后羿代夏的故事，都显示了夏初东方鸟图腾部族势力的雄厚。近人考证，伯益、后羿为东方鸟图腾部族或东夷之大君④，后羿灭夏为中原蛇图腾部族的夏人与东方鸟部族斗争的高峰，少康中兴虽然将夷人逐回东方，稳定王权，但东方夷人终夏之世，仍时叛时服⑤，过去疑古者已认识到"商在汤立国以前，国势本已发达"⑥，如今"依可靠的历史资料来看，商人在灭夏以前，早已有了他们自己的轰轰烈烈的历史"⑦，应是十分正确的观察了。

汤以前的先公先王事迹，见于传说史料中的片断零散而无系统，其中仅有自契至汤之"八迁"，王亥及上甲微父子与有易的纠纷，以及文物发明等传说，留给我们一鳞半爪的探索资料，但由于近代地下史料的出土，以及社会科学新知的开展、学者研究的累积成绩，增加了我们考察时的许多凭借和方便。

成汤以前殷人曾有"八迁其都"之说，成于战国末的书序云⑧：

① 陈梦家：《商代的神话与巫术》，《燕京学报》第二十期，第491页。
② 董作宾前引文《五十年来考订殷代世系的检讨》，《平庐文存》卷三，第25页。
③ 张光直认为："在夏商周三代中，夏商周三个国可能都是同时存在的。"所见甚是。《屈万里先生七秩荣庆论文集》，第300页。
④ 孙作云：《后羿传说丛考》，《中国学报》1944年一卷三期，第27~29页。
⑤ 孙作云上引文，第58~60页。
⑥ 顾颉刚：《与钱玄同先生论古史书》，《古史辨》第一册中编，第63页。
⑦ 张光直：《屈万里先生七秩荣庆论文集》，第288页。
⑧ 屈万里：《尚书释义·叙论》，华冈书局1980年版。

自契至于成汤八迁，汤始居亳，从先王居。

《尚书·盘庚》孔颖达《正义》引班固云：

殷人屡迁，前八后五。

汤前的八迁究竟是哪八迁，孔颖达谓见于经传者仅有四迁：契居商、昭明居砥石、相土居商邱、汤居亳。近代王国维对于"八迁"首先提出了有系统的考证①，其说为：据《世本·居》"契居蕃"，契为帝喾之子，本居亳，今居于蕃，是一迁也；据《荀子·成相》"昭明居于砥石迁于商"，是昭明由蕃迁于砥石，再由砥石迁于商，是二迁、三迁；据《左传》，相土时曾有二都②，东都在泰山下，西都为商邱，"疑昭明迁商后，相土又东徙泰山下，后复归商邱，是四迁五迁也"；又据《今本竹书纪年》，帝芬三十三年，商侯迁于殷，是六迁也；孔甲九年，殷侯复归于商邱，是七迁也；至汤始居亳，是为八迁。

王氏考证而后，学者续有新说提出，或就王氏考证基础加以补充修正③，或以王氏之考证，就地望加以不同之阐释④，若欲根本推翻王说，似乎还不可能⑤。按王氏考证八迁之地计有："蕃（山东滕县）、砥石（丁山云在河北泜

---

① 王国维：《说自契至于成汤八迁》，《观堂集林》卷十二。
② 《左传·襄公九年》："陶唐氏火正阏伯居商邱……相土因之。"《左传·定公四年》载祝鮀论周封康叔曰："取于相土之东都，以会王之东蒐。"
③ 丁山以为"八迁"可考者有六迁，计有契居蕃、昭明居于砥石迁商、相土东部、王亥居有易附近或即砥石、汤之居亳。见《由三代都邑论其民族文化》，《中央研究院历史语言研究所集刊》1935 年 10 月五本一分。
④ 赵铁寒师以契居郣（蓟）在今河北蓟县，契由郣迁蕃为二迁，其地为汉上谷郡潘县，今察哈尔省怀来县。见《汤前八迁的新考证》，《古史考述》，第 150～158 页。
⑤ 梁园东：《商人自契至汤八迁驳议》，《东方杂志》1933 年三十卷十九期。所言商人起于西亳及渭水流域之说未受重视，故不足推翻王氏之说。

水）、商邱、泰山下、殷、亳（山东曹县）"①，实指出了殷先世活动的地区，

---

① 近几十年来，由于大陆考古发掘的进展和收获颇多，使这一个问题的讨论再度更趋热烈。商汤
都于亳，古书的记载没有异词。但因为古代文献没说明亳在哪里，自汉代以来有关"亳"的地
望，至少有下列几种说法：（1）杜亳说；（2）西亳说；（3）北亳说；（4）南亳说。近代学者
对于汤都亳问题的讨论，也一直未曾间断。董作宾先生著《殷历谱》，在《帝辛十祀谱》，及
其后所著《卜辞中的亳与商》一文里，根据甲骨文的资料，指出"亳"的地望在今安徽省亳
县内，也就是汤都的南亳。赵铁寒先生《殷商群亳地理方位考实》一文，指出"殷所止有亳，
殷师所止亦必有亳"，但是对于汤都的亳，则从董作宾氏之说，认为甲骨文中只有一个亳，即
后世所说的南亳，认为南亳为"殷商原始之亳，汤所都"，卜辞言亳，指此一处（《古史考
述》，正中书局1965年版）。丁山在《商周史料考证》一书中，认为即春秋时代齐国的博县
（香港龙门联合书局1960年初版，中华书局1988年重印版）。岑仲勉著《黄河变迁史》一书
（人民出版社1957年初版，台北里仁书局1982年重印版），认为各地之亳"皆与商代之亳无
关"，"以古史勘古迹，认汤都在现时内黄，实比其他各说最为可据"。自20世纪50年代后期，
由于考古发掘的新资料增加，商汤都亳问题的讨论开始热烈起来，有的提出新说，有的支持旧
说，不论采取哪一种主张，共同的特点就是运用考古发掘的新资料，配合文献记载，作为讨论
的基础。著《中国古史的传说时代》一书的徐旭生（炳昶）先生，在偃师县二里头村发现了
著名的"二里头文化遗址"，认为这处遗址是商汤建都的西亳，从此"西亳说"重新受到注
意。北京大学教授邹衡于1978年发表《郑州商城即汤都亳考》一文（《文物》1978年第二
期），力主"郑州商城"就是汤都的亳，是为"郑亳说"。"郑亳说"发表后，引起许多争论，
有人主张"郑州商城"应是仲丁（商汤后第九王）所迁的嚣（隞），"偃师商城"发现后，主
张汤都西亳的人，更是得到地下史料的依据。1983年考古工作者在河南偃师二里头遗址东方
五六公里的塔庄村，发现了一座商代城址，偃师商城遗址所在的塔庄村，村人世代相传为尸乡
沟，符合班固在《汉书·地理志》所说，偃师尸乡为殷汤所都的地点，因此偃师商城即被一部
分学者认为是商汤所都的"西亳"。由于"偃师西亳说"可得到文献资料和考古资料的双重支
持，颇具有说服力。目前争论较大的，就是"偃师西亳说"与"郑亳说"。就考古发掘的资料
比较，"偃师商城"和"郑州商城"的规模皆是一代王都，但是"偃师商城"时代较早，规模
较"郑州商城"略小，所以有人为了调和二说，认为商汤灭夏后先建"偃师商城"，即后世所
谓的"西亳"。此后不久，又在郑州建立一座规模更大的"郑州商城"，这一座大城建立后不
久，其统治中心则移到"郑州商城"，其地名仍称"亳"（孙淼《夏商史稿》，文物出版社
1987年版，第344~355页）。中研院院士高去寻在《商汤都亳的探讨》一文中，认为"三亳
说中，汤都南亳最为可信"。高先生认为："成汤昔初所都的亳是后世所谓南亳，汤灭夏以后为
了镇抚新征服的夏土，才在偃师尸乡修筑了一个城池，被后世传称为西亳。这种情形与西周初
年平定东方殷人后，在今日的洛阳建立了东都洛邑，为镇抚东方的一个前进指挥所的情形相
同。"（《董作宾先生九五诞辰纪念集》，1988年4月董氏家属自印，第88页）有关汤都亳的地
望问题，还可参考下列论著：（1）方西生：《论汤都西亳》，《河南文博通讯》1978年第一期。
（2）石加：《"郑亳说"商榷》，《考古》1980年第三期，第255~258页。（3）郑杰祥：《商汤
都亳考》，《中国史研究》1980年第四期。（4）中国社会科学院考古研究所汉魏故城工作队：
《偃师商城的初步勘探和发掘》，《考古》1984年第六期。（5）李民：《南亳、北亳与西亳的纠
葛》，《全国商史学术讨论会论文集》，殷都学刊编印，1985年。（6）杨升南：《殷人屡迁辨
徙》，《甲骨文与殷商史》第二辑，上海古籍出版社1986年版。（7）郑杰祥：《夏史初探》，中
州古籍出版社1988年版。

这一个大略的地区，无论就文献或考古资料，都可以得到较有力的支持①。八迁"国都"地望，由于年代湮远，文献难征，除非地下史料出土，否则如要断定确在何地，究非易事，王氏考证所指出的范围，大致上仍应受到重视。

殷人何以屡迁？过去学者曾提出许多假说，或以为受河患②，或以为"殷之迁都实含游牧行国性质"③，或推测由于受异族压迫、水旱之灾，或欲扩张土地到更肥沃的地区等原因不一④。唯以上所列，似乎都不是真正的原因，我们从《尚书·盘庚》记载殷人反对迁都的情形，若是受到异族压迫或水旱之灾，应不会受到"如火燎于原"的反对才是，所以我们要从上述之外的原因探讨。

社会学家以为，原始农业的初期，是耙耕而兼游猎⑤，又因初民尚无施肥的知识，地力无法连年维持，需要烧草更换耕地，因此不得不常迁徙，此即所谓"游耕性"⑥。我国新石器时代，已有这种现象存在，例如陕西半坡村仰韶文化遗址的房子，曾屡经改建，这些房子即为游移的农民所建筑⑦。

我国农业起源极早，从考古学上看新石器时代的仰韶文化期，农业已十分进步⑧，从传说史料看神农氏为农业发明人，经黄帝、尧、舜时代，农业有着更大的开展⑨，所以与夏代同时的殷先公先王时代，决不至于停留在游牧阶段，其"不常厥邑"的屡迁，显然是一种游移性的农耕，这是古代普遍存在

----

① 张光直根据考古资料指出："先公先王时代的晚期与商汤立国以后很长的一段时间，则是属于活动中心在河南东部、山东西部和安徽西北角的所谓早商时代。"《屈万里先生七秩荣庆纪念集》，第298～299页；同时"真正的'早商'文化，恐怕还埋在豫东与鲁西地区的地下，尚待将来的发掘"。
② 毛奇龄：《经问》卷八，《皇清经解》卷一六九，台北复兴书局。
③ 柳诒征：《中国文化史》上册，正中书局1959年版，第134页。
④ 陈梦家：《卜辞综述》，第635页。
⑤ 穆勒莱尔（F. Müller Lyer）著，沈怡译，《社会进化史》，《人人文库》，商务印书馆1970年版，第57页。
⑥ 何炳棣：《黄土与中国农业的起源》，香港中文大学1969年版，第93页。
⑦ 李济：《华北新石器时代文化的类别、分布与编年》，《大陆杂志史学丛书》第三辑第一册，第6页。
⑧ 张光直：《中国新石器时代文化断代》，《"中央研究院"历史语言研究所集刊》1959年10月第三十本上册，第266～267页；《华北农业村落生活的确立与中原文化的黎明》，《"中央研究院"历史语言研究所集刊》1970年10月第四二本第一分，第117～119页。
⑨ 王仲孚：《从传说史料看我国原始的农业》，《"国立"台湾师范大学历史学报》1977年4月第五期。

的现象①，所谓"迁都"，决不能与秦汉以后的迁都相提并论。

殷代农业已十分进步，主要食物依赖农业，学者论者已多②，《孟子·滕文公》篇称"汤居亳，与葛为邻"，曾经"使亳众为之耕"，可见汤时农业技术已较"邻邦"进步。殷人进步的农业技术，系自先公先王时代一脉相承发展而来，应是合理的推测，我们不能见到王亥"牧夫牛羊"，就断言当时才发明畜牧。

殷代先公王亥、上甲微与有易的纠纷，见于《楚辞·天问》《山海经》及《古本竹书纪年》，经王国维与卜辞对照加以考订，乃使这段湮没不彰的古史大白于世。《山海经·大荒东经》云：

> 王亥托于有易，河伯仆牛，有易杀王亥，取仆牛。

郭璞注引《古本竹书纪年》云：

> 殷王子亥，宾于有易而淫焉，有易之君绵臣，杀而放之，是故殷主甲微，假师于河伯以伐有易，克之，遂杀其君绵臣也。

《楚辞·天问》曰："该秉季德，厥父是臧，胡终弊于有扈，牧夫牛羊……"以下十二韵，据王国维指出："此十二韵以《大荒东经》及郭注所引《竹书》参之，实纪王亥、王恒及上甲微三世之事。"③ 此外《易·爻辞·大壮六五》说"丧羊于易，无悔"，《旅上九》说"丧牛于易、凶"，两句中的"易"，即是《大荒东经》及《竹书纪年》的"有易"，亦即《天问》"胡终弊于有扈，牧夫牛羊"的"有扈"，所述乃是一个故事④。

王氏考定《殷本纪》之先公"振"，即卜辞中之"王亥"，亦省称"亥"，《索隐》："振，《世本》作核。"《初学记》卷二九引《世本》作"核"，张

---

① 傅筑夫：《关于殷人不常厥邑的一个经济解释》，《文史杂志》第四卷第五、六期。傅文最后结论说："他们（殷人）前后十六次的大迁徙，不是为了政治原因去迁都，也不是为了河患的原因去迁都，而是为了经济的原因，去改换牧场、改换耕地。"（第30页）在前人论殷人迁都的著述中，较有启发性的一篇，读之有实获我心之感，唯所谓"为了经济的原因迁都"云云，显然仍与秦汉以后的迁都相当，是不太适当的，且殷人在先公先王时代的屡迁，为"游耕"现象应无问题，汤至盘庚之五迁，是否仍为"游耕"，颇有再探讨的必要，似宜分开讨论。
② 胡厚宣：《卜辞中所见之殷代农业》，《甲骨学商史论丛续集》，大通书局；陈梦家：《卜辞综述》，第523～548页；董作宾：《中国古代文化的认识》，《大陆杂志》三卷十二期，《平庐文存》上册卷三，第100页。
③《观堂集林》卷九。
④ 顾颉刚：《周易卦爻辞中的故事》，《燕京学报》第六期，收在《古史辨》第三册上编。

澍、秦嘉谟辑《世本》作"骇"，《汉书·古今人表》作"核"，《天问》作"该"，《古本竹书纪年》作"殷王子亥"，《今本纪年》作"殷侯子亥"，《吕氏春秋·勿躬》作"王冰"，都是"亥"字之伪。王氏又考定"王恒"（𐀀）一人，为王亥的兄弟行，由王亥、王恒之考定，进而推求王亥之父，为卜辞中的"季"，即《殷本纪》之"冥"①。同时，卜辞中之甲或上甲（⊞、二⊞）即《殷本纪》之"微"、《国语·鲁语》之"上甲微"、《竹书纪年》之"主甲微"。在卜辞中，上甲受到的祀典十分隆重，新派祀典始于上甲的原因，以及《天问》"该秉季德""恒秉季德"等句所包含的史事问题，都因王氏精审的考证迎刃而解。

王亥、上甲微与有易的故事，在文献载籍中，原本是模糊不清的，经王氏考证之后，乃大白于世，可见古史传说之不可轻言舍弃，我们也可以看出，殷先王在玄王时国势很强，到上甲微时代仍有不可轻侮的力量。

相传殷的先公相土和王亥发明了服牛乘马，《世本·作》："相土作乘马"，"核作服牛"。《荀子·解蔽》："乘杜作乘马。"《吕氏春秋·勿躬》："乘雅作驾"，"王冰作服牛"。乘杜、乘雅为相土，王冰为王亥的伪写。

在卜辞中，王亥的祀典极隆，武丁时卜辞常言"王亥帝（祟）我"，亦有向王亥"求年"或"告征"的卜辞，在殷人心目中，王亥有极大的神威，祭祀王亥用牲多至卅牛、四十牛或五十牛②，王国维称："王亥祀典之隆，以其为制作之圣人，非徒以其为先祖。"③

近人考证，王亥之"亥"字，本是"豕"字，豕、亥形近易伪，王亥之所以以亥为名，是因为他是畜牧业的创始人的缘故④，这说法显然是不妥当的。依据社会演化的通则，畜牧先于农业而发明，我国农业不论就考古学或古史传说考察，皆起源极早，前已述及，何至到相当于夏代中期的殷先公王

---

① 据王国维考证："《楚辞·天问》云：'该秉季德，厥父是臧。'又曰：'恒秉季德。'则该与恒皆季之子，该即王亥，恒即王恒，皆见于卜辞。则卜辞之季亦当为王亥之子冥矣。"见前引文《观堂集林》卷九。
② 胡厚宣前引文《卜辞中所见之殷代农业》，第144~146页。
③《卜辞中所见先公先王考》，《观堂集林》卷九，河洛图书出版社，第418页。
④ 胡厚宣前引文《卜辞中所见之殷代农业》，第149页；又，陈梦家亦以王亥为畜牧之祖，《燕京学报》第二十期，第502页。

亥时，才发明畜牧，所以服牛乘马应是驯服牛马，用为畜力，谯周《古史考》云："黄帝作车，少昊驾牛，禹时奚仲驾马。"[1] 王国维《古史新证》指出：

> 《山海经》《天问》《吕览》《世本》皆以王亥为始作服牛之人，盖古之车或以人挽之，至相土作乘马，至亥作服牛，而车之用始备。[2]

就鸟图腾的传说观察，少昊氏与殷人有密切的关系，或云就是殷始祖契，与禹同时。殷先公先王时代，发明服牛乘马，将原始的车与畜力结合，可说是远古时代"科技"之突破性的发明，我们看安阳殷车的构造和配备是如此的复杂[3]，如果没有悠久的传承，是不可能一蹴即达到这种地步的，殷先公相土王亥时代发明的服牛乘马，古人也认识到了它的伟大，后人追念不忘，所以才长留在古史传说中。

四、成汤的传说

汤的名字在文献及卜辞中表现得都很复杂，《竹书纪年》称："汤有七名而九征。"《金楼子》说："汤有七号。"[4] 文献中有关汤的称号有：天乙、成汤、成唐、汤、武汤、武王、履、唐等，卜辞中名称则有唐（字）、大乙（大乙）、与成（字、字）[5]。《史记·殷本纪》《荀子·成相》都说汤是"天乙"，根据卜辞显然是"大乙"之误。近人考证大乙是庙号，而唐是私

---

① 《绎史》卷五引。章宗源、孙星衍辑校《古史考》作"黄帝作车引重致远，其后少昊时驾牛，禹时奚仲驾马"，平津馆丛书。
② 王国维：《古史新证》，《王观堂先生全集》六，台北文华出版公司，第 2085 页。
③ 石璋如先生《殷代的车》一文云：安阳小屯第四十墓是殷代五个墓坑正中的一个，其中一车二马三人，除木竹等质料朽毁，仅红白色遗痕外，尚有铸造极美的铜器，有的并镶有绿松石，另有精工雕琢的玉器、骨、石、贝等器，共达二百五十七件，其中除去马的配备和人的武器外，专用于车上的便有一百四十件之多，亦即制造一辆车，需动用木工、竹工、色工、铸铜、嵌镶、雕玉、凿石、制骨、制贝等，加上马用的皮革、人用的武器等，一辆殷车的制造，几乎包括了殷代全部的文明。见《大陆杂志》1963 年 5 月第二六卷第十期。
④ 《御览》卷八三引。
⑤ 《卜辞综述》，第 409～412 页。

名，成则可是生称的美名，"成唐（汤）"犹之"武汤"①。成汤是灭夏开国之王②，有崇高的地位，受到殷人隆重的祭祀③。

《竹书纪年》说汤有"九征"，《孟子·滕文公下》称："汤始征，自葛载，十一征无敌于天下。"赵岐注云："载，始也，言汤初征自葛始也，十一征而服天下，一说……汤再征十一国，再十一，凡征二十二国。"《诗·商颂·长发》："韦顾既伐，昆吾夏桀。"大约汤在灭夏之前，先征服了夏的三大方伯：韦国、顾国与昆吾④，最后败桀而有天下⑤，因为这是四次重要的征战，所以才留在歌咏成汤建国的《商颂·长发》诗中，汤自兴起至建国究竟经过了多少征战，事实上是无从考察的了。成汤得天下固出于征战之传说较多⑥，但显然也得到了许多部族的合作与支持，《史记》载汤"网开三面"，诸侯都认为"汤德尽矣"的故事（《殷本纪》），以及"诸侯皆归汤"（《夏本纪》）一类的话，未尝不是若干事实的反映，所谓"诸侯"当然是后人的观念，《博物志》记载这样一则故事：

> 夏桀之时，费昌至河上见二日，在东者烂烂将起，在西者沉沉将灭，若疾雷之声。昌问于冯夷曰：何者为殷，何者为夏？冯夷曰：西夏东殷，于是费昌徙族归殷。⑦

这故事反映的也正是当时部族的弃夏归殷。

----

① 《卜辞综述》，第409～412页。
② 有学者以为成汤登上历史舞台，正值商人发展到野蛮社会末期，成汤是商族历史上从野蛮向文明过渡中，推动和完成这种过渡的人物。见彭邦炯：《试论成汤在商族历史上的地位和作用》，《中国史研究》1987年第一期，第115～125页。
③ 胡厚宣前引文，《历史论丛》第一辑，第150～151页。
④ 丁山：《新殷本纪》，据《国语·郑语》，以为汤所伐灭的国族，还有彭祖和诸稽，但是否在放桀之前，无法确定。见《史董》第一册，第2页，其注二二云："郑语：彭姓、彭祖、豕韦、诸稽，则商灭之矣。"
⑤ 有学者以为"夏商战争实际上是夏桀蓄意发动征商战争，但惨遭失败。夏末商汤迅速壮大，形成一个新的势力中心，严重威胁夏的宗主权。夏桀召开有仍之会，欲拘押商汤，但汤未曾与会。商的属国有缗亦未与会，于是夏桀伐有缗，点燃起夏商之间的战火，最后是商汤灭夏"。（请参阅杜金鹏：《商汤伐桀史实与其历史地理问题》，《史学月刊》1988年第一期，第6～11页。）
⑥ 《隋书·炀帝纪下》载：隋炀帝于大业十年十二月下诏，第三次御驾亲征高句丽，诏曰："黄帝五十二战，成汤二十七征，方乃德施诸侯，令行天下。"可见成汤之得天下，征战次数并无定说。
⑦ 《绎史》卷十四引。

夏桀之暴虐，古书言者纷纷，如迷惑于妹喜，杀直臣关龙逢，生活奢靡，"为酒池可以运舟，糟丘足以望十里，而牛饮者三千人"①，这些传说未免有后人附益的地方，但亦不见得即全无史实为之素地。《尚书·汤誓》载夏民怨夏桀说"时日曷丧，予及汝偕亡"，应该是值得相信的。夏代为初建的"原始国家"，由于王权集中，离部族平等的精神愈远，故自启以后夏王多传无道，《左传》称"夏桀为有仍之会，有缗叛之"（昭公四年）、"桀克有缗以丧其国"（昭公十一年），有缗为少康母后之国，竟亦叛夏，可见夏族内部的离心②。

《史记·夏本纪》称，汤率诸侯伐夏桀，"桀走鸣条，遂放而死"，鸣条的地望，旧说在今山西安邑附近③，可能是昧于夏都安邑的缘故。《书序》云："伊尹相汤伐桀，升自陑，遂与桀战于鸣条之野，作《汤誓》。夏师败绩，汤遂从之，遂伐三朡，俘厥宝玉。"《后汉书·郡国志》："济阴郡定陶县有三朡亭。"三朡即三朡，由鸣条伐三朡，鸣条亦当不远才是，所以《孟子·离娄下》称舜卒于鸣条为"东夷之人"。《吕氏春秋·精选》："殷汤登自鸣条，乃入巢门。"《淮南子·主术训》："汤困桀鸣条，擒之焦门。"《修务训》："汤整兵鸣条，擒之焦门"，"南巢即焦门，在今江南巢县，均与鸣条皆贯。"④董作宾先生以甲骨文的"攸"地，在淮水之南，即古之鸣条⑤。总之，汤桀会战的地方或者在豫鲁之交的东方，或者在河南陈留一带，皆较山西安邑说为胜⑥。

成汤之有天下，得力于伊尹的辅佐，伊尹在卜辞中亦受到隆重的祭祀，

---

①《绎史》卷十四引《韩诗外传》。

②朱云影师：《中国上古史讲义》第六章《原始国家的建立》，师大出版组油印本。

③《夏本纪》《集解》引孔安国曰："地在安邑之西。"《殷本纪》《正义》引《括地志》曰："鸣条战地在安邑西。"

④以上参清焦循：《孟子·正义》，《离娄》下，《新编诸子集成》七，世界书局，第317页。

⑤董作宾：《甲骨文断代研究例》，《董作宾学术论著》上册，世界书局，第430页；《殷历谱》下编卷九《帝辛日谱》，艺文印书馆。

⑥参见宗梅：《试论夏商之际的历史地理问题——以鸣条为例》，杜金鹏、许宏主编：《二里头遗址与二里头文化研究：中国二里头遗址与二里头文化国际学术研究会论文集》，北京科学出版社2006年1版，第498~507页。

又能"夅雨"，与先公先王及高祖有同样的神力①。先秦文献有关伊尹的传说极多，《尚书·君奭》云："我闻在昔，成汤既受命，时则有若伊尹，格于皇天。"以伊尹为汤时臣。战国典籍有关之记载有四项：（一）伊尹为有莘氏之媵臣，见《孟子·万章上》《墨子·尚贤下》《吕氏春秋·本味》《楚辞·天问》。孟子认为伊尹是"耕于有莘之野"的农夫。（二）伊尹为成汤之小臣，见《天问》《墨子·尚贤下》《吕氏春秋·尊师》。（三）伊尹名挚，见《天问》《墨子·尚贤中》《孙子·用间》。（四）伊尹单称尹，《尚书序》称"伊尹作尹训"，即伊尹之训，叔尸镈亦称伊尹为伊②。

伊尹显然是夏殷之际的重要人物，《孟子·万章上》称他曾"五就汤、五就桀"，似乎最初徘徊在两大势力之间③，近人推测殷人藉伊尹媵嫁与夏通婚，输入夏文化而致强大④，或以为伊尹为当时之宗教领袖⑤，或以为"他可能就是当时的有莘氏族之长"⑥。亦有学者以为伊尹是"与商结有牢固联盟的部族首领"⑦，《吕氏春秋·慎大览》有如下一段记载：

> 桀为无道，暴戾顽贪……汤乃惕惧，忧天下之不宁，欲令伊尹往视旷夏，恐其不信，汤由亲自射伊尹。伊尹奔夏，三年，反报于亳曰："桀迷惑于末嬉，好彼琬琰，不恤其众……"汤谓伊尹曰："若告我灭夏，尽如诗（志）。"汤与伊尹盟，以示必灭夏。伊尹又复往视旷夏，听于末嬉。末嬉言曰："今昔天子梦西方有日，东方有日，两日相与斗，西方日胜，东方日不胜。"伊尹以告汤。商涸旱，汤犹发师以信伊尹之盟，故令师从东方出于国，西以进，未接刃而桀走，逐之至大沙，身体离散，为天下戮。

这段记载"反映了成汤、伊尹两大部族联合攻击夏部族并夺取了盟主霸

① 屈万里先生前引文《尚书释义》，第110页；《卜辞综述》第362页；张光直：《谈王亥与伊尹的祭日并再论殷商王制》，《"中央研究院"民族学研究所集刊》第三十五期，第126页。
②《卜辞综述》，第363页。
③ 黎东方：《先秦史》，《人人文库》，商务印书馆1967年版，第35页。
④ 曾謇：《中国古代社会》，《食货史学丛书》，1978年12月台湾再版，第9～13页。
⑤ 朱云影师：《中国上古史讲义》第七章《殷商王国的建立》。
⑥ 徐喜辰：《论伊尹的出身及其在汤伐桀中的作用》，《人文杂志》1990年第三期，第78页。
⑦ 晁福林：《试论殷代的王权与神权》，《社会科学战线》1984年第四期，第96～102页。

权的具体过程"①。《庄子·让王》称"汤遂与伊尹谋伐桀，克之"，正透露了其中的消息。

卜辞中伊尹有"乇雨"的神威，《古本竹书纪年》有伊尹放逐太甲（成汤之孙），太甲潜出自桐，杀伊尹的传说②，这显示着伊尹是一位宗教性人物的说法较为可信。成汤时政教合作，故成盛世，太甲杀伊尹则是一种政教冲突现象的反映③。

成汤一如尧舜禹一样，仍有着让天下的传说。《庄子·让王》篇称，汤曾让予卞随、督（务）光，二人并不受而逃；《周书》称汤得天下后，曾让予三千诸侯，"三千诸侯莫敢即位，然后汤即天子之位"④；《吕氏春秋·慎大览》说，灭夏之后，"汤立为天子，夏民大悦，如得慈亲，朝不易位，农不去畴，商不变肆，亲郼如夏"。（高诱注："言桀民视殷如夏氏也。"）这些传说仍保留着氏族社会让天下的痕迹，但实显示着汤王对旧有氏族的控制与统御的增强，所以汤时国势之盛，前所未有。《商颂·殷武》称："维女荆楚，居国南乡，昔有成汤，自彼氐羌，莫敢不来享，莫敢不来王，曰商是常。"这些诗句表明在商代初年，荆楚和氐羌等方国部落，都向商朝臣服。从近年考古发展的趋势来看，这些文献传说的可信性是很高的⑤。在甲骨文里曾发现殷代的氏族至少有二百个以上⑥，而殷王也有极大的权威，夏亡殷兴，成汤建国，实为我国古史从部落到国家的重要凝聚过程。

汤祷桑林祈雨的故事，见于《吕氏春秋·顺民》《淮南子·修务训》《论衡·感虚》及《说苑》等篇，《帝王世纪》袭用《吕氏春秋》《淮南子》等书做了如下的记载：

---

① 徐喜辰：《论伊尹的出身及其在汤伐桀中的作用》，《人文杂志》1990 年第三期，第 78 页。
② 张政烺从文献资料推测伊尹是商汤的舅。（张政烺：《释它示——论卜辞中没有蚕神》，《古文字研究》第一辑，吉林大学，1979 年版。）蔡哲茂则认为："伊尹在商代的立国初期，不仅佐汤建国，并且又以舅的身份废立太甲，奠定了商代数百年的基业。"（蔡哲茂：《殷卜辞"伊尹黽示"考——兼论它示》，《"中央研究院"历史语言研究所集刊》1988 年五十八本第四分，第 755～791 页。）
③ 朱云影师认为太甲与伊尹的冲突，很像欧洲中古时代，公元 1095 年，教皇格列高里七世（Gregory Ⅶ）与神圣罗马帝国皇帝亨利四世之间的故事。见《中国上古史讲义》第八章《殷商的社会文化》，第一节《殷商的国家构造与社会形态》，"国立"台湾师范大学历史系油印本。
④《绎史》卷十四引。又见《尚书大传》卷二，《四部丛刊初编》，商务印书馆。
⑤ 江鸿：《盘龙城与商朝的南土》，《文物》1976 年第二期，第 43～44 页。
⑥ 丁山：《甲骨文所见氏族及其制度》，大通书局影印，收入陈梦家《殷墟卜辞综述》一书。

汤自伐桀后，大旱七年，殷史卜曰：当以人祷，汤曰：吾所
为雨者民也，若必以人祷，吾请自当，遂斋戒，剪发断爪，以身
为牲，祷于桑林之社，言未已而大雨。①

《吕氏春秋》里已有的传说，可能被太史公认为是不雅驯之言，而未写在
《殷本纪》里，后人亦颇多怀疑者，崔述《商考信录》引张南轩曰："此野史
谬误，不可信者也。"崔氏自己更认为"汤之德至矣，何以大旱至于七年"②。
近人研究，"人祷"乃是古代野蛮社会所常见的现象，"祈雨而以人为牺牲的
事，乃是古代所必有的"。③ "桑林"是殷人祭祀祖先之地，《吕氏春秋·诚
廉》："武王守殷常祀，相奉桑林。"《慎大览》："武王胜殷……立成汤之后于
宋，以奉桑林。"桑林原为圣地④，所以汤祈雨于此。这故事不仅与初民社会
的现象相合，与殷人敬天畏祖的信仰，也是相合的，其中虽也有后人的附益，
如"乃大雨，方数千里"一类的话，但却没有理由完全否定它。而所谓"剪
发断爪，以身为牲"，实为我国古代人文精神觉醒的象征。

探讨文献载籍中的殷商史事，除了要运用基本上的纸上材料和地下材料
外，还须配合社会科学的知识，借重前人学术研究的成果，作综合的考察，
以求史事真相，古史研究唯有在过去既有的基础之上，继续努力，才会有所
收获与进步。

殷代先公先王与成汤的传说，表现在传说史料中的，仅是零碎散乱和片
断的记载，如今综合新资料和学者研究成果，则有关成汤以前的殷商传说，
无论就民族起源、先世活动、文化状况，都有了较清晰的轮廓和系统。

考察传说史料中的特征，配合考古学和民族学的资料，可以看出，殷商
起源于黄河下游的东方沿海，以玄鸟为图腾，其先公先王的时代，与夏朝同
时并存，鲁西、豫东、皖北、冀南及冀中一带地区，为其主要的活动范围。

在成汤建国以前，殷人已有悠长的历史和颇高的文化成就，其"屡迁其
都"的原因，实出于初期农业的"游耕"。殷人农业技术进步，故汤与葛为

---

① 皇甫谧：《帝王世纪》，《指海》第六集，第 26 页。
②《崔东壁遗书》：《商考信录》卷之一，第 25～27 页。
③ 西蒂：《汤祷篇》，《东方杂志》1933 年第三十卷第一号，第 125～126 页。
④ 陈炳良：《中国古代神话新释两则》，一"桑林"，《新清华学报》1969 年 8 月七卷二期，第
　206～210 页。

邻，才能"使亳众为之耕"。王亥、上甲微与有易之纠纷，由卜辞的证明已大白于世，足见在先公的中期，殷人势力的不可轻侮，在古史的研究上，尤足证明文献传说之不可轻言舍弃。相土、王亥之服牛乘马，应非创始畜牧，乃是驯服牛马，用为畜力，这是远古人类的伟大发明，故能长留在古史传说中。

夏朝为初建的原始国家，王权集中，违反氏族社会的平等精神，至夏末部族离心，成汤得伊尹之合作，遂代夏而有天下。商朝的建立，国势既强，王权亦高，这是从原始国家进而为王国的重要凝聚过程。而汤祷桑林的故事，与初民社会的现象以及殷人敬天畏祖的精神，都是相合的，这也是古代人文精神觉醒的体现。

拾贰　殷商覆亡原因试释

一、前　言

殷商从成汤建国至帝辛覆亡，历三十王凡六百四十年之久①，如加上先公先王自帝喾至主癸十四世十四王的四百多年②，则足有千余年的历史。近代地下出土的殷商文物，具有极高的文化水准，商王为诸侯的共主，拥有极高的权威，疆域之广，方圆千里，声威之隆，盛极一时③。直至殷商末年，周人一直是局促在渭水流域上游的附属小国，这从文献记载和考古资料，都可以得到证明，例如《后汉书·西羌传》云："太丁之时……周人克余无之戎，于是太丁命季历为牧师。"章怀太子注引《纪年》云："太丁四年，周人伐余无之戎，克之，周王季命为殷牧师。"《吕氏春秋·顺民》云："文王处岐事纣，

---

① 商代之积年，由于武王伐纣年代没有确定，故至今尚无定说。《汉书·律历志》称："凡殷世继嗣三十一王，六百二十九岁。"据董作宾氏考证，殷商总年自汤伐桀至武王立，为六百二十九年（公元前1751至前1122年），自汤伐桀至武王伐纣则为六百四十年（公元前1751至前1111年），见《殷历谱》卷四《殷之年代》艺文印书馆。近年来有关武王代纣之年代，新说颇多，因无定论，暂皆不取。

② 成汤以前的先公先王约与夏代同时，见董作宾：《五十年来考订殷代世系的检讨》，《平庐文存》卷三，1963年10月，第25页；张光直：《从夏商周三代考古论三代关系与中国古代国家的形成》，《屈万里先生七秩荣庆论文集》，联经出版事业公司1978年版，第300页。有关夏代积年亦无定说，《汉书·律历志》谓夏代"继世十七王，四百三十二岁"；《史记·夏本纪》《集解》引《帝王世纪》曰："有王与无王用岁四百七十一年"；邵雍《皇极经世》，谓夏代四百三十八年。诸说虽不一致，然皆不少于四百年。

③ 董作宾《希望中的殷商时代疆域图》一文认为殷商疆域"大体说来北至山西河北，东至于海，南至于江，西至陕西一带"，《平庐文存》卷三，第293页。近年来在湖北黄陂盘龙城、湖南宁乡黄村、江西清江吴城、北平平谷刘家河和辽宁喀左北洞村，都已发现重要的殷商遗址、墓葬或遗物的地点，故殷代疆域范围应较董氏推测者为大（董文作于1954年），参夏鼐：《三十年来的中国考古学》，《考古》1979年第五期，第388页；江鸿：《盘龙城与商朝的南土》，《文物》1976年第二期，第42～46页。

冤侮雅逊，朝夕必时，上贡必适，祭祀必敬。"《庄子·天运》载子贡见老聃语："文王顺纣而不敢逆。"《史记·殷本纪》以西伯昌为纣的"三公"之一，"赐弓矢斧钺，使得征伐，为西伯"。殷墟甲文有"令周厌（侯）"之语（新获卜辞写本二七七版），董作宾先生认为"考周侯之名，唯公亶父至于文王，三世可以称之"①；孙海波氏认为"殷周之接为时甚久，'令周侯'之文当为武乙以前之遗物"②；徐中舒氏论殷周关系，也以为"太王之世周为小国，与殷商国力夐乎不侔"③，这是过去学者研究的主要意见。1977 年，在陕西岐山凤雏村出土的周原甲文上，发现殷王的祖先为周王祭祀求祐的对象，周王在祭仪上是臣属于商王的④。周原甲骨卜辞并记载了文王被殷朝起用为周方伯，前往殷王宗庙拜受新命之事，"文王在师中举行称旂，呼用殷王所颁赐之冑，而不再用西土原有之大旂"⑤。据近人研究，文献及金文所称"文王受命"，其历史真相应是周文王接受商纣王任命为"西伯"，而非传统的解释"膺天受命"。武王伐纣以前的殷周关系，虽云错综复杂，但新材料的出土，对于古代文献的记载及前人研究的意见，大致上是给予了肯定的、正面的支持。周原甲骨的出土，受到中外学者特别重视，原因应亦在此。无怪乎战国时代齐宣王犹认为武王伐纣是"以臣弑君"⑥。《孟子》说："由汤至于武丁，圣贤之君六七作，天下归殷久矣。"⑦ 可见殷人立国基础的深厚。以一个如此悠久而优秀的民族，丰富的文化根植，甚至在最后两个国王帝乙、帝辛时代犹维持着强大的武力，何以牧野之战，一败涂地？及至周公东征三年，敉平东方广大殷人的反周运动，从此不仅盛极一时的殷商王国土崩瓦解，殷民族且被割

---

① 董作宾：《新获卜辞写本后记》，《董作宾学术论著》上册，世界书局，第 191 页。该文原刊《安阳发掘报告》1929 年 12 月第一期，第 163～218 页。

② 孙海波：《由甲骨卜辞推论殷周之关系》，《禹贡半月刊》1934 年第一卷第六期，大通书局，第 7 页。

③ 徐中舒：《殷周之际史迹之检讨》，《"中央研究院"历史语言研究所集刊》1936 年 12 月第七本第二分，第 143 页。

④ 张光直：《殷周关系的再检讨》，《"中央研究院"历史语言研究所集刊》1980 年 6 月第五十一本第二分，第 212～216 页。

⑤ 徐中舒：《周原甲骨初论》，《古文字研究论文集》，四川人民出版社 1983 年版。

⑥《孟子·梁惠王下》。

⑦《孟子·公孙丑上》。

裂分散，沦为万劫不复的境地①。所以殷商的覆亡，就殷人而言，实是民族的悲剧，就我国历史的推演过程而言，殷周变革亦为上古时代的大事，而其原因究竟为何，文献中有关此事的记载以及前人的解释，并无圆满之答案，颇有重新加以探讨以求得其真相的必要。

二、各家对于殷亡的看法

古代学者多把殷商的覆亡，归因于纣王奢侈淫佚，暴虐无道。《尚书·无逸》指出帝辛亡国的原因乃是"无若殷王受（即纣）之迷乱酗于酒德哉"；《立政》云："其在受德暋，唯羞刑暴德之人，同于厥邦；乃唯庶习逸德之人，同于厥政。"这两篇乃是周公以征服者的立场，对亡国之君的指责，不能视作殷亡的客观因素。

东周以后的文献，多认为纣王残暴不仁，臣民离心离德，而文王、武王积仁行善，天下归心，成为暴政与仁政的强烈对比。战国时代的孟子，不相信《尚书·武成》有关牧野之战"血流浮杵"的记载，他认为武王伐纣乃是以仁伐暴的战役，"仁人无敌于天下，以至仁伐至不仁，而何其流杵也"②。孟子的看法乃是在发挥他"仁者无敌"的主张。所谓"国君好仁，天下无敌焉"，这当然是主观的判断，而不是客观的探讨。顾炎武即不同意孟子的说法，他认为"论纣之亡、武之兴，而谓之至仁伐至不仁者，偏辞也，未得为穷源之论也"。《日知录》云：

> 纣以不仁而亡天下，人人知之，吾谓不尽然。纣之为君，沈湎于酒而逞一时之威，至于刳孕割胫，盖齐文宣之比耳。商之衰也久矣，一变而盘庚之书则卿大夫不从君令。再变而微子之书则小民不畏国法。至于攘窃神祇之牺牷牲，用以容将食无灾，可谓民玩其上而威刑不立者矣。即以中主守之，犹不能保，而况以纣

----

① 《左传·定公四年》："分鲁公……殷民六族，条氏、徐氏、萧氏、索氏、长勺氏、尾勺氏；分康叔……殷民七族，陶氏、施氏、繁氏、锜氏、樊氏、饥氏、终葵氏；分唐叔……怀姓九宗。"
② 《孟子·尽心下》。

之狂酗昏虐，又祖伊奔告而不省乎？①

这就是说，殷商之亡，原系积蔽由来已久，再加上纣的"昏暴"，才导致覆亡，所以纣的昏暴，并非根本原因。王充《论衡》对于武王伐纣兵不血刃的传言，认为是"美武王之德，增益其实也"，"浮杵过其实，不血刃亦失其正"②，这虽是公正的评论，但却并未道出殷亡的原因何在。《淮南子》的著者认为，纣为天子时残暴无道，而文王"四世累善，修德行义"，所以成就了王业③，这显然是承袭着孟子一派儒家的观点。董仲舒在《贤良对策》中，对于殷亡周兴的解释也是如此，他说：

> 至于殷纣，逆天暴物，杀戮贤知，残贼百姓，伯夷、太公皆当世贤者，隐处而不为臣。守职之人皆奔走逃亡，入于河海，天下耗乱（师古曰：耗，不明也），万民不安，故天下去殷而从周。文王顺天理物、师用贤圣，是以闳夭、太颠、散宜生等聚于朝廷，爱绝兆民，天下归之。④

这些观点，大致上可作为一般传统对殷亡看法的代表。

其次，依照战国秦汉间流行的"五德终始"说中的"五行相胜"理论，"新朝之起，必因前朝之德衰，新朝所据之德，必为前朝所不胜之德"⑤，《吕氏春秋·应同》云：

> 凡帝王者之将兴，天必先见祥乎下民……及汤之时，天先见金，刃生于水，汤曰："金气胜。"金气胜，故其色尚白，其事则金。及文王之时，天先见火，赤乌衔丹书集于周社，文王曰："火气胜。"火气胜，故其色尚赤，其事则火。

----

① 顾炎武：《日知录》卷二，"殷纣之所以亡"条，台北明伦出版社1970年版，第37页。
② 王充：《论衡·语增》。又，《艺增》篇略同。
③《淮南子·要略》云："文王之时，纣为天子。赋敛无度，杀戮无止，康梁沈缅，宫中成市，作为炮烙之刑，剖谏者，剔孕妇，天下同心而苦之。文王四世累善（太王、王季、文王、武王），修德行义，处岐周之间，地方不过百里，天下二垂归之，文王欲以卑弱制强暴，以为天下去残除贼而成王道。"这一番话足以代表《淮南子》的著者对于殷亡周兴的看法。
④《汉书·董仲舒传》。
⑤ 顾颉刚：《五德终始说下的政治和历史》，《古史辨》第五册下篇，第418页。

殷为金德，周为火德，火胜金，故殷亡而周兴①，这样的解释虽也流行过一时，但现在已不能为我们所同意，自不待言。

《左传》记载："商纣为黎之搜，东夷叛之"，"纣克东夷而殒其身"，"纣之百克，而卒无后"。②《吕氏春秋·古乐》："商人服象，为虐于东夷。"凡此皆系后世追记纣王有伐东夷之事，因而丧国。卜辞中则有许多帝辛"征人方"的记载，人方即夷方③，由于甲骨学者的研究，如今对"纣克东夷"有了更多的了解，董作宾先生曾汇集"征人方"的卜辞，依年月日排列为"帝辛日谱"，并绘出往返路线图④。此一历程，始于帝辛十祀九月甲午，终于第二年五月癸丑，中有一闰月，计二百六十天。自大邑商出发，中经商亳及于淮水，然后复由攸、商而至于沁阳田猎区⑤。像这样一个大规模的军事行动，人力物力的动员必不在少数，虽然军事上获得了胜利，但由于消耗的国力太大，终于给西方周人以可乘之机，导致牧野一战而亡，这是当代学者及许多历史著作中颇为流行的一种看法⑥。此外，也有人根据《左传·襄公四年》载"昔周饥，克殷而年丰"，而认为牧野之战，是周人掠夺粮食，生存竞争之战⑦，或根据经典旧说，以为"殷之亡也，上下荒湎于酒，为最大原因"⑧。

以上所述诸说之中，以纣王征伐东夷，消耗国力太大，予西方周人可乘

---

①《汉书·律历志》依五德相生的理论谓："《书经·牧誓》武王伐商纣，水生木，故为木德，天下号曰周室。"王符《潜夫论·五德志》亦采五德相生说。清代王鸣盛《十七史商榷》卷十一，以"五德相代，其说出于孔子"，似属非是。近代学者对于阴阳五行之起源问题，自梁任公著《阴阳五行说之来历》(《东方杂志》1923 年 5 月第二十卷第十号)以来，学者讨论颇为热烈，非本文范围，兹不具录。

②《左传》昭公四年、十一年，宣公十二年。

③ 李孝定：《甲骨文字集释》云："人方、夷方原本一字，入之作𠂊仅形体小异，而尸夷古只是一字也。金文作𠂊、𠂆、𠂊，形亦略同。"

④ 见《殷历谱·帝辛日谱》。

⑤ 陈梦家：《卜辞综述》，1956 年，第 304～309 页；又，该书对于"帝辛日谱"之历程略有修正，见第 301 页。

⑥ 例如：徐中舒前引文《周原甲骨初论》，第 157～158 页；顾颉刚：《商王国的始末》，《文史杂志》第一卷第二期，第 3～4 页；张荫麟，《中国史纲上古编》，第 17 页。又，郭沫若：《奴隶制时代》一书云："周人之所以能够克商，大约是由于殷人在帝乙、帝辛两代以全力经营东南，流血过多，再者殷人嗜酒，生活恐怕也相当腐化了。"人民出版社 1954 年版，第 26 页。

⑦ 张荫麟：《中国史纲上古篇》，正中书局 1948 年版，第 17 页。

⑧ 丁山：《新殷本纪》注 97，《史董》第一册，1940 年，第 30 页。

之机，导致牧野溃败的说法较为流行，但颇值得商榷。据陈梦家先生的考证，纣王在位至少不短于二十年，而甲骨金文中伐东夷的战争，分别发生于四年、十年及十五年，亦即在牧野之战前五年内，并没有发生"纣克东夷"的军事行动，所以"纣克东夷"并未直接影响到牧野之战①。因此也就不能视为殷商覆亡的根本原因，所以我们还应从其他方面做深入的观察和探讨。

殷商亡国之君为纣王，纣即帝辛，《尚书》与《竹书纪年》又称"受"，《谥法》称："残义损善曰纣。"② 相传他的罪恶极多，《尚书》《多士》篇、《多方》篇载周人告诫殷遗的话，谓殷代自成汤至帝乙，都是贤明之君，只有最后的纣王淫逸过度，上帝才命周人伐灭了他。据《尚书·牧誓》载武王伐纣时指责纣的罪状是：

> 今商王受，唯妇言是用，昏弃厥肆祀，弗答；昏弃厥遗王父母弟，不迪。乃唯四方之多罪逋逃，是崇是长，是信是使，是以为大夫卿士，俾暴虐于百姓，以奸宄于商邑。

先秦文献很多指责纣王只顾个人享乐，不恤民力，例如《竹书纪年》称："殷纣作琼室，立玉门""纣时稍大其邑，南距朝歌，北据邯郸及沙丘，皆为离宫别馆"。《晏子春秋内篇·谏下》云："殷之衰也，其王纣作为顷宫灵台。"《管子·形势解》则认为：

> 纣之为主也，劳民力，夺民财，危民死，冤暴之令，加于百姓，憯毒之使，施于天下，故大臣不亲，小民疾怨，天下叛之而愿为文王臣，纣自取之也。

《史记·殷本纪》述纣的罪恶，主要亦为生活淫侈，如"好酒淫乐，嬖于妇人，爱妲己，妲己之言是从""以酒为池，悬肉为林，使男女裸相逐其间，为长夜之饮"；其次则为残害忠良，信任奸邪，醢九侯，脯鄂侯，囚西伯于羑里，剖王子比干而观其心，任用善谀的费中和善谗的恶来等。纣王的残酷作风，散见在战国秦汉间典籍中之记载亦多，如《吕氏春秋》谓纣"刑鬼侯之

---

① 罗竹林：《纣克东夷与牧野之战》，《学术研究》1982 年第五期，第 105 页。
② 以纣为谥号，有人不以为然。梁玉绳《史记志疑》云："纣有二名，曰辛者，殷以生日名子也。曰受者，别立嘉名也，犹天乙又名履，上甲又名徽也。史不书名受，偶不及也。而纣受音近，故天下共称之，盖即以为号矣。先儒谓纣为谥，非，至康成谓纣字受德，则不足信。"谨录以供参考。

女而取其环，截涉者胫而视其髓，杀梅伯而遗文王其醢"①，《韩非子》也有类似的说法②。近代学者有人以为桀纣罪恶多有相似之处，而认为其间必多附会③。战国秦汉的文献，有关纣恶的记载极多，20世纪30年代疑古风气弥漫之时，也有人以为纣的罪恶因年代久远，愈积愈丰富，最后达七十事之多，成为"疑古派"所谓"古史层累造成说"的有力证明④。其实春秋时代子贡对于纣恶传说之多，已表示怀疑，他说："纣之不善，不如是之甚也。是以君子恶居下流，天下之恶皆归焉。"⑤《淮南子·缪称训》："三代之盛，千载之积誉也；桀纣之谤，天下之积毁也。"《列子·杨朱》："天下之善，归之尧舜；天下之恶，归之桀纣。"莫不是对于纣恶持着怀疑的态度。

文献记载的纣恶传说，固不免有后人的附会，但也不能说完全归之于"天下之积毁"，或后人的"无中生有"，而一个朝代的兴废，与国君善恶之"积"，不能说毫无关系，王符《潜夫论·慎微》云：

　　政教积德，必致安泰之福；举错数失，必致危亡之祸。故仲尼曰：汤武非一善而王也，桀纣非一恶而亡也，三代之废兴也，在其所积。

所以，文献中有关纣恶的传记，应该不是完全出于后人凭空伪造的，只是我们对于文献记载，还需要再加仔细考察。清崔述在《考信录》中据《尚书·牧誓》《微子》诸篇，以为纣之不善可约为五端：一曰听妇言，二曰酗酒，三曰怠祀，四曰斥逐老成，五曰用险邪小人⑥。这些"罪恶"，显然都具有原始的历史成分。本文以为考察纣的"罪恶"传说，最值得注意者有三项：一是不敬谨祭祀祖先，不肯事奉上帝。《尚书·牧誓》所谓"昏弃厥肆祀，弗答"，《西伯戡黎》说"不迪率典"，《多士》曰"罔顾于天显民只"，《泰誓》曰"乃断弃其先祖之乐"⑦，《逸周书·商誓》称"纣昏忧天下，弗显上帝"，

---

① 《吕氏春秋·贵直论·过理》。
② 《韩非子》卷一《难言》篇云："以智说愚必不听，文王说纣是也。故文王说纣而纣囚之，翼侯炙，鬼侯腊，比干剖心，梅伯醢。"
③ 夏曾佑：《中国古代史》，商务印书馆1933年版，第28页。
④ 顾颉刚：《纣恶七十事的发生次第》，《古史辨》第二册，1930年。
⑤ 《论语·子张》。
⑥ 崔述：《商考信录》卷二，《崔东壁遗书》第二册，台北河洛出版社，第37页。
⑦ 据《史记·周本纪》引。

《墨子·天志中》云"纣越厥夷居不肯事上帝"，《非命》引《太誓》云"纣夷处，不肯事上帝鬼神"，都是不可忽视的。二是残害直臣，弃亲用邪，例如杀害九侯、鄂侯、比干、梅伯①，以及微子伤心离去，箕子佯狂为奴等，古籍莫不皆以系遭纣逼迫所致②。而纣所任用者皆险邪小人如飞廉、恶来、费中、左疆③等是，《牧誓》所谓"昏弃厥遗王父母弟，不迪，乃惟四方之多罪逋逃，是崇是长，是信是使，是以为大夫卿士"，《微子》所谓"咈老长者"，《左传》所谓"纣为天下逋逃主萃渊薮"④ 等传说，都是特别值得考察的。三是纣的生活奢靡：例如酗酒、作靡靡之乐⑤、不恤民生，《殷本纪》谓"厚赋税以实鹿台之钱，而盈巨鹿之粟，益收狗马奇物，充仞宫室"，《孟子》所谓"弃田以为园囿，使民不得衣食"⑥，这些记载，与前引《竹书纪年》《晏子》《管子》等书一样，无非是强烈地指责纣王只顾个人享乐，不管人民生活。崔述在《商考信录》中指出，纣"盖惟迷于酒色，是以不复畏天念祖，以至忠直逆耳，谗人幸进"。但纣王何以会有这样的生活态度，自亦应该留意考察。而以上问题如能获得进一步的解答，相信必将有助于殷商覆亡的了解。

三、祖甲的改革与党争

我们知道，殷人原是一个富于进取、重视维新的民族，《尚书·盘庚上》载迟任之言曰："人唯求旧，器非求旧，唯新。"《大学》引《汤之盘铭》曰：

---

① 《楚辞·天问》："梅伯受醢，箕子佯狂。"王逸章句："梅伯，纣诸侯也。"《吕氏春秋·贵直论·过理》："杀梅伯而遗文王其醢。"高诱注："梅伯，纣之诸侯也。"案：梅伯不见于《史记·殷本纪》。

② 所以孔子称微子、箕子、比干为殷的"三仁"，见《论语·微子》。

③ 褚少孙补《史记·龟策列传》云："纣有谀臣，名为左疆。"飞廉、恶来、费中等皆见于《殷本纪》。《荀子·成相》："飞廉知政任恶来，卑其志义，大其园囿高其台。"旧书中皆以为纣之佞臣。

④ 《左传·昭公七年》。

⑤ 《韩非子·十过》云："昔卫灵公之晋，至濮水之上，夜分，而闻鼓新声，召师涓抚琴而写之。遂去，之晋，晋平公觞之，乃召师涓援琴鼓之，未终。师旷抚止之，曰：'此亡国之声，此师延之所作，与纣为靡靡之乐也。及武王伐纣，师延东走，至于濮水而自投，故闻此声者必于濮水之上。'"

⑥ 《孟子·滕文公下》。《孟子》此句原指"暴君代作"以后的情形，并非专指纣王，但文末谓"及纣之身，天下又大乱"，自亦包含纣在内。

"苟日新，日日新，又日新。"① 考古学家指出，商文化"是一种充满活力和生命力的文化"②。一个富于维新的民族，当面对问题的时候，必定是勇于改革的。由于近代甲骨文字的研究与殷商地下史料的出土，知道殷商时代殷王祖甲曾实行过大规模的改革，因使殷代礼制分为新旧两派，并由此而导致新旧两派政潮起伏的斗争③。通过这些研究的成果，对照文献载籍中有关古史传说，颇有助于纣恶和殷亡原因的了解。

祖甲为成汤以后的第二十四王，旧史中有关祖甲有两种截然不同的记载，《尚书·无逸》述周公的话说：

> 其在祖甲，不义唯王，旧为小人，作其即位，爰知小人之依，能保惠于庶民，不敢侮鳏寡。肆祖甲之享国三十有三年。④

孔颖达《正义》引郑玄云：

> 祖甲，武丁子帝甲也，有兄祖庚贤，武丁欲废兄立弟，祖甲以此为不义，逃于人间，故云久为小人。

马融所述与郑玄略同。而《国语·周语》云：

> 玄王勤商，十有四世而兴，帝甲乱之，七世而殒。

《国语》韦昭注云：

> 帝甲，汤后二十五世也，乱汤之法，至纣七世而亡。

《殷本纪》云：

> 帝甲淫乱，殷复衰。

《尚书·无逸》载周公所述以及郑玄、马融两家所本，都说祖甲是一位贤

---

① 罗振玉氏于1917年春得"商三戈"，铭文分纪祖父兄三世之名，凡二十人。1932年，郭沫若于《金文丛考》第四，发表其《汤盘孔鼎之扬榷》文，谓汤盘"大有可疑"，"非伪托，则必系前人所误读"，因据"商三戈"而定"苟日新，日日新，又日新"之铭文，当为"兄曰辛，祖曰辛，父曰辛"。然据董作宾氏考证，商三戈皆"器真而铭赝者"，三戈固商器，但铭文出于伪刻。《汤盘铭》系自古流传，可能商代早期之盘铭，不能据商三戈以否定之。参董作宾：《汤盘与商三戈》，《董作宾学术论著》下册，世界书局，第839～845页。该文原刊《台湾大学文史哲学报》1950年6月第一期，第1～8页。
② 李济著，万家保译：《中国文明的开始》，台湾商务印书馆1970年版，第14页。
③ 董作宾：《殷代礼制中的新旧两派》，《甲骨学六十年》，艺文印书馆1965年版。又见《大陆杂志》1953年2月六卷三期。
④《十三经注疏本》孔氏传以为祖甲为"汤孙太甲"，显误。

君,《国语》则指责其乱成汤之法,《史记·殷本纪》更据以称其"淫乱"①,这两种极端相反的批评,本属矛盾,今由甲骨断代研究获得了解答。

在祖甲时代的卜辞中,可以看出他曾经实施许多有关礼制的改革,其中重要者如文字的更易,将王<u>土</u>字改作<u>王</u>;卜事的整顿,凡有关征伐、求年受年、风雨、胎孕、疾病死亡一类涉及迷信的卜事,多加以废除;历法的改革,例如改一月为正月,闰月置于当闰之月,而不于年终置十三月,系干支于太阴月,月名上加一"在"字,如甲子日下记月名称"在二月",以明此"甲子"属于"二月",而废去旧派干支纪日独立计算之法②。

祖甲改革影响最大者,厥为祀典的订定。殷代旧派的祀典,受祭者祖先包含上甲以前的先公远祖,如高祖夔、王亥、王恒、王季等;上甲以后的先公和先王,则祀大宗不祀小宗,大宗的配偶入祀典的不及五世以上的先妣;祖妣之外,兼祀先臣和山川社稷,例如黄尹(文武丁时改称伊尹)、咸戊、和岳、河、土等。新派对于祖宗的祭祀,始于先公近祖的上甲,不祀上甲以前的先公远祖。从上甲开始,"一世一人为大宗,大宗的配偶,自示壬配妣庚始,凡有子承继王位之先妣,皆入祀典,小宗则依据继位先后或曾立太子者(祖己)均入祀典"。就祭祀的种类而言,旧派所举行的祭祀如御、匚、册、帝、炆、告、求、祝等八种,为新派所不举行,而另制定五种祀典:彡、翌、祭、劦、壹,"先祖从上甲以下,先妣从妣庚以下(示壬配偶),依日名、神主,依次排列,秩序不紊。帝乙帝辛时代,每年自彡至劦依顺序举行,祭祀一周,恰是三百六十天"③,又大胆改革先王第一人之名而用其神主,旧派祭成汤必用乙日,卜辞则不称"大乙"而称"唐",祖甲为求祀典中名实统一,毅然不用"唐"而用"大乙"④。

祖甲不惜废除祖宗成法所做的大规模改革,具有非常的魄力,表现了维新的精神,所以董作宾氏称其为"殷代的革命政治家"⑤。因为祖甲是革新的

---

① 《国语·周语》原称"帝甲乱之",《史记·殷本纪》竟据以称"淫乱",一字之差,意义相去甚远,后世更以祖甲如何"淫乱"绘影绘形,尤属荒谬,见董作宾《甲骨学六十年》,《平庐文存》卷三,第114页。
② 《甲骨学六十年》,第114页。
③ 《甲骨学六十年》,第111~112页。
④ 《甲骨学六十年》,第113页。
⑤ 董作宾有《殷代的革命政治家》一文,对于祖甲之改革,多所赞扬。收在《平庐文存》卷三,1963年,第262~267页。

党魁，新派政党当然称其"贤"，旧派政党当然斥其"乱"，这就是旧史料中两种不同评论的原因①。自盘庚迁殷至纣之亡，凡二百七十三年，中间经祖甲改革，新旧两派互相起伏，可分为四个阶段：盘庚、小辛、小乙、武丁、祖庚为旧派，遵循古法；祖甲、廪辛、康丁为新派，改革新法；武乙、文武丁为旧派，恢复古法；帝乙、帝辛又为新派，恢复新法②。

祖甲的改革相信也会影响到王位的继承，进而使新旧政争更为激烈。殷商王位之继承系取何种方式，似乎并无定制。王国维氏初以为商代之继承法"以弟及为主，以子继辅之，无弟然后传子，自成汤至帝辛三十帝中，其以子继父者，亦非兄之子而为弟之子"③，但殷代后期，自小乙（第二十一王）至帝辛九代中，七代传子，似乎已是父死子继为主，近人又考察殷商诸王庙号及其继承次序，发现殷王自始即有两组轮流执政的现象④。而《尚书·盘庚》载盘庚欲迁都，而臣民反对迁徙的势力颇大，这其中似乎透露了保守与进取两股不同力量在激荡着。殷人迁都的原因以及何以反对迁都，《盘庚》篇都没有说清楚，自清代以来，学者的考察亦无定论⑤，所以保守与进取两种势力

----

① 《平庐文存》卷三，第 264 页。
② 《甲骨学六十年》，第 103～104 页。
③ 王国维：《殷周制度论》，《观堂集林》卷十，《史林》二。
④ 张光直：《商王庙号新考》，"中央研究院"民族学研究所集刊 1963 年第十五期。不同意张文或有修正意见者，计有下列诸文：（1）林衡立：《评张光直商王庙号新考中的论证法》，《"中央研究院"民族学研究所集刊》1965 年第十九期。（2）许进雄：《对张光直先生的"商王庙号新考"的几点意见》，《"中央研究院"民族学研究所集刊》第十九期：（3）许倬云：《关于商王庙号新考一文的几点意见》，《"中央研究院"民族学研究所集刊》第十九期；（4）刘斌雄：《殷商王室十分组制试论》，《"中央研究院"民族学研究所集刊》第十九期；（5）丁骕：《再论商王妣庙号的两组说》，《"中央研究院"民族学研究所集刊》1966 年第二十一期；（6）杨希枚：《联名制与卜辞商王庙号问题》，《"中央研究院"民族学研究所集刊》第二十一期：（7）陈其南：《中国古代之亲属制度——再论商王庙号的社会结构意义》，《"中央研究院"民族学研究所集刊》1973 年第三十五期。
⑤ 《尚书·盘庚》孔疏引郑玄说："祖乙居耿，后奢侈逾礼，土地迫近，山川尝圮焉。"又云："民居耿久，奢淫成俗，故不乐徙。"蔡传则谓："自祖乙都耿，圮于河水，盘庚欲迁于殷。"清王鸣盛《尚书后案》云："其实所以迁都之故，兼为河圮及风俗二事，故郑兼而言之。"傅斯年氏在《夷夏东西说》一文中说："殷地者，其都邑在今河南省北端安阳县境……商人迁居此地之目的，大约是求便于对付西方，自太行山外而来的戎祸，即所谓鬼方者，恰如明成祖营北平而使子孙定居，是为对付北鞑者一般。"见《傅孟真先生集》第四册，第 94～95 页。陈梦家《卜辞综述》则说："（殷人的）迁徙或者由于受异族的压迫，或者由于水旱之灾，或者由于他们扩张土地到更肥沃的地区。"见该书第 635 页。可见迄无定论。近年来学者对于殷都屡迁的原因讨论颇多，但大家对于此一问题的看法，仍然是见仁见智。

在激荡，未尝不可作为考察的一个途径。不管如何，殷王祖甲的改革祭祀以及分别嫡庶，显然产生了初步的宗法制度，据甲骨学者的研究，"殷代本为一祖一庙，自祖庚、祖甲以后，始有合祭上甲至于多后之辞，自廪辛、康丁时始见合祭之庙，名曰大宗、小宗。大宗者大庙也，合祭直系先祖之所也；小宗者，小庙也，合祭旁系先祖之所也①。这样的改革，既打破了以往的传统，剥削了一部分人在祭祀上和政治上应享的权利，也就等于降低了一部分人的社会地位，由此而形成新旧两派激荡，引发政争，自是必然的结果"。

帝辛是经过武乙、文武丁复古以后的新派，在两度政潮起伏之后，旧派与新派的对立更趋尖锐，对于新派的措施加以强烈地指责，亦自属常情。由于帝辛为亡国之君，因而许多"罪恶"被保留在文献资料之中。所以通过甲骨学者的研究，则不难对于前述纣的重要罪恶，获得较清晰的认识，所谓：一、不祭祀祖先，不事奉上帝，则显系新派改革祭祀，不祭祀上甲以前的先公远祖，而遭到旧派的攻击，文献所保留者系旧派及周人的指斥；二、所言杀害直臣，任用小人，显然是新旧党争愈演愈烈的现象，以致双方壁垒更为分明，纣王对旧派中某些人采取严厉手段对付，斥逐老成、"昏弃厥遗王父母弟不迪""弗其长者"等，岂非新派祀典分别大宗、小宗后，旁系先祖的后裔因遭到疏远或弃用，必有不平的感受或怨言，遂成为旧派及周人据以攻击纣王的口实；至于三，纣王生活糜烂、骄奢淫逸、不恤民生，大约是纣王在物质生活的享受上，的确超过了当时一般的臣民，在距离氏族社会未远的殷代，自易被视为违背平等精神而成为莫大的罪恶。我国历史自夏代开始，由于王权逐渐集中，离开氏族社会的平等精神愈来愈远，所以自夏启、太康，以至夏桀诸王，多以生活淫逸而被称为无道②。殷商的社会性质与国家结构，过去

---

① 胡厚宣：《殷代婚姻家族宗法生育制度考》，《甲骨学商史论丛初集》第一册，大通书局1944年影印版，第142～143页。
② 朱云影师：《中国上古史讲义》第六章《原始国家的建立》，师大出版组。

学者意见不一，或主张氏族联盟，或主张奴隶社会，或主张封建社会①，但殷商王国内封建诸侯似乎多以氏族为基础②，各地的氏族——亦即文献上的诸侯，在新旧两派激荡的过程中，看到纣王权威在握而"不可谏"，又有特殊的物质享受，自然也易于视之为"无道"，而站在反对纣王的一边。《史记·周本纪》载武王伐纣，师至盟津，"八百诸侯不期而会"，皆曰："纣可伐矣。"《尚书·牧誓》载武王伐纣，有"庸、蜀、羌、髳、微、卢、彭、濮人"等八族参战，这八族的所在，历来许多考证，多主张在巴蜀、湖北、陕西等地③，但钱穆则主张此八族皆在"周之东南"，距殷畿不远④，虽未成定说，但商王国内之部族，确有反殷而参加伐纣行列者，是不成问题的。这从地下史料考察，在周人征殷的部队中，有殷人的氏族，足以证明⑤。《左传·昭公四年》载："商纣为黎之蒐，东夷叛之。"徐中舒以为："盖商人治兵于黎所以防周，故周人即嗾使东夷叛之，以为牵制之师，其后纣克东夷，周人即乘

---

① 例如：主张殷代为氏族社会者有（1）程憬：《殷民族的社会》，《中山大学史语周刊》1928 年 8 月四卷四二期；（2）姜蕴刚：《中国古代社会史》（主氏族联盟），台北华世出版社 1979 年台一版；（3）陶希圣：《中国政治制度史》第一册（主氏族联盟），台北启业书局 1973 年版；（4）丁山：《甲骨文所见氏族及其制度》，台北大通书局影印版；（5）于省吾：《从甲骨文看商代社会性质》，《人文科学学报》（主原始氏族社会的后期）。主张奴隶社会者有吕振羽《中国社会史纲》、郭沫若《奴隶制时代》等书。主张封建制度者有：（1）董作宾：《五等爵在殷商》；（2）束世征：《殷商制度考》，《中山大学月刊》1934 年 1 月二卷四期；（3）胡厚宣：《殷代封建制度考》，《甲骨学商史论丛初集》。
② 丁山：《甲骨文所见氏族及其制度》一书，列举殷代氏族至少有二百以上，"商代后半期国家组织，确以氏族为中心"，台北大通书局，见第 32 页。
③《史记·周本纪·集解》引孔安国云："八国皆蛮夷戎狄，羌在西，蜀髳微在巴蜀，纑（即卢）彭在西北，庸濮在江汉之南。"徐中舒考证，庸微卢彭濮在汉水流域，髳在汉水之北，蜀即巴蜀之蜀，羌在西北。见前引文，第 150～152 页。顾颉刚《牧誓八国》一文，大致从徐中舒说，唯主"髳"与春秋时"茅戎"之"茅"同声，疑此族居山西南端，微可能为陕西之郿县。庸卢彭濮与蜀均在汉水流域，羌微与髳则在渭水及河水流域。见《史林杂识初编》，第 26～33 页。
④ 钱穆：《周初地理考》，《燕京学报》1931 年 12 月第十期。
⑤ 例如《小臣𧻚簋》的遇及部下小臣𧻚及班（见《班簋》）、《成鼎》的𪇵侯、《曶鼎》的曶、《稽卣》的稽、《𣪘觯》的𣪘、《令簋》《师虎》《师酉簋》的师酉、《师𢎜簋》的师𢎜等，都是殷的贵族；《小臣𧻚簋》《成鼎》等都记载着周初伐东夷时有"殷八师"，1976 年陕西扶风县白家村出土的《史墙盘》，记周共王时的史墙追述祖先服事于周的历史，其烈家微史，为商王族，可能为微子启之子。据徐中舒：《西周墙盘铭文笺释》，《考古学报》1978 年第二期。周人东进灭殷的过程中，有殷人参与，地下出土的铜器可资印证者极多，学者的意见也是一致的。参见李亚农：《西周与东周》，第 34～39 页。

之以戡黎，卒以灭商。"① 周人在东向发展的过程中，西伯于克密灭崇之后，奄有丰、镐，黎国成为殷在西方重要的屏障，"为黎之蒐"系纣王对周人采取一种警戒性的军事演习，应是合理的推测。至于纣伐东夷，我甚怀疑是对其东方氏族所采取的军事镇压行动，而并非是为了扩充国土疆域②，尤其"东夷"在民族的关系上，与殷人甚为密切，已往学者所论甚多，文献足征③。纣王与他们兵戎相见，或亦与新旧党争有关。东方的殷人也许是采取保守的立场，他们固然反对纣的作为，但亦不肯与周人妥协，故有武庚之三监之乱时的响应反周，以及周公东征时的坚强抵抗，直至西周中期以后，东夷的反周活动似乎仍未停止④。总之，由于新旧党争而导致了许多氏族的离心，《左传·昭公廿四年》载苌弘引《太誓》曰"纣有亿兆夷人亦有离德"，应是商王国内氏族离心现象的反映，殷人在这样的形势之下，牧野之战在新兴周人的强力一击之下，遂进而导致瓦解。

四、殷末的党争与覆亡

从文献材料观察，殷末到了纣王时代，新旧党争激荡的现象，十分明显。甲骨文证明纣是新派，与其父帝乙在经过武乙、文武丁两王复古之

---

① 徐中舒前引文《周原甲骨初论》，第 157 页。
② 陈梦家《卜辞综述》认为帝辛征人方，"足以表示晚殷的商王国在它灭亡以前曾有过扩张其地域的野心和行动"，第 312 页。
③ 东方夷人为鸟图腾之部族，殷人亦为鸟图腾，周公所征之"东土"或"东国"，殷人的势力原有深厚的基础。其中商奄（春秋鲁国）原为盘庚迁设前之旧部，《竹书纪年》载南庚自庇迁于奄，阳甲即位亦居奄，盘庚自奄迁于殷。殷人在东土建立的国家如谭（今山东济南东南七十里有谭城）、萧（今徐州萧县西北十里有萧城）一直残存到春秋时代。见李亚农，前引书第 41 页。有关殷人与东夷的关系以及东土或"东国"范围，参见以下诸文：傅斯年：《夷夏东西说》，《"中央研究院"历史语言研究所集刊外编》下册；《庆祝蔡元培先生六十五岁论文集》，1933 年 1 月；《大东小东说》，《"中央研究院"历史语言研究所集刊》1930 年 5 月第二本第一分；孙作云：《中国古代鸟氏族谱酋长考》，《中国学报》1945 年 3 月第三卷第三期；胡厚宣：《甲骨商族鸟图腾的遗迹》，《历史论丛》1980 年第一辑；陈梦家：《西周铜器断代（二）》，《考古学报》1959 年第九册。
④《史记·秦本纪》称：周穆王西巡狩，乐而忘归，徐偃王为乱，造成为缪王御，长驱归周，一日千里以救乱。周宣王曾命召虎征淮夷，并亲率六师以南仲大祖、大师皇父、程伯休父等逐伐徐方，分见《诗》《江汉》《常武》诸篇，足见宣王之世，东方仍有反周的活动。

后，又力行新法，并加以修订，使之更为完美，甲骨学者称其"英明果断"①。《史记·殷本纪》也说纣"资辨捷疾，闻见甚敏，材力过人，手格猛兽，知足以距谏，言足以饰非，矜人臣以能，高天下以声，以为皆出己之下"，又相传他能够"倒曳九牛，抚梁易柱"②"束铁申钩"③，这些传说所反映的无非是纣是一位能力高强而又自负才气的帝王，《尚书·西伯戡黎》，祖伊奔告于王，纣竟说："我生不有命在天。"过去学者皆以此而认为纣王的昏聩，其实未尝不是其自负性格的表现。当代学者认为纣王是一个文武全才的人，他所信用和提拔的都是一些有才能的人，他这种选择尚贤而排斥亲亲的行为，就被指控为"多罪逋逃""昏弃厥遗王父母弟"④。这样的理解应该是正确的。

纣遵新派之法，他的作风如"沈酗于酒""作新淫声、北里之舞、靡靡之乐"（《殷本纪》），这是在生活态度上与旧派的不能相容；而不重视祖先的祭祀，不肯事上帝，"昏弃厥肆祀弗答"，则是在祀典态度上与旧派的不能相容，这些原是自祖甲改革后由来已久的问题，而在人事上纣所任用的崇侯虎、"善谀"的费中、"善毁谗"的恶来，必然是新派的中坚分子，而旧派人物，多遭屏弃，"商容贤者，百姓爱之，纣废之"⑤"雷开阿顺，而赐封之"⑥，以及"昏弃厥遗王父母弟，不迪"等措施，实为旧派所不能容忍，这许多错综复杂的因素相互激荡，因而有鄂侯与纣"争之强，辨之疾"，以及比干的"强谏纣"，而自负才气的纣王毫不妥协，反采取严厉的手段对付。《史记·殷本纪》称"百姓怨望而诸侯有畔者，于是纣乃重刑辟，有炮格（烙）之法"，进而

---

①《甲骨学六十年》，第113页。
②《史记·殷本纪》《正义》引《帝王世纪》。
③《论衡·语增》。
④ 罗祖基：《对商纣的重新评价》，《齐鲁学刊》1988年第三期，第38页。
⑤《史记·殷本纪》。商容又见《韩诗外传》。《殷本纪》《索隐》引郑玄注云："（商容）商家典乐之官，知礼容，所以礼署称容台。"
⑥《楚辞·天问》。

有杀梅伯①、醢九侯②、脯鄂侯、剖比干而观其心的行动，遂使党争愈演愈烈，无法收拾。

殷自祖甲改革至帝辛之亡，新旧党争起伏垂一百六十余年之久③，长期党争的结果，殷人不仅丧失共同的信仰，也失去判断是非的价值标准，到了殷末，这种现象在文献传说中表现得十分明显。政潮起伏、思想信仰混沌、社会纪纲废弛，所得结果是："殷罔不大小，好草窃奸宄，卿士师非度，凡有辜罪，乃罔恒获""今殷民，乃攘窃神祇之牺牷牲，用以容，将食无灾"。④《诗经·荡》所言"如蜩如螗，如沸如羹。小大近丧，人尚乎由行。内奰于中国，覃及鬼方"，正是殷商末年内外交困形势的真实反映。这时，有识之士虽已看到殷人的灾难已经不远，但亦感无能为力，《尚书·微子》载微子的话说："小民方兴，相为敌雠，今殷其沦丧，若涉大水，其无津涯，殷遂丧，越至于今。"《微子篇》虽为后人述古之作，但这段话所反映的正是对殷的前途，充满了失望悲观与迷茫。《吕氏春秋》记载了如下一则故事：

> 武王胜殷，得二虏而问焉，曰：若国有妖乎？一虏对曰：吾国有妖，昼见星而天雨血，此吾国之妖也。一虏对曰：此则妖也。虽然，非其大者也，吾国之妖甚（其）大者，子不听父，弟不听兄，君令不行，此妖之大者也。武王避席再拜之。此非贵虏也，贵其言也。⑤

所谓"子不听父，弟不听兄，君令不行"，正说明了殷末纪纲的败坏。所

---

① 《吕氏春秋·行论》。
② 九侯，《史记·殷本纪·集解》引徐广曰一作鬼侯。饶宗颐氏谓："殷末有鬼侯，《殷本纪》：纣以九侯为三公。徐广曰：一作鬼侯，《正义》引《括地志》：相州滏阳西南五十里有九侯城，亦名鬼侯城，此殆鬼侯入臣入殷而邑之于此。"见《殷代贞卜人物通考》，1959 年，第 301 页。又据祝中熹《文王受命说新探》一文指出：商族兴起于东方，控制中原后，势力渐向西发展，与西方诸邦的矛盾一直比较尖锐。注文认为："东西两大部族集团，在商王朝中央必然有其政治代表"，"在文王被囚前，西方集团一度三朝中央得势，史称文王、九侯、鄂侯为纣之'三公'，他们都是西方部族首领。后来，在最高统治层的内部倾轧中，西方集团垮台，九侯、鄂侯被杀，文王被囚；费中、恶来（均为嬴姓部族首领）获宠，东方部族控制了政局，这必然引起许多西方部族的叛离，使政局动荡。"见《人文杂志》1988 年第三期，第 78～79 页。
③ 据董作宾氏，祖甲改革祀典约在公元前 1273 年，至牧野之战殷亡（公元前 1111 年）凡 162 年。
④ 《尚书·微子》载微子及父师之言。
⑤ 《吕氏春秋·慎大览》。

以《淮南子》的作者说"汤以殷王，纣以殷亡，非法度不存也，纪纲不张，风俗坏也"①。

由于帝辛所采取的强硬作风和严厉手段，导致许多殷人的失望和离心，当西伯戡黎时，纣王不以为意，祖伊已认为"纣不可谏矣"②，微子于"数谏不听"后离去，待纣杀比干，箕子恐惧，佯狂为奴，而"商容执羽籥冯于马徒，欲以伐纣而不能，遂去，伏于太行山"③，加以"妲己为政，赏罚无方，不用法式"，于是"民大不服，守法之臣，出奔周国""内史向挚见纣之愈乱迷惑也，于是载其图法出亡于周"④，甚至连"殷之太师、少师乃持其祭乐器奔周"（《殷本纪》），战国时人并相传微子曾与周人密谋联盟⑤，这时的商朝已是"纣有亿兆夷人，亦有离德"⑥。而东征的部队中又有不少的殷人参加作战⑦，殷人形势至此地步，不亡何待。

殷末激烈党争的结果，终使内部组织解体，呈现分崩离析之势，才给予久蓄"翦商"之志的周人以可乘之机⑧，因此牧野之战殷商王国继之以土崩瓦解，也就难以避免了。

五、结　论

我国文献载籍中有关纣恶及殷亡的记载，其性质有些是属于后人追记之传说，因写定之时代较晚，不免掺杂着后儒的附会或著者的思想；有些则系

---

① 《淮南子·泰族训》。

② 梁玉绳《史记志疑》，以为《尚书·西伯戡黎》之"西伯"为武王而非文王，"武王而谓之西伯，袭爵犹故也"，《史记会注考证》引，艺文印书馆，第56页。

③ 《韩诗外传》卷二，商务印书馆四部丛刊，第15页。案点校本《史记·留侯世家·索隐》引《外传》作"欲以'化'纣而不能"，泷川龟太郎：《史记会注考证》（艺文影印本）《留侯世家》《索隐引》《韩诗外传》亦作"伐"纣，"伐""化"形近，意皆可通，似以"伐"字为是，盖商之内乱将作矣，无怪牧野之战纣军之前徒倒戈也。

④ 《吕氏春秋·先识览》。

⑤ 《吕氏春秋·廉诚》。

⑥ 《左传·昭公二十四年》苌弘引《太誓》之言。所谓"亿兆夷人亦有离德"，应是商王国面临瓦解的形势已成，参本文第四节。

⑦ 傅斯年：《周东封与殷遗民》，《"中央研究院"历史语言研究所集刊》1934年四本三分，收入《傅孟真先生集》第四册，台大文学院1952年版。

⑧ 《诗·鲁颂·閟宫》云："后稷之孙，时维太王，居岐之阳，实始翦商。"

通过某一学派的"价值判断"所做的评论；有些则为周人以征服者立场所留下的文献，皆不能视为真实历史记录，因此必须加以"过滤"，作综合地考察，并与新材料及当代学者有关的研究成果，相互配合对照，才能求得史实的真相。

从新旧材料综合观察，殷商的覆亡与长期党争有关，党争的由来肇端于祖甲的改革，其中尤以祀典的变革，与殷人的制度、信仰及传统皆有密切的关系，必然会涉及许多人的现实利益，影响之深远，可以想见，所以由此而导致新旧党争，也就应属事理之必然了。

从文献记载的殷末史事及纣的罪恶情形来看，也正是表现了新旧两派剧烈党争的现象。由于长期党争的结果，殷人显已失去共同信仰及是非判断的标准，思想分歧、社会混乱、纪纲荡然，在愈演愈烈的政争下，殷人离心离德，"有道者"相率求去，这些错综复杂的因素相互激荡，实为促使殷商王国瓦解的重要原因。

古人说："国久则固，固则难亡。"① 但考察殷亡的情形，似乎又未尽然。一个历史悠久的民族，文化传统经过若干时期的累积，或骤遇某种外来冲击，如仍抱残守缺，则难以适应新的情势，如改革维新，则又易于引发党争。而改革匪易，党争祸国，三千年前之殷人固已然矣。我们了解了殷商覆亡的悲剧，不禁要为之唏嘘叹息了。

---

① 《吕氏春秋·审应览》。

拾叁 牧野之战纣军"七十万"试释

一、引 言

牧野之战是殷亡周兴的一次决定性战役，也是我国上古史上的大事，有关这次战役的文献史料如《尚书·牧誓》，地下史料如利簋等，在学术上都受到很大的重视；而武王克商的年代，因为关系到殷周的积年，学者探讨的热诚，更是持久不衰。

公元 1968 年，台湾大学历史系许倬云教授发表《周人的兴起及周文化的基础》一文，在《周人灭商》这一节里，著者写到武王伐纣的牧野之战时说："商王七十万大军经不起勇猛的西军冲突……"① 同年九月，东海大学徐复观教授发表《从学术上抢救下一代——以许君倬云有关周初史实的一篇论文为例》一文，针对许文，作了如下的批评：

> 武王伐纣。战于牧野。许君认为"纣王七十万大军"这是从《史记·周本纪》"帝纣闻武王来，亦发兵七十万人距武王"来的。史公的记载，必有所本，今日已无法查考。《诗·大明》言牧野之战只说"殷商之旅，其会如林"，未言数字。《左传·昭公二十四年》苌弘引《太誓》曰："纣有亿兆夷人，亦有离德；余有乱臣十人，同心同德。""亿兆"乃多数的概括乃至夸张之辞。"七十万人"，则系一具体数字，这只要稍有历史常识的人，便会

---

① 刊于《"中央研究院"历史语言研究所集刊》第 38 本，1969 年。收入《求古篇》，联经出版事业公司 1982 年版，第 51~81 页。

想到在当时不可能组成这样一支庞大军队的。①

徐复观教授此文，还批评了"许君"论文中，有关周初史实中的其他错误，例如"客省庄二期"② 文化、武王伐纣年代等问题，因与本文无关，从略。

令人意外的是，徐文发表后至今，并未引起许倬云教授的回应。1984 年许氏出版《西周史》，对于"纣发兵七十万人抵抗"表示怀疑，并指出"当时殷商的总人口，以其疆域来说，未必能过一百万，如何能动员七十万众"。其后，许倬云教授的《西周史》又出版简体字"增补版"与"增补二版"两次，关于"商王七十万大军"的问题，始终没有做出任何的解释或进一步说明。③

殷周牧野之战双方的兵力如何？所谓纣军"七十万"之说，究系由何而来？古今学者对它持怎样的看法？纣军"七十万"这一庞大的数字显然值得怀疑。因为 20 世纪两次世界大战中的重要战役，都没有动员这么多军队。然而，如纣军"七十万"之说不可靠，何以又有这样的说法？其实，关于"七十二""七十"这些问题，闻一多、杨希枚、黄沛荣诸氏，都有所讨论，对于"纣军'七十万'"应该已经得到正确的解读，笔者于 20 世纪 80 年代即撰成《牧野之战纣军"七十万"试释》一文，对于"纣军'七十万'"的问题，提出正解。④ 这一学术问题，关系到对于上古史的认识，颇值得加以探讨。

二、有关牧野之战双方兵力的记载

据《史记·周本纪》载，牧野之战双方的兵力是："武王兵车三百、虎贲三千、甲士四万五千，殷纣王闻武王来，亦发兵七十万人距武王。"但是，考察先秦的著作，有关牧野之战的记载虽多，却没有提到这次战役双方兵力的

---

① 原刊《中华杂志》六卷九期，1968 年，第 30～43 页，收入《周秦汉政治社会结构之研究》，香港新亚研究所 1972 年初版；《两汉思想史》第一卷，台湾学生书局 1976 年版，上海华东师范大学出版社简体字版 2001 年三版。

② 许倬云：《西周史》，台北联经出版事业公司 1984 年版，第 89 页。

③ 许倬云：《西周史》，生活·读书·新知三联书店 2001 年增补版、2012 年增补二版，皆为简体字。

④ 本文最初发表于《香港中文大学联合书院三十周年纪念论文集》，1987 年，收入《中国上古史专题研究》，五南图书出版有限公司 1996 年版。

数字，例如《诗经·大明》：

> 殷商之旅，其会如林，矢于牧野……

《尚书·武成》：

> 甲子昧爽，受（纣）率其旅若林。

《左传·昭公廿四年》引《太誓》曰：

> 纣有亿兆夷人，亦有离德，余有乱臣十人，同心同德。

《尚书·牧誓》记载武王誓师于牧野时说：

> 嗟！我友邦冢君，御事、司徒、司马、司空、亚旅、师氏、千夫长、百夫长，及庸、蜀、羌、髳、微、卢、彭、濮人，称尔戈、比尔干、立尔矛，予其誓。

从《牧誓》篇里，只能约略看出武王军队的组成分子，无法看出军队人数的多少，至于纣王的军队则根本没有提到。《古本竹书纪年》"周武王十一年"条载："王率西夷诸侯伐殷，败之于坶野。"[1] 也没有双方兵力的数字。

有些古代著作，但仅记载了武王的兵力数字，而没有提及纣王的兵力究有多少，例如《牧誓·书序》云：

> 武王戎车三百辆，虎贲三百人，与受战于牧野。

《逸周书·克殷解》：

> 周车三百五十乘，陈于牧野，帝辛从，武王使尚父伯夫致师，王既誓，以虎贲戎车驰商师，商师大崩……
>
> （孔注云："戎车三百五十乘则士卒三万一千五百人，有虎贲三千五百人也。"）

《墨子·明鬼下》：

> 武王以择车百辆，虎贲之卒四百人，无庶国节窥戎，与殷人战乎牧之野。

《孟子·尽心下》：

> 武王之伐殷也，革车三百乘，虎贲三千人。

---

[1] 王国维：《古本竹书纪年辑校》，艺文印书馆，第 12 页。

《韩非子·初见秦》：

> 武王将素甲三千，领与纣战。

《吕氏春秋·仲秋纪·简选》：

> 武王虎贲三千人，简车三百乘，以要甲子之战。

《战国策·魏策》苏秦说魏王：

> 武王卒三千，革车三百乘，斩纣于牧野。

又，《赵策》苏秦说赵王：

> 武王之卒不过三千人，车不过三百乘，而为天子。

汉初的《淮南子》也曾多次说到牧野之战，但亦仅提及武王的兵力，没有提到纣王的兵力，例如《本经训》云：

> 武王甲卒三千人，破纣牧野。

《主术训》云：

> 纣兼天下，朝诸侯，人迹所及，舟楫所通，莫不宾服，然而武王甲卒三千人禽之于牧野。

《泰族训》云：

> 汤武革车三百乘，甲卒三千人，讨暴乱，制夏商，因民之欲也。

根据以上的资料加以归纳，可见从先秦时代的经传诸子以至汉初的《淮南子》，都没有正确地记载牧野之战双方兵力的数字。所谓"甲卒三千人、革车三百乘"，不过是强调武王伐纣是一次以少胜多的战役罢了。至于商纣的兵力，所谓"殷商之旅，其会如林""纣有亿兆夷人"云云，也只是一些笼统、夸张的空洞字句而已，直到太史公的《史记·周本纪》，才出现纣军"七十万"的记载。

三、古今学者对于纣军"七十万"的看法

汉代以后的古史著作，对于牧野之战纣军兵力的记载，应以晋皇甫谧《帝王世纪》最受瞩目，他说：

> 武王乃率诸侯来伐纣，纣有亿兆人，起师自容间至浦水，与

同恶诸侯五十万凡十七万人，距周于商郊之牧野，纣师皆倒戈而战……①

皇甫谧说纣军"十七万"，根据为何？不得而知。因为在古文字中，"十"与"七"的字形颇为近似，皇甫谧究竟怀疑了"七十万"这个数字，认为"七"与"十"形近而伪，才把它改为"十七"，还是后世传抄错误，将"七十"误为"十七"，已无从考察。

宋代两部古史著作——苏辙的《古史》和刘恕的《通鉴外纪》，对于牧野之战的叙述，都不记载纣军的人数，苏辙《古史》云：

> 十三年，武王复帅诸侯伐纣，一月戊午，师渡孟津，戎车三百两（辆），虎贲三百人，癸亥，阵于商郊。甲子昧爽，纣帅其旅若林，会于牧野，罔敌于我师，前途倒戈，攻其后以北，纣师败绩。②

刘恕《通鉴外纪》云：

> 纣师虽众，皆欲武王亟入，无战心，倒戈以开武王，武王以戎车虎贲驰之，商师大崩。③

苏辙和刘恕的著作，显然根据的是《诗经》和《尚书·武成》，而不采纳《史记·周本纪》，他们虽然没有说明原因，但其不同意《史记·周本纪》所载纣军七十万之说，则是十分明显的。

不过，在近代学者的著作中，说到牧野之战，谓纣军"七十万"者却很多，其所根据的资料就是《史记·周本纪》，足见此说影响之深远。例如：王桐龄《中国全史》第三章《商之兴亡》云：

> 西伯昌之子发率诸侯来伐，纣发兵七十万拒之，战于牧野……④

董作宾《殷周战史》，在征引《史记·周本纪》原文一段之后，加以评

---

① 《太平御览》卷八十三引，清顾尚之辑本，《指海》第六集，第33页。
② 苏辙：《古史》卷五《周本纪》，《四库珍本》第六集，台湾商务印书馆，第4~5页。
③ 刘恕：《通鉴外纪》，《四部丛刊初编》，台湾商务印书馆，第36页。
④ 王桐龄：《中国全史》第三章《商之兴亡》，台北启明书局1966年版，第224页（初版著于1932年9月）。

论云:

> 这一段叙述,虽然双方军队:殷师七十万,周师四万八千,车四千三百乘,不过万余人。周师乃不及殷师的十分之一,却又是不战而胜……①

张其昀氏《中华五千年史》云:

> 当时武王所使用之武力,为革车三百五十乘,甲士四万五千人,其中精选虎贲三千。纣王方面据说有七十万人之众……②

陈致平氏《中华通史》云:

> (武王)于是就发动了兵车三百乘,虎贲三千人,甲士四万五千人,大会诸侯之兵于孟津……殷纣也统领了七十万大兵抗战。哪知殷师都不战而溃……③

台湾地区标准本《高中历史》第一册:

> 文王卒,子武王发立,兴兵伐纣……又经十年准备,武王就宣布纣的罪状,亲率戎兵三百,虎贲三千,与殷军战于牧野(河南淇县南),附周的诸侯也出兵相助。殷军虽有七十万人,但缺乏战斗意志,前途倒戈……④

有些专门讨论西周史的论文,也是根据《史记·周本纪》说牧野之战时,纣军"七十万"。例如许倬云氏《周人的兴起及周文化的基础》一文云:

> 不久,在公元前一一二二年,武王再度统帅西土的各邦军队,加上庸、蜀、羌、髳、微、卢、彭、濮八族的联军,据说总兵力是三百乘战车,勇猛的武士三千人,甲士四万五千人,到达离殷都不远的牧野……商王七十万大军,经不起勇猛的西军

---

① 张其昀主编:《中国战史论集》,中华文化出版事业委员会 1954 年版,第 3 页。
② 张其昀:《中华五千年史》第二册《西周史》,华冈出版有限公司 1976 年版,第 18 页(初版于 1961 年 5 月)。
③ 陈致平:《中华通史》(一),黎明文化事业公司 1974 年版,第 155 页。
④ 夏德仪编:中学标准本教科书《高中历史》第一册,"国立"编译馆 1978 年版,第 14 页。案:此书大致根据郭廷以主编之台湾地区中学标准本《高中历史》第一册,略加删改而成,两书之使用时间约达三十年之久。1984 年 8 月,"国立"编译馆出版之新编高级中学历史第一册,叙述牧野之战时,即不再采纣军"七十万"之说。

冲突……①

但是，《史记·周本纪》所载牧野之战纣军"七十万"这个数字，毕竟过于庞大，所以表示过怀疑者，也曾大有人在，例如《尚书·武成》疏云：

> 纣兵虽众，不有七十万人，是史官美其能破敌，虚言之耳。

梁玉绳《史记志疑》云：

> 案三代用兵无近百万者，况纣止发畿内之兵，安能如此其多。②

日本泷川龟太郎《史记会注考证》引陈子龙云：

> 纣止发畿内之兵，疑无七十万之众也，且三代用兵亦无近百万者。③

徐复观更是深疑纣军七十万是不可靠的数字，他举《左传·昭公二十四年》苌弘引《太誓》曰"纣有亿兆夷人，亦有离德，余有乱臣十人，同心同德"这条资料，而认为：

> "亿兆"乃多数的概括乃至夸张之辞。"七十万人"则系一具体数字，这只要稍有历史常识的人，便会想到在当时不可能组成这样一支庞大军队。④

然而，即使注意到纣军"七十万人"这数字不合理的学者，在其著作中所采取的态度，似乎并没有一致的看法，或以为"周本纪所说纣发兵七十万人，似可理解为殷周间所有战役中，殷人及其友邦所动员的总兵力"⑤；或以为"七十万"系"十七万"之讹⑥；或认为"纣王发兵数万人或十多万人，

---

① 许倬云：《周人的兴起及周文化的基础》，《"中央研究院"历史语言研究所集刊》1968年1月第三十八本，第447页。该文收入《求古篇》，联经出版事业公司1982年版。

② 梁玉绳：《史记志疑》卷三，《丛书集成初编》，商务印书馆1937年版，第86页。

③ [日]泷川龟太郎：《史记会注考证》卷四，台北艺文印书馆，第25页。

④ 徐复观：《有关周初若干史实的问题》，见《周秦汉政治社会结构之研究》，新亚研究所1972年版，第394页。

⑤ 李伟泰：《先秦典籍所述上古史料研究》，"国立"台湾大学中国文学研究所博士论文，1977年7月，第216页。

⑥ 马先醒编著：《中国通史》上册，第20页，注一五云："《史记·周本纪》云：'帝纣闻武王来，亦发兵七十万人距武王。'按：平均五口一丁计，人员达三千五百万时，兵员方有七十万之可能。中国于前汉中期以来，方达此数。故疑《殷本纪》中'七十万'之讹者，不无可能，盖古文字七与十形似。"中国文化大学出版部。

似较合当时实况"①。而采用《周本纪》纣军"七十万"之说的专著,如中国历代战争编纂委员会编纂的《中国历代战争史》②、许倬云氏《西周史》③,也只是表示了保留的态度而已,并未做进一步解释。

四、《史记》及其他各书中的"七十"与"七十二"

在先秦两汉时代的著作中,"七十"或"七十二"等数字经常出现,西汉时代太史公的《史记》尤为习见。例如《五帝本纪》称"尧立七十年得舜";《管蔡世家》称"(周公旦)放蔡叔,迁之,与车十乘,徒七十人";《十二诸侯年表》"孔子……干七十余君莫能用";《乐书》"汉家常以正月上辛祠太一甘泉……使僮男僮女七十人俱歌";《吴起列传》"坐射起者七十余家"。其叙述某人之年数,亦多谓其年"七十",如"居鄛人范增,年七十"(《项羽本纪》)、"魏有隐士曰侯嬴,年七十"(《信陵君列传》)、"西门豹为邺令……其巫,老女子也,已年七十"(《滑稽列传》),甚者,谓"平阳侯曹参,身被七十创"(《曹相国世家》),项羽、李广皆自谓其一生历"七十余战"(《项羽本纪》《李将军列传》),而《高祖本纪》谓汉高祖"左股有七十二黑子",黄沛荣氏《史记神秘数字探微》一文,举例甚多,其结论云:

> 上述诸例,如谓高祖左股有七十二黑子,谓项羽、李广身经七十余战,又谓侯嬴、范增、邺巫俱年七十,曹参身被七十创等,绝非实录,殆可断言。④

笔者将《史记》各篇依其体例:本纪、世家、表、书、列传的次序,将

---

① 张光远:《西周康侯簋考释》,《故宫季刊》1980 年 9 月第十四卷第三期,第 95 页。

②《中国历代战争史》说到殷周之际的战争,在分析周武王"孟津之会"时说:"视于两年后牧野之战,周之兵力不过四万五千人,以与殷纣之七十万人对比,自不敢冒昧以从事。"(第 74 页)在叙述牧野之战时,既据《周本纪》称:"纣闻武王率师前来,亦发兵七十万应战……"复加注释云:"根据《史记》卷四《周本纪》所载,此数字恐不免夸大不实。"(第 85 页)中国历代战争史编纂委员会编,黎明文化事业股份有限公司 1976 年版。

③ 许倬云《西周史》:"孟津观兵之后二年,据《史记·周本纪》,武王率戎车三百乘、虎贲三千人……据说诸侯会师的戎车有四千乘。纣发兵七十万人抵抗。这两个数字似乎都很可疑,当时殷商的总人口,以其疆域来说,未必能过一百万,如何能动员七十万众……"联经出版事业公司 1984 年版,第 89 页。

④ 黄沛荣:《史记神秘数字探微》,《孔孟月刊》1982 年 3 月二十一卷第三期,第 43 页。

有关"七十二""七十"及"七十余"等有关文句，加以摘录，共得约六十条①，其中"绝非实录，殆可断言"者，不胜列举。除了上引黄文所举诸例以外，其他如《五帝本纪》：

　　　尧曰：朕在位七十载。

《封禅书》记黄帝乘龙升仙：

　　　黄帝上骑，群臣后宫从者七十余人。

《田敬仲完世家》：

　　　田常乃选齐国中女子长七尺以上者为后宫……及田常卒，有七十余男。

《张仪列传》：

　　　（楚）列侯执珪死者七十余人。

《刘敬叔孙通列传》：

　　　今陛下起丰沛，大战七十，小战四十。

《滑稽列传》：

　　　王（齐威王）曰：此鸟不飞则已，一飞冲天……于是乃朝诸县令长七十二人……

而《周本纪》说牧野之战"纣发兵七十万人距武王"，《秦始皇本纪》记载修阿房宫及穿治郦山，征收的刑徒也是"七十余万"，这些数字都可以肯定不是具体的数字。

除了《史记》以外，在先秦两汉其他的著作中，"七十"这个数字也时常出现，只是不如在《史记》中出现之多而已。例如《左传·定公四年》祝佗曰：

　　　王于是乎杀管叔而放蔡叔，以车七乘，徒七十人。

《管子·五行》：

　　　日至，睹甲子木行御……七十二日而毕。

《孟子·梁惠王上》：

　　　鸡豚狗彘之畜无失其时，七十者可以食肉矣……七十者衣帛

---

① 见本文所附"附录"。

食肉，黎民不饥不寒……

《梁惠王下》：

> 文王之圃方七十里。

> 臣闻七十里为政于天下者，汤是也。

《公孙丑上》：

> 以德行仁者王，王不待大，汤以七十里，文王以百里……以德服人者，中心悦而诚服也，如七十子之服孔子也。

《公孙丑下》：

> 陈臻问曰：前日于齐，王馈兼金一百而不受，于宋，馈七十镒而受，于薛馈五十镒而受。

《滕文公上》：

> 夏后氏五十而贡，殷人七十而助，周人百亩而彻。

《离娄下》：

> 昔沈犹有负刍之祸，从先生者七十人，未有与焉。

《万章上》：

> 百里奚……年已七十矣。

> 大国地方百里……次国地方七十里……小国地方五十里……

《庄子·天运》：

> 孔子谓老聃曰：丘治诗书礼乐易春秋六经……以奸者七十二君。

《庄子·外物》：

> 杀龟以卜吉，乃刳龟，七十二钻而无遗荚。

《吕氏春秋·简选》：

> 殷汤良车七十乘，必死六千人……遂与桀战于鸣条之野。

《战国策·楚策》：

> 楚人不胜，通侯执珪死者七十余人，遂亡汉中。

《淮南子·缪称训》：

> 有国者多矣，而齐桓晋文独名，泰山之上有七十坛焉，而三王独道。

《说林训》：

黄帝生阴阳……此女娲所以七十化也。

《修务训》：

神农乃始教民播种五谷……尝百草之滋味，水泉之甘苦，令民知所避就，当此之时，一日而遇七十毒。

《泰族训》：

孔子欲行王道，东南西北七十说而无偶……

《韩诗外传》：

孔子升泰山，观易姓之王，可得而数者七十余人。

《伪六韬》：

太公曰：凡举兵师，以将为命……故将有股肱羽翼七十二人以应天道。

《论衡·自纪》：

人面色部，七十有余。

以上这些著作中的"七十"或"七十二"，当然都不是具体的数字。但是自汉代以后直至民国，这些数字，国人却经常地使用着，例如顾祖禹《读史方舆纪要》卷四十九：

操有疑冢七十二处，在河南彰德府临漳县故邺城北漳水上……

宋代周去非《岭外代答》卷一：

钦江南入海，凡七十二折，南人谓水一折为一遥，故有七十二遥之名。

宋代嘉泰《会稽志》卷九：

杭乌山在县北七十五里，旧经云：叠嶂七十二。

明代嘉靖《钱塘县志》纪胜云：

荆山，有七十二贤人峰。

清代嘉庆《山阴县志》：

山阴大城，又谓之蠡城，范蠡所筑治，周二十里，七十二步。

民国《海宁州志稿》卷二：

> 高阳山为东南诸山之长，率七十二峰。①

至于西游记称孙悟空七十二变，辛亥革命广州黄花岗七十二烈士，更是大家所熟知的。

五、"七十二"与"七十"及其意义

由于后世学者之中，有些不明了"七十二"或"七十"的特殊意义，误以为具体的数字，因此对于《史记》及其他各书中的这些数字，也就表示了不能理解，例如《封禅书》引管仲曰："古者封泰山，禅梁父者七十二家……"张守节《正义》云：

> 管仲所记自无怀氏以下十二家，其六十家无记录也。

《儒林列传》："此以混浊莫能用，是以仲尼干七十余君无所遇。"裴骃《集解》云：

> 后之记者失辞也。案《家语》等说，云孔子应聘诸国，莫能用，谓周郑齐宋曹卫康陈楚杞莒匡等。纵历小国，亦无七十余国也。

《孔子世家》称孔子"弟子盖三千，身通六艺者七十有二人"，《十二诸侯年表》《伯夷列传》《仲尼弟子列传》《儒林列传》《货殖列传》等篇，则简称为"七十子"，《儒林列传》称："自仲尼卒后，七十子之徒散游诸侯，大者为师傅卿相，小者友教士大夫，或隐而不见。"司马贞《索隐》云：

> 子夏为魏文侯师，子贡为齐鲁聘吴越，盖亦卿也，而宰予亦仕齐为卿，余未闻也。

《刺客列传》谓"其后（专诸之后）七十余年而晋有豫让之事"，裴骃《集解》引徐广曰：

> 阖闾元年至三晋灭智伯六十二年。

明代陶宗仪《辍耕录》云：

---

① 以上各条采自朱介凡：《七十二》，《东方杂志》复刊1968年4月第一卷第十期。

玉台诗："鸳鸯七十二，罗列自成行。"孟东野和蔷薇歌："仙机轧轧飞凤凰，花开七十有二行。"诗皆用七十二，不知何所祖？①

《韩非子·定法》：

> 故托万乘之劲韩，七十年而不至于霸王者，虽用术于上，法不勤饰于官之患也。

顾广圻曰："七十有误，或当作十七。"② 清代崔述对于《帝王世纪》载伊尹"年七十而不遇，汤闻其贤，设朝礼而见之"的传说，认为：

> 伊尹相汤以王天下，其在汤朝必历有年所，其后又相外丙、仲壬、太甲、沃丁，不下数十余年，则伊尹之遇汤当在中年，以为七十，误矣！③

以上诸家，都是学术史上的知名之士，其所以产生上述之怀疑，显然是对于"七十"这一数字的特殊意义，未能予以深究或留意的缘故。

其实，"七十二"或"七十"为我国古代的神秘数字，抗战期间，闻一多氏曾撰《七十二》一文，指出"七十二"是或与阴阳五行有关而泛表多数之意的一种虚数，有时举其整数则单称"七十"或泛称"七十余"，这一数字的使用，"发轫于六国时，至西汉而大盛"④。在古籍中，前代学者也曾有人以阴阳五行思想尝试解释这一数字，例如《史记·高祖本纪》谓高祖左股有七十二黑子，张守节《正义》云：

> 左，阳也。七十二黑子者，赤帝七十二日之数也。木火土金水各居一方，一岁三百六十日，四方分之，各得九十日，土居中央，并索四季，各十八日，俱成七十二日，故高祖七十二黑子者，应火德七十二日之征也。

《孔子家语·五帝》云："天有五行，水火金木土，分时化育，以成万

---

① 陶宗仪：《辍耕录》卷十七，"七十二"条，中国学术名著第六辑，读书札记丛刊第二集第九册，世界书局。

② 见王先慎：《韩非子集解》，《新编诸子集成》第五册，世界书局，第304页。

③《崔东壁遗书》，《商考信录》卷一，台北河洛图书出版社，第36页。

④ 闻一多：《七十二》，原刊西南联合大学师范学院《国文月刊》卷二二，收入《神话与诗》，台中蓝灯文化公司，第207~220页。

物。"王肃注云：

> 一岁三百六十日，五行各主七十二日也。化生长育，一岁之功，万物莫敢不成。

清代左暄《三余偶笔》卷五云：

> 七十二，乃天地阴阳五行之成数，亦盈数也，故言数之至者，多极之七十二。

近代学者除了闻一多等以外，也有人认识到了"七十二"并非具体的数字，例如刘师培《古籍多虚数说》一文云：

> 古人于浩繁之数，不能确指其目，则所举之数或曰三十六，或曰七十二。①

周法高氏在《上古语法札记》中，论九与七十二亦云：

> 十以上如十二、三十六、七十二，以及百、千、万等，都有表示虚数的可能。②

至于"七十二"这一数字，为何表示虚数而又泛指极多呢？杨希枚氏曾做过较深入的研究而提出了进一步的解释，他在《中国古代的神秘数字论稿》一文中称：

> 其实，七十二所以为神秘数字……而由于本身可说就是象征无与伦比的一个天地至极之数。因为在十数以下的十个天地数中，九、八两数分别为天数组和地数组的极数，七十二是这两个极数之积，自然就是至极之数了。所以就象征的意义来讲，七十二与七千二百万两数实际上并无差异，且如前文所说的，也就都具有天地交泰、繁与众多、至善至美，以至无上神秘的象征意义。③

杨氏认为七十二数字应是象征天地的两个数字，即八、九两数的积数，从而也就是象征至大无极且天地交泰与至善至美的意义的一个神秘极数。这

---

① 《刘申叔先生遗书》第三册，《左盦集》卷八，台湾大申书局，第1522页。
② 周法高：《上古语法札记》，《"中央研究院"历史语言研究所集刊》第二十二本，第203页。
③ 杨希枚：《中国古代的神秘数字论稿》，《"中央研究院"民族学研究所集刊》1972年第三十三期，第104页。

个解释使我们认识了此一数字的真正意义，在古籍中由此一数字而引起的疑惑，也可一举而廓清。

六、结 论

从以上的讨论，可知牧野之战纣军"七十万"之说，最初见于《史记·周本纪》，而"七十二""七十"或"七十余"都不是具体的数字，它是我国古代表示"至大无极"的一种神秘数字，应已成定论。西汉时代此一数字最为盛行，太史公在《史记》之中，尤为常用。因此，《史记·周本纪》载牧野之战纣军"七十万"不是具体的数字，而是泛称极多之意，也应无争论才是。但是，纣军兵力究有多少？我们仅能推知远较武王的周军为多，其确实的数字，恐怕是无从稽考的了。

附录：《史记》各篇有关"七十""七十余""七十二"的记载

《五帝本纪》：

尧曰：嗟，四岳！朕在位七十载。

尧立七十年而得舜。

《周本纪》：

帝纣闻武王来，亦发兵七十万人距武王。

《秦本纪》：

百里傒年已七十余。

《秦始皇本纪》：

（始皇三十四年）始皇置酒咸阳宫，博士七十人前为寿。

（始皇三十五年）侯生卢生相与谋曰：博士虽七十人，特备员弗用。

（始皇三十五年）作宫阿房……徒刑者七十余万人。

（始皇三十七年）始皇初即位，穿治郦山。及并天下，天下徒送诣七十余万人。

《项羽本纪》：

居鄛人范增，年七十，素居家，好奇计……

项王……谓其骑曰：吾起兵至今八岁矣，身七十余战。

《高祖本纪》：

高祖为人……左股有七十二黑子。

（六年）封……子肥为齐王，王七十余城。

《吕后本纪》：

今王有七十余城，而公主迺食数城。

《孝武本纪》：

（少君）匿其年及所生长，常自谓七十。

封禅七十二王，唯黄帝得上泰山。

《三代世表》：

尧知契、稷皆贤人，天之所生，故封之契七十里。

《十二诸侯年表》：

是以孔子明王道，干七十余君，莫能用。

七十子之徒，口授其传指，为有所刺讥。

《乐书》：

汉家常以正月上辛祠太一甘泉……使僮男僮女七十人俱歌。

《律书》：

九九八十一以为宫，七十二以为商。

《封禅书》：

管仲曰：古者封泰山禅梁父者七十二家。

其后百有余年，而孔子论述六艺，传略言易姓而王，封泰山禅乎梁父者七十余王矣……

（秦始皇）即帝位三年……于是征从齐鲁之儒生博士七十人，至乎泰山下。是时李少君……匿其年及其生长，常自谓七十（公孙卿）曰：封禅七十二王，唯黄帝得上泰山封。

黄帝采首山铜，铸鼎于荆山下，鼎既成，有龙垂胡髯下迎黄帝，黄帝上骑，群臣后宫从上者七十余人……

《平准书》：

汉兴七十余年之间至今上即位数岁。

其明年，山东被水菑……乃徙贫民于关以西，及充朔方以南新秦中，七十余万口……

《齐太公世家》：

厉公暴虐……齐人乃立厉公子赤为君，是为文公，而诛杀厉公者七十人。

《管蔡世家》：

周公旦……杀管叔，而放蔡叔，迁之，与车十乘，徒七十人从。

楚灵王以灵侯杀其父，诱蔡灵侯于申，伏甲饮之，醉而杀之，刑其士卒七十人。

《楚世家》：

（楚怀王）十七年春，秦……虏我大将军屈匄，裨将军逢侯丑等七十余人。

秦之武遂去韩之平阳七十里（韩已得武遂于秦，以遂去七十里）。

《魏世家》：

为我杀范痤，吾请献七十里之地。

《田敬仲完世家》：

田常乃选齐国中女子，长七尺以上者为后宫……及田常卒，有七十余男。

《孔子世家》：

孔子……弟子盖三千焉，身通六艺者七十有二人。

《齐悼惠王世家》：

高祖六年，立肥为齐王，食七十城。

《外戚世家》：

武帝年七十，乃生帝昭帝。

《萧相国世家》：

列侯毕已受封，及奏位次，皆曰：平阳侯曹参，身被七十创，攻城略地，功最多，宜第一。

《曹相国世家》：

参以右丞相属韩信……定齐，凡得七十余县。

参之相齐，齐七十城。

《梁孝王世家》：

广睢阳城七十里。

《伯夷列传》：

且七十子之徒，仲尼独荐颜渊为好学。

《老子·韩非列传》：

始秦与周合，合五百岁而离，离七十岁而霸王者出焉。

《孙子·吴起列传》：

太子立，乃使令尹尽诛射吴起而并中王尸者。坐射起而夷宗死者七十余家。

《仲尼弟子列传》：

太史公曰：学者多称七十子之徒……

《张仪列传》：

楚尝与秦构难，战于汉中，楚人不胜，列侯执珪死者七十余人，遂亡汉中。

《白起王翦列传》：

武安君所为秦战胜攻取者，七十余城。

《平原君虞卿列传》：

且遂闻汤以七十里之地王天下。

《魏公子列传》：

侯嬴，年七十。

《范雎蔡泽列传》：

身所服者七十余城，功已成矣。

《乐毅列传》：

乐毅……下齐七十余城。

《田单列传》：

而齐七十余城皆复为齐。

《刺客列传》：

（专诸之后）其后七十余年而晋有豫让之事。

《淮阴侯列传》：

下齐七十余城。

《郦生陆贾列传》：

淮阴侯闻郦生伏轼，下齐七十余城。

《刘敬叔孙通列传》：

今陛下（指刘邦）起丰沛……大战七十，小战四十。

《太仓公淳于意列传》：

阳庆……庆年七十余。

《吴王濞列传》：

故王孽子悼惠王王齐七十余城。

《李将军列传》：

广谓其麾下曰：广结发与匈奴大小七十余战。

《匈奴列传》：

汉使骠骑将军去病将万骑出陇西……过居延，攻祁连山，得胡首虏三万余人，禅小王以下七十余人。

《南越列传》：

其相吕嘉年长矣，相三王，宗族官仕为长吏者七十余人。

《司马相如列传》：

汉兴七十有八载，略可道者七十二君。

于是大司马进曰：……或谓且天为质暗，珍符固不可辞……说者尚何称于后，而云七十二君乎？

《淮南衡山列传》：

（厉王）令男子但等七十人与棘蒲侯柴武太子奇谋……反谷口。

大夫但、士五开章等七十人与棘蒲侯太子奇谋反，欲以危宗庙社稷。

《儒林列传》：

世以混浊莫能用，是以仲尼干七十余君，无所遇……

自孔子卒后，七十子之徒散游诸侯……

《大宛列传》：

大宛在匈奴西南，在汉正西……其属邑大小七十余城。

《滑稽列传》：

王（齐威王）曰：此鸟不飞则已，一飞冲天，不鸣则已，一鸣惊人。于是乃朝诸县令长七十二人……

太公躬行仁义七十二年。

西门豹为邺令……其巫，老女子也，已年七十……

《货殖列传》：

七十子之徒，赐最为饶益。

拾肆　试论周人先世传说与先周考古

一

20 世纪以来，中国的考古工作不论在史前时期或其他历史时期，都获致了丰硕的成果，受到世人的重视。其中夏商周三代的考古工作，更具有特殊的意义，那就是考古发掘与文献记载的古代历史密切结合。一般而言，夏商周三代的考古发掘，大致是循着文献资料的线索而进行的，其结果不仅以地下史料印证了古史传说，而且以前人所不知的考古遗存，丰富了古史研究的内涵。所以夏商周三代的考古，不仅是"考古学"本身的工作而已，更与"历史学"具有密切的关系。

众所周知，"三代"的考古收获与文献记载结合，使中国上古史的研究得到很大的进展，如甲骨文的发现与《史记·殷本纪》所载殷代帝王谱系的印证，殷代重要遗址出土与殷都的讨论；河南"二里头类型文化"的发现，以及夏代考古与夏文化的探索；陕西岐山周原遗址与周原甲骨的发现，以及西周历史与殷周关系的研究，都呈现了令人意想不到的结果。

二

我们必须指出的是，夏商周三代考古工作的进行，其所以能够顺利地开展并得到重大的收获，古代文献记载的传说史料，提供了重要的线索是一大关键。所以，前辈学者如王国维、徐旭生诸先生早已指出，古代文献记载的传说资料须受到应有的重视。王氏曾提出"二重证据法"，主张"以地下材料，印证纸上材料"，又认为"传说之中有史实为之素地"①；徐氏更有专文与专书讨论古史传说的问题②，1959 年徐氏领导夏代考古与夏文化探索的工作，也是依据文献记载的线索而展开的③。

在"三代"考古之中，"先周文化"的考古近十几年来已有许多发掘，是一项极有意义的工作，受到考古学者及历史学者的重视。目前，学者之间对于"先周文化"的讨论，在时代、文化渊源、分布地区等方面，还存在着许多歧见，相信经过一段时间的讨论之后，应可逐渐取得共识，为先周考古开创新局。但在讨论此一问题时，当然"仅仅从传说中的文献记载中去加以探讨和研究是很难理出一个眉目的，它必须结合考古调查和发掘的研究成果来加以探索和复原"④。但是，我们应该强调的是：考古调查和发掘，仍须循着传说中的文献记载作为线索，才是正确的途径，从夏商周三代考古的经验中，足以证明这一点。当然，传说中周人先世的活动地区，仍有见仁见智的不同，这些文献资料的研究如传说中"周都"地望的考证，应是"先周文化"探索及"先周考古"工作的一部分，因为这些传说史料的考证，将是考古调查和发掘的重要依据，也是先周考古成败的关键。

三

关于"先周文化"的命名，应是 20 世纪 70 年代末 80 年代初由邹衡先生提出的⑤，邹先生认为，"先周文化是指武王克商以前周人的早期文化""先周文化的年代，大约相当于商代祖甲以后直到商纣灭亡"，而"先周文化"是由：一、来自殷墟文化为代表的商文化；二、从光社文化分化出来的姬周文

---

① 王国维：《古史新证》，《王观堂先生全集》第六册，台北文华出版公司。
② 徐炳昶、苏秉琦：《试论传说材料的整理与传说时代的研究》，《史学集刊》1960 年第五期，国立北平研究院。
③ 徐旭生：《一九五九年夏豫西调查"夏墟"的初步报告》，《考古》1959 年第一一期。
④ 胡谦盈：《试谈先周文化及相关问题》，《中国考古学研究——夏鼐先生考古五十年纪念论文集（二）》，科学出版社 1986 年版，第 64 页。
⑤ 邹衡：《论先周文化》，《一九七九年中国考古学第一次年会论文集》，文物出版社 1980 年版，第 153 页；《商周考古》，文物出版社 1979 年版，第 144 页；《论先周文化》，《夏商周考古学论文集》第七篇，文物出版社 1980 年版；《再论先周文化》，《周秦汉唐考古与文化国际学术会议论文集》，西北大学学报编辑部 1988 年版，第 19 页。

化；三、来自辛店、寺洼文化的姜炎文化相互融合形成的①。目前，有关
"先周文化"的命名和时代，似已无可争议，但是，对于周族的起源和"先周
文化"的渊源，从文献资料和考古资料的解释上，一直存在着两大不同的看
法：一是起源于山西汾水流域，一是起源于陕西泾渭中上游。这两种歧异的
看法，从 20 世纪 30 年代迄今，一直存在着。1931 年钱穆先生在《周初地理
考》一文中，主张周族发祥地在山西省南部的新绛、闻喜一带，到古公亶父
时才西迁陕西境内②。1936 年齐思和先生著《西周地理考》，认为周族起源于
陕西泾渭中上游一带，较为坚持传统的说法，对钱氏之说不以为然③。近十几
年来，讨论周族起源或"先周文化"问题，似仍不外这两大主张。李仲立④、
王玉哲⑤、杨升南诸先生⑥，从文献资料分析考证，基本观点倾向山西说；而
胡谦盈⑦、戴彤心诸先生⑧，则倾向陕西说；黄怀信先生似以陕西说为主，而
有调和二说之意⑨。

就考古学的发掘和研究而言，徐锡台先生认为："早周文化可能是从客省
庄二期文化的基础上接受了一些齐家文化的因素而发展起来的，换言之，早
周文化是起源于客省庄二期文化，在它发展的后期，受了殷商文化的影响而
形成西周时期的社会经济形态。"⑩ 尹盛平先生同意此一观点⑪，张忠培先生

---

① 邹衡：《夏商周考古学论文集》，第 353 页。
② 钱穆：《周初地理考》，《燕京学报》1931 年第十期。
③ 齐思和：《西周地理考》，《燕京学报》1936 年第三十期。
④ 李仲立：《试论先周文化的渊源——先周历史初探之一》，《社会科学》1981 年第一期。
⑤ 王玉哲：《先周族最早来源于山西》，《中华文史论丛》1982 年第三辑。
⑥ 杨升南：《周族的起源及其播迁》，《人文杂志》1984 年第六期。
⑦ 胡谦盈：《浅谈先周文化分布与传说中的周都——姬周民族起源探索之二》，《华夏文明》1990
　年第二集。
⑧ 戴彤心：《试论先周文化》，《周秦汉唐考古与文化国际学术会议论文集》，西北大学学报编辑
　部 1988 年版。
⑨ 黄怀信：《先周族及其文化的渊源与流转》，黄氏认为，周族渊源与迁转路线为：杜（姜
　嫄）—漆（弃）—闻喜（弃或后世后稷）—太原（不窋）—庆阳（不窋、鞠）—邠邑（公
　刘）—岐山（古公亶父）—沣（文王）。
⑩ 徐锡台：《早周文化的特点及其渊源的探索》，《文物》1979 年第十期，第 50 页。
⑪ 尹盛平：《从先周文化看周族的起源》，《西周史研究》，人文杂志丛刊第二辑，人文杂志编辑
　部 1984 年版；《先周文化与周族起源》一文认为"客省庄二期文化与西周文化之间存在着一个
　先周文化，三者之间的文化序列为：客省庄二期文化→先周文化→西周文化"，见《华夏文
　明》第二集，第 51 页。

则不表同意①。卢连成先生认为，"甘肃地区辛店文化和寺洼文化有可能是先周文化形成的重要源流之一，而齐家文化则有可能是辛店文化、寺洼文化乃至先周文化的祖源"②；王克林先生则从山西的考古发掘资料，寻找"先周文化"的渊源，而认为"先周文化当源于山西汾水流域中、下游的晚期龙山文化或二里头文化的东下冯类型，而历史时期的周文化，正是在先周文化的基础上，随着周部族的发展、迁徙，最终在陕西关中渭水流域固定下来……"③

从以上对周族起源的讨论过程中，可见不论从文献资料或考古资料，各家的意见仍有分歧，这种分歧的意见，随着先周考古工作的进行，应该逐渐取得初步的共识才是。

四

前已言之，夏商周三代的考古，是根据文献记载的传说史料为线索，取得了丰硕的考古成果，也开展了古史的研究。先周考古和先周文化的探索，也必须循着同样的途径，才能获致预期的收获。

事实上，早期对周秦文化的考古调查，就是循着文献记载的资料进行的。20 世纪 40 年代中央研究院历史语言研究所在陕西长安、武功、郇邑、邠县、岐山等地，对传说中的周都邰、豳、岐及丰、镐进行的勘察④，苏秉琦先生对宝鸡斗鸡台沟东区的调查和发掘⑤，都是根据了文献记载的传说史料而进行的。

关于周人先世的传说，古代文献多属零散的记载，如《诗·大雅·绵》《皇矣》《公刘》《文王有声》诸篇，以及《孟子·梁惠王下》《庄子·让王》《吕氏春秋·审为》有关太王迁岐的记载等皆是。比较有系统的西周史著作，自然是《史记·周本纪》。

---

① 张忠培：《客省庄文化及其相关诸问题》，《考古与文物》1980 年第四期。
② 卢连成：《扶风刘家先周墓地剖析——论先周文化》，《考古与文物》1985 第三期，第 48 页。
③ 王克林：《试论齐家文化与晋南龙山文化的关系——兼论先周文化的渊源》，《史前研究》1983 年第二期，第 76 页。
④ 石璋如：《传说中周都的实地考察》，《"中央研究院"历史语言研究所集刊》第二十本下册。
⑤ 苏秉琦：《斗鸡台沟东区墓葬》（节选），《苏秉琦考古学论述选集》，第 3 ~ 58 页。

据《史记·周本纪》载，周人先世的谱系自后稷至武王共十五世，他们是：后稷—不窋—鞠—公刘—庆节—皇仆—差弗—毁隃—公非—高圉—亚圉—公叔祖类—古公亶父—季历—昌（文王）—发（武王）。

在《尚书》里，后稷与禹属于同一时代，而武王则与殷末的纣王同时。据《史记·夏本纪》，夏代自禹至履癸（桀）共十四世，而殷商自成汤至纣王共传十七世，《周本纪》所载周人先世的谱系，等于夏商二代之总和，但夏商两代共有三十一世，而《周本纪》载周人先世仅十五世，显然不合理。故谯周《古史考》称："《国语》云：世后稷以服事虞夏，言世稷官，是失其代数。"《周本纪》称："不窋末年，夏后氏政衰，去稷不务，不窋以失其官而奔戎狄之间。不窋卒，子鞠立。鞠卒，子公刘立。公刘虽在戎狄之间，复修后稷之业。……周道之兴自此始。"

周人传说的早期"世系"，可能是由于不窋"奔戎狄之间"而模糊，它的真正谱系应较《周本纪》所载为长才是。

关于传说中周人早期的"都邑"及活动地区，据丁山先生的考证，有后稷所居的"邰"，在今陕西省武功县西南；不窋所窜的"戎狄之间"，在"今甘肃省安化县南尉李故城"；公刘所居的"豳"，在"陕西省郇邑邠（彬）县间"；古公亶父所居的"岐"，"在陕西省岐山县东北境"。近十几年来"先周文化"遗存，在这些地区已有极为重要的发现，例如武功郑家坡①，位于后稷居邰的地区；彬县附近的碾子坡②，则位于公刘居豳的地区；至于古公亶父所迁居的岐山地区，先周文化遗存和墓葬更为普遍，如扶风县的刘家③、岐山县的贺家村④、凤翔县的西村等⑤，与传说史料记载的周族早期活动地区相符合。

对于周族早期历史的探索，个人有以下几点浅见：在"先周文化"的断代上，我们应把考察的重点放在公刘居豳到太王迁岐这一阶段上，因为自20

---

① 《陕西武功郑家坡先周遗址发掘简报》，《文物》1984年第七期。
② 碾子坡遗址对先周考古具有重要地位，可参《南邠州·碾子坡》，社会科学院考古所2001年版。
③ 《扶风刘家姜戎墓葬发掘简报》，《文物》1984年第七期。
④ 《岐山贺家村周墓发掘简报》，《考古与文物》1980年第一期。
⑤ 《凤翔南指挥西村周墓的发掘》，《考古与文物》1982年第四期。

世纪 70 年代周原发现以后，有关季历、文王、武王这一阶段的历史，已逐渐较为清楚，而探索周族的最早渊源，无论是文化方面或民族方面，所具备的条件不易齐备，恐难很快就获得明确的结论，所以先周考古的重点应放在公刘到古公迁岐这一阶段，或较容易进行。至于考察的地区，自然应着重在泾水、渭水的中上游。就古史传说与考古发掘的分布情形而言，泾渭流域的中上游地区，的确是探索"先周文化"不能忽视的地区，即就古史传说"不窋窜于戎狄之间"而言，丁山先生主张在"甘肃省安化县南尉李故城"；穆长青先生认为是"北豳"，即今甘肃省庆阳县、宁县一带①；胡谦盈先生也认为"不窋故城"的地望应是今日甘肃省庆阳县境内或其附近②。而赵铁寒先生于20 世纪 60 年代即考辨"太原"的地望应在"梁岐之下"③，相信这些文献记载资料及学者的研究，应可为"先周考古"提供正确的线索。

---

① 穆长青：《略论周先祖在北豳的创业活动及南迁》，《西北大学学报》（哲学社会科学版）1985年第二期。
② 胡谦盈：《浅谈传说中的周都与先周文化的分布——姬周民族起源的探索》，《华夏文明》第二集，第 69 页。
③ 赵铁寒：《太原辨》，《古史考述》，台北正中书局 1965 年版，第 297 页。

拾伍　试论春秋时代的诸夏意识

一、前　言

　　春秋时代①，王纲解纽，封建与宗法正趋于崩溃之中，"诸侯恣行，淫侈不轨，贼臣篡子滋起矣"②，使西周以来以宗法为纽带所建立的封建关系和国际秩序，发生了根本的动摇，而戎狄交侵，更为诸夏国家带来共同的严重威胁。

　　由于戎狄的分布与诸夏交错，饮食、衣服、语言、习俗与礼制，彼此有其显著的不同，"文化深演，则目为诸华、诸夏；文化浅演，则称为蛮夷与戎狄"③"诸夏文化程度高，蛮夷文化落后"④，所以诸夏一旦受到戎狄的威胁，则一种文化沦丧的痛觉，以及诸如"吾其披发左衽矣"的忧惧，远较政治变动的感受为深切。《公羊传》称："春秋内其国而外诸夏、内诸夏而外夷狄。"⑤所以严夷夏之防实为春秋时代重要的历史特征之一。

　　春秋诸夏意识的兴起，似始于齐桓公的创霸，《左传·闵公元年》载，狄人伐邢，管仲建议桓公出兵援助时说："戎狄豺狼，不可厌也；诸夏亲昵，不可弃也。"⑥ 此后齐桓公以"尊王攘夷"为号召的霸政，实以唤起诸夏意识作

---

① 春秋的起讫年代并无定说，《春秋》一书起于鲁隐公元年至鲁哀公十四年（公元前722～前481年），《左传》则止于哀公二十七年（公元前722～前468年），《资治通鉴》始于周威烈王二十三年（公元前403年），一般作为战国之起年。本文对于春秋之起讫年代并无特别之界定。
② 《史记·十二诸侯年表·序》。
③ 钱穆：《民族与文化》，联合出版中心1960年版，第2页。
④ 陈槃：《春秋列国的兼并迁徙与民族混同和落后地区的开发》，《"中央研究院"历史语言研究所集刊》第四十九本第四分，第703页。
⑤ 《公羊传·成公十五年》。
⑥ 《左传·闵公元年》。狄人攻邢在庄公三十二年。

为推展的基础，而诸夏意识似乎又是直接由戎狄的刺激所引发起来的。

但是，从文献记载上考察西周时代，至少从中期以来即不断地有蛮夷戎狄之患，自昭、穆以至西周之亡，几乎与外患相终始。昭王南征不复，死于汉水之上①；穆王西征，结果"荒服不至"②；而东方的徐偃王"乃率九夷以伐宗周"③；共、懿、孝、夷四世"年纪不明"④，但相传懿王时"自镐京徙都犬丘"与戎狄交侵有关⑤；厉王无道，东夷反叛⑥，西方戎患尤为严重⑦；宣王号称中兴，"薄伐猃狁""薄伐西戎"，但晚年"战于千亩，王师败绩于姜氏之戎"⑧；而"赫赫宗周"，最后竟亡于戎祸。

从以上简略的叙述看来，终西周之世，戎狄之患未尝间断，但在有关文献的记载里，却看不出有诸夏或华夏意识的出现，何以到东周时代封建诸侯一旦受到戎狄的威胁，便出现了"诸夏"意识？

分析春秋时代的"诸夏"，具体地说主要就是周初的封建诸侯，它们大多散布在黄河流域的中下游，其中以姬姓国家最多⑨，且控制着形势重要之地。这些封建国家彼此之间以及与周天子之间，都存在着宗法和封建的关系，它们之中，不论"诸姬"或姬姓之外的某些国家，何以到了春秋时代却自称"诸夏"或"华夏"？这是由于周人早期与夏有密切的关系？还是由于有些封建诸侯系分布在原来的"有夏之居"？抑或由于因袭了夏文化的缘故？都很值得做进一步的探讨。

---

① 《左传·僖公四年》。又见《吕氏春秋·音初》《史记·周本纪》，昭王伐楚之事，在史墙盘铭里已得印证。近人有主张昭王南征不复并非死于战争，见唐兰：《论周昭王时代的青铜器铭刻》，《古文字研究》1981 年 1 月第二辑；杨宽：《天问疏证》，台北木铎出版社 1982 年版。
② 《国语·周语上》《史记·周本纪》。
③ 关于徐偃王之传说见于《韩非子·五蠹》《淮南子·人间训》《史记·秦本纪》，《后汉书·东夷传》综合诸家之说，叙述较详。
④ 《帝王世纪》云："周自共至夷四世，年纪不明。"《太平御览》卷八五引。
⑤ 《史记·周本纪》《索隐》引宋衷曰："懿王自镐徙都犬丘，一曰废丘。"《汉书·匈奴传》云："懿王时戎狄交侵，中国被其苦，诗人始作疾而歌之曰：靡室靡家，猃允之故。"
⑥ 《后汉书·东夷传》。金文无曩簋铭、虢仲盨铭皆记载伐淮夷之事，见郭沫若：《两周金文辞大系考释》，台北大通书局，第 120 页。
⑦ 《竹书纪年》称："厉王无道，戎狄寇掠，乃入犬丘，杀秦仲之族，王命伐戎，不克。"
⑧ 《国语·周语上》。
⑨ 《荀子·儒效》称，周公立七十一国，姬姓独居五十三人；《史记·汉兴以来诸侯王年表》则说："封国数百，而同姓五十五人。"所谓"封国数百"可能系就原有旧邦或东方文明古国加以笼络，其殖民分封应以姬姓为主。

春秋时代的"诸夏"意识，似乎是由于王纲解纽，宗法的亲亲精神日趋淡泊，而戎狄交侵，封建诸侯普遍产生"危机意识"之下所形成的。齐桓公"尊王攘夷"，会盟定霸，基本上仍是这种"危机意识"的流露。例如援邢复卫、南责荆楚、"葵丘之会"倡言"凡我同盟之人，既盟之后言归于好"等表现①，便是经由"危机意识"所激发的"诸夏"意识而来的。

但是，自桓、文以后，宗法的亲亲精神实际上已经日远日薄②，现实的政治矛盾与利害冲突，使"诸姬"之间犹无宗法亲亲感情可言，遑论其他。然而"诸夏"意识却并未随着宗法亲亲精神的淡薄与封建国家的兼并而消退，反而有日趋发展和扩大之势，这种现象，自然应从三代文化的发展来加以考察。夏商周三代虽经变革，但在文化上却有一脉相承的渊源。《论语·为政》载孔子曰"殷因于夏礼……周因于殷礼"，春秋时代的诸夏文化，显然是融和了三代文化并具有较高的水准，与戎狄文化产生了显著的差距。所以春秋时代不论宗法观念如何地衰退，封建兼并如何的残酷，"用夏变夷"则视为当然，"用夷变夏"则期期以为不可。因此，诸夏意识的形成发展和扩大，在上古时代，实具有重大的意义，是值得我们加以留意的问题。

二、春秋以前的夏与诸夏

在古代文献里，多以夏商周为"三代"，"夏"是朝代的名称，同时也是族称③。据《史记·夏本纪》载，夏代自禹至履癸（桀）共十四代十七王，

---

① 葵丘之会在《春秋·僖公九年》（公元前 651 年）。《左传·庄公十五年》，《史记·十二诸侯年表》《史记·齐世家》，皆以"鄄"之会为"齐始霸"。
② 徐复观：《封建政治社会的崩溃及典型专制政治的成立》，见《周秦汉政治社会结构之研究》，香港新亚研究所 1972 年版，第 65～66 页。
③《白虎通·号》云"夏商周者，有天下之号也"；蒋逸雪《三代释名》一文主张"三代之名，皆袭用各民族之本称，非别命国号"，《东方杂志》第四十三卷第四号，第 33 页；田继周《夏代的民族和民族关系》一文认为"夏族这个族称，是由于夏国或夏朝的建立而得名的，夏国或夏朝又由于'禹受封为夏伯'或'国号夏后'而来的"，《民族研究》1985 年第四期，第 28 页；唐兰：《略论西周微史家族窖藏铜器的重要意义》，断史墙盘为共王时器，铭文有"上帝司夏尤保"之句，可能为铜器中所见最早的一个"夏"字，但含义不指夏朝，《文物》1978 年第三期。

凡四百余年①，但是殷革夏命之后，在殷商的卜辞中似乎没有留下什么有关夏人的记录②；武王克商，在周初的文献里，周人曾提到"先古有夏"，并自称"夏"或"有夏"③，但是西周三百余年，有关夏人活动的资料也极为缺乏。历史上有没有夏代曾经一度受到怀疑④，在夏民族起源的讨论中，也曾有过汉水、泯江的推测⑤，但是，经过二十多年来的夏代考古与夏文化的探索，夏代的存在，不论从文献记载或考古发掘来看，都是肯定的。只是"夏商周三个国可能都是同时存在的，只是其间的势力消长各代不同罢了"⑥。

"夏"既是"有天下之号"，又是"族称"，或以为因地而得名⑦。不过，值得我们注意的应该是"夏"字的意义。《尔雅·释古》和《方言》都说"夏，大也"，许氏《说文》称：

> 夏，中国之人也，从夂、从页、从臼。臼，两手；夂，两足也。

汉唐以来，学者多以夏为中国，复具有"大"意⑧。"夏引申为大，表示

---

① 《史记·夏本纪·集解》引《汲冢纪年》云："有王与无王，用岁四百七十一年矣。"据董作宾氏考证："夏总年，自禹元年（公元前2183年）至履癸五十一年（公元前1751年）共432年。一包含寒浞四十年在内。"见《中国上古史年代》，《平庐文存》上册，台北艺文印书馆1963年版，第3页。

② 叶玉森《殷契钩沉》以卜辞中 𦭭、𦭮、𦭯 诸字并象蝉之绥首翼足之形，认为蝉乃最著之夏虫，"闻其声即知其夏矣"！然以上述各字作为夏字，学者多不从其说。参李孝定：《甲骨文字集释》，《"中央研究院"历史语言研究所专刊》之五十，第3939～3944页。

③ 《尚书》中《康诰》《召诰》《君奭》《立政》等篇。

④ 例如杨宽：《说夏》，原刊《禹贡》半月刊，七卷六、七合期，收在《中国上古史导论》第十篇，《古史辨》第七册上篇，第277～292页；陈梦家：《商代的神话与巫术》，主张"夏世即商世"，夏之十四世即商的先公先王十四世，《燕京学报》第二十期，台北东方文化书局影印，第491～494页。

⑤ 章太炎《中华民国解》一文认为"质以史书夏之为名，实因夏水而得，是水或谓之夏，或谓之汉，或谓之漾，或谓之沔……"见《章太炎文录·别录一》，台北西南书局；罗香林：《夏民族发祥于泯江流域说》，《说文月刊》三卷九期。

⑥ 张光直：《从夏商周三代考古论三代关系与中国古代国家的形成》，《屈万里先生七秩荣庆论文集》，联经出版事业公司1978年版，第300页。

⑦ 张光直《夏商周三代都制与三代文化异同》主张"三代国号皆本于地名"，"夏"即初都大夏而来。《"中央研究院"历史语言研究所集刊》1984年3月第五十五本一分。

⑧ 例如《尚书·舜典》："蛮夷猾夏。"（清人以此句抄自《左传》。）孔疏云："夏，大也，中国有文章光华礼仪之大。"《尚书·武成》："华夏蛮陌，罔不率俾。"孔疏："华夏，谓中国也。"段玉裁《说文解字注》云："夏为中国之人，引申之义为大也。"

夏代是一个大国。"① 许慎《说文解字》释"夏"为"中国之人"并无不妥，但如果说"从文，从页（首），从臼"，以有头具两手两足为"中国之人"的特征，显然也是值得商榷的。

"夏"字的结构，后人就许氏《说文》加以申论者颇多，其中不免有所附会，例如清孔广居《说文疑疑》云：

夏者，禹有天下之号也，从臼，手所持也，从夊，足有所躐也，象神禹之八年治水也。②

这种解释令人难以苟同，自不必多说。朱骏声《说文通训定声》云：

从页、臼、夊，象人当暑燕居，手足表露之形。

这是与季节的夏产生了联想。或以为"夏"是图腾的形象③，恐亦不妥。戴君仁氏《释夏》一文认为：

夏之为语，本为表大之词，而字形则象舞，盖为盛大之歌舞，疑与雩是一字。祈雨之祭，古之所重，祭时所用歌舞，声容盛大，故名之为夏，造为文字，象人形舞。④

把"夏"字释为人形舞，自然较胜。但如果从夏民族具有较高文化程度这一观点来加以考察，也许对许慎释夏谓"中国之人也"可以得到进一步的认识。《左传·定公十年》："裔不谋夏，夷不乱华。"孔颖达《正义》云：

中国有礼仪之大，故称夏；有服章之美，故谓之华。

所以"华夏"之名，意即衣冠华美的大国。衣冠的作用，不仅隐形蔽体，也可以借着衣冠的文采，表德劝善，另外也可以用衣冠作为刑罚的象征⑤，所以衣冠之制有别尊卑、寓赏罚的意义，这正是国家体制的发轫⑥。《礼记·王

---

① 田倩君：《中国与华夏称谓之寻原》，《大陆杂志》，《史学丛书》第三辑第一册，第51页。

② 孔广居：《说文疑疑》，《丛书集成初编》，台湾商务印书馆。

③ 赵铁寒《夏民族的图腾演变》一文，认为"夏"是图腾形象，夏图腾又为蛇图腾蜕化而来，原刊"中央研究院"历史语言研究所《庆祝董作宾先生六十五岁诞辰论文集》，1963年；收入《古史考述》，正中书局1965年版。

④ 戴君仁：《释夏》，《中国文字》1964年第十三期，第1451~1452页，台湾大学文学院古文字学研究室。

⑤ 《尚书大传》："唐虞象刑，而民不敢犯……上刑，赭衣不纯；中刑，杂屦；下刑，墨幪。以居州里而民耻之。"《四部丛刊初编》卷一下，台湾商务印书馆，第17页。

⑥ 朱云影：《中国衣冠文明对日韩越的影响》，原刊《第二届亚洲历史学家会议论文集》，收入《中国文化对日韩越的影响》，黎明文化事业公司1981年版，第557~558页。

制》云：

> 东方日夷，被发文身；南方日蛮，雕题交趾；西方日戎，披
> 发衣皮；北方日狄，衣羽毛穴居。

夷蛮戎狄并不在于他们的东南西北的方位，而是文化的水准较低，其与华夏不同的特征之一，就是未着衣冠。所以衣冠为古代中国文明的象征，区别夷夏的明显标记。小篆的"夏"（𡕲）字，似乎就是一个盛着衣冠的人形。或许夏代即已具备了以衣冠为特征的较高文化，为其他落后的部族所不及，直到春秋时代，戎狄披发左衽，与华夏之衣冠不同，成为鲜明的对比。

夏为"中国之人"，除了文明程度较高以外，似乎还有地理上的意义，那就是夏人活动的中心地区——伊洛河济一带，自古即称为"天下之中"。

关于夏人活动的地区，傅斯年先生曾将有关文献记载中的"夏迹"加以辑次，做过如下的推测：

> 夏之区域，包括今山西省南半，即汾水流域，今河南省之西部中部，即今伊洛嵩高一带，东不过平汉线，西有陕西一部分，即渭水下流。[1]

丁山氏则就文献上记载的夏人都邑十处，考证其地望，并根据夏都的分布，推测夏为"中原固有之民族也"[2]。傅、丁二氏早年从文献上所推测的夏人活动区域的范围，由后来夏代考古发掘的成果来看，大体上是正确的[3]。

夏代的考古始于 1959 年徐旭生豫西夏墟的调查，徐氏根据文献记载中有关夏代都邑分布的记载，加以分析，认为有两个区域与夏的关系特别密切。一是河南省的洛阳平原及其附近，尤其是颖水的上游、登封、禹县等地；另一个是山西省西南部[4]。夏墟的调查，揭开了夏代考古的序幕，因有河南偃师

---

[1] 傅斯年：《夷夏东西说》，中央研究院历史语言研究所《庆祝蔡元培先生六十五岁论文集》下册，1935 年。

[2] 丁山：《由三代都邑论其民族文化》，《"中央研究院"历史语言研究所集刊》1935 年五本一分。

[3] 傅氏谓夏之区域"东不过平汉线"，略嫌保守，可能是为了配合其"夷夏东西说"才做了这样的截然的划分；丁氏以胤甲都西河，在陕西郃阳县附近；赵铁寒《夏诸帝所居考》主张在汾州附近或安阳一带，《古史考述》，第 72～73 页，其余夏都地望，与丁山氏略同。

[4] 徐旭生：《一九五九年夏豫西调查夏墟的初步报告》，《考古》1959 年第十一期，第 592～600 页。

二里头类型文化的发现和夏文化探索的展开。"二里头文化"如今作为夏文化讨论，主要是由于它的分布范围，恰好是文献上所记的夏族活动的地方①，而文化层的年代也与文献记载的夏朝年代大致符合②。严耕望先生根据文献与考古资料指出，传说中的夏代地理中心有三：其一是今山西西南部，河曲之内；其二是河南西北伊洛黄河间古称三川之地；其三是今河南东北部古黄河南北大平原。以上三个地区，都是夏人活动的区域，大约夏人"先都河东，徙都河南，亦曾都河内。绾毂中原，实开中国史上中原虎踞之局，不始于周"③。

从夏代考古探讨夏人活动的中心地区，有几则文献记载的资料值得特别重视。其一是《逸周书·度邑解》记周武王之言曰：

> 自雒汭延于伊汭，居易无固，其有夏之居。

朱右曾《逸周书集训校释》云：

> 雒汭，雒水入河之处，在河南府巩县北。伊汭，伊水入洛
>
> 处，在河南府偃师县西南五里。

就考古发掘而言，"围绕着洛阳这一地区，是夏文化的中心分布区"④。其次，《史记·吴起列传》据《战国策·魏策》，记吴起对魏武侯言"夏桀之居"的范围是正确的。《吴起列传》云：

> 夏桀之居，左河济，右太华，伊阙在其南，羊肠在其北。

夏桀所居的四界——西至华山，东至河济，北至山西境内，南至伊阙，恰好也是考古发掘夏文化分布的中心地区⑤。至于禹都阳城的地望，以往论者主张不一，由于河南省登封县告成镇发现了多处夏文化遗址，其地又在夏文化之中心，因此成为较有力的一说⑥。

------

① 二里头类型文化的分布"在偃师除二里头外，尚有灰嘴，洛阳有东干沟，巩县有稍柴，郑州有洛达庙，荥阳有上街，陕县有七里铺，共几十处，在晋南也有与豫西近似的遗址……值得注意的是二里头类型文化分布的范围也恰恰是文献上所记的夏族活动的地方——伊、洛、河、济之间"，见佟柱臣：《从二里头类型文化试谈中国的国家起源问题》，《文物》1975 年第六期。
② 严耕望：《夏代都居与二里头文化》，《大陆杂志》第六十一卷第五期，第 9～10 页；张光直前引文《夏商周三代都制与三代文化异同》，第 294 页。
③ 严耕望上引书，第 203 页。
④ 邹衡：《夏商周考古学论文集》，文物出版社 1980 年版，第 221 页。
⑤ 邹衡上引书，第 228 页。
⑥ 邹衡上引书，第 223～224 页。

综合文献考古以及各家的看法，夏人活动的中心区域，主要为禹贡九州中的豫州及冀州之域，其他各州或许是夏人势力影响所及的地区①。

夏朝的建立，已被视为中国古代国家的起源，在文献史料里也可以发现它是中国古代"从部落到国家"的一个形成阶段。《左传·哀公七年》称："禹会诸侯于涂山，执玉帛者万国。"《韩非子·饰邪》称："禹朝诸侯之君会稽之上，防风氏后至，而禹斩之。"这表示禹的时代仍是部落林立的局面，但禹的权力已过了"共主"，形成了"王权"，"王权"的形成，加上夏族的较高文化，实为"原始国家"肇建的基础②。所以梁启超说："唐虞以前仅能谓之有民族史，夏以后始可谓有国史矣。"③

夏朝建立后，在夏朝的控制地区，以及夏文化影响所及的地区，原有的文明古国，或所谓的"诸侯""酋邦""族群"，不可能在一朝一夕之间化为乌有，成为一个民族混一的统一王朝。这只要从商代的氏族与方国之多，即足说明④。《史记·夏本纪》太史公曰："禹为姒姓，其后分封，用国为姓，故有夏后氏、有男氏、斟寻氏、彤城氏、褒氏、费氏、杞氏、缯氏、辛氏、冥氏、斟戈氏。"这些应是与夏族族源较近的"诸夏"，夏末的韦、顾、昆吾，固然也是"诸夏"⑤。夏亡之后，有人认为商代的鬼方也是"诸夏"⑥。周初封唐叔于夏墟，分以"怀姓九宗"，可能是夏族的后裔⑦。春秋时代，夏的文明古国仍有痕迹可寻，所谓"有夏虽衰，杞鄫犹在"是也⑧。就夏代而言，"诸者，是指众多的邦国而言，夏者，是民族的族称，诸夏就是许多诸侯国和王畿同属于夏族"。这样说法固然不错，但是我们还应注意到夏代的"诸夏"，恐不仅是在夏王朝政治势力控制之下的"邦国"，即使与夏族族源较远的部

---

① 李民：《释尚书"周人尊夏"说》，《中国史研究》1982 年第二期，第 133 页。
② 王仲孚：《大禹与夏初传说试释》，《台湾师范大学历史学报》1980 年第八期，第 22～26 页。
③ 梁启超：《纪夏殷王业》，《国史研究六篇》，台湾中华书局，第 2 页。
④ 丁山《甲骨文所见氏族及其制度》指出："就现在已经刊布的甲骨文材料看，我们确知商代的氏族至少有二百个以上。"台北大通书局，第 32 页。
⑤《诗·长发》："韦顾既伐，昆吾夏桀。"《国语·周语》："昆吾为夏伯矣。"旧注皆以之为夏之"与国"。
⑥ 翦伯赞：《诸夏的分布与鼎鬲文化》，《中国史论集》，文风书局 1947 年版，第 70～73 页。
⑦ 郭沫若：《今昔蒲剑·论古代社会》，新文艺出版社 1955 年版。邹衡：《夏商周考古学论文集》，文物出版社 1980 年版，第 234 页转引。
⑧《国语·晋语》。

族，具有与夏相同或近似的文化水准，也应是当时"诸夏"的范畴。

三、春秋时代的诸夏与戎狄

春秋时代的"诸夏"，主要是周代的封建国家，分布在黄河的中下游一带。这些封建国家的渊源，可以追溯到西周初年周人克商及三监之乱以后分封的诸侯，亦称"诸华"或"华夏"①。

周初大行封建，以武王与周公之时最多，据《史记·周本纪》称，武王克商之后，除分封管蔡齐鲁以外，对于先圣先王的后裔，如神农、黄帝、尧、舜、禹等之后，也都加以褒封，这可以说是周初第一波的封建；周公东征平定管蔡及东方之乱后，实行第二波的大规模的封建，为了有效地控制东方，采取了许多影响深远的措施，如迁殷"顽民"于洛邑就近监视，徙封鲁于"少皞之虚"（山东曲阜），徙齐于临淄②，并分散殷民③。周人在克商后的封建，显然并非仅止于两次，终西周之世，对东方的拓展和对东夷的战争似乎未曾真正停止过④。

周初的封建，实为一种武装殖民与军事占领⑤，封建国家的确实数字，恐已不易考察，但大体上以姬姓为骨干，《荀子·儒效》云：

> （周公）兼制天下，立七十一国，姬姓独居五十三人焉，周
>
> 之子孙，苟不狂惑者，莫不为天下之显诸侯。

这些姬姓之国，春秋时人还能细数出其中的一些重要名称来，哪些是文昭，哪些是武穆，或周公之胤。《左传·僖公二十四年》记周大夫富辰论周初的封建时说：

> 管、蔡、郕、霍、鲁、卫、毛、聃、郜、雍、曹、滕、毕、

---

① "诸夏"亦作"诸华""华夏"。"诸夏"是"华夏"的复数。《左传》多采用"诸夏"，"诸华"较少。

② 傅斯年：《大东小东说》，《"中央研究院"历史语言研究所集刊》1930 年 5 月第二本一分。

③《左传·定公四年》："昔武王克商，成王定之，选建明德，以藩屏周……分鲁公……殷民六族：条氏、徐氏、萧氏、索氏、长勺氏、尾勺氏……分康叔……殷民七族：陶氏、施氏、繁氏、锜氏、樊氏、饥氏、终葵氏……命以康诰，而封于殷墟。"

④ 例如《左传·昭公九年》："文武成康之建母弟以藩屏周。"是康王之时仍有封建。

⑤ 钱穆：《国史大纲》上册第三章，台湾商务印书馆。

> 原、酆、郇，文之昭也；邗、晋、应、韩，武之穆也；凡、蒋、
> 邢、茅、胙、祭，周公之胤也。

这些周初的封国，主要分布地区在今河南省与山东省，当河南者居全数之半。① 这些地区也是先公先王与商族活动的主要地区。② 春秋时代的主要"诸夏"国家，正是分布在这一范围之内，除了东方的齐鲁，这一范围也正是以前夏人活动的中心地区。

周代的封建国家，为什么有些在春秋时自称"诸夏"，是很值得探索的问题。在周初的文献里，周人一再说自己是"有夏"。周人强调与"夏"有密切关系，在《尚书》里记载很多。例如《康诰》："文王肇造我区夏。"《君奭》："唯文王尚克修和我有夏。"《立政》："帝钦罚之，乃使我有夏。"这些"区夏"或"有夏"都是周人的自称。

周人自称"有夏"的原因，可能是周人确与夏有族源的关系③，也可能是周人冒用夏人之名④。李民氏以为《尚书》中屡载"周人尊夏"的言论，固然可能由于灭"大邦殷"之后，为统治广大中原地区，特别是面对原来夏朝的中心地区，迎合人们追念夏朝的心理，所以特别宣传自己是夏的后代，强调夏、周关系之密切，但这种宣传必然有其历史的根据才是，否则也就骗不过"有册有典"的殷人⑤。

---

① 齐思和《西周地理考》统计，二十六国之中，在河南者十三，在山东者六，在山西者三，在河北者一，原载《燕京学报》第三十期，收入《中国史探研》，台北弘文馆出版社，第45~46页。
② 例如《史记·周本纪》称："武王追思先圣王，乃褒封神农之后于焦，黄帝之后于祝（铸），帝尧之后于蓟，帝舜之后于陈，大禹之后于杞。"以上封地，只有蓟在河北。
③ 钱穆氏在《周初地理考》一文里，以周人起于晋南，后渡河西徙。晋南正是夏人的中心区之一。近人颇多倾向此说者，例如邹衡《论先周文化》，主张"周人来自山西"（前引书，第342页）；李民前引文《释尚书"周人尊夏"说》，第131~132页，皆采钱氏之考证。邹文主张"姬周文化是来源于光社文化分布区"（第281页），又称："不过光社文化区域，在古代，民族极为复杂，光社文化所包括的族属当然也不会是单纯的。"（第342页）所以周人与夏人的族源只能出于推测，恐难有确切的证据。
④ 童书业《蛮夏考》云："自东周以前，未闻有以夏泛称中原者。盖周本西方夷族，冒夏之名，逮为中原宗主后，始渐以夏为中原民族之统称。"《禹贡》半月刊第二卷第八期。
⑤ 李民前引文《释尚书"周人尊夏"说》，第133页；又见《尚书与古史研究》，中州书画社1982年版，第96~97页。

春秋的"诸夏"国家，除了在文化程度上与戎狄有显著的差别外①，显然具有上述封建的和历史的渊源，如封建诸侯中的姬、姜二姓与周族有密切的关系，而周人早经宣称自己是"夏"。其次是"诸夏"的分布地区，主要在从前夏朝的统治地区，或夏文化的分布地区。例如宋国既非姬姓，且是"殷遗"，但却属于"诸夏"之国；东周的王畿，处于夏人活动的中心地区，并有"诸夏"国家分布在其四方，与戎狄交错。据西周末年的史伯说：

当成周者，南有荆蛮申吕应邓陈蔡随唐；北有卫燕狄鲜虞潞泉徐蒲；西有虞虢晋隗霍杨魏芮；东有齐鲁曹宋滕薛邹莒，是非王之支子母弟甥舅也，则皆蛮荆戎狄之人也。②

据此，所谓"诸夏"分布在夏人活动地区，并非是说夏人活动地区内皆是"诸夏"，实际上除了成周的四面"诸夏"与"蛮荆戎狄之人"交错分布外，成周王畿附近就分布着"伊洛之戎""陆浑之戎"③。晋国既属姬姓，又处夏人活动的中心地区之一，且自称"诸夏"④，但国内遍布戎狄之多，实为其他"诸夏"之国所不及。

其实，自夏亡以后至春秋约千年之久，部族或邦国的兼并迁徙，曷可胜数⑤，就文化的融合而言，即使号称"华夏"的周人封国，实际上是"与东土的部族，糅合成一个文化体系与政治秩序下的国族"⑥。所谓春秋诸夏，不仅包括夏商周三个"民族"，连尧的氏族集团、舜的氏族集团，以及更古老的

---

① 关于这点论者已多，如王茂富：《中国古代史上的华夏与夷夏》，《大学生活》1956 年二卷六期；谷瑞照：《先秦时代的夷夏观念》，《复兴岗学报》1977 年第十七期；王明荪：《论上古的夷夏观》，"国立"政治大学《边政研究所年报》第十四期，收在《中国史学论文选集》第六辑，幼狮文化事业公司 1986 年版。

② 《国语·郑语》。

③ 陈槃：《春秋大事表列爵姓及存灭表撰异》第六册，《"中央研究院"历史语言研究所专刊之五十二》；赵铁寒：《春秋时期的戎狄地理分布及其源流》，《古史考述》，台北正中书局 1965 年版，第 342 页。

④ 《国语·晋语》载史苏论晋献公立骊姬为夫人时："诸夏从戎，非败而何。"此"诸夏"即晋的自称。史载周人封晋于夏墟，"夏墟"当为地区之名，其地望宜在"河汾之间"或"河浍之间"，晋之初封确为夏之故地。参黄盛璋：《夏虚、唐国与晋都之历史地理研究》，《中华文史论丛》1984 年第一辑，第 1~7 页。

⑤ 陈槃：《撰异·后叙》：《春秋列国的兼并迁徙与民族混同和落后地区的开发》，《"中央研究院"历史语言研究所集刊》1978 年第四十九本第四分。

⑥ 许倬云：《西周史》，联经出版事业公司 1984 年版，第 119~120 页。

神农氏集团——许国等，也都包含在内①；又如东方风偃集团的古国，如"服事诸夏"的任宿须句等，在历史渊源上虽非"诸夏"的传统，但当时的这类小国在文化程度上已接近"诸夏"，而不能归之戎狄一类了。"华夏族"形成于何时，虽无定说②，但是作为构成单一民族的必备条件，诸如共同文化、共同民族心理素质和共同地区，在春秋"诸夏"之间，似已大致具备，尤其是以文化为基础的民族自觉意识。

诸夏文化的进步，实由于夏商周三代文化融合的结果，孔子说："殷因于夏礼，所损益可知也；周因于殷礼，所损益可知也。"③ 三代文化在因革损益之中，自然还有创新，才会有春秋时代较进步的"诸夏"文化，周人的封国而自称"诸夏"，除了地缘的、政治的因素之外，似还可以看出夏文化影响力的深远。

四、春秋诸夏意识的形成

春秋的诸夏意识，是在周室东迁之后，封建与宗法趋于瓦解、戎狄不断交侵等错综复杂的情势下，逐渐兴起的。"诸夏"意识，基本上是一种文化意识，但也有宗法的亲亲精神包含其中。

就文化而言，夏商周三代虽有政治上的变革，但在文化的发展上，仍有其一脉相承的渊源④。夏亡之后，其礼制习俗有保留至周代者应无可疑，故唐

---

① 李亚农：《西周与东周》，《李亚农史论集》下册，第 837 页。

② 徐旭生《中国古史的传说时代》，以"华夏集团"形成于古史传说中的黄帝、炎帝之时，"此后成就了我们中国全族的代表"，科学出版社 1960 年版，第 40 页；梁启超《中国历史上民族之研究》一文，认为"吾族自名曰'诸夏'……可推定起于大禹时代"，《国史研究六篇》，中华书局，第 4 页；李亚农《西周与东周》，认为"华夏族"形成于春秋战国时代，《李亚农史论集》下，第 612～613 页；谢维扬《论华夏族的形成》一文，则认为"早在夏代国家形成的同时，就已经形成了华夏族"，《社会科学战线》1982 年第三期，第 124 页。

③《论语·为政》，又《八佾篇》"夏礼吾能言之，而杞不足征也"，"周监于二代，郁郁乎文哉"。"二代"，即夏、商。

④ 严一萍《夏商周文化异同考》云："综观三代文化，固有异同之处，未踰损益相因；寻其本则一脉相承，未尝有变焉。"又谓"夏商周三代为同一民族，皆黄帝之子孙也"。《大陆杂志》1952 年特别第一辑，第 394～421 页。

叔封夏墟，须"启以夏政"，春秋晋用夏时，《左传》屡引夏书[①]，都不难看出夏文化的痕迹。先秦学者援引古史或叙述古代典章制度，每三代并举[②]，也可以看出三代文化演变过程的脉络。从考古资料观察，夏商周三代在物质上的表现，其基本特点是一样的，如衣食住等基本生活方式一样，以土葬为主的埋葬方式，表现共同的宗教信仰，器物上虽有小异，实属大同，尤其三代的政府形式与统治力量的来源也是相似的[③]。

东周的"诸夏"国家，承袭了因革损益后的三代文化，发展成为一个水准相近的文化体系，政制、经济、宗教、习俗等皆与戎狄及边陲民族不同，尤其表现在衣食住行及礼乐教化方面，诸夏与戎狄形成了明显的差异。《左传·襄公十四年》记戎子驹支之言："我诸戎饮食衣服不与华同，执币不同，言语不达。"特别在服饰上，戎狄"披发左衽"，诸夏则为"冠带之国"，其差异可一望而知。至于礼乐教化方面，戎狄与诸夏的差距更大，《左传·僖公二十四年》载富辰之言："耳不听五声之和为聋，目不别五色之章为昧，心不则德义之经为顽，口不道忠信之言为嚚，狄皆则之，四奸具矣。"所谓"戎狄冒没轻儳，贪而不让"（《国语·周语中》）、"无亲而好得"（《晋语四》）、"戎众以无义"（《公羊传·庄公四年》）、"无亲而贪"（《左传·襄公四年》），所以诸夏视之"若禽兽焉"[④]。《穀梁传·定公十年》记齐鲁夹谷之会："两君就坛，两相相揖，齐人鼓噪而起，欲以执鲁君。"孔子讥讽齐国说："两君好合，夷狄之民，何为来为？"就是以齐人不合礼仪，而讥之如夷狄。

春秋时代，由于东迁后的周室，已经没有维系封建秩序的实力，因此戎狄之祸乘时而起。自鲁隐公以后百余年间，黄河中下游自周室以及封建诸国，遍受戎狄蹂躏，特别是在闵、僖、文、宣之间，最为炽烈，曾两度攻陷成周

---

① 岑仲勉：《夏时与狄族》，《民族学研究集刊》1948 年 6 月第六期，收入《两周文史论丛》，1957 年。

② 其例甚多，如《论语·八佾》："哀公问社于宰我，宰我对曰：'夏后氏以松，殷人以柏，周人以栗。'"《孟子·滕文公》："夏曰校，殷曰序，周曰庠，学则三代共之。"《礼记·明堂位》："爵，夏后氏以琖，殷以斝，周以爵。"

③ 张光直：《夏商周三代都制与三代文化异同》，《"中央研究院"历史语言研究所集刊》1984 年 3 月第五十五本第一分。

④ 又如《左传·隐公九年》："狄，豺狼之德也……狄，封豕豺狼也"，"戎，贪而无亲，胜不相让，败不相救"。《襄公四年》："魏绛曰：……戎，禽兽也。"《国语》："夫戎狄，冒没轻儳，贪而不让，其血气不治，若禽兽焉。"

（僖公十一年、二十四年）、灭邢（僖公元年）、灭卫（闵公二年，僖公二年、三十一年）、灭温（僖公十年），诸夏之大国如晋、郑、齐、鲁，也都受到戎狄的侵扰①。而东周封国，本来在其文化与政治的基础上，已凝结了强烈的"自群"意识②，如今普遍受到戎狄威胁，实有其共同的文化沦丧的忧惧，这与封建兼并与篡夺，在感受上是根本不同的。在这种强烈的刺激之下，周天子既不能负起征伐的责任，诸夏在岌岌可危的局面下，只有起而自救之一途。齐桓公、管仲便是基于"诸夏亲昵不可弃也"的理由，起而援邢的③。所以《公羊传》言桓公之霸"为王者之事"（僖公四年），以"诸夏"为口号，其包含的范围比"诸姬"为广，而且就对抗戎狄而言，唤起文化的意识，更能引起"诸夏"的共鸣。

虽然东周天子已无维系封建秩序的实力，宗法制度也已开始瓦解，但封建与宗法的关系不可能立即斩绝，齐桓公之会盟定霸，以"尊王攘夷"为号召，实流露了其维护以宗法为纽带的封建制度。所谓"尊王"，就是尊重周天子在封建制度中的宗主地位，"攘夷"在于保护封建诸侯的安定，代替周天子维持封建秩序。公元前651年（僖公九年）齐桓公主盟的"葵丘之会"，盟词规定，"毋易树子，毋以妾为妻""毋有封而不告""毋曲防，毋遏籴""凡我同盟之人，既盟之后，言归于好"，便是呼吁遵守宗法与封建制度④。周襄王于葵丘之会使宰孔赐胙，并转达"以伯舅耄老，加劳，赐一级无下拜"的德义，齐桓公对曰："天威不远颜咫尺"，"恐陨越于下，以遗天子羞，敢不下拜?"⑤ 还是谨守了封建礼制。孔子称赞齐桓公会盟定霸，"民到于今受其赐""微管仲吾其披发左衽矣"，实系基于"诸夏"意识而发的。

晋文公的继起称霸，公元前636年平王子带及狄乱，迎周襄王返都，以及由救宋所引发的"城濮之战"，也都是在"尊王攘夷"的大义之下进行，

---

① 有关戎狄之祸的统计，参梁启超：《春秋载记》，《国史研究六篇》，第19页。

② 许倬云：《西周史》，第137页。

③ 西周嫡系姬姓诸侯多数分封在中原已开发的优越地区和重要的战略地带，从臣谏簋和古本《竹书纪年》来看，邢国确实具有抵御和征讨北方戎狄的作用。参李学勤、唐云明：《元氏铜器与西周的邢国》，《考古》1979年1月；杨宽：《西周春秋时代对东方和北方的开发》，《中华文史论丛》1982年第四期，第111~114页。今邢国为敌所破，故刺激诸夏极大。

④ "葵丘之会"的盟词见《孟子·告子下》《穀梁传·僖公九年》。

⑤ 《左传·僖公九年》《国语·齐语》《管子·小匡》《史记·齐太公世家》皆叙此事。

不管真正的用心如何，至少表面上还须如此。虽然"践土之盟""实召周天子"，但是盟词的口号还是要说："皆奖王室，勿相害也。"① 后人认为"春秋之大患在楚"②，也认为晋文公称霸保护了中原诸夏，因此给予晋文公很高的历史评价③。

宗法精神，本以"诸姬"为最亲，所谓"文武之功，实建诸姬，故二王之嗣，世不废亲"④。但是事实上宗法礼制在西周即已出现败坏的端倪⑤，"赫赫宗周"的覆亡，直接的导因便与周幽王破坏宗法有关。东迁后的周室既乏实力，也未树立起宗法的典范，东迁之初就发生了"二王并立"的现象⑥，周天子自平王以来与"诸姬"之间都没有表现出正常的宗法关系⑦，至于"诸姬"之国彼此缺乏亲亲的感情，也随处可见。例如晋文公为公子流亡各国时，许多姬姓之国如卫、曹、郑等国君，皆"不礼焉"⑧。就晋国而言，原为姬姓大国，且以"诸夏"自居，晋文公虽做到了表面的"尊王攘夷"，但晋自献公以来即不断兼并封国，据顾栋高《春秋大事表》谓晋灭十八国，实际上恐不止此数⑨，在晋所灭之国中，属于姬姓的封国，历历可数。《左传·襄公二十九年》记叔侯之言曰：

> 虞、虢、焦、滑、霍、扬、韩、魏，皆姬姓也，晋是以大，

---

① 《左传·僖公二十八年》。

② 顾栋高：《读春秋偶笔》，《皇清经解续篇》，台北艺文印书馆，第876页。

③ 梁启超认为："中原食文公之惠者垂百年，则晋文之功，则视齐桓为烈也。"《春秋载记》，第30页。又云："晋自创霸以后，不复兼并诸夏。"（同书，第20页）洪安全《春秋的晋国》，以晋之霸业保护了诸夏文化之发展。嘉新水泥公司文化基金会1972年版，第6页。

④ 《国语·晋语四》。

⑤ 据《史记》各世家记载，整个西周时期，诸侯共发生八次弑君、两次争位事件，一次在懿王时，两次在孝王时，六次在宣王时，一次在幽王时；从考古资料看，西周的用鼎制度至晚期也遭到破坏，如依三礼，天子以九鼎配八簋，但夷厉时期的微伯瘐，则使用八簋，似已僭越了天子之礼。参俞伟超、高明：《周代用鼎制度研究（中）》，《北京大学学报》1978年第二期，第90~91页；梁国真：《从典籍金文综论西周之亡》，中国文化大学历史研究所硕士论文，1986年6月，第63~66页。

⑥ 《左传·昭公二十六年》《正义》引《竹书纪年》。

⑦ 例如鲁为"诸姬"在东方的大国，但鲁隐公三年平王崩，鲁不奔丧，周桓王自四年至十六年曾五次聘鲁，鲁皆相应不理，至于"周郑交质""繻葛之战"更为人所熟知。

⑧ 见《国语·晋语》《史记·晋世家》。《晋语》载曹共公之言曰："诸侯之亡公子其多矣，谁不过此，亡者皆无礼者也，余焉能尽礼焉。"尤能反映"诸姬"感情的淡薄。

⑨ 《吕氏春秋·直谏》，谓"献公即位五年，兼国十九"。

若非侵小，将何所取？武、献以下，兼国多矣，谁得治之？

即使"诸姬"的象征领袖周天子，也一再受到晋的侵逼，所谓"自文以来，世有衰德，而暴蔑宗周"①。自春秋中期以后，宗法亲亲精神日远日薄，灭国之风愈来愈炽②，在这样的情势之下，以"诸夏"意识替代宗法意识，毋宁说更容易为中原封建诸侯所接受。

春秋时代的边陲大国如秦楚吴越，一向被排斥在"诸夏"圈外，视同蛮夷戎狄，例如"秦僻在雍州，不与中国之会盟，夷翟遇之"③"楚，夷国也"④"非我族类"（《左传·成公四年》），《左传·成公七年》记载吴伐郯，郯求和，鲁大臣季文子说："中国不振旅，蛮夷入伐，而莫之或恤。"秦楚吴越的始封、民族文化的来源，以及与姬周或中原文化的关系，十分复杂，非本文所能讨论，但可留意的是，春秋中晚期以后，中原戎狄之祸渐戢，秦楚吴越的争霸中原，想做"诸夏"的领袖，反而继续刺激了中原各国"诸夏"意识的发展。另一方面，如秦穆公以"中国"自居⑤，楚臣子囊以"抚有蛮夷，奄征南海，以属诸夏"为楚共王的功业⑥，吴公子季札聘鲁观乐所表现的对中原文化的了解与向往，黄池之会吴晋争先，吴人曰"于周室我为长"⑦等现象；《史记·吴世家》以吴为太伯仲雍之后，越世家以越为夏少康之后，即使出现附会，但也可以看出他们似乎在中原诸夏排斥之下，正在认同着"诸夏"，而不再高喊"我蛮夷也"了，这岂非是"诸夏"意识的扩大？

五、结　论

春秋"诸夏"意识的形成，有周初的封建传统，也有历史文化的渊源和

---

① 《左传·昭公九年》。
② 李宗侗：《春秋时代社会的变动》，台大《文史哲学报》第二十二期，第281页。
③ 《史记·秦本纪》。又，《六国年表》云："秦始小国僻远，诸夏宾之，比于戎翟。"
④ 《公羊传·僖公二十一年》。
⑤ 陈槃：《春秋列国的兼并迁徙与民族混同和落后地区的开发》，《"中央研究院"历史语言研究所集刊》第四十九本四分，第704页。
⑥ 《左传·襄公十三年》《国语·楚语上》略同。
⑦ 《左传·哀公十三年》，同年《公羊传》称："公会晋侯与吴子与黄池。吴何以称子？吴王会也。吴主会则为先言晋侯？不与夷狄之主中国也。"

地理的背景等错综复杂的因素。

诸夏国家大多是西周在东方的封国，主要分布在夏人活动的地区或夏文化分布区以及战略要地。夏文化的地区开发较早，这些封国在此基础之上，承袭了因革损益了的三代文化，发展成一种水准较高的"新文化"，与戎狄或边陲国家，形成了明显的差距。

周人自克商以后，早就宣称自己是夏人，强调与夏有密切的关系，所以东周王纲一旦解纽，封建与宗法趋于瓦解，封建国家在戎狄交侵的刺激下，乃基于文化相同的立场，以"诸夏"自居来维系团结，抵御外侮。这种以文化为基础的意识形成后，逐渐扬弃了狭隘的宗法意识，也消融了封建国家之间的界限，且随着封建国家的兼并，而不断地扩大，即使春秋时代结束，仍然未已，对于此后中国历史的发展也一直发生着很大的影响。

拾陆　先秦的王霸论与大一统论

一

中国古代历史发展到东周时代——亦即公元前 8 世纪至公元前 3 世纪的五百多年，出现了波涛起伏、变动剧烈的现象，对于此后两千多年的历史，具有深远的影响。例如，自西周以来建立的封建制度，逐步走向瓦解；以封建血缘为枢纽的宗法亲亲精神，也日薄日远。反映在政治上和社会上的，则是空前未有的"失序"现象。所谓"天下无道，礼乐征伐自诸侯出""陪臣执国命"①，其后愈演愈烈，乃至于"世衰道微，邪说暴行有作，臣弑其君者有之，子弑其父者有之"，甚至到了"率兽食人，人将相食"②的地步。

在这剧烈变动的大时代里，出现了诸子百家争鸣、百花齐放的现象，被誉为中国学术思想的黄金时代。诸子之学渊源是否出于王官，或出于救时之弊③，并非这篇短文所能讨论，我们应该观察及注意的是，在这"天地间一大变局"的动荡时代里④，诸子所关心的问题，毋宁是如何从速建立新的政治秩序、社会秩序以及人伦秩序，以拯救时代的危机，解除人民的痛苦。然无论是政治新秩序的建立，或是恢复社会秩序、人伦关系，乃至于解决民族冲突，都要以思想、理论来发挥主导作用。东周时代虽呈现出"天下大乱，贤圣不明"⑤、各家众说纷纭的局面，然其中"王霸论"与"大一统"的思

① 《论语·季氏》，记孔子之言。
② 《孟子·滕文公》。
③ 《汉书·艺文志》，谓诸子出于王官；《淮南子·要略》，谓诸子出于"救时之弊"。有关诸子是否出于王官，近代学者讨论颇多，本文不拟涉入。
④ 赵翼《廿二史札记》，"汉初布衣将相之局"条云："盖秦汉间为天地一大变局。"本文借用此句，认为东周时代亦"天地间一大变局"。
⑤ 《庄子·天下》。

想，却颇能反映时代的特征。这些学说理论，不仅在当时发生了作用，对于此后两千年中国历史的发展，影响也极为深远。

一般而言，学者认为"儒家的政治哲学是王道，道法二家可说是霸道，自秦汉以来，中国民族形成一个大一统的帝国，无时无代不是王霸并用"。《汉书·元帝纪》载："帝为太子时，柔仁好儒，见宣帝多用文法吏，以刑名绳下，尝燕侍从容曰：'陛下持刑太深，宜用儒生。'宣帝作色曰：'汉家自有制度，本以王霸道杂之，奈何纯任德教，用周政乎？'"到了宋代，学者乃有所谓王霸之辨与义利之辨，推崇王道，力斥霸道。① 至于先秦"大一统"的思想，不仅影响西汉的董仲舒、东汉的何休，也影响了清代的今文经学家追求变法改制的理念。② 可见"王霸论"与"大一统"思想的影响是何等的深远，实值得我们加以探讨。

二

所谓"王道"，就是要实行"仁政"。在《论语》里，孔子屡次提到"仁"字，它的概念颇为复杂，难以详论。③ 蔡元培谓"仁"，乃是"统摄诸德，完成人格之名"④；萧公权认为，"孔子所谓仁乃推自爱之心以爱人之谓"⑤。孔子没有具体标榜"仁政"的主张，但从《论语》各章中，不难窥见其与"王道"或"仁政"有关的言论。

孔子主张从政者必须以"仁""德"为起点，以身作则，使人民心悦诚

---

① 贺昌群：《论王霸义利之辨》，原载《责善半月刊》1949 年 5 月二卷四期，收入《贺昌群史学论著选》，中国社会科学出版社 1985 年版。又，宋代的王安石在《论王霸》一文中指出："仁义礼信，天下之达道，而王霸之所同也。夫王之于霸，而其所以用者则同，而其所以名者则异，何也？盖其心情异而已矣。"当代学者阐述王安石之意认为："仁义礼信是自己认定所当为的，以之修身，移到政事上，则天下可化。霸者是心中不曾有仁义，所以示以仁义……所以霸者的心实在于利，假借王道来表现。"见王明荪：《王安石的王霸论》，《宋辽金史论文稿》，台北明文书局 1988 年 7 月版，第 158 页。
② 参见何佑森：《论"大一统"》，打字稿，承王尔敏师提供，谨志感谢。
③ 据哈佛燕京社出版的《论语引得》统计，在《论语》中总共出现"仁"字 106 次。《论语》记载孔子弟子问仁，孔子所答各有不同，兹不列举。
④ 蔡元培：《中国伦理学史》，台湾商务印书馆，中国文化史丛书，第 14 页。
⑤ 萧公权：《中国政治思想史》，华冈书局，第 59 页。

服。季康子问政于孔子，孔子对曰："政者正也，子率以正，孰敢不正。"①而类似的言论在《论语》中颇多。例如，"其身正，不令而行，其身不正，虽令不从"②"苟正其身矣，于从政乎何有，不能正其身，如正人何"③，又认为"君子之德风，小人之德草"④，这些都是实行王道的基本条件。在民生方面，孔子则认为"有国有家者，不患寡而患不均，不患贫而患不安，盖均无贫，和无寡，安无倾"⑤，其论"仁"的主张难以尽举，但应是此后论王道、讲仁政的学者所依据的思想基础。

孟子对于王道的思想发挥最多，也时时强调王霸之辨。他认为以德行仁者王，以力假仁者霸⑥，实行王道精神表现在政治上，就是国君要有仁心仁术，要"以不忍人之心，行不忍人之政"⑦；实行仁政的国君，应该提供人民基本的生活资料。在这一方面，孟子提出了具体的主张，曰：

> 是故明君制民之产，必使仰足以事父母，俯足以畜妻子，乐岁终身饱，凶年免于死亡，然后驱而之善，故民之从之也轻。今也制民之产，仰不足以事父母，俯不足以畜妻子，乐岁终身苦，凶年不免于死亡，此唯救死而恐不赡，奚暇治礼义哉！王欲行之，则盍反其本矣！五亩之宅，树之以桑，五十者可以衣帛矣；鸡豚狗彘之畜，无失其时，七十者可以食肉矣；百亩之田，勿夺其时，八口之家可以无饥矣；谨庠序之教，申之以孝悌之义，颁白者不负载于道路矣。老者衣帛食肉，黎民不饥不寒，然而不王者，未之有也！⑧

荀子也认为行仁政的基本条件，是给人民安定的环境，人民如得不到安定，就会离散而去，动物与自然条件的关系也是如此，所谓：

> 川渊深而鱼鳖归之，山林茂而禽兽归之，刑政平而百姓归之，礼义备而君子归之，故礼及身而行修，义及国而政明，能以礼挟而贵名白，天下愿令行禁止，王者之事毕矣。《诗》曰："惠

---

① ④《论语·颜渊》。
② ③《论语·子路》。
⑤《论语·季氏》。
⑥ ⑦《孟子·公孙丑上》。
⑧《孟子·梁惠王上》。

此中国，以绥四方。"此之谓也。川渊者，龙鱼之居也；山林者，
鸟兽之居也；国家者，士民之居也。川渊枯则龙鱼去之，山林险
则鸟兽去之，国家失政则士民去之。①

先秦学者发扬王道主张时，往往"援引史事，证成己说"，也就是借助历
史经验，以证明王道论是正确的。例如孟子认为，"以力假仁者霸，霸必有大
国，以德行仁者王，王不待大，汤以七十里，文王以百里……"② 荀子亦认
为"文王载百里地而天下一"。③ 透过对历史事件的主观解释，我们也可以看
出王道论者强调仁者是无敌的。就武王伐纣这一历史事件而言，孟子认为
"残贼之人谓之一夫"，他不承认纣具有国君的地位，因为国君是要行仁政爱
民的，纣既不能行仁政爱民，只能算是"一夫"，所以他看待武王伐纣这件史
事，认为"闻诛一夫纣，未闻弑君"。④ 再者，《尚书·武成》记载，武王克
商之役的牧野之战十分惨烈，以致"血流漂杵"，但是孟子认为周武王实行仁
政，商纣实行暴政，"仁人无敌于天下"，武王伐纣的战争性质是"以至仁伐
至不仁"，所以获得决定性的胜利，他宁可不相信《尚书·武成》的记载，认
为"尽信书不如无书"。⑤

王道论者普遍认为，战争是不义的行为，杀人更是罪恶，墨子不但坚决
反对战争，更以具体的行动阻止战争的发生。公输般为楚造云梯，将以攻宋，
墨子在齐国听到了消息，"行十日十夜而至于郢"，说服楚王放弃攻宋的念头，
并以弟子禽滑厘等三百人"持守圉之器"协助宋国，是大家熟悉的故事。⑥
孟子对于战争更是深恶痛绝，他认为"善战者服上刑，连诸侯者次之，辟草
莱者又次之"。⑦

孟子以为伯夷、伊尹、孔子"皆古圣人也"，他们共同的特点是："得百

---

①《荀子·致士》。
②《孟子·公孙丑上》。
③《荀子·仲尼》。
④《孟子·梁惠王上》。
⑤《孟子·尽心下》。
⑥《墨子·公输》。
⑦《孟子·离娄上》：又焦循《孟子正义》曰："善战者，兵家也；连诸侯，纵横家也；辟草任
　土，农家也。……"陈组绶《燃犀解》曰："连诸侯而使之战，辟草莱任土地而助之战，均非
　身亲为战者，姑次之。"

里之地而君之，皆能以教诸侯有天下，行一不义，杀一不辜，而得天下皆不为也。"① 荀子认为，作为一个儒者，"在本朝则更政，在下位则更俗""其为人上也"，则"行一不义，杀一无罪而得天下，不为也"。② 墨子则强调，杀人是不义的，他说："杀一人谓之不义，必有一死罪矣，若以此说往，杀十人，十重不义，必有十死罪矣。杀百人，百重不义，必有百死罪矣。当此天下之君子皆知而非之，谓之不义。今至大为不义攻国，则弗知非，从而誉之谓之义。情不知其不义也。"③

总之，王道论者基本上是要求统治者以"仁人之心"设身处地地为人民的福祉着想，不仅反对以武力或杀人的手段对付人民，更反对以武力去侵略别的国家。同时，他们也强调统治者要尊重人民的生命，保障人民的安全，使人民过着幸福安乐的生活，那么不仅会得到本国人民的衷心拥护，也会得到天下人的拥护，如此则不需要武力，就可以达到"王"天下的目的，考察历史经验，不仅尧、舜是如此，商汤、周文王也是如此。就王道论者的政治目标而言，多少表现了理想主义的色彩；他们对于历史的解释虽是主观的，但这种理想应该予以肯定，也应该去追求。

三

春秋霸者的出现，除了"天子衰，诸侯兴"的因素之外，似乎是直接受到戎狄侵扰诸夏的刺激而起的。公元前 684 年，狄人侵邢，管仲建议出兵救邢时说，"戎狄豺狼，不可厌也；诸夏亲匿，不可弃也"。④ 此后，齐桓公以"尊王攘夷"为号召，以会盟为手段，完成了霸政。从公元前 651 年的"葵丘之会"的盟词看来，齐桓公的霸政，基本原则是尊重周天子的宗法地位，维持封建诸侯之间的"国际"秩序，这在《孟子》《穀梁传》《管子》诸书中可

---

① 《孟子·公孙丑上》。
② 《荀子·儒效·答秦昭王问》。
③ 《墨子·尚同》。
④ 《左传·闵公元年》。

以窥见。① 孔子对齐桓公和管仲的霸业基本上是肯定的，说"齐桓公正而不
谲"②；又说"管仲相桓公，霸诸侯，一匡天下，民到于今受其赐"。对于晋
文公，孔子虽然说他"谲而不正"③，因为"践土之盟，实召周天子，以臣召
君，不足为训"，④ 但从践土之盟的誓词看来，晋文公的霸业，表面上仍然以
尊重周天子维持封建秩序为号召。⑤

　　春秋"五霸"究指哪些人，异说虽多⑥，但齐桓、晋文总在其中，所以
有人认为春秋仅"二霸"而已。⑦ 就是因为齐桓、晋文的霸业维持了周天子
的宗法地位和封建秩序，也做了"攘夷"的工作，然齐、晋也有兼并和诈取
小国的事实。⑧

　　关于"霸"的定义，汉代学者提出了解释，班固《白虎通义·号》云：

　　　　三王之道衰，而五霸存其政，帅诸侯，朝天子，正天下文
化，兴复中国，攘除夷狄，故谓之霸也。

　　又说：

　　　　霸者，伯也，行方伯之职，会诸侯，朝天子，不失人臣之
义，故圣人与之……

----

① 葵丘盟词见《孟子·告子下》《榖梁传·僖公九年》《管子·大匡》。《孟子·告子下》："葵丘
　之会，诸侯束牲载书而不歃血，初命曰：诛不孝，无易树（立）子，无以妾为妻；再命曰：尊
　贤育才，以彰有德；三命曰：敬（钦）老慈幼，无忘宾旅；四命曰：士无世官，官事无摄，取
　士必得，无专杀大夫；五命曰：无曲防，无遏籴，无有封而不告；曰：凡我同盟之人，既盟之
　后，言归于好。"《榖梁传·僖公九年》："毋雍泉，毋讫籴，毋易树子，毋以妾为妻，毋使妇
　人与国事。"《管子·大匡》："诸侯无专立妾以为妻，毋专杀大臣，无国劳，无专予录士庶人，
　毋专弃妻。毋曲隄，毋贮粟，毋禁材。"又《管子·霸形》："（桓公）与楚王遇于召陵之上，
　而令之曰：'毋贮粟，毋取隄，毋擅废适子，毋致置妾以为妻。'"
②③《论语·宪问》。
④《史记·孔子世家》。
⑤《左传·僖公二十八年》载践土之盟之誓词曰："皆奖王室，勿相害也，有渝此盟，神明
　殛之。"
⑥ 春秋五霸是哪五人，异说颇多，兹列数说如下。《荀子·王霸》《墨子·所染》：齐桓、晋文、
　楚庄、吴王阖庐、越王勾践；《孟子·赵岐注》：齐桓、晋文、秦穆、宋襄、楚庄；班固《白
　虎通义》有二组：齐桓、晋文、秦穆、楚庄、吴王阖庐以及昆吾、大彭、豕韦、齐桓、晋文；
　《汉书·诸侯王表·颜注》：齐桓、宋襄、晋文、秦穆、吴王夫差；顾炎武《日知录》：齐桓、
　晋文、秦穆、楚庄、越王勾践。
⑦ 林政华：《黄震的春秋二霸说》，《孔孟月刊》1975 年第十三卷第十期。
⑧ 据顾栋高《春秋大事表》，春秋时代，楚并四十二国，晋并十八国，齐并十国。又秦、楚、吴、
　越诸国都被中原诸夏国家视为夷狄。

东汉经学大师郑玄对"霸"的解释，则认为：

> 天子衰，诸侯兴，故曰霸。霸者，把也，言把持王者之政
> 教……是天子微弱，桓公帅诸侯以专王室，一正天下，故曰霸诸
> 侯也。①

"霸"道基本上是在"尊王"的前提下，以军事为后盾，取得诸国间的支配权，所以孟子说五霸是"搂诸侯以伐诸侯"②；荀子则认为"王夺之人，霸夺之与，彊夺之地""人谓贤人，与谓与国也，彊国之术则夺人地也"。③《管子》认为："案强助弱，圉暴止贪，存亡定危，继绝世，此天下之所载也，诸侯之所与也，百姓之所利也，是故天下王之。"④《管子·霸言》又认为，即使一个万乘之国，必须要能做到守而不失、治而不乱，连合诸侯而不孤立，否则不但不能称霸，且将"国非其国矣"。⑤

> 桓公谓管仲曰："吾欲伐大国之不服者奈何？"管仲对曰："先忧四封之内，然后可以恶境外之不善者；先定卿大夫之家，然后可以危邻之敌国。是故先王必有置也，然后有废也；必有利也，然后有害也。"⑥

荀子认为，作为一个霸者，其作为是：

> 辟田野，实仓廪，便备用，案谨募选阅材使之士，然后渐庆
> 赏以先之，严刑法以纠之，存亡继绝，卫弱禁暴而无兼并之心，
> 则诸侯亲之矣；修友敌之道，以教接诸侯，则诸侯说之矣。⑦

不过，孟、荀的基本态度是反对霸道的，"仲尼之徒，无道桓文之事者"⑧"仲尼之门人五尺之竖子，羞称乎五霸"⑨，因为五霸的手段是先诈力而后仁义。

----

① 《论语·宪问》，邢昺疏引郑玄说。
② 《孟子·告子下》。
③ 《荀子·王制》。
④ 《管子·霸言》。
⑤ 《管子·霸言》称："千乘之国得其守，诸侯可得而臣，天下可得而有也。万乘之国失其守，国非其国也；天下皆治己独乱，国非其国也；诸侯皆令己独孤，国非其国也。此三者，亡国之征也。"
⑥ 《管子·重令》。
⑦ 《荀子·王制》。
⑧ 《荀子·仲尼》。
⑨ 《孟子·梁惠王下》。

王道论者所提国君应该实行"仁政"的一些道理，在战国时代以富国强兵求生存为目标的国君心目中，已是不切实际的空论，引不起国君的兴趣。孟子见梁惠王，王问"何以利吾国"，孟子答以"王何必曰利，亦有仁义而已"，彼此的对话已经显得格格不入，因为梁惠王所想的是如何立即实现富国强兵的理想。① 秦孝公求贤变法，商鞅入秦说孝公以王道，孝公"时时睡弗听"，商鞅改说以霸道，孝公听得入神，"不自知而膝之于前"。② 在"国际"现实环境大潮流的影响下，国君心目中，王道论者大谈仁义道德，未免有些迂阔、不切实际了。

另一方面，韩非子已体认到，时代在变，不同时代面临不同的问题，解决问题的方法也应有所不同。他指出：

> 周文王处丰镐之间，地方百里，行仁义而怀西戎，遂王天下。但徐偃王处汉东，地方五百里，行仁义，割地而朝者三十六国，荆（楚）文王恐其害己也，举兵伐徐，遂灭之。故文王行仁义而王天下，偃王行仁义而丧其国，是仁义用于古不用于今也。故曰："世异则事异。当舜之时，有苗不服，禹将伐之。舜曰：'不可，士德不厚而行武，非道也。'乃修教三年，执干戚舞，有苗乃服。共工之战，铁铦短者及乎敌，铠甲不坚者伤乎体，是干戚用于古不用于今也。故曰：'事异则备变，上古竞于道德，中世逐于智谋，当今争于气力。'"③

韩非子又认为，"赏罚不阿，民用官治，则国富，国富则兵强，而霸王之业成矣"，如"君不仁，臣不忠，则不可以霸王矣"。④ 总之，到了战国时代，霸道的思想，愈来愈受到国君的欢迎，以致发展成以追求富国强兵为目标的变法运动。⑤

----

① 《孟子·梁惠王上》。
② 《史记·商君列传》。
③ 《韩非子·五蠹》。
④ 《韩非子·六反》："赏罚不阿则民用，官官治。"顾广圻曰："当作'民用官治'四字。"兹从之。
⑤ 战国时代"实现富国强兵，便成了各国有见识的国君施政方针的出发点和预期目的，他们的最终目标，是兼并天下，成'霸王之业'，因此，富国强兵便成了实现霸王之业的最重要的手段"。见黄中业：《战国变法运动》，吉林大学出版社1990年版，第160页。

四

"大一统"一词的出现，应以《春秋·公羊传》为最早。《春秋》"隐公元年，春，王正月"，《公羊传》云：

> 元年者何？君之始年也。春者何？岁之始也。王者孰之谓？谓文王也。曷为先言王而后言正月，王正月也。何言乎王正月？大一统也。

据东汉何休《公羊解诂》对于"大一统"所做的解释是：

> 统者，始也，总系之词，王者始受命改制，布政施教于天下，自公侯至于庶人，自山川至于草木昆虫，莫不一一系于正月，故云政教之始。

《汉书·董仲舒传》载董仲舒在《贤良对策》中曰："《春秋》大一统者，天地之常经，古今之通谊。"颜师古注云：

> 一统者，万物之统皆归于一也。《春秋公羊传》："隐公元年，春王正月。何言乎王正月？大一统也。"此言诸侯皆系统于天子，不得自专也。

西汉中期的王吉，在给昌邑王的疏谏中认为："《春秋》所以大一统者，六合同封，九州共贯也。"[①]

关于《公羊传》的作者，班固、颜师古等人的说法，是战国时代齐人公羊高[②]，而一般认为此书经一段口授的过程，至汉景帝时，公羊高的后人公羊寿和他的弟子胡毋生始著于竹帛。然"大一统"的主张，似以汉人较为明确，如果追溯《公羊传》著者的历史，有人认为他是"齐文化中儒家齐学的一些重要思想"。[③] 杨向奎则认为，"大一统"的意义包含了广义及狭义的解释，"最广义为天人之一统，其次为夷狄进于爵，夷夏之一统，再次为诸侯奉正朔，形式上之一统"。[④]

[①]《汉书·王吉传》。
[②]《汉书·艺文志》载《公羊传》十一卷，班固自注云："公羊子齐人。"师古曰："名高。"
[③][④] 孙开泰，《试论〈公羊传〉的大一统思想》，《中国史研究》1993 年第 2 期，第 33 页。

如果我们把《公羊传》不列为先秦的著作，那么在先秦的典籍中，虽然没有出现所谓的"大一统论"——至少还没有这样的字眼，但是"大一统"的思想则早已出现，特别是政治上的大一统，似乎渊源甚早。《诗经·小雅·北山》称"普天之下，莫非王土；率土之滨，莫非王臣"，就是表现了政治上的大一统思想；而这种大一统的思想，于周人克商大行封建之后，时有透露，例如《尚书·多方》曰：

> 周公曰：王若曰：猷，告尔四国多方。……有夏诞厥逸，不肯戚言于民。……天惟时求民主，乃大降显休命于成汤。……乃惟成汤，克以尔多方，简代夏作民主。
>
> 乃惟尔商后王，逸厥逸……天惟降时丧……惟我周王，灵承于旅……
>
> 天惟式教我用休，简畀殷命，尹尔多方。

《尚书·立政》曰：

> 呜呼！予旦已受人之徽言咸告，孺子王矣！……其克诘尔戎兵，以涉禹之迹，方行天下，至于海表，罔有不服，以觐文王之耿光，以扬武王之大烈。

第一则是说，继承夏、殷，统一全国。第二则是说威服群侯，保有四海。[1]

春秋时代，孔子说："天下有道，礼乐征伐自天子出；天下无道，则礼乐征伐自诸侯出。"[2]"天下有道"，就是政治上的大一统；"天下无道"，就是诸侯割据的分裂局面，从"有道"与"无道"来鉴别，孔子显然是赞成大一统的。孔子的弟子子夏曾经说"四海之内，皆兄弟也"，也是表现了大一统的情怀，且超越了政治的格局。

到了战国诸子，已体认到周天子已无力继续维持大一统的局面，而寄望于强国的国君，能有起而维持大一统者，孟子就是明显主张大一统的人。梁襄王问孟子："天下恶乎定？"孟子对曰："定于一。"襄王再问："孰能一

---

[1] 辛树帜：《禹贡新解》，农业出版社1964年版，第42页。
[2] 《论语·季氏》。

之?"孟子告诉他说:"不嗜杀人者能一之。"①"定于一"就是要天下一统②,而荀子的"隆一而治""一天下""四海之内若一家"等③,都是大一统思想的反映。

先秦大一统思想,除了表现在诸子的言论中以外,从下列三事中亦可看出:一是《尚书·禹贡》载大禹治水,导九山导九川,划天下九州,该书含有大一统思想。以往学者如顾颉刚认为,战国晚年才出现大一统思想,因此认为《禹贡》成书于战国时代。④ 据屈万里考证,《禹贡》成书"最早不能前于春秋中叶,最晚也不会到战国时代"。⑤ 这样看来,春秋晚期已经出现大一统思想的著作。二是《管子》一书有《封禅》篇,今本已亡,据《史记·封禅书》载管仲之言曰:"古者封泰山禅梁父者七十二家,而夷吾所记者十有二焉。"这十二家是:无怀氏、宓牺、神农、炎帝、黄帝、颛顼、帝喾、尧、舜、禹、汤、周成王。这十二个古代圣王,代表了古史演进的系统⑥,也包含了大一统的思想,因为《封禅书》的著者认为以上十二位帝王"皆受命然后封禅"。所谓"受命",应该就是指做了大一统的国君,此后秦始皇及汉武帝都想到泰山封禅,似也是受了此一思想的影响。三是邹衍的"大九州说"⑦以及五德终始说。此说"是以'土木金火水'相次转移的,其转移的次序照着五行相胜的系统规定的。因为木克土,故木继土后,金克木,故金继木后。……换言之,新朝之起必因前朝之德衰,新朝所据之德,必为前朝所不胜之德"。"邹衍新学说发表,使得时君知道:如要做成天子,定要在五德中得到符应,方可确实表示其受有天命。"⑧ 邹衍所论符应五德的"受命天子",

---

① 《孟子·梁惠王上》。
② 杨向奎:《中国古代社会与古代思想研究》,上海人民出版社1962年版,第219页。
③ 参《荀子》之《非十二子》《王制》《儒效》《议兵》诸篇。
④ 顾颉刚:《论禹治水故事书》《论今义〈尚书〉著作时代书》,收入《古史辨》第一册。
⑤ 屈万里:《论〈禹贡〉著成的时代》,《书佣论学集》,台湾开明书店1969年版,第160页。
⑥ 王仲孚:《试论汉代的古史系统》,"国立"政治大学中文系主编《汉代文学与思想学术研讨会论文集》,台北文史哲出版社1992年版。
⑦ 《史记·孟子荀卿列传》称:"邹衍……以为儒者所谓中国者,于天下乃八十一分居其一耳。中国名曰赤县神州,赤县神州内自有九州,禹之序九州是也,不得为州数。中国之外,如赤县神州者九,乃所谓九州也。于是有裨海环之,人民禽兽莫能相通者,如一区中者,乃为一州;如此者九。乃有大瀛海环其外,天地之际焉。"
⑧ 顾颉刚:《五德终始说下的政治和历史》,收入《古史辨》第五册下编。

自然是以"大一统"为前提。

总之，大一统思想在战国时代是普遍存在着的，到了战国晚期，"由于思想家的一致提倡统一，由于列强的极力蚕食邻国，由于当时人的帝秦议，我们都可看出天下统一是时代的必然趋势，没有人能想象另一种出路。最后于公元前 221 年秦王政合并六国，创了前古未有的大一统局面"。①

五

先秦的"王道论"或"霸道论"，虽然主张迥然不同，但是两者都是希望国君通过"王道"或"霸道"的政治手段，成为统治"天下"的君主，而不是只求在诸侯本国之内实现其王、霸的理想而已。所以，不论"王道论"或"霸道论"，都是以实现"大一统"为终极目标。虽然诸子的言论里，没有明确标榜出"大一统"的字样来，但是春秋战国时代，不论从诸子的言论、《禹贡》的地理观、大九州、五德终始以及封禅的主张等等，无不弥漫大一统的思想。但是，真正的"大一统论"，似乎到汉代才正式出现；而汉代的"大一统论"，实际上是受先秦大一统思想影响所发挥出来的。

先秦时代政治上的大一统，完成于秦始皇，但贾谊在《过秦论》里，认为秦以武力虽然能"振长策而御宇内，吞二周而亡诸侯"，但是由于"仁义不施"，所以很快就导致了覆亡。② 在实际政治上，汉人检查历史经验，认为以霸道无法维持政治上的大一统，而在中国政治思想上王道与仁政，似乎一直受到肯定。

（原发表于联合报文教基金会主办"中国历史上的分与合学术研讨会"，1994 年 4 月。）

---

① 雷海宗：《皇帝制度之成立》，《清华学报》九卷三期，第 860 页。
② 引见《史记·秦始皇本纪》"太史公曰"。

拾柒　试论六国灭亡的顺序

一

1984 年 12 月 12 日《国语日报·史地周刊》第一〇〇八号刊载李迈先生《谈谈新编高中历史》一文，对于"国立"编译馆《新编高中历史》第一册有所批评。其中对于该册所列秦灭六国的顺位颇不以为然。

台湾地区《新编高中历史》第一册第 40 页有关秦灭六国的叙述的原句是这样的：

计自秦王政第十七年至二十六年，韩、魏、楚、燕、赵、齐
六国，先后为秦所灭，为时仅十年，统一天下的大业即告完成。①

李先生认为六国灭亡的顺序应该是：韩、赵、燕、魏、楚、齐；台湾地区《新编"国中"历史》第一册的顺序是：韩、赵、魏、楚、燕、齐②；因此对台湾地区《新编高中历史》乃至台湾地区《新编"国中"历史》，为什么这般"任意式"的排列，"百思依然不得其解"③。笔者拜读李先生大文之后，随即撰写一文，说明秦灭六国顺位不同的关键在对于燕、赵灭亡之认定④。

关于燕国灭亡的顺位，公元前 226 年燕都为秦所破，不算燕国灭亡，公元前 222 年秦将王贲灭燕王喜于辽东，燕国才算灭亡，前人早有成说。唐司

---

① 《新编高中历史》第一册，"国立"编译馆 1984 年版，第 40 页。由于六国灭亡的顺序有争议，因此在第二版时这段课文就被删去了。

② 《新编"国民中学"历史》第一册，"国立"编译馆 1984 年版，第 31 页。由于"国中"历史与高中历史的编辑工作同时进行，所以在此一问题上未取得一致的立场，后来因为发生争议，"国中"历史有关六国灭亡的顺序的课文，也被删除了。

③ 李迈：《谈谈新编高中历史》，《国语日报·史地周刊》1984 年 12 月 12 日第 1008 号。

④ 王仲孚：《关于"楚魏救赵"和"秦灭六国顺序"的说明》，《国语日报·史地周刊》1985 年 1 月 23 日第 1014 号。

马贞《史记索隐》，就把燕亡的顺序排列在楚亡之后；张守节《史记正义》也以秦灭燕王喜于辽东为燕亡；《资治通鉴·秦纪》，秦始皇二十五年"大兴兵，使王贲攻辽东，虏燕王喜"，胡三省注云"燕至是亡"，都是明显的例子。所以燕国灭亡的顺序，排列在楚亡之后，似乎可以不必多说。

至于赵国灭亡的顺位，笔者也不是"任意"排列的，相反地，是经过了考虑，才做成的决定。赵国灭亡的顺序排列在魏、楚、燕之后，主要是依据下列理由：《史记·赵世家》，太史公叙述赵缪王迁七年，秦人攻赵，赵王迁投降，"八年十月（秦王政十九年，前228年），邯郸为秦"。司马迁在《赵世家》结束时，只书"邯郸为秦"，不书"赵亡"，而在《赵世家》的"太史公曰"里接着说："秦既虏迁，赵之亡大夫共立嘉为王，王代六岁，秦进兵破嘉，遂灭赵以为郡。"泷川龟太郎《史记会注考证》在《赵世家》之末，引徐孚远云："嘉既王代，亦赵之余也。"

此外，《史记·六国年表》，在秦始皇二十五年、赵代王嘉六年（前222年）项下记其大事曰："秦将王贲虏王嘉，秦灭赵。"可见太史公是以秦兵灭公子嘉于代，才算是"灭赵"。

所以，笔者所列六国灭亡的顺序，是根据平日读书心得所认定的，在此之前，也从未留意历史著作或历史教科书中有关六国灭亡的顺位。拜读李迈氏的大文之后，才发现这一个问题。不久，笔者读到吉林省社会科学院石微先生《秦灭六国顺序辨》一文，其结论认为"秦灭六国的顺序应为韩、魏、楚、燕、赵、齐"[1]，与笔者在台湾地区《新编高中历史》第一册中的主张不谋而合，这一顺序之所以相同，决非"巧合"，而是有它的道理在，才会有所见相同的结果。同时，这一问题，也很值得提出来讨论，以就教于史学界同仁，取得共识，尤其是编写历史教科书之时。现在先将秦灭六国的经过略述于下。

二、秦灭六国的经过

《史记·秦始皇本纪》《史记·六国年表》《资治通鉴·秦纪》记载，秦

---

[1] 石微：《秦灭六国顺序辨》，《吉林大学社会科学学报》1986年第二期，第91~92页。

王政十七年，秦派内史腾攻韩，得韩王安，以其地置颍川郡，是秦灭韩于秦王政之第十七年，即公元前 230 年①。

韩国灭亡的次年，即秦始皇十八年，秦国大举对赵国用兵，《史记·秦始皇本纪》载：

> 秦始皇十八年，大兴兵攻赵，王翦将上地，下井陉，端和将河内，羌瘣伐赵，端和围邯郸城。十九年，王翦、羌瘣尽定取赵地东阳，得赵王。……赵公子嘉率其宗数百人之代，自立为代王，东与燕合兵，军上谷。

《史记·赵世家》记载：

> 赵幽缪王迁七年秦人攻赵……赵匆军破，颜聚亡去，以王迁降。……八年十月，邯郸为秦。

《史记·赵世家》太史公曰：

> 秦既虏迁，赵之亡大夫共立嘉为王，王代六岁，秦进兵破嘉，遂灭赵以为郡。

《史记·白起王翦列传》记载：

> 秦始皇十八年翦将攻赵，岁余，遂拔赵，赵王降，尽定赵地为郡。

秦始皇十九年，即公元前 228 年。第二年，即公元前 227 年，发生了燕太子丹派遣荆轲刺秦王的故事，这是一次战国时代著名的"国际暗杀"事件，结果失败，秦王大怒，派大将王翦、辛胜攻燕，大破燕军，秦始皇二十一年，攻破燕都蓟。《史记·秦始皇本纪》记其事曰：

> 秦始皇二十年，燕太子丹患秦兵至国，恐，使荆轲刺秦王。秦王觉之，体解轲以徇，而使王翦、辛胜攻燕。燕、代发兵击秦军，

---

① 《史记·秦始皇本纪》记载：秦始皇"十七年，内史腾攻韩，得韩王安，尽纳其地，以其地为郡，命曰颍川"。《正义》曰："韩王安之九年，秦尽灭之。"《史记·六国年表》记载：秦始皇十七年，"内史（胜）（腾）击得韩王安，尽取其地，置颍川郡"。韩王安九年，"秦虏王安，秦灭韩"。《史记·韩世家》记载：韩王安"九年，秦虏王安，尽入其地，为颍川郡，韩遂亡"。《史记·田敬仲完世家》记载：齐王建"三十五年，秦灭韩"。《史记·燕召公世家》记载：燕王喜"二十五年，秦虏灭韩王安，置颍川郡"。《资治通鉴·秦纪》记载：秦始皇十七年，"内史胜灭韩，虏韩王安，以其地置颍川郡"。以上记载都认为秦灭韩的时间在秦始皇十七年，即公元前 230 年。唯《史记·楚世家》记载：楚幽王"九年，秦灭韩"。案楚幽王九年为公元前 229 年，似可不采信。

秦军破燕易水之西。二十一年，王贲攻（蓟）。乃益发卒诣王翦军，遂破燕太子军，取燕蓟城，得太子丹之首。燕王东收辽东而王之。

《白起王翦列传》也记载：

秦王使王翦攻燕。燕王喜走辽东，翦遂定燕蓟而还。

秦始皇对赵、燕二国之用兵，并没有把这两国彻底解决，赵国有公子嘉自立为"代王"，燕国则燕王喜"东收辽东而王之"。这两国残余势力仍在，是否算是灭亡，见仁见智，是排列六国灭亡顺序的关键。当于下文讨论。

秦始皇二十一年，公元前 226 年攻克燕都蓟之后，对于燕、赵的残余势力并未穷追猛打，似乎暂予搁置，而于秦始皇二十二年，亦公元前 225 年转其兵锋攻灭魏国，《史记·秦始皇本纪》云：

二十二年，王贲攻魏，引河沟灌大梁。大梁城坏，其王请降，尽取其地。

《史记·六国年表》记载：

秦始皇二十二年，王贲击魏得其王假，尽取其地。魏王假三年，秦虏王假。

《史记·魏世家》记载：

魏王假三年，秦灌大梁，虏王假，遂灭魏以为郡县。

《史记·楚世家》记载：

楚王负刍三年，秦灭魏。

《史记·田敬仲完世家》记载：

齐王建四十年，秦灭魏，秦兵次于历下。

《史记·燕召公世家》记载：

燕王喜三十年，秦灭魏。

《资治通鉴·秦纪》记载：

秦始皇二十二年，王贲伐魏，引河沟以灌大梁。三月，城坏。魏王假降，杀之，遂灭魏。

秦于公元前 225 年灭魏之后，继而向南方大国楚国用兵，于秦始皇二十三年、二十四年（前 224、223 年）两年之内灭了楚国，《史记》《通鉴》记其事如下：《史记·秦始皇本纪》记载：

秦始皇二十三年，秦王复召王翦，强起之，使将击荆。取陈以南至平舆，虏荆王。秦王游至郢陈。荆将项燕立昌平君为荆王，反秦于淮南。二十四年，王翦、蒙武攻荆，破荆军，昌平君死，项燕遂自杀。

《史记·六国年表》记载：

秦始皇二十四年，王翦、蒙武破楚，虏其王负刍。楚王负刍五年，秦虏王负刍，秦灭楚。

《史记·楚世家》记载：

楚王负刍五年，秦将王翦、蒙武遂破楚国，虏楚王负刍，灭楚名为楚郡云。

《资治通鉴·秦纪》记载：

秦始皇二十四年，王翦、蒙武虏楚王负刍，以其地置楚郡。

秦始皇二十五年，公元前 222 年，秦兵攻燕于辽东，又攻代王嘉，消灭了燕、赵二国最后的势力。《史记·秦始皇本纪》及其他各篇之有关记载如下。《史记·秦始皇本纪》记载：

秦始皇二十五年，大兴兵，使王贲，攻燕辽东，得燕王喜。

《正义》：

燕王喜之五十三年，燕亡。

《史记·六国年表》记载：

秦始皇二十五年，王贲击燕，虏王喜。……燕王喜三十三年，秦虏王喜，拔辽东，秦灭燕。

《史记·燕召公世家》记载：

燕王喜三十三年，秦拔辽东，虏燕王喜，卒灭燕。

《资治通鉴·秦纪》记载：

秦始皇二十五年，大兴兵，使王贲攻辽东，虏燕王喜。

根据以上记载，秦灭燕于辽东在秦始皇二十五年，燕王喜之三十五年（《秦始皇本纪》误为五十三年），即公元前 222 年。

至于灭赵公子嘉于代的时间，则在灭燕王喜于辽东之后，而同属秦始皇二十五年，公元前 222 年。《史记·秦始皇本纪》："（秦始皇）二十五年，大兴兵，使王贲将，攻燕辽东，得燕王喜。还攻代，虏代王嘉。"《史记》《通鉴》之记载如下：《史记·六国年表》记载：

　　秦始皇十九年，王翦拔赵，虏王迁（之）邯郸。赵王迁八年，秦王翦虏王迁邯郸，公子嘉自立为代王。秦始皇二十五年，王贲击燕，虏王喜。又击得代王嘉。赵代王嘉六年，秦将王贲虏王嘉，秦灭赵。

《史记·赵世家》记载：

　　秦人攻赵……赵匆军破，颜聚亡去。以王迁降。

《史记·赵世家》太史公曰：

　　秦既虏迁，赵之亡大夫共立嘉为王，王代六岁，秦进兵破嘉，遂灭赵以为郡。

《史记·燕召公世家》记载：

　　燕王喜二十七年，秦虏赵王迁，灭赵。赵公子嘉自立为代王。

《资治通鉴·秦纪》记载：

　　秦始皇十九年，王翦击赵军，大破之，杀赵匆，颜聚亡，遂克邯郸，虏赵王迁，赵公子嘉率其宗数百人奔代，自立为代王。赵之亡，大夫稍稍归之，与燕合兵，军上谷。二十五年，王贲攻代，虏代王嘉。

六国最后一个灭亡的国家是齐国，其时间是秦始皇二十六年，公元前221年，经过如下：

《史记·秦始皇本纪》记载：

　　秦始皇二十六年，齐王建与其相后胜发兵守其西界，不通秦，秦使将军王贲从燕南攻齐，得齐王建。（司马贞《索隐》注云："六国皆灭也。"）

《史记·六国年表》记载：

　　秦始皇二十六年，王贲击齐，虏王建。初并天下。齐王建四十四年，秦虏王建。秦灭齐。

《史记·田敬仲完世家》记载：

　　齐王建四十四年，秦兵击齐。齐王听相后胜计，不战，以兵降秦。秦虏王建，迁之共。遂灭齐为郡。

《资治通鉴·秦纪》记载：

秦始皇二十六年，王贲自燕南攻齐……齐王降，迁之共。

以上是从秦始皇十七年至二十六年（前230～前221年）秦灭六国的经过，现在再以简表排列于后：

秦始皇十七年（前230年）

秦灭韩。

秦始皇十八年（前229年）

秦大兴兵攻赵，围赵都邯郸城。

秦始皇十九年（前228年）

秦兵破赵都邯郸，虏赵王迁。赵公子嘉率其宗奔代，赵之亡大夫共立公子嘉为王，王代。

秦始皇二十年（前227年）

秦兵攻燕，破燕于易水西。

秦始皇二十一年（前226年）

秦兵攻陷燕都蓟城，燕王喜东收辽东而王之。

秦始皇二十二年（前225年）

秦灭魏。

秦始皇二十三年（前224年）

秦伐楚，虏楚王负刍。楚将项燕立昌平君为楚王反秦于淮南。

秦始皇二十四年（前223年）

秦将王翦、蒙武破楚军，昌平君死，项燕自杀。秦以楚地置楚郡。

秦始皇二十五年（前222年）

秦将王贲攻燕辽东，得燕王喜，还攻代，虏代王嘉。

秦始皇二十六年（前221年）

秦灭齐。

三、秦灭六国的顺序

《史记·秦本纪》："秦始皇二十六年，秦使将军王贲从燕南攻齐，得齐王建。"司马贞《索隐》云：

> 六国皆灭也。十七年得韩王安，十九年得赵王迁，二十二年
> 魏王假降，二十三年虏荆（楚）王负刍，二十五年得燕王喜，二
> 十六年得王建。

根据《索隐》所述，则司马贞认为六国灭亡的顺位是：

> 韩、赵、魏、楚、燕、齐

司马贞的顺序，似乎深深影响了中国通史和中学历史教科书的编者，兹将各种版本的中国通史以及台湾地区中学历史教科书有关"六国灭亡顺序"，列表于后①。

著　者	书　名	页　次	六国灭亡顺序	出　版	时　间	备　注
王桐龄	中国全史	370～372	韩赵魏、楚燕齐	启明书局	1960 年 12 月初版	依著者姓氏笔画排列
朱际镒、李符桐邱添生、沈明璋	中国通史（上）	77～78	韩赵魏、楚燕齐	文风出版社	1975 年 9 月再版	
余又荪	中国通史纲要	107	韩赵魏、楚燕齐	不详		
余　逊	中国史（上）	55	韩赵魏、楚燕齐	世界书局	1953 年 12 月台初版	
吕思勉	白话本国史	85	韩赵魏、楚燕齐	鼎文书局	1975 年影印本	
何健民	中国通史	128	韩赵魏、燕楚齐	三民书局	1960 年 9 月修订版	
李国祁	中国历史	52	韩赵魏、楚燕齐	三民书局	1974 年 3 月初版	
金兆丰	中国历史	21	韩赵魏、楚燕齐	中华书局	1958 年 12 月台三版	
周谷城	中国通史	215	韩赵魏、楚燕齐	台北影印本	著于 1939 年	
林瑞翰	中国通史	52～53	韩赵魏、楚燕齐	三民书局	1972 年 9 月出版	
林瑞翰编著夏德仪校定	中国历史	39	韩赵魏、楚燕齐	复兴书局		
柏　杨	中国人史纲（上）	228～229	韩赵魏、楚燕齐	星光出版社	1979 年 11 月五版	
宫崎市定著邱添生译	中国史	140～143	韩赵魏、楚燕齐	华世出版社	1980 年 1 月初版	
陈致平	中华通史（一）	403～405	韩赵魏、楚燕齐	黎明文化事业出版公司	1974 年 4 月出版	
章　嵚	中华通史（一）	347～350	韩赵魏、楚燕齐	商务书局	1948 年 8 月八版	

---

① 本表系由"国立"台湾师大历史系八三级林秀玲同学代为整理，附此致谢。

著 者	书 名	页 次	六国灭亡顺序	出 版	时 间	备 注
黄大受	中国史大纲	15	韩赵魏、楚燕齐	大中国图书公司	1945 年出版	
黄大受	中国史要略	41	韩赵魏、楚燕齐	总经销：大中国图书公司	1981 年9 月台六版	
黄大受	中国通史（上）	189	韩赵魏、楚燕齐	五南图书出版社	1983 年7 月初版	
劳榦	中国史纲	48	韩赵魏、楚燕齐	胜利出版公司	1957 年11 月再版	
傅乐成	中国通史（上）	72 ~ 73	韩赵魏、楚燕齐	大中国图书公司	1983 年8 月三版	
叶达雄、林瑞翰陈捷先、王曾才	中国通史（上）	179	韩赵魏、楚燕齐	教育部空中教学委员会	1984 年8 月初版	
董铎	中国通史	33 ~ 37	韩赵魏、楚燕齐	中华书局	不详	
蔡慕陶	中国通史	41	韩赵魏、楚燕齐	育英社	1978 年8 月初版	
赖榕详	中国历代治乱兴亡史	87 ~ 88	韩赵魏、楚燕齐	大行出版社	1974 年1 月初版	
萧璠著傅乐成主编	中国通史先秦史	108	韩赵魏、楚燕齐	众文图书股份有限公司	1985 年11 月再版	
缪凤林	中国通史要略	56	韩赵魏、楚燕齐	商务书局	1957 年8 月初版	
缪凤林	中国通史纲要（一）	414 ~ 415	韩赵魏、楚燕齐	"台湾"学生书局	1972 年1 月初版	
邝士元	国史论衡	118 ~ 119	韩赵魏、楚燕齐	里仁书局	1992 年1 月1 日出版	
罗香林	中国通史（上册）	66 ~ 67	韩赵魏、楚燕齐	正中书局	1956 年9 月台三版	
"国中"历史编委会	"国中"历史（一）	50 ~ 51	韩赵魏、楚燕齐	台湾省政府教育厅	1955 年8 月三版	中学标准教科书历史科编辑委员会编
"国中"历史编委会	"国中"历史（一）	37 ~ 38	韩赵魏、楚燕齐	"国立"编译馆	1968 年8 月初版	夏德仪、李迈先、祁乐同合编
"国中"历史编委会	"国中"历史（一）	36 ~ 37	韩赵魏、楚燕齐	"国立"编译馆	1969 年8 月再版	夏德仪、李迈先、祁乐同合编
"国中"历史编委会	"国中"历史（一）	36 ~ 37	韩赵魏、楚燕齐	"国立"编译馆	1971 年8 月四版	夏德仪、李迈先、祁乐同合编
"国中"历史编委会	"国中"历史（一）	32	韩赵魏、楚燕齐	"国立"编译馆	1981 年8 月重编本再版	何启民编
高中历史编委会	高中历史（一）	33	韩赵魏、楚燕齐	台湾书店	1968 年8 月六版	郭廷以编
高中历史编委会	高中历史（一）	33	韩赵魏、楚燕齐	台湾书店	1969 年8 月七版	郭廷以编

著 者	书 名	页 次	六国灭亡顺序	出 版	时 间	备 注
高中历史编委会	高中历史（一）	33	韩赵魏、楚燕齐	"国立"编译馆	1970 年 9 月七版	郭廷以编
高中历史编委会	高中历史（一）	30	韩赵魏、楚燕齐	"国立"编译馆	1971 年 8 月初版	夏德仪编
高中历史编委会	高中历史（一）	30	韩赵魏、楚燕齐	"国立"编译馆	1979 年 8 月九版	夏德仪编
高中历史编委会	高中历史（一）	30	韩赵魏、楚燕齐	"国立"编译馆	1980 年 8 月十版	夏德仪编
高中历史编委会	高中历史（一）	41	韩赵魏、楚燕齐	"国立"编译馆	1984 年 8 月初版	王仲孚编

根据此表所示，何健民《中国通史》、黄大受《中国史要略》所采六国灭亡顺序为：韩、赵、燕、魏、楚、齐；柏杨《中国人史纲》与笔者所编《高中历史》则采：韩、魏、楚、燕、赵、齐。（但笔者未曾读过《中国人史纲》，所列顺序相同，完全是不谋而合。）其余完全与《索隐》所采顺序相同，占了绝对多数。

四、六国灭亡顺序的讨论

本文前已提及，六国灭亡的顺序，关键在于对赵国和燕国灭亡的解释和认定。例如司马光《资治通鉴·秦纪》秦始皇十九年："王翦击赵军，大破之，杀赵葱，颜聚亡，遂克邯郸，虏赵王迁。"胡三省注云："赵至是亡。"在此，司马光对于赵都邯郸被克，赵王迁被俘，并未认定赵国是否灭亡，而是胡三省认定："赵至是亡。"《史记·赵世家》在述至邯郸为秦攻陷时，并未认定赵亡，而在《六国年表》于秦始皇二十五年（前222年）秦将"王贲击燕，虏王喜，又击得代王嘉"时才认定"秦灭赵"。关于燕国方面，《史记·秦始皇本纪》《正义》《史记·燕召公世家》《史记·六国年表》都以秦始皇二十五年（前222年）虏燕王喜于辽东为"秦灭燕"之年。《资治通鉴·秦纪》："秦始皇二十五年，大兴兵，使王贲攻辽东，虏燕王喜。"胡三省注："燕至是亡。"从以上所列资料看来，大致上秦始皇二十一年秦军攻陷燕都蓟，不认定燕亡，而以秦始皇二十五年虏燕王喜于辽东，算做燕亡。赵、燕二国之灭亡的认定，实为排列秦灭六国顺序的关键。杨宽氏《战国史》将六国灭亡的顺序做了如下的安排：

公元前 231 年　秦灭韩

公元前 229 年　秦破赵

公元前 227 年　秦破燕

公元前 225 年　秦灭魏

公元前 223 年　秦灭楚

公元前 222 年　秦灭燕赵

公元前 221 年　秦灭齐

杨氏把秦始皇十九年攻陷赵都邯郸，虏赵王迁，定为"秦破赵"，把秦始皇二十一年攻陷燕都蓟，定为"秦破燕"，而把秦始皇二十五年秦虏燕王喜及代王嘉，定为"秦灭燕赵"，那么，秦灭六国的顺序应为：韩、魏、楚、燕、赵、齐才是，与笔者所列的顺序相合。

总之，六国灭亡的顺序，由于赵国与燕国的特殊情况，出现了不同的排列方式，这应属于历史事实的认定和解释的问题了，似也不宜坚持某一说是绝对正确的。但笔者把六国灭亡的顺序做韩、魏、楚、燕、赵、齐，自认为可以言之成理，其他各家也有所见相同的主张。并非随兴所至，任意排列。

拾捌　民国以来的中国上古史研究概说

民国建立以来，由于时代进步日新月异，学术文化急剧变迁，史学的面貌也随之显著改变。以中国上古史而言，传统古史的破坏与古史观念的转变、古史材料范围的扩大、研究方法的革新以及重建古代信史的努力，莫不有其显而易见的成就和深远的影响。

一、古史观念的转变

我国文献记载的古史，《尚书》断自唐虞，《史记》始于黄帝，《汉书·古今人表》则起于宓羲，东汉以后又增加了盘古。于是自盘古开天辟地，经三皇五帝唐虞夏商周三代的古史系统，遂成为此后国人深信不疑的观念①。

但自民初以来，由于辨伪之学的发展和西方科学方法的输入，在新思潮的激荡下，导致传统古史的破坏②。"疑古派"学者认为中国古史系由"层累地造成"，"自三皇以至夏，整整齐齐的统系和年岁，精密的考来，都是伪书的结晶"，"周人心目中最古的人是禹，到孔子期有尧舜，到战国时有黄帝、神农，到秦有三皇，到汉以后有盘古"，"时代愈后，传说的古史时期愈长"③。

传统古史系统的破坏，直接影响到历史著作的是对于文献记载的远古史

---

① 例如宋代胡宏《皇王大纪》、清代马骕《绎史》等书，皆依照盘古、三皇、五帝、夏商周的古史系统编著。

② 屈万里：《我国传统古史说之破坏和古代信史的重建》，《第二届亚洲历史学家会议论文集》，中国历史学会印行，1962 年版；收入《书佣论学集》，台湾开明书店印行，第 362～369 页。

③ 顾颉刚：《自述整理古史意见书》《与钱玄同先生论古史书》二文，收在《古史辨》第一册，台北明伦出版社。

事，或略而不提，或列为"传疑时代"①。此外，对于古史的信仰，也发生了极大的转变。由于古代文献多极道先王的盛德，如"伏羲氏……因夫妇、正五行、始定人道"（《白虎通》）、"神农之治天下也……甘雨时降，五谷蕃植"（《淮南子》）、"黄帝尧舜垂衣裳而天下治"（《易·系辞传》）、"唐虞之世麟凤游"（《御览》卷八九引《孔丛子》）等记载，使以往国人心目中多以古代为黄金时代，如今古史观念则有显著的改变②。

古代不是后儒所称的黄金时代，古代民族也不是出于一元而是多元的③，即使殷周两代，学者也认为典章制度不同，系属于两个系统和两个民族④，古代的历史乃是东西对立，夷夏交胜的过程⑤，打破了三代王统道统相承的传统观念。最近二十年来的三代考古资料所指示的我国古代文明进展方式，"夏商周三代关系，不仅是前仆后继的朝代继承关系，而且一直是同时的列国之间的关系"，也就是说："在夏商周三代中，夏商周三个国家，可能都是同时存在的，只是其间的势力消长各代不同便是了。"⑥ 因此，过去所谓五帝三王咸祖黄帝、殷周之始祖同出于帝喾的观念，也就不得不有所修正或改变了。

殷商以前的古史系统，由于文献记载与地下史料尚不能完全印证，目前除大陆地区外，仍暂呈双轨的现象⑦：一是史前考古学以地下材料所建立的旧石器、细石器、新石器时代的系统；一是文献载籍传述的古史系

---

① 例如缪凤林著《中国通史纲要》，把唐虞以前的古史题为"传疑时代"及"上古史之传说"；张荫麟著《中国史纲上古篇》从商代开始。

② 例如徐亮之著《中国史前史话》一书，以伏羲氏时代"包括下部旧石器时代末期和整个上部旧石器时代"（第112页）；以神农氏之世"代表细石器与红陶文化"（第174页）；"彩陶文化乃黄帝氏陶唐氏夏后氏的文化"（第207～209页）；"虞舜乃貉族及东夷陶器的改良者"（第260页），台北华正书局印行。

③ 顾颉刚《战国秦汉间人的造伪与辨伪》、杨宽《中国上古史导论》诸文，《古史辨》第七册。

④ 王国维：《殷周制度论》，《观堂集林》卷十；徐中舒：《从古书推测之殷周民族》，《国学论丛》第一卷第二号；姜亮夫：《夏殷民族考》，《民族杂志》第二卷第一期。

⑤ 傅斯年：《夷夏东西说》，《"中央研究院"历史语言研究所集刊外编第一种》，《庆祝蔡元培先生六十五岁论文集下册》。

⑥ 张光直：《从夏商周三代考古论三代关系与中国古代国家的形成》，《屈万里先生七秩荣庆论文集》，台北联经出版事业公司。

⑦ 大陆地区的历史系统为：原始社会（远古到夏以前）、奴隶社会（夏、商、西周到春秋）、封建社会（战国以后）。

统，这系统虽以传统古史为基干，但必须对照社会科学的新知，赋予新的解释。

二、古史材料的扩大

我国传统古史，实以经传诸子等文献记载为主，这些文献载籍，多为后人述古之作，在新的史学方法考察之下，乃属于"间接史料"或"传说史料"，曾经遭到"疑古派"严厉的批判。但经过长期的检讨之后，古代的文献载籍固不可作为实录或直接史料，但亦不能予以完全抹杀或舍弃，而又重新被视为古史材料中的重要部分①。

早在 1925 年，王国维著《古史新证》已提出以地下材料印证纸上材料的主张，不过王氏所谓的"地下材料"仅指出甲骨文、金文二种，"纸上材料"亦只列《尚书》《诗》《易》《五帝德》《帝系姓》《春秋》《左氏传》《国语》《世本》《战国策》及周秦诸子、《史记》等十种②。但这些用为古史材料的范围，显然仍是不够的。

就地下材料而言，"凡是经过人工的、埋在地下的资料，不管它是否有文字，都可以作研究人类历史的资料"，"广义地说，史前史的资料，全是上古史的资料"③。如以殷墟发掘而言，甲骨文固然是地下出土的直接材料，建筑的遗址和墓葬，以及丰富的骨、蚌、石、铜、玉等器物，也莫不都是宝贵的地下材料，而这些材料有的为古籍所道及，有的根本为前人所不知④。

纸上材料也不再限于经传诸子和史记，梁启超说："凡以文字形诸记录者，盖无一而不可于此中得史料也。"⑤ 乃是极具卓识的话。因为史后传说

---

① 李济：《再谈中国上古史的重建问题》，《"中央研究院"历史语言研究所集刊》第三十三本，第 359 页；《史前文化的鸟瞰》，《中国上古史待定稿第一本》，"中央研究院"历史语言研究所中国上古史编辑委员会编刊，第 479 页。
② 王国维：《古史新证》，《王观堂先生全集》第六册，台北文华出版公司，第 2078～2079 页。
③ 李济：《安阳发掘与中国古史问题》，《"中央研究院"历史语言研究所集刊》第四十本；《中国上古史之重建工作及其问题》，《民主评论》第五卷第四期，第 86 页。
④ 石璋如：《殷墟发掘对于中国古代文化的贡献》，《学术季刊》二卷四期。
⑤ 梁启超：《中国历史研究法》，台湾中华书局，第 49 页。

中，实具有史前的史实①，文献载籍中的古史传说，虽不免有后儒的穿凿附会，但亦未可根本否定，一笔抹杀，要在于如何运用考古学、民族学、人类学的知识，相互参酌，彼此对照，以考察古代某阶段的文明特征，或文献中的历史成分。故以文献为主要材料的古史著作，亦不得不对照考古材料和社会科学的新知②。

上古史的材料，并不止于纸上材料和地下材料两大类而已，民族学、人类学、民俗学，以及边疆民族的调查，为我们提供了对氏族社会的了解与比较研究的资料③。李济之先生曾列举中国上古史的材料应包含七大类：一、与人类原始有关的资料；二、与东亚地形有关的科学资料；三、人类的文化遗迹；四、体质人类学；五、狭义的考古资料；六、民族学的资料；七、历代传下来的秦朝以前的记录④。

以上除了第七项之外，莫不是中国上古史的新资料，而且七项中的任何一项，也都同时是自成体系的专门学问，即以先秦的经传诸子而言，早已有其研究的传承，历代累积的资料，何止汗牛充栋，足以竭学者数十年或毕生之精力以从事钻研。再以殷周考古与古文字的研究而言，也是如此⑤。因此，我们必须要重视专家研究的成绩，作为解释古史的依据，这些专家的研究论文或报告，自然也应视为古史资料的一部分。所以民国以后至今，中国上古史资料的日趋扩大，决非前此学者所能想象。

----

① 黎东方：《史后传说中的史前事实》，中国文化学院《史学汇刊》第三期。

② 例如李宗侗著《中国古代社会史》（华冈书局印行）、徐亮之前引书《中国史前史话》等。

③ 例如芮逸夫：《苗族的洪水故事与伏羲女娲的传说》，《中国民族及其文化论稿》下册；文崇一：《濊貊民族文化及其史料》，《"中央研究院"民族学研究所集刊》第五期，《亚洲东北与北美西北及太平洋的鸟生传说》，《"中央研究院"民族学研究所集刊》第十二期诸文，都是例子。

④ 李济：《再谈中国上古史的重建问题》，《"中央研究院"历史语言所集刊》1963 年第三十三本，第355～359 页。

⑤ 例如参与安阳发掘的高去寻、石璋如二先生，至今仍在中央研究院历史语言研究所坚守着学术研究的岗位。又如李孝定著《甲骨文集释》，"自1959 年10 月经始，历时五年有半而全书始成"（见自序，《"中央研究院"历史语言研究所专刊》之五十）；周法高先生主编《金文诂林》，系以容庚增订三版金文编为据，而罗列诸家之说于每字之下，合研究生数人之力，肇始于1967 年秋，至1974 年"前后七年始终其事"（香港中文大学）。此是一书之成所费时间，事实上许多学者对于古文字的钻研与整理，几将毕生心力投注于斯矣。

三、古史方法的革新

民初以来，有关中国上古史的研究，除了坚持传统的信古派外，又有所谓疑古派、考古派，与释古派的兴起①。

疑古派的基本主张，就是中国古史是"层累地造成的"，战国秦汉间的文献记录都是伪史料，因此"东周以上只好说无史"②。疑古派所用的材料限于记载的书本，其方法不出于史实的考证，故又称为"记载考证派"③。严格地说，他们的成绩仅止于史料的批判和古书辨伪的阶段，对于促进国人对于鉴别文献史料的重视，固有相当贡献，而消极的破坏实多于积极的建设。

考古派不仅注意新史料与旧史料的关联，并进而建立其历史方法论。1917 年王国维以甲骨文对照《史记·殷本纪》，证明殷的先公先王自帝喾至主（示）癸十四代十四王，大致是正确的④。其后王氏更提出其"二重证据"的方法论云：

> 吾辈生于今日，幸于纸上之材料外，更得地下之新材料，由此种新材料，亦得证明古书之某部分全为实录。⑤

这种以地下材料与纸上材料相比较，以考证古史的真相，又称为"遗物考证派"⑥。"二重证据"在方法本身上是毋须置疑的，只是在材料上受到了限制，因此在古史研究上不能广泛地运用。

科学的考古学是一门西洋传入的年轻科学，利用锄头田野工作，从事地

---

① 关于当代古史研究的派别，各家之说略有不同。周予同分为泥古、疑古、考古、释古四派，见《谶纬中的皇与帝》，《暨南学报》一卷一期，《五十年来中国之新史学》，《学林》第四期；冯著《中国哲学史补编》，分为信古、疑古、释古三派，见第 93 页；赵铁寒、王德毅二先生分为信古、疑古、证古与考古四派，见《二十世纪中国史学的发展》，《二十世纪之科学第九辑·史学》，正中书局印行，第 323 页。

② 顾颉刚：《自述整理中国历史意见书》，《古史辨》第一册上编，第 34～35 页。

③ 周予同：《五十年来中国之新史学》，《学林》第四期，第 24 页。

④ 王国维：《殷卜辞中所见先公先王考、续考》，《观堂集林》卷九，史林一。

⑤ 王国维著《古史新证》第一章《总论》，《王观堂先生全集》第六册，文华出版公司，第 2078 页。

⑥ 周子同前引文《五十年来中国之新史学》，第 28 页。

下遗物有系统的发掘，贡献自是不少，所以在民初古史问题发生争执时，有人认为考古学是解决古史问题的唯一方法①。但地下遗物必须通过解释，而且出土的数量也有某种程度的限制，用为重建中国古史的唯一依据，显然也是不容易办到的。

释古派是针对疑古派与考古派的缺点而兴起的，他们利用社会科学的理论，来说明古史演化的过程以及社会发展的形态等。疑古派把古史看得很短，释古派又把古史拉得很长②。本来解释的工作，是古史研究的重要部分，但释古派的缺点是缺少认真审查史料的态度，"见有一种材料，与其先入之见解相合者，即无条件采用"，因而不免"以事实迁就理论"③。

以上三派的古史研究，虽然各具特点，但却都不能做为重建中国古史的唯一方法，所以有人早已体会到"史学发展的机兆，大概不出于撷取疑古、考古、释古三派的优点，加以批判的综合"④，傅斯年先生说：

> 现代的历史学研究，已经成了一个各种科学的方法之汇集。地质、地理、考古、生物、气象、天文等学，无一不供给研究历史问题之工具。⑤

这话正可以作为古史方法革新的代表性意见。

古史研究涉及之材料及学科范围如此之广泛，而且许多都是自成体系的专门学问，历史学家势不可能参与每一门学科的直接研究。这使当今古史工作者莫不认为"科际整合"的方法，对于中国上古史的研究而言，最为需要。不仅新旧材料和社会科学的新知，要互相配合运用，专家的研究报告必须加以采纳⑥，即使自然科学的技术，也要加以借助，例如古器物的化学分析，气象学、天文学之用于古代气候与历法的了解，放射性碳素之用于古代年代的鉴定等，都是显例。古史研究方法的革新，实为七十年来史学界长期经验累

---

① 李宗侗：《古史问题的唯一解决方法》，《古史辨》第一册下编，第 268 页。
② 陶希圣：《疑古与释古》，《食货半月刊》第三卷第一期。
③ 马乘风：《中国经济史》第一册冯序，商务印书馆。
④ 周子同前引文，第 34 页。
⑤ 傅斯年：《历史语言研究所工作之旨趣》，《傅孟真先生集》第四册中编下，第 175 页。
⑥ 陈恭禄：《中国上古史史料之评论》，《武大文哲季刊》六卷一号，第 48 页；董作宾：《中国古代文化的认识》，《大陆杂志》三卷十二期；周法高：《地下资料与书本资料的参互研究》，《联合书院学报》第八期诸文。

积后，共同体验的结果。

四、古代信史的重建

我国上古史，千头万绪，盘根错节，旧的问题尚未得到解决，新资料的出土又引导出不少新的问题，例如中国民族的原始与中国文化的原始，即其一例①。古代信史的重建，必须从专题探讨和普遍综合等方向，同时进行。重建中国古代信史的努力，成就也是颇为可观的。

以中国民族与文化的原始问题而言，旧石器初期具有猿人体质的"北京人""蓝田人"等，虽不能证明与中国民族的直接关系，但旧石器末期已是"现代人"（Homo Sapiens）体质的"山顶洞人"，则已具有蒙古人种的特征②，"从新石器时代到中国的历史时期，在华北区域人种上大体没有变迁，都是蒙古人种居住"③，考古学家曾称河南甘肃发现的新石器时代骨骸为"中华原始人"④。同时，分析现代中国民族包含的成分，不能忽略其成长的过程，所以如今"中国民族"一词，文化的意义，实大于人种的意义⑤。

文明的诞生与农业的起源有密切的关系，有人主张我国古代农业的起源应在黄土区域和邻近地带⑥，从仰韶文化及细石器时代的"沙苑文化"推测，我国新石器时代文化以及"产食经济"的诞生，晋陕豫三省交界一带固然是值得重视的地区，其他如东北辽河流域的"红山文化"、长江中游的"屈家岭文化"、东南地区的"马家浜文化""河姆渡文化"等，也同样值得注意，中国古代文明的诞生是多元的看法，应更为大家所接受。而碳十四鉴定的新石

---

① 李济：《中国上古史之重建工作及其问题》，《民主评论》第五卷第四期，第86页。
② 《新中国的考古收获》，第5页。此外1958年在广西柳江通天岩洞穴中发现的"柳江人"、1951年在四川资阳黄鳝溪发现的"资阳人"、1956年在广西来宾麒麟山发现的"麒麟山人"等旧石器晚期的人类化石，也都具有原始蒙古人种的特征。关于大陆地区近四十年来考古重要发现的综合报道，可参《新中国的考古发现和研究》（文物出版社，1984年版）及《文物考古三十年》（文物出版社1979年版）。
③ 李济前引文《中国上古史之重建工作及其问题》，《民主评论》第五卷第四期，第87页。
④ 步达生（Davidson Black）：《甘肃史前人种记略》，《地质专报甲种》第五号。
⑤ 芮逸夫：《中华国族解》《中华国族的分支及其分布》《中国民族》《中国民族的构成》诸文，见《中国民族及其文化论稿》上册，艺文印书馆。
⑥ 何炳棣：《黄土与中国农业的起源》，香港中文大学，第182～183页。

器年代资料，完全推翻了安特生（J. G. Andersson）早先所做的彩陶西来说的假定①，则是可以肯定的。有的考古学家且强调，由于中国考古学的成就，文献记载中的黄帝尧舜禹等远古帝王之存在，已不能整个地否定②，史学家在通过人类学、考古学、社会学等的考察之后，发现我国文献载籍中的远古史事和进化过程，仍然依稀可辨③。

"夏墟"考古和二里头文化的发掘，所引导出来的夏文化的讨论，虽然还没有最终一致的结论，但使文献记载的夏代积年和疆域，颇有与地下材料结合的趋向④，夏代的存在已是毋庸置疑的了。过去有些学者根据文献认为夏民族活动的地区在伊洛河济一带的推测，证明是正确的⑤，而在疑古风气下对于夏代的否定，也就经不住考验了⑥。夏代的考古当待进一步突破，未来如能和殷商时代一样，使纸上材料得到地下材料的直接印证，则必将使古史的重建迈进一大步。

殷商时代，是中国上古史重建过程中收获最多的一章，由于甲骨文的发现和安阳殷墟发掘的成功，使许多殷商时代的史事，得到地下直接史料的印证，例如殷王的谱系和祭祀礼制，乃至高宗伐鬼方、帝辛征东夷等文献中的传说，不仅得到甲骨资料的证明，而且补充了文献资料的不足⑦，这是近代学术上的大事，其成就是多方面的。七十年来有关殷商时代的报告和论著之多，

① 张光直：《华北农业村落生活的确立与中原文化的黎明》《新石器时代中原文位的扩张》；李济：《踏入文明的过程——中国史前文化的鸟瞰》诸文，以上均见《中国上古史待定稿》第一本。
② 李济：《中国民族之始》，《大陆杂志》一卷一期。
③ 朱云影师：《中国上古史讲义》第一章至第六章，师大出版组；黎东方：《中国上古史八论》第一论至第四论，华冈出版有限公司。
④ 张光直：《从夏商周三代考古论三代关系与中国古代国家的形成》，《屈万里先生七秩荣庆论文集》，第294～295页。
⑤ 徐中舒：《再论小屯与仰韶》，《安阳发掘报告》第三册；丁山：《由三代都邑论其民族文化》，《"中央研究院"历史语言研究所集刊》第五本，第114页；傅斯年：《夷夏东西说》，《博孟真先生集》第四册中编下，第60～61页。
⑥ 杨宽：《说夏》，《中国上古史道论》第十篇，《古史辨》第七册上编，第277～292页；陈梦家：《商代的神话与巫术》，《燕京学报》第二十期，第491～494页，皆否定夏朝的存在。
⑦ 董作宾：《殷历谱》，下篇卷九，《武丁日谱》，《帝辛日谱》。

实为上古史各期之冠①。

　　甲骨文不仅作为文字学的研究，而且也是研究殷商历史的资料，并可用为重建殷商历法和编年的基础②；殷墟发掘的地下遗物，如陶器、青铜器、铸铜工业、墓葬、建筑以及殷车等的整理、讨论与复原，都早已有正式的报告和论文发表③，以地下材料为主，融合文献资料和各家研究成果，综合讨论殷商文化的著作，亦已问世④。自偃师二里头早商文化、郑州商城及湖北黄陂盘龙城等遗址发现，有关殷商民族早期活动及其文化的渊源，则一直在讨论和了解之中。

　　由于渭水流域西周青铜器文物出土，以及岐山周原的考古发现⑤，证明文献记载的周人兴起与建国的故事，并非后儒虚构。新资料的出土，使得西周史的重建和早周文化的探索，受到很大的鼓舞⑥。至于东周时代，不论文献的考订与地下的考古发掘，也都有具体可观的成绩⑦。

　　回顾民国以来的中国上古史研究，可以说是一段从破坏到建设的历程，破坏的工作早经结束，建设的工作则在不停地进行之中，从未间断⑧。其中奋一人之力独家完成远古至战国时代之撰述者，已有张其昀先生之《中华五千年史》第一册至第七册付梓，而集体作综合性大规模地重建工作，则为"中央研究院"历史语言研究所中国上古史编辑委员会主持的《中国上古史稿》

----

① 见邵子风著《甲骨书录解题》、胡厚宣著《五十年甲骨学论著目》、彭树杞著《甲骨学专书提要》及论文目录等，台北华世出版社汇成一册，曰《甲骨学论著提要目录三种》，所收资料虽仅止于 1965 年，但已不难窥见民国以来有关殷商史研究成绩之粲然可观。
② 例如董作宾先生著《殷历谱》即其一例。
③ 例如"中央研究院"历史语言研究所出版之《中国考古报告集》，《小屯及古器物研究专刊》等。私家著作如容庚《商周彝器通考》；石璋如：《殷代的铸铜工艺》《小屯殷代的建筑遗迹》，《"中央研究院"历史语言研究所集刊》第二十六本；《殷代的车》，《大陆杂志》三十六卷十期；万家保：《论殷商的青铜技术及其相关问题》，《东吴大学中国艺术史集刊》第五卷。
④ 例如陈梦家《卜辞综述》；Kwang-Chih Chang（张光直）*Shang Civilization*（台北南天书局影印）。
⑤ 夏鼐：《三十年来的中国考古学》，《文物》1979 年第五期，第 389 页。
⑥ 唐兰：《用青铜器铭文来研究西周文》，《文物》1976 年第六期。
⑦ 例如陈槃著《春秋大事表列国爵姓及存灭表撰异》，艺文印书馆；地下出土之文物如帛书《老子》、帛书《战国策》、竹简《孙子兵法》《侯马晋国盟书》、湖北随县曾侯墓及平山中山国王墓等。
⑧ 1971 年以前的中国上古史研究成绩，可参宋晞先生《近六十年来中国史前史的研究》、王吉林先生《近六十年来国人对先秦史的研究》二文，《史学汇刊》第四期。

的编纂，先后完成论文数十篇，分成四册，名曰：《中国上古史待定稿》①。这部《待定稿》的名称，已说明了中国上古史的重建，前面仍有遥远的路程。

至于大陆地区有关中国上古史之著作，由于数量极多，本文仅能就关键问题，略加提及，其详则需另以专文介绍。

----

① 《中国上古史待定稿》之"目录"如下：第一本《史前部分》计收入论文十三篇，目录如下：(1) 东亚大陆第四纪自然环境的演变与人类的演化（阮维周）。(2) "北京人"的发现与研究及其所引起的问题（李济）。(3) 红色土时代的周口店文化（李济）。(4) 中国境内黄土期以前的人类文化（张光直）。(5) 黄土期中国高级旧石器文化与现代人类的出现（张光直）。(6) 中国冰后期的中石器时代渔猎文化（张光直）。(7) 华北农业村落生活的确立与中原文化的黎明（张光直）。(8) 新石器时代中原文化的扩张（张光直）。(9) 考古学上所见汉代以前的西北（张光直）。(10) 考古学上所见汉代以前的北疆草原地带（张光直）。(11) 东北的史前文化（张光直）。(12) 中国南部的史前文化（张光直）。(13) 踏入文明的过程——中国史前文化的鸟瞰（李济）。

第二本《殷商编》计收入论文十四篇，目录如下：(1) 安阳发掘与中国古史问题（李济）。(2) 甲骨文的发现与骨卜习惯的考证（张秉权）。(3)《史记·殷本纪》及其他纪录中所载殷商时代的史事（屈万里）。(4) 中国文字的原始与演变（上）（李孝定）。(5) 中国文字的原始与演变（下）（李孝定）。(6) 殷代的农业与气象（张秉权）。(7) 卜辞中所见殷商政治统一的力量及其达到的范围（张秉权）。(8) 殷历鸟瞰（董作宾）。(9) 殷代的祭祀与巫术（张秉权）。(10) 殷代的夯土、版筑与一般建筑（石璋如）。(11) 殷墟出土青铜礼器之总检讨（李济）。(12) 殷墟出土的工业成绩三例（李济）。(13) 河南安阳殷墟墓葬中人体骨骼的整理与研究（杨希枚）。(14) 由殷墟发掘所见的商代青铜工业（万家保）。

第三本《两周编之一：史实与演变》计收入论文十七篇，目录如下：(1) 周人的兴起及周文化基础（许倬云）。(2) 西周史事概述（屈万里）。(3) 周代封建的建立：封建与宗法（上篇）（杜正胜）。(4) 周代封建制度的社会结构：封建与宗法（下篇）（杜正胜）。(5) 周东迁始末（许倬云）。(6) 列国简考（陈槃）。(7) 春秋列国的兼并迁徙与民族混同和落后地区的开发（陈槃）。(8) 春秋时代的教育（重定本）（陈槃）。(9) 史官制度——附论对传统之尊重（李宗侗）。(10) 春秋列国的交通（陈槃）。(11) 战国七雄及其他小国（劳榦）。(12) 封建的解体（李宗侗）。(13) 春秋封建社会的崩解和战国社会的转变（许倬云）。(14) 战国的统治机构与治术（许倬云）。(15) 战国时代的战争（劳榦）。(16) 周代都市的发展与商集的发达（许倬云）。(17) 秦的统一与其覆亡（劳榦）。

第四本《两周篇之二：思想与文化》计收入论文二十二篇，目录如下：(1) 天神观与道德思想（饶宗颐）。(2) 神道思想与理性主义（饶宗颐）。(3) 中国古代知识阶层的兴起与发展（余英时）。(4) 两周文学，诗经部分（何佑森）。(5) 战国文学（饶宗颐）。(6) 孔子学说（梅贻宝）。(7) 初期儒家（陈荣捷）。(8) 孔子的生平及弟子（何佑森）。(9) 战国时代的儒家思想及其发展（成中英）。(10) 墨家（梅贻宝）。(11) 战国道家（陈荣捷）。(12) 法家述要（陈启天）。(13) 战国时代的名家（王梦鸥）。(14) 阴阳五行家与星历及占筮（王梦鸥）。(15) 周代的衣、食、住、行（许倬云）。(16) 两周农作技术（附：陈良佐，中国古代农业施肥之商榷）（许倬云）。(17) 两周的物理、天文与工艺（许倬云）。(18) 先秦数学发展及其影响（陈良佐）。(19) 古代的金属工艺（陈良佐）。(20) 荆楚文化（饶宗颐）。(21) 吴越文化（饶宗颐）。(22) 西南文化（饶宗颐）。

后　记

　　2011 年 1 月，山东省大舜文化研究会赴台湾进行学术交流，在台北诚品书店购到王仲孚先生的《中国上古史专题研究》。这本书对中国上古史进行了详细地梳理，严谨地分析，提出了许多非常有价值的观点。时任山东省大舜文化研究会会长的谢玉堂先生，经多方努力联系到了王仲孚先生，并诚挚邀请王仲孚先生回山东进行学术交流。鉴于该书在中国上古史研究方面的重要作用，山东省大舜文化研究会在征得王仲孚先生同意后，决定再版《中国上古史专题研究》。该书原为竖版繁体，再版后为横版简体，为确保校勘质量，研究会办公室的同志和编辑人员做了大量的辛勤的工作。该书在再版印刷过程中还得到了济南市委宣传部、济南市历城区政府和山东银丰文创谷房地产开发有限公司的大力支持，在此向为该书再版做出奉献的各位有识之士一并表示衷心的感谢！

　　是为后记。

2017. 3. 20